简帛文献中
政治哲学的追寻

欧阳祯人 著

人民出版社

责任编辑:洪 琼

图书在版编目(CIP)数据

简帛文献中政治哲学的追寻/欧阳祯人 著. —北京:人民出版社,2023.5
ISBN 978-7-01-025481-4

Ⅰ.①简… Ⅱ.①欧… Ⅲ.①简(考古)-研究-中国②帛书-研究-中国③文献学-研究-中国④政治哲学-研究-中国-古代 Ⅳ.①K877.54②K877.94③G256④D092.2

中国国家版本馆 CIP 数据核字(2023)第 044239 号

简帛文献中政治哲学的追寻
JIANBO WENXIAN ZHONG ZHENGZHI ZHEXUE DE ZHUIXUN

欧阳祯人 著

人 民 出 版 社 出版发行
(100706 北京市东城区隆福寺街 99 号)

北京盛通印刷股份有限公司印刷 新华书店经销

2023 年 5 月第 1 版 2023 年 5 月北京第 1 次印刷
开本:710 毫米×1000 毫米 1/16 印张:27.25
字数:430 千字

ISBN 978-7-01-025481-4 定价:99.00 元

邮购地址 100706 北京市东城区隆福寺街 99 号
人民东方图书销售中心 电话 (010)65250042 65289539

序

郭店简与上博简公布之后，学术界掀起了研究热潮。有的学者认为，这些简书文献，给我们补充了孔子与孟子之间、老子与庄子之间的若干思想环节。这些文献的问世对我们研究先秦时期各种文化思想提供了方便。

欧阳祯人先生为我们奉献的这部著作，是他长期以来致力于先秦学术思想研究的结晶。本书也是作者主持并承担的国家哲学社会科学基金项目"郭店简与上博简中的儒家政治哲学研究"的最终成果。

作者受到了良好的学术训练，加上坎坷的际遇、丰富的阅历，对中国社会历史有着深刻的洞见。通过本书，作者的若干慧识得到了全面的阐述和表达。

在郭店简与上博简的百多篇文献中，政治哲学方面的文献占了绝大多数。其中的《容成氏》、《唐虞之道》、《鲁邦大旱》、《仲弓》、《缁衣》、《三德》、《五行》、《鲁穆公问子思》、《性自命出》、《成之闻之》、《六德》、《尊德义》、《从政》、《昔者君老》、《曹沫之阵》等，为我们把握先秦时期哲学思想及其发展历史提供了第一手资料，与一些传世文献一样，其中丰富的政治学资源，对我们当代的政治理论建设具有借鉴的意义。

作者从传统政治思想与政治哲学的角度来研究郭店简与上博简，视角新颖独到。本书重点探讨了"何故以得为帝"、"君子慎六位以祀天常"、"上好仁，则下之为仁也争先"、"民之父母亲民易，使民相亲也难"、"性自命出，命自天降，道始于情，情生于性"、"恒称其君之恶者，远爵禄者也"、"有固谋而无固城，有克政而无克阵"、"有物有容，有尽有后，有美有善"八个方面。这是郭店简与上博简中原汁原味的政治理论命题。这些命题既有各自的重点和具体的理论指向，又有彼此渗透、相互补充的关联性，约略形成一个整体。作者对此予以深度发掘，丰富了我们民族自身的政治思想宝库。

作者没有依据西方政治哲学的框架来设置本书的架构,而是从原始的简帛文本出发,从中国政治思想的特性与实际出发来作具体讨论。

先秦儒家一方面上承天命,带有浓郁的宗教性,另一方面始终以"匍匐救民"为其根本的宗旨,二者互为依恃;一方面强调"禅让"以"化民",由此来培育全社会"尊贤让能"的风气,杜绝了"乡愿"的自欺欺人,使礼乐教化成为可能,另一方面又十分强调"臣"的人格独立性和批判精神,二者互为表里;一方面强调六职、六德、六位的"礼",另一方面又极端重视"反善复始"的"乐",礼乐并重而互为其根,身心互正、天人合一。这种极富内在张力的、独特的,具有中华民族特色的政治思想确实与西方政治思想不太相同。

近现代以来,人们将中国数千年的专制社会的一切弊病完全归罪于儒学,但是,究竟什么是儒学,对它的内涵与外延,人们并没有真正地思量清楚。先秦儒家建立了庞大的、不断吐故纳新的开放体系,不仅孔子本身的思想是发展的,"儒分为八"之后更是仁者见仁,智者见智。荀子的儒学与思孟学派不同,公孙弘、董仲舒的儒学与原始儒家也不同,东汉以后的儒学就更加复杂。本课题紧扣原始儒家政治哲学的真实思想,视野相当开阔,但是,理论的专注点始终是在追寻先秦儒家的思想真谛。作者在这部著作中努力阐发其中的理论意蕴与思想境界。从一个宽阔的历史视野来看,作者或许是在有意识地回应五四运动与"文化大革命"对孔孟思想的批判。

这部著作取得的最大成就,在于始终致力于打通新近出土的简帛文献与传世文献,力求找到相互印证的若干环节,以及先秦儒家一以贯之,又不断发展的政治思想的系统,这是十分难能可贵的。作者正是从整合先秦学术出发,建构起了从《尚书》、孔子、七十子、子思子和孟子、荀子,乃至《乐记》的发展脉络,从理论上为我们展现了先秦儒家政治哲学的全貌。从国家政权的合法性,到政治哲学的宗教属性;从美政到美俗、从人的本质到政治的本质、从国家权力的界限到人之所以为人的特性,在给我们以新的启迪。尤其值得注意的是,本书对先秦时期的兵书源流进行了细致的探讨,在阴谋家与儒家、黄老之学与儒学之间辨别个中原委,畅论是非曲直,阐幽表微,层层剥笋。本课题把战争论著整合到政治哲学之中来讨论,深入研究其思想根源,发人之所未发。

从这部著作之各个章节的阐述中,我们还可以清楚地看到,作者对新近出土的简帛文献相当熟悉。例如,根据《唐虞之道》与《容成氏》的思想内容,作者认为"禅让制"是先秦儒家政治理想中的一种。《唐虞之道》认为,国家只有建立在公正的"禅"之上("上德授贤"),才是"义之至",人民才有可能努力向善而"世无隐德"。"禅让制"在《唐虞之道》中,其意义远远超乎具体的政治制度层面,昭示着先秦儒家的政治理念是以"政者,正也"(《论语·颜渊》)为归依的,其目的是要实现"天下为公"的"大道"。《礼记·礼运》对此有明确的表述,在"大道既隐,天下为家,各亲其亲,各子其子"的时代,儒家最终的理想是选贤与能、讲信修睦、老有所终、壮有所用、幼有所长的"大同"之世。"尊贤让能"的社会制度,与君子人格境界的修养、性情心志的磨砺相辅相成。选贤与能是一种社会公正,是《忠信之道》倡导的社会安定得以维持的保障。

作者有一种经世致用的精神,有一种天下兴亡、匹夫有责的情怀。第一章,作者探讨禅让制的真正原因并不是天真到要在当代的中国实现禅让制,作者的用意在于通过对禅让制的思想发掘,一探先秦儒家政治哲学的最高境界,进而寻求中国的先哲们在政治哲学上的理想追求以及这种理想的追求对当代中国政治哲学理论建设的借鉴意义。同样,在其他的各个领域,作者都莫不带有他的独特关怀。第二章,作者是要解决政治哲学之中的宗教性问题,其意义在于对政治权力的限制。第三章是要解决政治哲学之中的正义性问题。第四章是要解决社会民众之间的诚信问题。第五章是在解决人性的培养、人格的修养与政治权力的关系问题。第六章是在阐述个体的独立自由、精神境界与政治权力的关系问题。第七章表面上是在谈战争思想,实际上是在讨论政治权力的合法性问题。第八章则是从学脉上纵贯全书,勾勒了先秦儒家政治哲学思想的发展历程。

著书立说,不离开对现实的观照;笔底波澜,永远怀抱着天下苍生。这是作者长期以来激扬文字、阐幽表微的风格和胸怀。本书丰富性与深刻性共举,理想性与现实性并存,是一部难得的佳作。

是为序。

郭齐勇

庚寅年端午节于武昌珞珈山

目　录

引　言

　　先秦儒家政治哲学思想是十分丰富的。这个基本的立足点,既是笔者研究工作的出发点,也是本书经过多方面研究之后得出的结论。中国先秦儒家的政治哲学思想并非完全创始于孔子,早在孔子之前,中国的政治哲学就有非常久远的历史,所以它的内容源远流长,具有深厚的民族文化传承性质,它是一种发源于遥远的上古时代,深深植根于我们民族的灵魂之中,形成于诸子百家著书立说,彼此诘难,逐步成长壮大起来的一种原创性的思想体系,也是在中国的历史文化史上已经产生,并且还将继续产生影响的一种自本自根的政治理论体系。即便是在国际形势风起云涌,各种信息层出不穷,西方政治理念无孔不入的今天,先秦儒家的政治哲学依然具有不容忽视的现代价值。

　　众所周知,先秦儒家政治哲学的最大特点和基点在"格致诚正"基础之上的"修身"。发展到今天,社会状况已经发生根本改变的时候,如果从政治学的角度上来讲,把整套的理论体系完全建立在修身的基点上,毫无疑问是十分幼稚,而且是天真可笑的。① 古往今来的政治实践与政治理论已经反复地证明了这一点。但是,在中国先秦时期特定的经济条件下,自给自足的农业经济构成了当时的人们彼此交往的特定环境和生活方式,生产力的发展状况、交通运输和信息传播的条件,都从很多方面说明了先秦儒家的"修身"理论,在当时实际上是一种非常行之有效的政治理论措施,孔子云:"德之流行,速于置

---

　　① 对西方现代政治学说产生过重大影响的孟德斯鸠(1689—1755)就不相信道德可以保证权力的正当实施。他说"一切有权力的人都容易滥用权力,这是万古不易的一条经验⋯⋯说也奇怪,就是品德本身也是需要界限的。"(见氏著:《论法的精神》,上卷,商务印书馆1997年版,第154页)

邮而传命。"(《孟子·公孙丑上》)在这个角度上来讲,"德者,得也"的诠释,可谓力透纸背,把先秦儒家学说的社会实用价值展现得相当透辟。我们不能不说,这种以"德"为中心的治国方略在当时是一种极端聪明、便捷、实效的做法。

但是,无论如何,这一套理论即便是在先秦时期就已经受到了来自道家、墨家、法家,尤其是黄老道家等多个方面的批评和抨击,同时,先秦儒家又从各个层面向这些学派汲取了很多有用的滋养来改造、发展自己。我们应该承认,在中国先秦的各家各派中,儒家是一种涵化性极端强大的学派,这是儒家在中国历史上长盛不衰的重要原因之一。当然,这也就造成了历代统治者误读、篡改、扭曲儒家的理论缝隙和空间。秦汉以后,中国历代统治者虽然口口声声标榜孔子为"万世师表",科举考试也完全是以儒家的四书五经取士,可是,完全信奉货真价实的儒家政治理论的统治者却几乎没有。国学大师刘鉴泉先生指出:

> 自汉以来,上下宗儒者,千数百年,如按其实,则非真也。治术惟缓急两端相乘,英君谊辟所用,非道家即法家。汉高、汉宣、明祖皆刑名;汉文、光武、宋太祖皆黄老也;惟汉武帝、唐太宗乃假儒术。武帝之伪儒,人皆诋之。太宗则儒者所称,然实虚言多而实效少,且其根本已谬,于儒术不相容。二人实则科举之制。士之不毁孔孟者,徒以科举,故而阳尊阴叛。儒道足不明者,亦以科举。故二人者,功之首,罪之魁也。科举一废,孔孟遂为毁端。此无足怪也,欺人之术露,而久蓄之疑发也。疑乃伪之所致。伪破则真将显。(《推十书·中书·流风》,1927 年)

在从事了多年的儒家哲学研究之后,笔者深以为,历代统治者打着儒家的旗号,却又不能行儒家之实的关键原因,并不在于儒家的政治哲学在其最高的旨趣上存在根本性的问题,而在于我们千百年来的政治家面对现实的时候采取了阳儒阴法的办法,在满足自己私欲的同时维持国家的安定团结,他们的问题出在以手段断送了目的,或者说儒家的政治理想被他们所采取的各种阳奉阴违的办法所淹没。对中国传统的士大夫来说,他们本来就是国家干部队伍的后备军,极少有现代意义上的自由思想、独立学术以及否定、创新的精神。

儒家哲学最终之所以在中国近现代走向末路,主要是中国的政治家们没有远大的政治眼光，尤其是他们没有在中唐以后，在具体的政治管理制度层面，推行一套与时俱进的、能够把儒家政治哲学贯彻到底的行政制度。《周易·系辞传》说："日新之谓盛德。生生之谓易。成象之谓乾。效法之为坤。极数知来之谓占。通变之谓事。阴阳不测之谓神。夫易广矣大矣。以言乎远则不御。以言乎迩则静而正。以言乎天地之间则备矣。"从王安石变法失败的事实，正说明不是儒家哲学本身具有致命性的问题，而在于中国的士大夫们因循守旧、因私废公的陋习使他们说的是一套，做的又是一套。恰恰是他们自己违背了原始儒家的根本精神，而导致了原始儒家的思想不能够真正落实贯彻。

现在，我们所面临的国际形势是，各种政治理论风起云涌，甚嚣尘上。儒家政治理论正好可以广泛吸纳世界上各种先进的理论以做强做大。既不丧失先秦原始儒家政治哲学自身的根本精神，又海纳百川，"刚柔相摩。八卦相荡。鼓之以雷霆。润之以风雨"（《周易·系辞传》），使之完全现代化。先秦原始儒家政治理论由于是从中华民族原始母体中流淌出来的政治智慧，具有任何一种现代西方政治理论并不具备的肥沃土壤，因此，只要我们善于吸取千百年来的儒学发展过程中取得的各种失败的教训和成功的经验，努力根据我们的生活方式和思维方式以及国民性和民族性，创造出一种既不失原始儒家政治理论的精神，又广泛吸纳世界各国政治理论的精髓，博采众长，融会贯通，建立一套现代化、新时代的儒家政治理论体系并不是没有可能的事情。

为什么这么说，笔者是有根本性的考虑的。

第一，任何一种西方先进的政治理论模式，都是相关的经典作家经过长时间的探索和研究而形成的理论体系，往往都有十分科学的思想逻辑，但是，他们思想的土壤不是我们民族的生活方式和思维方式，与我们的传统文化具有十分遥远的距离。全盘西化的路子至少在近三百年的中国是行不通的。即便是通过强有力的行政手段来贯彻实施，也一定会花样百出，漏洞百出，问题多多。之所以如此，主要是因为西方的政治理论在中国没有赖以存活的土壤，没有水乳交融的文化传统。中东地区的政治冲突，南美地区的各种丑闻，特别是东南亚广大地区的选举闹剧，已经一而再、再而三地告诉我们：如果目前的中国突然一下子实现了西方的民主制，那么，带给中国人民的绝对是一场空前的灾难。笔者的意思不是说民主政治与中国传统的政治哲学理论完全风马牛不相及,更不是说中国人民天生就是专制主义的奴仆,笔者的意思只是在说,中国现代民主政治的建设,一定要以中国文化本身的更新与改造互为表里,一定要以文化土壤的更新为前提。

第二,由于电子信息时代的来临,各种检索手段的方便快捷,尤其是新近简帛文献的大量出土,为我们进一步了解先秦原始儒家政治哲学的生存环境和理论真相提供了前所未有的条件。原始儒家的政治哲学理论理所当然应该开出一片新的境界来。在研究先秦原始儒家政治哲学的时候,我们有三个至关重要的基本前提:

首先,先秦原始儒学的研究不可能不恰当地学习、吸收秦汉以后的思想资源和研究方法。但是,我们同时也必须把先秦布衣孔子、孟子的理论与秦汉以后的专制主义儒学彻底区分开来,尤其是要密切注意他们的理论紧张。黄俊杰先生指出:"中国儒家的经典如《论语》、《孟子》皆成书于大一统帝国形成之前,因此《论语》、《孟子》书中所呈现的政治思想,基本上是一套封建制度已崩而未溃、政治局面处于多元化的时代的价值体系。但诠释这些经典的儒者,都是生活在大一统帝国一元化的政治格局之下的人物,而且有些人还是帝国的官员。这种时代背景的差距,使经典注释者的'自我'分化而为二,并处于紧张的状态中:(1)经典诠释者之作为经书价值的传承者;(2)经典诠释者之作为大一统帝国的臣民。"①这两个紧张实际上经常是裹挟在一起的,要随时地做到火眼金睛,并不是一件容易的事情,需要我们在专制与民主之间、自由与奴役之间、因循守旧与否定革新之间保持清醒的头脑。其次,中国的经学发展历史是一个不断脱离先秦原始精义的过程,而且愈走愈远。诚如刘鉴泉先生所说,汉代以后的历代儒家,皆失原始儒家的真正精神,其表现形式为拘儒、杂儒、媚儒、文儒、夸儒、褊儒,等等,可谓层出不穷。说它们"伪",是因为它们"得儒之严而失儒之大",丧失了原始儒家的真正精神;说它们"俗",是因为"达者之希世保位,穷者之随风慕禄",本来就别有所图。(参见《推十书·中

①　黄俊杰著:《孟学思想史》(卷二),"中研院"中国文哲研究所筹备处 1997 年版,第 64 页。

书·流风》,1927 年)五四时期之所以人们高举"打倒孔家店"的大旗呈摧枯拉朽之势,并且成为至今都贻害无穷的运动,关键问题是原始儒家已经成了几千年的专制主义集权制度草菅人命、大刮民脂民膏的替罪羊。所以,现代的儒家政治哲学研究,就是要在彻底清除包括原始儒家哲学本身存在的一切专制主义毒素的前提下,广泛吸纳现代政治理论的各种精华,坚持先秦原始儒家的醇儒精义,使代表中华民族思想主体的儒家政治哲学思想精华得以重现光明。最后,现代的任何研究都必须是世界性的。现代儒学的研究就更是要走世界化的道路。除此之外的任何一条道路都是死路,都是往而不返的不归路。笔者的意思是,世界上任何经得起历史检验的理论都是在追求真善美的终极目标。也正因为如此,先秦原始儒学就有了与世界上各种思想流派进行广泛对话的共同基点。当然,在儒家政治哲学的研究领域,我们不能不坚持中学为体、西学为用的学术道路。也就是说,儒家思想的真谛是不能抛弃的,原始儒家的人民性、自由性、审美性以及天人合一等众多价值观念是不能抛弃的,否则我们就没有了立足的根本。但是,我们一定要博采众长,在广泛比较的前提下,展开我们的学术研究,从而建立我们新时代的儒家政治哲学理论体系。

第三,诚如上文所表述的,先秦儒家政治哲学的最大特点和基点是在"格致诚正"基础之上的"修身"。在这样的一个原点上,儒家的政治哲学理论从各个层面释放出了令人敬仰的闪光思想,这是我们生在新社会、长在红旗下的众多学者不太了解的。因此,在这里笔者有必要作简要的表述:

其一,"修身"理论的根本价值在于解决了人之所以为人的"天爵"之尊,它从根本上确定了人生而平等的思想。孔子"有教无类"的思想是建立在"性相近也,习相远也"的人性论基础之上的,就像孟子的"仁政"理论完全是建立在"性善论"基础之上的一样。"性善论"从现代西方民主政治的角度上来讲十分幼稚可笑,可是,如果从中国古代自给自足的小农经济来讲,它又确实是中国数千年政治理论的人性论基础,而且发挥过巨大的积极作用。在当今的社会里,"性善论"也是以"性恶论"为出发点的现代政治理论的一个重要的诚信社会赖以建立的基础。尤其是站在人学的角度上来讲,"性善论"虽然没有直接将"人权"这个名词运用进去,但是,西方理论许许多多相关的"人权"思想是包含在性善论之中的。比方说,原始儒家的禅让制理论的基础就是"人皆可以为尧舜";后代的科举考试本身的优劣有许多争论,但是它为广大平民百姓参与国家管理敞开了对任何其他国家都没有敞开过的大门;孔子与孟子从来都是把一切政治理念建立在关心民生疾苦之上的,而且从来没有西方所谓"奴隶"制的思想。孟子曰:

> 庖有肥肉,厩有肥马,民有饥色,野有饿莩,此率兽而食人也。兽相食,且人恶之;为民父母,行政,不免于率兽而食人,恶在其为民父母也?仲尼曰:"始作俑者,其无后乎!"为其象人而用之也。如之何其使斯民饥而死也。(《孟子·梁惠王上》)

连用模仿人的形体而制造的"俑"陪葬,孔子都深恶痛绝,就更不要说统治者"率兽而食人"了。孟子还有一段话更为深刻:

> 孟子谓齐宣王,曰:"为巨室,则必使工师求大木。工师得大木,则王喜,以为能胜其任也。匠人斲而小之,则王怒,以为不胜其任矣。夫人幼而学之,壮而欲行之,王曰,'姑舍女所学而从我',则何如?今有璞玉于此,虽万镒,必使玉人雕琢之。至于治国家,则曰'姑舍女所学而从我',则何以异于教玉人雕琢玉哉?"(《孟子·梁惠王下》)

这就不仅仅只是"野有饿莩"的问题了,它涉及人的精神世界何以独立的问题,涉及政治体制何以设置的问题,更涉及人的意志自由与国家权力的关系问题。如果我们对先秦原始儒家文献比较了解,我们就会发现其中隐含着深刻的以性善论为基础的人性思想在现代社会之中的积极意义。

其二,以修身为基点的儒家哲学理论解决了"何故以得为帝"(《子羔》),"何如可为民之父母"(《民之父母》)的政权合法性问题。禅让制的根本立足点就在于掌握国家最高权力的"君主"是否在道德修养上达到了全社会道德楷模的高度。郭店楚简的《唐虞之道》一文一开头就说:"尧舜之王,利天下而弗利也"(第1简),说的就是作为国家领导人的第一基本素质就是大公无私,就是完全不计任何个人得失,为广大人民谋福利。这篇文章的一个基本的论证逻辑是:"必正其身,然后正世。"(第3简)国家领导人如果自己贪赃枉法,无所不用其极,就必然要引起全体国民的效仿,上梁不正下梁歪,其结果是极端恶劣的。在此基础之上,《唐虞之道》提出了作为一个国家领导人的基本要求:

夫圣人上事天,教民有尊也;下事地,教民有新(亲)也;时事山川,教民有敬也;新(亲)事祖庙,教民孝也;太学之中,天子亲齿,教民弟也。先圣与后圣,考后而甄先,教民大顺之道也。(第4—6简)

国家的最高领导人必须保证广大的人民随时拥有"尊"、"亲"、"敬"、"孝"、"悌"等各种基本品德,上事天,下事地,天人合一,此大顺之道,圣人之功也。因此该文又指出:"禅也者,上德授贤之谓也。上德则天下有君而世明,授贤则民兴效而化乎道。不禅而能化民者,自生民未之有也。"(第20—21简)所以在先秦原始儒家看来,国家最高权力的合法性来源是维持一个国家的广大人民诚信、和谐的关键的关键。换言之,如果我们在建立现代政治理论的框架时,对这一最核心的问题视而不见,甚或避而不谈,那就是舍本趋末,缘木求鱼。当然,笔者的意思并不仅仅是要通过经典的学习来提高官僚集团的文化素质,而是要在新的历史时期,根据当今的国际国内形势,建立强有力的干部选拔、管理和监督的制度,公开、公正、公平地建立全社会完全信赖的官僚集团和干部管理机制,使他们在有责、有效、有功的基础之上,同时还必须是全社会广大人民的道德表率。这是有利于社会长治久安、国家富裕祥和、人民安居乐业的重要途径。

其三,仁、礼相依的原始儒家思想解决了政治权力与宗教信仰的互动关系。任何一个伟大的民族都不可能没有宗教的背景或宗教性。实际上,不论是孔子的"仁学"还是"礼学",最高深的内容都是宗教。汉代以前的"仁"字,写作从身从心的上下结构,是一个身心互正、体察天道的宗教性词语。这个仁字与原始儒家的天命观是联系在一起的。先秦原始儒家的天命论,一开始在孔子那里就是立足于对上古天命观改造的基础之上的。先秦儒家哲学之所以浩瀚博大的根本原因就在于它具有一套非常深远的天命观思想。孔子的思路非常明确,他认为在这个世界上,"天"是我们人类一切行为准则的范本。人如果做到与天的统一,就达到了至高的境界。因此只有尧、舜这样的圣人才有可能做到。孔子以尧舜为人生的楷模,并非出于生而知之的蒙骗,而是以大圣先贤的样板为人们在宗教情怀上树立道德的楷模。所以孔子特别强调后天的学习,他是世界知名的一流大教育家,也正说明了他在这方面的思想具有巨大的合理性、普适性。在孔子之后的孟子、荀子比孔子说得就更加明确了:"舜,何人也？予，何人也？有为者亦若是。"（《孟子·滕文公上》）"舜，人也；我，亦人也。""尧舜与人同耳。"（《孟子·离娄下》）荀子也说："凡人之性者，尧、舜之与桀、跖，其性一也；君子之与小人，其性一也。"（《荀子·性恶篇》）这种思想对中国的历史文化产生了深远的影响，陈胜、吴广的起义不就喊出过"王侯将相宁有种乎"的口号吗？中国历史文化的不断推进，与先秦儒家的天命观具有直接的关系。

人之所以能够成为尧舜，在先秦儒家有一个非常深远的论证过程。他们认为"天命之谓性"，也就是说，人之所以为人的一切先天禀赋都是天赋予的，并没有后天阶级、门第、贫富差别的限制，因此是任何人都不能剥夺的天生权利。以此为基础，孔子提出了"有教无类"的重要思想。孔子认为，在后天的成长过程中，只要本人认真学习，止于至善，洗心革面，不要反复地犯同样一种错误，时时刻刻反省自己，在道德上提升自己，以广大、高远、博厚的"天"作为人生的范本，他就可以成为我们景仰的尧舜。

人之所以能够成为尧舜，关键在于"天"具有各种各样我们人类应该保持的优秀品德。孔子认为，天的最突出的品德就在于"诚"。所以，孟子说，人是秉承上天的"诚"而诞生的"赤子"，于是人的心就是"赤子之心"。在这颗赤子之心的基础上，修身养性，做到诚笃、诚实、诚恳、诚朴、诚挚、诚意，贯通天人，表里如一，一片赤诚，就可以参赞天地之化育，从而"天地位焉，万物育焉"。（《礼记·中庸》）寓广大于细小之中，寓高远于凡俗之中，寓博厚于现实之中。这种即凡即圣的境界是一种道德的境界，也是一种宗教性的境界，更是一种审美的境界。中国传统的音乐、诗歌、绘画、武术等各个方面都无不体现了这种天、地、人一以贯之的、超越的"诚"。这实在是传统中国人根本的人生准则。

至为重要的是，先秦原始儒家将人定位为具有宗教性的精神灵长，是非常具有前瞻性的举措。人肯定不能完全堕落为物质的追求者，更不能把自己等同于完全没有任何超越性质、没有任何终极关怀的禽兽动物。人如果只是生产关系与生产力的总和，那么，人的性情就只能是偏枯、苍白的，并且充满了各种各样贪婪的兽欲。先秦原始儒家一方面保持了天的神秘性以及人对天、天命的敬畏之情，另一方面又纠正了此前夏、商、周三代许许多多在天命观上的错误认识,把天命观与人的性情涵养联系起来,把天命观与人的品格联系起来,把天命观与人的终极关怀联系起来,依山点石,实在是具有高超的理论智慧。笔者的意思是,当代儒家的政治理论重构一定要理直气壮地弘扬先秦儒家的宗教精神,进一步与佛教、基督教、伊斯兰教进行各个层面的对话,广泛采纳先进的方法,对先秦儒家"天命"思想进行系统的现代诠释,让它成为一整套能够适应当代生活、深入社会各阶层心中,能够掌握并且震慑各行各业视、听、言、动的现代宗教体系。古今中外的历史反复证明,仅仅靠政府的行政运作、司法系统的约束,官员的贪欲随着权力的逐步扩大,最终是无法控制的。官员不能洁身自好,整个社会的道德体系就随之而滥,最终将走向坍塌。

其四,由"修身"的基点出发,广泛讨论了知识分子的自由人格问题,进而讨论了知识的独立性和生活方式的多样性。原始儒家特别强调"养浩然之气",强调善、信、美、大、圣、神的不同境界的追求。孔子说:"志于道,据于德,依于仁,游于艺。"(《论语·述而》)孔子又说:"兴于诗,立于礼,成于乐。"(《论语·泰伯》)都是在说人性的问题最终是一个审美的问题。"游于艺"之命题的根本创新在于一个"游"字上。固然,"游"的内容始终没有脱离"道"、"德"、"仁"等非艺术性的因素,但是它们始终以一种艺术的形式愉悦着主体的性情。"志于道,据于德,依于仁"之道、德、仁本来就是"游于艺"的"依据",没有"道"、"德"、"仁","艺"就无法"孤立地"去"游"。然而,"游"与"成于乐"的"成"一样,毕竟都是一种艺术人生的存有方式,更是一种人生理想的自由境界。由于孔子之道与德,具有天道的背景,仁的美德,也具有形而上的层面,是宇宙精神之大化流行的人道体现,因此致使这种落实在审美活动中的"游",与自然美的境界彼此渗透,具有了通天地鬼神的特殊作用,把山水性灵的自然之美、艺术境界之美以及道德信仰之美都融会在人的人性境界之中了。值得注意的是,孔子的"游于艺",实际上还包括各种对社会有贡献,对自己是一种人生享受的技能、技术。孔子说:"知之者不如好之者,好之者不如乐之者。"(《论语·雍也》)就是这一思想的名言,它说明了孔子十分注重人性、人格的成长与科学知识的关系。

这个问题从反面来讲,就是我们一方面要在充分地吸纳世界各种优秀文化的基础之上,发挥孔子仁礼相依、礼乐相持的和乐精神。一定要彻底规范现代人基本的行为原则和道德标准,使现代社会的每一个人都要坚守自己的职分、本分和职责,同时我们又要坚决地铲除中国专制主义笼罩在中国人民头上、曾经残害过中国人民的身心健康、压抑了中国人民的创造精神的各种遗毒。我们要建立的是一种顶天立地的大丈夫人格。它既是循规蹈矩的,也是尽心尽职的;既是富有创造精神的,又是忠心耿耿的;既是自由独立的,更是具有无穷无尽的否定精神。总之,是一种基于过去、立足现在、奔向未来的伟大人格。

其五,"一阴一阳之谓道"的辩证思想与孝道、妇女观以及政治制衡论具有深刻的思想。孝道的本质是"爱"。在专制社会里,人们把孝道单方面规定为晚辈对长辈的孝敬,把政治体制描述成了上级对下级的绝对领导甚至宰制。这是片面的。笔者认为,在原始儒家的思想中,孝道应该是父母的"慈祥"与晚辈的"孝敬"的互动。郭店简《六德》"父圣子仁,夫智妇信,君义臣忠"的思想正说明了笔者的推理。妇女问题、政治制衡问题,都会涉及"一阴一阳"的互动问题,它保证了中国社会的长期稳定和文化的涵摄性和包容性。《易经》的六十四卦,把乾卦和坤卦列为六十四卦之门,充分说明了原始儒家在根本的理论体系上对妇女的重视(韩国的妇女在家庭中的地位),现代中国妇女的社会地位在全世界已经崇高得首屈一指,也说明了中国妇女的传统地位比其他国家妇女的传统地位高得多。汉代以后,妇女地位的每况愈下,她们所经受的各种社会的不公在根本上是受到了专制主义者的蓄意迫害。专制主义者把父权、夫权与君权统一起来的根本目的,是要稳定他们的铁桶江山。

其六,由修身出发可以广泛建立和谐、诚信的社会人际关系。郭店简《成之闻之》写道:"天降大常,以理人伦。制为君臣之义,著为父子之亲,分为夫妇之辨。是故小人乱天常以逆大道,君子治人伦以顺天德。"(第31—33简)由于"人伦"直接来自"天常",所以君臣、父子、夫妇的关系都是神圣化的关系,是天经地义的"天常"投射,所以是神圣不可侵犯的。但是,"六职"还必须以"天常"为皈依:"君子慎六位以祀天常。"(《成之闻之》第40简)一个"祀"字,神韵全出。换言之,在一个没有现代哲学的理性支持、没有彼此监督的社会里,唯一能够保证"父圣子仁,夫智妇信,君义臣忠"不会动摇的办法就是依托于宗教信仰。在古代，宗教毕竟是唯一能够维系社会的绳索。天常，就是大常。就是天命、天道，就是宇宙间生生不息的大化流行。作者很清楚，没有来自宗教层面对心志的威慑，没有蕴含着恐惧和信仰的宗教情感，没有对道义的热忱追求，"使民相亲"的政治目的是不可能终极性地达到的。社会的诚信何以建立，这是一个重大的问题，因而是本课题要着力讨论的问题。

其七，礼治的建立是社会各得其所，回归天然伦常的必由之路。孔子讲"克己复礼"为"仁"。"一日克己复礼，天下归仁焉。"每一个人在社会上都应该首先尽自己的本分。你是祖父、父亲、儿子、母亲，就应该尽到你们各自的责任，郭店楚简《六德》专门讨论父子、夫妇、君臣的互动关系。由父与子、夫与妇，推而广之，到"君"与"臣"，就是国家的官员，你们是总理、部长、厅长、省长、县长，都应该各尽本分。落实到我们现代的社会，也就是各行各业的各种职员（包括清洁工、售货员、看门人、工人、农民等），都应该首先把自己分内的事情做好。没有每一个国民的恪尽职守，就不可能出现现代经济的真正腾飞，就不可能有我们中华民族的未来。孔子关于"修身"理论的出发点是"己立立人，己达达人"，"己所不欲，勿施于人"。这就是"礼"的灵魂。这是现代社会各种交际关系应该绝对遵守的一条黄金规则。首先他要求每一个人把自己的事情做好，不怨天，不尤人，每天要"三省吾身"，然后再去要求别人。在各种社会关系中首先不是要求别人做到什么，而是首先要求自己做到什么。只要我们每个人把自己的事情首先做好，其他的事情就好办了。当然，这需要强有力的制度保证，否则就为一些窃国者提供了偷梁换柱的空间。值得注意的是，礼，只有依托于"天"，才能从根本上深入人心，才能在社会的管理过程中发挥作用。荀子云："故文饰、粗恶，声乐、哭泣，恬愉、忧戚，是反也；然而礼兼而用之，时举而代御。故文饰、声乐、恬愉，所以持平奉吉也；粗恶、哭泣、忧戚，所以持险奉凶也。"（《荀子·礼论》）这里的两个"奉"，是一种心态，更是对"天"毕恭毕敬的情怀。不论吉、凶，都是天命赋予你的人生锤炼，修身尊"礼"，养性俟命，自然就会逢凶而化吉，练就自己夺天地造化般的坚强意志，从而承担社会的重任。

其八，天人合一的宇宙观——道，是人类各种学说的基础。我们人类的最终归宿就是人不断奔向自由的向前迈进。我们只是宇宙的一部分，而宇宙又只是"道"的一部分,相对于宇宙而言,我们每一个人都渺小得微不足道,相对于"道"而言,我们任何人的任何巨大成就都只是"道"的一部分。孔子云:"朝闻道,夕死可矣。"(《论语·里仁》)也就是说,我们要为一个崇高的真理、崇高的目标而生活。做人要有底线,人际关系要有底线,做人做事都要有底线,这道底线就是原始儒家的"道"。儒家的"道",是现代社会一切科学知识的终极境界,它涵容了一切领域与学科,是我们返本开新、奋斗创新、走向未来的前提和基础。儒家的"道"是一种胸襟,更是一种思想的背景,它保证了儒家的各种学说,特别是政治哲学赖以存在、发展的空间和前途。"道"是一阴一阳的大化流行,是对世界上万事万物的涵摄吸纳,在此基础之上的升华、超越,就是先秦儒家至高无上的真理,就是天道之"诚"和人道之极。

正是基于上述考虑,笔者从政治理论的角度,对郭店简与上博简相关的篇章中的政治哲学思想进行了努力发掘,努力从上面所论及的各个方面和层面阐述原始儒家的政治哲学思想。虽然原始儒家的一切政治理念都已经成为过去,它完全不可能取现代政治理论思想而代之,但是,它是我们现代政治生活中的一种资源。这种资源十分重要,以至于它与我们的民族精神相依为命,甚至完全不可或缺。所以,我们不能不正视它在现代社会中的价值和作用。正是出于这种考虑,笔者把这本近作奉献给学界,祈望得到大家的指正。

第一章　君权合法性论证

第一节　禅让制的兴起与衰亡

湖北荆门郭店楚墓竹简文献《唐虞之道》和上海博物馆藏《子羔》、《容成氏》等楚地出土文献出版以来,禅让制的问题已经成为海内外学界的热点问题之一,各种讨论的文章已经比较多了。笔者认为,禅让制的思想可能萌生于孔子,形成于七十子,在荀子的强势"礼"学面前衰落。这个过程反映了先秦儒家对中国传统政治体制在理论与实践层面的艰苦探索。禅让制既是对中国上古历史史实的发挥,也是直接面对中国先秦诸侯各国"争地以战,杀人盈野;争城以战,杀人盈城"(《孟子·离娄上》)的现实所开出的救世良方。对这个问题的深入探讨,不仅可以进一步认识先秦儒家在政治哲学上的本质和对理想社会的憧憬,对中华民族先民理想政治制度的追求历程有实质性的了解,对儒学的发展脉络更加清晰,而且可以从禅让制这个特殊的视角出发清理中华民族自身的政治哲学资源,为当今的政治哲学建设提供思维方式上的借鉴。

一

在笔者看来,《唐虞之道》与《容成氏》的发现的首要意义,在于它们不仅以地下出土实物的形式否定了顾颉刚先生"禅让传说起于墨家"[1]的论断,而且也否定了童书业先生关于孟子之前没有"唐虞"连称的论断。童书业先生

---

① 吕思勉、童书业编:《古史辨》第七册下,上海古籍出版社 1982 年版,第 30 页。

在其《"帝尧陶唐氏"名称溯源》一文中指出:

> 《孟子·万章篇》说:
>
> 孔子曰:"唐虞禅,夏后殷周继,其义一也。"
>
> 《孟子》这条若不是后人加入的文字的话,那么唐虞连称就始于此,唐同尧发生关系也就始于此了。
>
> 唐虞二字连称,在先秦书里真少,一到汉朝人所作的书中,便连见不绝了。①

在当今的简帛研究界,学者们已经公认郭店楚简的下葬年代在孔子与孟子之间,所以,孟子的话至少说明孟子之前就已经有了"唐虞"连用的说法,而且我们应该在极大程度上相信孟子这段话的真实性,也就是说,孔子确实是说过"唐虞禅"的话。任何人在没有提出反面的证据之前,现在已经没有办法完全否定这个判断了。下面,笔者还将进一步依据《论语》分析这一判断的合理性。

现代疑古派的旗手顾颉刚先生在其《禅让传说起于墨家考》一文开宗明义指出:

> 尧舜禹的禅让,在从前是人人都认为至真至实的古代史的;自从康长素先生提出了孔子托古改制的一个问题以后,这些历史上的大偶像的尊严就渐渐有些摇动起来了。然而人们即使能怀疑到禅让说的虚伪,还总以为这是孔子所造,是儒家思想的结晶品。哪里知道这件故事不到战国时候是决不会出现的,并且这件故事的创造也绝非儒家所能为的。现在做这一篇文字,就是要把这件向来认为古代或儒家名下的遗产重划归它的正主——墨家——名下去。我们一定要揭去尧舜禹的伪史实,才可以表显出墨家的真精神!

仔细阅读顾颉刚先生的大作,笔者深以为,顾先生非要在儒家与墨家之间画地为牢,弄得你中无我,我中无你,这种思维方式是很成问题的。笔者以为,顾颉刚先生所处的时代虽然有了前所未有的考古发现,但是,地下的考古实物并没有真正改变当时的学界有关上古史的知识"漆黑一团,囫囵吞枣"的状态。②

---

① 吕思勉、童书业编:《古史辨》第七册下,上海古籍出版社 1982 年版,第 23、24 页。

② 董作宾:《中国古代文化的认识》,见刘梦溪主编:《中国现代学术经典·董作宾卷》,河北教育出版社 1996 年版,第 615 页。

顾先生确实是犯了简单化的错误,他好像对《庄子·天下》所展示的中国古代学术的发展理路完全没有了解。①

根据孙诒让的考证,墨子实际上就是鲁国人。《淮南子·要略》云:"墨子学儒者之业,受孔子之术,以为其礼烦扰而不悦,厚葬靡财而贫民,(久)服伤生而害事。"《吕氏春秋·当染篇》也记载了墨子在鲁国受教育的证据。胡适先生在其《中国哲学史大纲》中也明确说:"墨子所受的儒家的影响,一定不少。"②所以,即便墨家提倡"禅让说",也并不能否认先秦儒家的"禅让说"。

即使完全从历史学科的角度来考虑,禅让制在中国的历史上也并不能说完全没有。《淮南子·氾论训》所言:"尧无百尺之廊,舜无植锥之地","禹无十人之众。"《尉缭子·治本》所言:"无私织私耕,共寒其寒,共饥其饥。"在原始社会生产力极端低下、物质条件极端恶劣的条件下,社会的管理只能是建立在平均主义的前提下"共寒其寒,共饥其饥"。翦伯赞在《先秦史》中将尧、舜、禹所面对的这种时代称为"野蛮中期"。③ 所以顾先生说"禅让制"的传说是"虚伪"的"伪史实",也是比较绝对的说法。况且,即便论证出所谓的"禅让制"是"伪史",也并不能否定其思想史的意义。即便它是"伪史",也深刻反映了造伪之人面对当时的历史环境而产生的内心的精神追求和对政治理想的渴望。

另外,《韩非子·显学篇》云:"孔子墨子俱道尧舜,而取舍不同,皆自谓真尧舜;尧舜不复生,将孰能定儒墨之诚乎?"这当然说的是战国中后期的事情。

---

① 《庄子·天下》云:"古之人其备乎!配神明,醇天地,育万物,和天下,泽及百姓,明于本数,系于末度,六通四辟,小大精粗,其运无乎不在。其明而在数度者,旧法世传之史尚多有之。其在于《诗》、《书》、《礼》、《乐》者,邹鲁之士搢绅先生多能明之。《诗》以道志,《书》以道事,《礼》以道行,《乐》以道和,《易》以道阴阳,《春秋》以道名分。其数散于天下而设于中国者,百家之学时或称而道之。天下大乱,贤圣不明,道德不一,天下多得一察焉以自好。譬如耳目鼻口,皆有所明,不能相通。犹百家众技也,皆有所长,时有所用。虽然,不该不遍,一曲之士也。判天地之美,析万物之理,察古人之全,寡能备于天地之美,称神明之容。是故内圣外王之道,闇而不明,郁而不发,天下之人各为其所欲焉以自为方。悲夫,百家往而不反,必不合矣!后世之学者,不幸不见天地之纯,古人之大体,道术将为天下裂。"顾先生全文的论证以今度古,以己度人;因小而失大,似严而失真,执一废百,趋于极端,似乎完全没有考虑《庄子》的这段重要的文字。

② 胡适著:《中国哲学史大纲》,东方出版社1996年版,第130页。

③ 翦伯赞著:《先秦史》,北京大学出版社1988年版,第81页。

但是,根据《唐虞之道》和《容成氏》的具体内容,我们可以知道,这两篇文献绝对不属于墨家。为什么呢? 因为这两篇文献的作者,完全是彻底的反战主义者,此其一;完全是德政主义者,此其二;提倡礼乐文明以及"天地人民之道",此其三。这与墨子学派实在是大相径庭。

仔细研究《论语》,我们毫无疑问地看到了有关禅让制思想的某些隐隐约约的萌芽:

哀公问曰:"何为则民服?"孔子对曰:"举直错诸枉,则民服;举枉错诸直,则民不服。"(《为政》)

子贡曰:"如有博施于民而能济众,何如? 可谓仁乎?"子曰:"何事于仁,必也圣乎! 尧、舜其犹病诸! 夫仁者,己欲立而立人,己欲达而达人。能近取譬,可谓仁之方也已。"(《雍也》)

子曰:"大哉! 尧之为君也! 巍巍乎! 唯天为大,唯尧则之! 荡荡乎,民无能名焉! 巍巍乎! 其有成功也! 焕乎! 其有文章。"(《泰伯》)

舜有臣五人而天下治。武王曰:"予有乱臣十人。"孔子曰:"才难,不其然乎? 唐虞之际,于斯为盛。有妇人焉,九人而已。三分天下有其二,以服事殷。周之德,可谓至德也已矣。"(《泰伯》)

季康子问政于孔子曰:"如杀无道,以就有道,何如?"孔子对曰:"子为政,焉用杀? 子欲善,而民善矣! 君子之德,风;小人之德,草;草上之风,必偃。"(《颜渊》)

"学而优则仕。"(《子张》)

在芸芸众生之中何以将"直"者提拔到领导的岗位上?《论语》本身并没有深入讨论这个问题。对子贡关于"博施于民而能济众"的问题孔子持有高度赞许的态度,夫子的界定是"何事于仁,必也圣乎! 尧、舜其犹病诸",其向往之情溢于言表。在《泰伯》中,孔子赞扬"尧之为君"的时候情感冲动,可以说已经无以复加。对"舜"在禅让制的社会管理模式下所取得的政绩也是直言不讳的。限于文章的体例,《论语》并没有详细讨论禅让制,但是这并不意味着现实生活中的孔子就没有看到各路诸侯巧取豪夺、把天下苍生视为私有财产的事实,更不能意味着孔子在与学生进行各种讨论的时候就不涉及禅让制。楚简《子羔》篇出土问世,正好说明了孔子对当时通行的政权更替形式持有强烈的批判态度。从上面的引文中,我们也已经清楚地看到,要彻底实现《论语》中各条引用文献所提倡的政治理想,其必然归宿只能是在政权更替上施行禅让制。"君子之德,风"的最后结果,在当时的历史条件下,只有通过禅让制能够达到这种效果;"学而优则仕"也只有完全实行禅让制之后才有可能彻底实现。①

所以,顾颉刚先生说,"禅让制"是墨家"尚贤"思想的体现,顾先生还列出了墨子的话作为证据:"尚欲祖述尧舜禹汤之道,将不可以不尚贤。"(《墨子·尚贤上》)②这句话本身的语法特征和语气特点已经显示,墨子本人只是在提倡"尚贤"的主张,而"祖述尧舜禹汤之道"只是这句话的前提,似乎并不是墨子本人提出来的。如果我们确定墨子是从学习儒家的思想开始出道的,那么,我们根据上述《论语》中的内容,可以肯定地说,墨子的"尚贤"也好,"禅让"也好,都是从儒家那里学来的,至少是从儒家那里受到了启发。

这种推测有没有道理,还有待于进一步的史料作为进一步证据。但是,本节所要解决的问题是《容成氏》、《唐虞之道》到底是儒家的还是墨家的文献。这是一个大是大非的问题。在上文,笔者已经从三个方面指出《容成氏》与《唐虞之道》不是墨家的作品。现在试从这三个方面作一个简单的论证:

第一,墨子本人虽然提倡"兼爱"、"非攻",但是,他对战争本身的研究水平所达到的高度,是古代任何一位军事思想家都不得不承认的。墨家学派实际上是一个残酷的军士组织,在其军事化管理的性质上几近于法家。我们如果认真阅读一下《墨子》的《备城门》、《备高临》、《备梯》、《备水》、《备突》、《备穴》、《备蛾传》、《迎敌祠》、《旗帜》、《号令》、《杂守》诸篇,就会认定笔者的这个判断是一点都不算过头的。与此相反,《容成氏》所提倡的"禅让制",完全是彻底的反战思想,是彻底的德治主义。在《容成氏》的作者看来,"官其材"是"寝其兵"(第2简)的直接结果。因为只有"寝其兵",杜绝一切巧取豪

---

① 在先秦儒家的话语背景中,"仁"之极,就是"圣",实际上就是禅让制;"礼"之极,就是专制性的"法"。孔子主观上推崇的是仁与礼之间不离不流的"和",但是,在现实的政治生活中,二者最终是被撕裂了的。

② 顾颉刚:《禅让传说起于墨家考》,见吕思勉、童书业:《古史辨》第七册下,上海古籍出版社1982年版,第48页。

夺的途径,完全进行德性的教化,才有可能上下各得其所,人尽其才,物尽其用;否则,在没有正义性的状态下,人们的才能根本不可能得到适当的发挥,颠倒错乱,人鬼混杂,鱼目混珠,是完全依仗武力夺取政权的必然结果。所以,《容成氏》写道:"禹听政三年,不制革,不刃金,不略矢,田无蔡,宅不空,关市无赋。禹乃因山陵平隰之可封邑者而繁实之,乃因迩以知远,去苛而行简,因民之欲,会天地之利,夫是以近者悦怡,而远者自至。四海之内及,四海之外皆请贡。"(第18—19简)《容成氏》的作者已经看到,战争不可避免地会杀人,而任何杀人的行动都是对"天"的亵渎,都是对"人"的蔑视,因此,"去苛而行简,因民之欲,会天地之利",减租减息,保证民生,发展经济,是任何一个人道的政府应该履行的基本职责。《容成氏》的文章结构是一个以尧舜禅让为天人合一的理想状态,最后在人类的欲望驱使下不断被战争撕裂的进程,它从根本上反对任何形式的战争。

第二,不论是《唐虞之道》还是《容成氏》,都体现了完全的德治主义。儒家的理路是"以力服人者,非心服也,力不赡也;以德服人者,中心悦而诚服也。"(《孟子·公孙丑上》)正因为如此,才可能产生"近者悦怡,而远者自至。四海之内及,四海之外皆请贡"的德政效果。与《容成氏》一样,《子羔》一文最大的价值在于给每一位进行德行修养的人指明了"学而优则仕",甚至最后成为一代天骄的可能性。该文首先提出了"何故以得为帝"(上博简第二册中《子羔》第1简)的尖锐问题,然后描述了舜经过了各种磨难而最后荣登帝位的根本原因在于"尧之得舜也,舜之德则诚善"(第7简)。"禅让制"的根本立足点,在于它的作者始终认为,国家的领导人,或者说国家的最高权力,自上而下,必须彻底贯彻德治的主张。他始终认为,如果不是通过"禅让制"所移交的权力,这个权力本身的正义性就是不可能的。郭店简的《唐虞之道》说得非常直接:"禅也者,上德授贤之谓也。上德则天下有君而世明,授贤则民兴效而化乎道。不禅而能化民者,自生民未之有也。"(第20—21简)这里透露了禅让制的两层意思:其一,不是禅让制产生的权力,绝对不是正义的权力,在这个权力统治下的政府也不可能具有真正的正义性,"世明"讲的是公开公正公平的原则,也就是权力的正义性。其二,国家的一个基本职能就是要使"民兴效而化乎道",就是要使整个社会进入诚信、和谐的状态。但是,如果"上德授贤"的权力移交过程没有真正贯彻到底,这种理想的社会状态就不可能出现。尤其重要的是,由于在禅让制的感召下,"民兴效而化乎道",人人在内心的精神世界中具足圆满。在这样的一种状态下,社会的积极进取精神得以建立,人之所以为人的自由精神也具有了足够的空间。其中的人学理论、社会学理论与政治哲学以及它们彼此之间的关系是十分精妙的,其深度、广度和高度,都远非墨家所能企及。

第三,《容成氏》全力提倡礼乐文明以及"天地人民之道"。其政治理想与《乐记》"大乐与天地同和,大力与天地同节。和,故百物不失;节,故祀天祭地"的理论诉求是一致的。《容成氏》把礼乐的建设视为治理国家的最高境界,《容成氏》在叙述了后稷、皋陶的功绩之后写道:"舜乃欲会天地之气而听用之,乃立质以为乐正。质既受命,作为六律、六部(吕),辨为五音,以定男女之声。当是时也,疠疫不至,妖祥不行,祸灾去亡,禽兽肥大,草木晋长。"(第30、16简)很明显,在《容成氏》的作者看来,"会天地之气而听用之"的途径只能是"乐",这是国家繁荣最显著的标志,这就是"疠疫不至,妖祥不行,祸灾去亡,禽兽肥大,草木晋长"天人合一的境界。之所以能够达到这样的状态,关键在于实行了"禅让制"之后,也就是通过以"诚"为中心的"人道"与"天道"达成了统一,"天道"与"人道"的融合,必然会导致国家繁荣。这就是《礼记·中庸》里面说的:"唯天下至诚,为能尽其性;能尽其性,则能尽人之性;能尽人之性,则能尽物之性;能尽物之性,则可以赞天地之化育;可以赞天地之化育,则可以与天地参矣。"而与《墨子》的"非乐"思想相去十分遥远。

二

但是,根据我们对孔子传世学术文献的梳理可知,孔子的"禅让"思想相对于他的"礼"学思想来讲,微弱得多。根据王国维《殷周制度论》,我们可以看到,自西周以后,建立在昭穆制基础之上的宗法血亲制度已经统治了整个中国,孔子在提倡"仁"的同时,也大力提倡"礼"。孔子对他的高足颜渊说:"克己复礼为仁。一日克己复礼,天下归仁焉",这句话不仅可以推出"礼"就是"仁"的结论,而且还可以推出只要实现了"礼",全国人民都可以达到"仁"的境界。由此而把"礼"推向了极端:"非礼勿视,非礼勿听,非礼勿言,非礼勿动。"(《论语·颜渊》)这当然是孔子试图扭转春秋时期"礼崩乐坏"现实的努力。

值得注意的是，先秦时期的"礼"，诚如杨向奎先生所言，"西周时的周公，春秋时的孔子，都是因往日的礼俗而加工"。① 在西周时期，"礼"已经提升成为视、听、言、动一切社会行为的准则。所以司马光在论述到三家分晋的时候就写道："臣闻天子之职，莫大于礼，礼莫大于分，分莫大于名。何谓礼？纪纲是也。何谓分？君、臣是也。何谓名？公、侯、卿、大夫是也。……夫礼，辨贵贱，序亲疏，裁群物，制庶事，非名不著，非器不形；名以命之，器以别之，然后上下粲然有伦，此礼之大经也。名器既亡，则礼安得独在哉！"②司马光《资治通鉴》一书从"三家分晋"入手，正是想通过这个历史片段来强调儒家的"礼"是中国社会历史的大经大伦。周公因礼俗而倡导的"礼"，也正是孔子所追求的"礼"，二者损益相因，在本质上是一致的。原始儒家的开山鼻祖孔子，从文化的传承角度上来讲，就是想通过这种无所不在的"礼"，来挽救春秋时期"礼崩乐坏"的颓势。《礼记·礼器》说得很清楚："欲察物而不由礼，弗之得矣。故作事不以礼，弗之敬矣。出言不以礼，弗之信矣。故曰，礼也者，物之致也。"应该说这就是西周礼制的具体写照。

据王国维先生在《释礼》一文的考证，"礼"字在甲骨文中就已经出现，并且引《说文》写道："礼，履也。所以事神致福也。"③可见"礼"是我们中华民族由来已久的一种深层习俗，是追踪中国上古三代以来历史而形成的一套社会管理体系。所谓的"神"，实际上就是祖宗崇拜。④ 所以《礼记·礼器》云："礼也者反本修古，不忘其初者也。"《礼记·乐记》亦云："乐也者，始也；礼也者，报也。""礼之报，乐之反，其义一也。"这里的"古"和"初"，说到底，实际上就是筚路蓝缕、开辟山林的始祖。所以，"礼"的本质就是宗法血亲制。

本节在这里引经据典讨论"礼"的起源与内涵，并非想要深究"礼"与宗法

---

① 杨向奎：《礼的来源》，《孔子研究》1986 年创刊号。

② 司马光著：《资治通鉴》(卷一)，上海古籍出版社影印本 1987 年版，第 1 页。

③ 王国维著：《释礼》，见《观堂集林》(一)，中华书局 1959 年版，第 291 页。

④ 根据西周成、康、穆、孝、厉数代的青铜器铭文，我们可以知道，"天"的观念是次要的观念，"祖"才是核心的重要的观念。(见欧阳祯人著：《先秦儒家性情思想研究》，武汉大学出版社 2005 年版，第 23 页)

血亲制的深刻关系(在某种程度上,这也是一个不言自明的问题),而是要通过上面的表述说明,既然这种无所不在的"礼"制的本质是宗法血亲制,它所导致的政治体制,也就只能是父传子受的家天下、专制集权模式。"礼"在先秦儒学的理论体系中,是"慎终追远"的一个组成部分,"慎终"是指父母的丧礼;"追远"指的是针对祖宗的祭祀之礼,它的现实基础是"孝道"。孔子的孝道思想体系中虽然具有深厚的人文主义关怀,是对殷周以来相关思想的重大革命性改造,但是,它无法在法理层面斩断父父、子子与君君、臣臣之间千丝万缕的联系。把它推向极端,实际上就是父传子受的专制主义。这是儒家伦理学说与政治学说无法截然分开的必然结果。由此我们看到了《论语》之中秉承周公而来的"礼"学思想与其禅让思想的尖锐冲突。

　　对这一问题笔者试从《易传》中寻求答案。章学诚云:"《易》以天道而切人事,《春秋》以人事而协天道,其义例之见于文辞,圣人有戒心焉。"(《文史通义·易教下》)所谓"切人事",也就是说《易传》具有历史文化、政治社会的理论向度。《系辞传》云:"《易》之兴也,其于中古乎? 作《易》者,其有忧患乎?"富有历史的反思精神和忧患意识,整个《易传》实际上就是一部历史哲学著作。我们虽然不能百分之百地说《系辞传》完全出自孔子之手,但是,根据长沙马王堆帛书《易传》所提供的材料,我们现在已经不能完全否认孔子传《易》的事实,由此我们也不能否认传世文献《系辞传》中的核心思想属于孔子的事实。李学勤先生根据传世文献以及长沙马王堆出土的帛书资料研究指出:"孔子晚年对《周易》十分爱好,而且自己撰成了《易传》(至少其中一部分)。"李学勤先生还说:"(我)当然不是认为先秦的《易传》和今天我们看到的完全相同。古书的定形总是有一个较长过程的,但《易传》的主体结构形成应和《论语》处于差不多的年代,其与孔子的关系是很密切的。"[1]有了这样的认识前提,我们会惊讶地发现,《系辞上传》第一章具有深刻的内在紧张:

　　　　天尊地卑,乾坤定矣。卑高以陈,贵贱位矣。动静有常,刚柔断矣。
　　方以类聚,物以群分,吉凶生矣。在天成象,在地成形,变化见矣。是故刚
　　柔相摩,八卦相荡。鼓之以雷霆,润之以风雨;日月运行,一寒一暑。乾道

---

① 李学勤著:《古文献丛论》,上海远东出版社1996年版,第5—6页。

成男,坤道成女。乾知大始,坤作成物。乾以易知,坤以简能。易则易知,简则易从。易知则有亲,易从则有功。有亲则可久,有功则可大。可久则贤人之德,可大则贤人之业。易简而天下之理得矣。天下之理得而成位乎其中矣。

"天尊地卑,乾坤定矣。卑高以陈,贵贱位矣。动静有常,刚柔断矣。方以类聚,物以群分,吉凶生矣"一段,讲的是不变的"礼",是"易"的不变义。"在天成象,在地成形,变化见矣。是故刚柔相摩,八卦相荡。鼓之以雷霆,润之以风雨;日月运行,一寒一暑。乾道成男,坤道成女"是在描述变动不居的变化义,其中包含了治、乱相承的历史发展观和辩证法。"乾以易知,坤以简能。易则易知,简则易从。易知则有亲,易从则有功。有亲则可久,有功则可大。可久则贤人之德,可大则贤人之业。易简而天下之理得矣。天下之理得而成位乎其中矣"则讲的是易简之谓大德。如果把这三者与政治历史的发展结合起来,我们就可以看到,孔子有否定一成不变的专制主义的思想萌芽或倾向,也否定了一治一乱的循环模式,而最终提倡由禅让制而导致的儒家德政的顶峰——儒家式的"无为而治"。① 这种"无为而治"的易德大理,就是《易传》的易简之德。如果把司马迁《史记·孔子世家》孔子晚年研究《周易》而"韦编三绝"的勤奋与长沙马王堆帛书易传《要》篇描写孔子晚年对《易传》的痴迷结合起来,我们就似乎可以推导出《唐虞之道》、《子羔》、《容成氏》三篇佚籍很可能与孔子具有某种直接或间接的关系。

我们知道,孔子是一位十分谦逊的长者,他绝不自诩为"圣",甚至也不自诩为"仁",但是,他对自己在追求人生理想时所拥有的勤奋精神、进取精神却是没有丝毫的谦虚:"其为人也,发愤忘食,乐以忘忧,不知老之将至云尔。"(《论语·述而》)"十室之邑,必有忠信如丘者焉,不如丘之好学也。"(《论语·公冶长》)根据《史记·孔子世家》记载,孔子幼年即好"礼",并且由此而导致天下学子云集响应,成就了一代教育家弟子三千,贤人七十二,梦想变成现实的伟大事业。但是,我们可以试想,难道具有"勤奋精神、进取精神"的孔

_____

① 在这里,先秦儒家的"无为而治"毫无疑问受到了道家的影响,但是,以"德政"为中心的儒家"无为而治"思想对道家相关思想进行了根本性的改造,其主要目的是为了减低社会管理成本。《论语·卫灵公》"无为而治者,其舜也与! 夫何为哉? 恭己正南面而已矣。"

子在历经人生的各种磨难之后,就没有丝毫的思想发展? 就不可能顺理成章地产生自我否定的精神? 不论读者承不承认笔者的猜想和推理,上面《系辞上传》第一段中的思想紧张则是明显的。笔者的解释是,孔子之所以成其为孔子,就在于他具有非常勇敢的否定精神。当然,问题的提出只是给了我们一个思考的向度,笔者也并不想根据这种推理得出任何结论,但是,根据《论语》和《易传》的文本,我们确凿地发现了孔子思想体系中"礼"学思想与"禅让"思想之间的内在矛盾,说明了先秦原始儒学中存在着这样两种思想的发展向度。尤其值得注意的是,在《论语》的整个文本中,已经显示,在孔子的思想体系中,"禅让制"的思想倾向在逻辑上应该是后来居上,这是不容争辩的事实。我们只有这样来客观地界定孔子思想的发展走势,才有可能公正、合理地对待孔子——作为一代伟大的人文主义、人道主义大师,在经历了各种磨难之后,他的思想应该有所发展的事实。

现在的问题是,禅让制所提倡的政治哲学理论确实是对当时的政权更替形式的一种特殊的批判,那么,为什么它随着历史的烟云浮沉跌宕,最后被完全淹没了呢? 笔者在认真思考这一问题之后,深以为,这要从历史哲学的"理"与"势"的关系中寻找答案。在中国古代历史哲学的体系中,有一种说法,叫"以理抗势"。借用到禅让制的研究中,我们似乎可以说,以"礼"为中心的宗法制体制在中国古代政治哲学中的走向,是"势";晚年孔子以及七十子的某些人物在春秋战国各国诸侯巧取豪夺的硝烟战火之中也已经看到了各国政治权力父传子受模式的严重危害,所以就极富针对性地提出了禅让制的政治理想,这就是"理"。也就是说,先秦儒家的禅让制虽然在理论上具有无比动人的魅力,对春秋战国时期"争地以战,杀人盈野;争城以战,杀人盈城"的现实也具有无比的批判精神,但是,非要让它在现实生活之中落到实处,至少在先秦时期完全没有现实的土壤。

王夫之在《尚书引义》卷四说:"势者事之所因,事者势之所就,故离事无理,离理无势。势之难易,理之顺逆为之也。理顺斯势顺矣,理逆斯势逆矣。"理,指的是应然;势,指的是必然。在历史的发展过程中,应然与必然之间永远都是有距离的,即便有的时候有真正的融合与统一,那也一定是暂时的,否则历史前进的动力从哪里来呢? 所以,王夫之提出:"势字精微,理字广大,合而

— 23 —

名之曰'天'。"（《读四书大全说》卷九）换言之，势与理的合一，不仅是一种境界，而且是一种至高无上的境界，那就是"天"。

所以，笔者的意见是，禅让制就是那"广大"的"理"，但是，先秦时期的社会形态发展则具有它深刻的、复杂的历史逻辑，这就是"精微"的"势"。这一组"理"与"势"在先秦时期的磨合过程，是以禅让制的思想大败亏输而告终的。在源远流长、底蕴深厚的宗法血亲制面前，禅让制的兴起，简直是以卵击石，这是在战国中期以后，禅让制的相关文献湮没无闻成为佚籍的根本原因。

遍考先秦儒家内部的典籍，笔者认为，禅让制思想的真正的杀手实际上就是"礼"。李学勤先生推测，禅让制之消亡与燕国"禅让"的闹剧有关，[①]但是，这只是一个偶然的事件。这个闹剧对于禅让制——这个巨大的、由来已久的思潮的衰亡，真的有这么大的作用吗？笔者绝对是持怀疑态度的。为什么呢？因为我们不能把历史的发展简单化。正面的证据，我们依然只能从经典中寻找。

笔者认为，荀子作为稷下学宫的翘楚，其思想的表述代表了当时思想的主流，也正是在荀子的笔下，我们才真正看到了先秦原始儒家禅让制理想的破灭。《荀子·正论》站在君权至高无上的角度，站在上下垂直的"礼"的角度，对"禅让制"进行了总结性的批判，这很有可能是总结了稷下学宫大多数学者的意见，同时也体现了先秦时期中国社会发展的不可逆转的专制集权趋势：

第一，荀子在《正论》一文中正式提出了对禅让制的批判。在批判之前，荀子表面上仍然尊崇孔子的"礼"，但是，荀子的"礼"与孔子的"礼"已经大相径庭。孔子的"礼"虽然是从周公那里传承而来的，但是他特别强调的是"仁"的精神，强调的是"中和"之美，强调的是礼乐相融，充满人文主义、人道主义的亲和美。但是，在荀子笔下，"礼"已经完全是上下垂直的关系，荀子完全声称："上者，下之本也。"（《正论》）上行下效，君王以身作则，本来是先秦儒家历来所拥有的思想，但是，原始儒家的代表作《论语》、《孟子》所讲的"礼"在

---

① 李学勤：《简帛书籍的发现及其意义》，见李学勤著：《中国古代文明研究》，华东师范大学出版社 2005 年版。

追求上下关系的同时,还特别强调二者之间的互动:"君之视臣如手足,则臣视君如腹心;君之视臣如犬马,则臣视君如国人;君之视臣如土芥,则臣视君如寇雠。"(《孟子·离娄下》)这种平等互动的精神,在荀子那里完全没有了,代之而起的是君主,成了广大臣民的一切标准,一切理据,一切存在的理由,"三纲五常"的毒烈之气已经呼之欲出。

第二,荀子坚决反对汤武革命。荀子的逻辑是,桀纣并不是拥有天下的君主,而只是拥有了"天下之籍"。籍者,祚也。这种解释当然是很勉强的。荀子的意思是,只要在举国上下坚决地实行"礼"制,英明的君王就会自然诞生,同时也就抑制了像桀纣这样的昏君窃取国家的至高权力。桀纣窃取的只是国家的权力,并没有窃取天下的权力。"国,小具也,可以小人有也,可以小道得也,可以小力持也;天下者,大具也,不可以小人有也,不可以小道得也,不可以小力持也"。(《正论》)由于君主是实行彻底的"礼"制而诞生的君王,因此,它就是圣王,就有至高无上、不可动摇的地位,荀子的表述如下:

> 天下者,至重也,非至强莫之能任;至大也,非至辨莫之能分;至众也,非至明莫之能和。此三至者,非圣人莫之能尽,故非圣人莫之能王。圣人,备道全美者也,是县天下之权称也。国者,小人可以有之,然而未必不亡也;天下者,至大也,非圣人莫之能有也。(《正论》)

荀子把"国"与"天下"划分为两个完全不同的概念,进而区分出一般的国君与至高无上的天下圣王。无论如何,荀子的论述充满了空想的性质,加强了"圣王"权力的神秘性,为中国将来的君主专制主义打造了一个永远都只能仰望的楼阁,在这个楼阁面前,人民当然只能够仰望,不能有任何非分之想。当然,荀子理论的缺失是一回事,别有用心的人蓄意的利用与改造是另外一回事。

第三,于是顺理成章,在荀子设计的这样一个实际上也是子虚乌有的"圣王"国度里,"道德纯备,智慧甚明,南面而听天下,生民之属,莫不震动从服以化顺之,天下无隐士,无遗善,同焉者是也,异焉者非也,夫有恶擅天下矣?"(《正论》)这样看来,荀子完全相信,在他所改造的儒家"礼"制下所诞生的"圣王"社会里,一切的一切都已经达到了最好的境界,还有必要实行"禅让"吗?荀子实际上也同样犯了太史公所批评的"博而寡要,劳而少功,是以其事难尽从"(《史记·六家指要》)的致命缺点。因此,尧舜禅让之说,在荀子看来，"是虚言也，是浅者之传，陋者之说也。不知顺逆之理，大小，至不至之变者也，未可语及天下之大理者也。"（《正论》）就像对孟子的性善论没有真正的理解一样，囿于时代的局限，荀子也没有真正认识到禅让制的价值。荀子依托由来已久的"礼"制强势惯性，推出了所谓的"圣王"，来取代先秦原始儒家"禅让制"的诉求，把一个深刻的问题简单化了。

事实上，在此后的两千多年里，上下垂直的"礼"制确实是实行了，但是，从来都没有出现过"圣王"，荀子所描绘的那种美好的社会景象也从来没有出现过。由此可见，禅让制作为一个古老的理想，历久弥新，还需要中国人民继续努力，做出不懈的追求，才有实现的可能。

结　语

古往今来，任何一位伟大的哲人，都难免纠结于过往的历史与未来的憧憬之中。孔子在《论语》中体现出来的国家政权理论所表现出来的矛盾就正是体现了当时广大知识分子置身于历史撕裂状态下的一种两难的处境。从"礼"的角度上来讲，它具有深厚的民俗根基，也就是历史哲学的"势"，具有不可抗拒的历史惯性。从"禅让"的角度上来讲，它具有广泛的普适性，是天地之大理。先秦原始儒家的禅让制理论的出台，说明了他们对现实的批判，是"以理抗势"的一个努力尝试。

毫无疑问，从上述内容来看，设身处地于春秋战国时期的纷乱局面，"禅让制"的理想迂腐至极，简直就是梦想。① 它遭到了诸侯各国既得利益者以及传统"礼"制两方面的强烈挤压，它最终只能是死路一条。但是，禅让制思想的骨子里有一种对现实的批判精神，对生活在水深火热中的广大人民具有深刻的同情。在先秦时期黑暗的政治角逐场上，"禅让制"像一道划过茫茫夜空的彗星之光，转瞬即逝。它在中国数千年的政治历史上一直只是处于一个梦想的地位，除了被人利用实施篡权的野心外，并没有真正地发挥作用。但是，在当今全球经济一体化的时代，"禅让制"似乎已经成了中国古

---

① 陈来先生在《全球化时代的多元普遍性》一文中指出："如果离开历史发展的现实，我们空谈理想和正义，那往往会被历史所边缘化。"（《朱子学刊》第十七辑，黄山书社2008年版，第1页）陈先生的论断也无意之中点到了先秦儒家"禅让制"的软肋。

老文化与现代"民主制"对话的桥梁。陈来先生指出："在当今的世界上,我们说任何的一个国家经济、技术甚至政治的发展都不可能脱离世界其他国家,任何闭关自守的孤立于世界的那种发展努力,不仅是徒劳的,应该说也是注定要失败的。今天面对经济技术的全球化以及由此带来的人们对于推进民主及政治改革的要求等,我们应该用全盘承受的态度,通过全面加强和世界的联系和交往,加速科技文明的进步,加快学习现代企业制度和它的管理体系,来推动我们政治文明的不断进步。"①禅让制就是中国人的祖先在数千年前做的一个在中国古代专制主义时期永远都没有实现的梦。值得提请注意的是,禅让制只是一种政治的理想,是一种价值观,是一种哲学,因此,它深刻地反映了古代中国人对政治制度的公正性、政治权力的正义性,早就具有发自内心的渴望。这种"渴望"的民族心理也许正是中国当代政治体制走向世界的桥梁和基石。

《子羔》云:"何故以得为帝?"(上博简第二册中《子羔》第1简)《民之父母》也提出:"何如斯可为民之父母?"(上博简第二册中《民之父母》第1简)实际上是提出了政治权力的正义性问题。《唐虞之道》阐述得最为细致:"禅也者,上德授贤之谓也。上德则天下有君而世明,授贤则民兴效而化乎道。不禅而能化民者,自生民未之有也。"(郭店简《唐虞之道》第20—21简)《唐虞之道》的这段文字提出了一个尖锐的问题,那就是任何一个国度,任何一个政权,不仅应该让广大的老百姓吃饱肚子,而且更重要的是要让他们"化乎道",也就是说,每一个独立的个体,必须是人道与天道的融合。因为只有这样,社会的诚信、和谐才有可能被建立起来。而这一切建立的根本前提就是政治权力的合法性、正义性。这至少是我们当今解读先秦原始儒家"禅让制"的时候所看到的原始儒家政治哲学的本质。早在两千多年前的中国先民,就已经具有了这样的政治理想,我们作为中国文化的传人应该是十分自豪的。但是,如果我们至今还不能通过现代科学与民主的手段来实现这种理想,那就实在是对不起我们的古人了。

---

① 陈来:《全球化时代的多元普遍性》,见《朱子学刊》第十七辑,黄山书社2008年版,第2页。

第二节 《容成氏》的思想倾向简析

关于《容成氏》的流派与思想,数年来,有说杂家佚籍者,①有说儒家佚籍者,有说墨家佚籍者,还有说纵横家佚籍者,诸如此类,不一而足,可谓众说纷纭。本节试图立足于文本,参考当下学者的各种论述,以先秦时期学术发展脉络为背景,在论证各种有关《容成氏》之学派讨论是非的基础上,探索《容成氏》一文的儒家思想倾向,为专家们进一步讨论《容成氏》的创作目的和思想内涵提供一个客观的视野。本节并不认为《容成氏》是一篇地地道道的儒家文献,但是,笔者认为,它至少从原始儒家的思想体系中汲取了丰富的思想资源。

一

《容成氏》一文,李学勤先生称其为纵横家作品。李先生说:"《容成氏》讲古代的禅让和古史传说,可能与战国时期纵横家们的宣传有关","《战国策·燕策一》载鹿毛寿等人劝燕王哙让位于其相子之,所发言论可以与此相对照。另外,郭店简《唐虞之道》似乎也是类似,可能都是一些纵横家们的作品。"②李先生所根据的就是《战国策·燕策一》中的一段历史闹剧:

> 燕王哙既立,苏秦死于齐。苏秦之在燕也,与其相子之为婚,而苏代与子之交。及苏秦死,而齐宣王复用苏代。燕哙三年,与楚、三晋攻秦,不胜而还。子之相燕,贵重主断。苏代为齐使于燕,燕王问之曰:"齐宣王何如?"对曰:"必不霸。"燕王曰:"何也?"对曰:"不信其臣。"苏代欲以激燕王以厚任子之也。于是燕王大信子之。子之因遗苏代百金,听其所使。

---

① 吴根友:《"传贤不传子"的政治权力转移程序——上博简〈容成氏〉篇政治哲学的问题意识及其学派归属问题初探》,见郭齐勇主编:《儒家文化研究》第一辑,三联书店 2007 年版,第 155 页。

② 李学勤:《简帛书籍的发现及其意义》,见李学勤著:《中国古代文明研究》,华东师范大学出版社 2005 年版,第 307、313 页。

　　鹿毛寿谓燕王曰："不如以国让子之。人谓尧贤者，以其让天下于许由，由必不受，有让天下之名，实不失天下。今王以国让相子之，子之必不敢受，是王与尧同行也。"燕王因举国属子之，子之大重。子之三年，燕国大乱，百姓恫怨。将军市被、太子平谋，将攻子之。储子谓齐宣王："因而仆之，破燕必矣。"王因令人谓太子平曰："寡人闻太子之义，将废私而立公，饬君臣之义，正父子之位。寡人之国小，不足先后。虽然，则唯太子所以令之。"太子因子党聚众，将军市被围公宫，攻子之，不克；将军市被及百姓乃反攻太子平。将军市被死已殉，国构难数月，死者数万众，燕人恫怨，百姓离意。（《战国策·燕策一》）

李学勤先生是一位历史学家，在简帛研究活动中是极力推崇王国维先生"二重证据法"的。毫无疑问，李先生尊重事实的治学态度是令人敬仰的。但是，笔者以为，在传世文献中，历史史料是证据，文献中显示出来的思想脉络也同样是证据，笔者的意思是，从《论语》的禅让制萌芽，到《唐虞之道》《容成氏》的禅让制思想形成，显示了从春秋到战国初、中期的思想史发展的轨迹，这当然是证据，也许是更重要的证据。诚如上一节笔者所分析的一样，《唐虞之道》、《容成氏》从文献内在的思想性质上来讲，实在很难脱离到儒家思想体系之外去。上面引文中鹿毛寿的游说内容中，提及尧舜许由，可能有很多偶然的、现实的原因，但是，要纵横家自己操刀写出《唐虞之道》《容成氏》之类的文章，恐怕是不可能的。为什么呢？笔者以为，第一，纵横家的最大特点就是崇尚计谋，尊奉机巧权变；因而把游说看作万能的法宝，极力宣扬游说的艺术。第二，纵横家言始终以某种功利为目的，为了达到目的而不择手段，为了投其所好，危言耸听，挑拨离间，因而给人有丧德败性之感。第三，公开宣扬权势富贵的显赫、重要，因而纵横家都是一些追名逐利之徒，在思想上，不仅没有深度，而且在很多情况下完全是见利忘义，巧言令色，丑恶至极。所以说，《容成氏》与纵横家的本质属性没有任何关系，至少相去十分遥远。

　　也有人认为《容成氏》是墨家的作品。他们认为："其德輨清，而上爱下，而一其志，而寝其兵，而官其材"等文句体现了墨家兼爱、尚贤、非攻等思想；桀之伐岷山氏娶女、为倾宫、为琼室、为瑶台、为玉门，纣之为九成之台，"为酒池,厚乐于酒,溥夜以为淫",皆与墨家非攻、非乐、节用的主张相违背,是《墨子》经常援引的反面例子;至于其中的汤伐桀、武王伐纣,因为墨子说"彼非所谓攻,谓诛也"(《墨子·非攻下》),所以"诛"也是墨子所认同的,"因此由《容成氏》简文的叙事过程看来,确实反映了明确的墨家思想倾向。""但是它和《墨子》各篇的风格还是有所不同。《墨子》各篇有比较集中的主题,论说色彩很浓,举例简明扼要。《容成氏》则以顺序叙述古代帝王的传说来阐述自己的理念。形式更为古朴,素材更为详备"。因此,《容成氏》"如果不是早期墨家的作品,就应该是墨家讲学时讲义一类的东西。"①这种观点也得到了一些人的支持:"《容成氏》的最早来源,有可能就是墨子本人的论述"。② 还有的人从考证第 33 简的内容入手,认为其内容"□乱泉。所曰圣人,其生易养也,其死易葬,去苛慝,是以为名"讲的是"禹下葬时,墓圹下部不绝泉水的意思,这和《墨子·节葬下》的说法完全相同,而用词则和《说苑·反质》、《汉书·杨王孙传》一致",并认为"裘锡圭先生指出 33 号、34 号简文'禹……见皋陶之贤也,而欲以为后'跟《墨子·尚贤下》的说法相同,③亦是一证。""从篇幅角度而言,《容成氏》对禹的作为记载得最为详细;33 号简还对禹的节用、节葬行为也进行了详细记载,并予以'圣人'的评价。"(《庄子·天下》云:"墨子称道曰:'……禹大圣也,而行劳天下也如此',是墨家称禹为'圣'的明证),我们觉得很难否认这些内容与墨家学说之间的联系。"④

笔者认为,《容成氏》一文确实汲取了墨家的思想资源,例如关于"禹政"的那一段描写,就确实有墨家的影子。但是,如果将《容成氏》完全归属于墨家学派,笔者则深以为不妥。理由有三:第一,墨子始终在实践与理论上都是小生产者的代表,他说他自己"量腹而食,度身而衣,自比于群臣,奚能以封为哉?"(《墨子·鲁问》)他拒绝了鲁国王的赏赐,并不想与统治者搅到一起。这

---

① 赵平安:《楚竹书〈容成氏〉的篇名及性质》,见《华学》第六辑,紫禁城出版社 2003 年版,第 76—77 页。

② 史党社:《读上博简〈容成氏〉小记》,简帛研究网,2003 年 3 月 6 日。

③ 见裘锡圭:《新出土先秦文献与古史传说》[见《北京大学中国古文献研究中心集刊》(四),北京大学出版社 2004 年版;收入《中国出土古文献十讲》,复旦大学出版社,2004 年版],但裘先生并没有主张《容成氏》属于墨家。

④ 郭永秉:《从〈容成氏〉33 号简看〈容成氏〉的学派归属》,简帛网,2006 年 11 月 7 日。

本来并没有什么不好,但是,墨子把政治改革的理想完全寄托在贤君、明君身上,而自己却不参与。墨子提倡的是"以民选贤",而不是"长官授贤",这与《容成氏》的选贤理路是根本不同的。①《容成氏》中的尧、舜、禹,皋陶、后稷等,虽然都出身贫寒,在禅让之际也都有"五让"的环节或者习惯,但是这些都是一种礼仪,不是真正的不接受。在儒家的笔下,读书人就是要"学而优则仕",就是要学"大人",学"君子儒",孔子就自称是一个"待贾者也!"(《论语·子罕》)到了孟子那里,更有"当今之世,舍我其谁"的强烈期望,与《容成氏》的理路是一致的。《容成氏》离儒家近,离墨家远,这是事实。第二,《容成氏》从根本上反对战争,反对任何形式的武力夺取政权。其作者认为,从尧、舜、禹到春秋、战国的历史,就是一个不断从禅让到武力革命的堕落历史,他推崇的是禅让制,而不是武装革命。《容成氏》认为,任何革命战争夺取政权的做法都会导致奸邪并起,社会政治的正义性将不复存在。我们知道,孔子是反战的,语见《论语》的《宪问》和《卫灵公》②,尤其是在《泰伯》中,孔子称赞泰伯"三以天下让","其可谓至德",明确地显示了孔子是反对以革命手段攫取国家权力的。孟子在这方面的论述就更多:"争地以战,杀人盈野;争城以战,杀人盈城,此所谓率土地而食人肉,罪不容于死。故善战者服上刑,连诸侯者次之,辟草莱、任土地者次之。"(《孟子·离娄上》)孟子甚至强调:"行一不义,杀一不辜,而得天下,皆不为也。"(《孟子·公孙丑上》)但是,墨子则对战争有深入的研究:"子墨子解带为城,以牒为械。公输盘九设攻城之机变,子墨子九距之。公输盘之攻械尽,子墨子之守圉有余,公输盘诎。"(《墨子·公输盘》)这段在中国家喻户晓的话,说明了《墨子·备城门》等讨论战争的文章是属于墨子本人的思想。所以,司马迁就称墨子善于"善守御"(《史记·孟荀列

---

① 《墨子·尚同上》载:"夫明乎天下之所以乱者,生于无政长。是故选天下之贤可者,立以为天子。天子立,以其力为未足,又选择天下之贤可者,置立之以为三公。天子三公既以立,以天下为博大,远国异土之民,是非利害之辩,不可一二而明知,故画分万国,立诸侯国君,诸侯国君既已立,以其力为未足,又选择其国之贤可者,置立之以为正长。"

② 《论语·宪问》载:"南宫适问于孔子曰:'羿善射,奡荡舟,俱不得其死然;禹稷躬稼,而有天下。'夫子不答,南宫适出。子曰:'君子哉若人! 尚德哉若人!'"《卫灵公》又载:"卫灵公问陈于孔子。孔子对曰:'俎豆之事,则尝闻之矣;军旅之事,未之学也。'明日遂行。"

传》),这当然与《容成氏》完全排除任何战争的终极理想相去十分遥远。① 第三,《容成氏》的根本理路是德礼相依,是提倡礼乐、德化教育的,愈古愈新,是一种以先王之道为至道、圣道、"天地人民之道"的文化保守主义。《容成氏》尊崇了孔子的理路,把"礼乐"治国的方略看得十分重要,不仅把"乐"视为考察接班人的重要内容,而且也是一个国家是否繁荣的重要象征:

> 尧于是乎为车十又五乘,以三从舜于畎亩之中。舜于是乎始免执开耰锸,谒而坐之子。尧南面,舜北面,舜[14]于是乎始语尧天地人民之道。与之言政,悦简以行;与之言乐,悦和以长;与之言礼,悦敀(尃)而不逆。尧乃悦。尧[8]……

> 民有余食,无求不得,民乃赛,骄态始作,乃立皋陶以为李。皋陶既已受命,乃辨阴阳之气,而听其讼狱,三[29]年而天下之人无讼狱者,天下大和均。舜乃欲会天地之气而听用之,乃立夔以为乐正。夔既受命,作为六律六[30]部(吕),辨为五音,以定男女之声。当是时也,疠疫不至,妖祥不行,祸灾去亡,禽兽肥大,草木晋长。[16]②

很显然,"乐"在这里依然是儒家教化的重要内容,这是不容辩驳的事实。正是从儒家的整个政治哲学的角度上来讲,《容成氏》的作者认为,人类的发展历史就是天道与人道在权力的争斗之下不断崩裂的历史,他向往的是一种太古的文明,是天人合一的至高境界。但是,我们知道,墨子所提倡的"非乐"理论,尤其反对儒家哲学"述而不作",崇尚古代文化,"君子必古言古服"(《墨子·非儒》)的思维方式,与《容成氏》以"乐""会天地之气"的政治学说大相径庭。

到目前为止,很多人认为《容成氏》属于儒家的文献。姜广辉先生说:"尧舜禅让和汤武革命是早期儒家的两个基本思想。《容成氏》简文把它表达得

---

① 值得注意的是,《容成氏》有一种"德"者高于"贤"者的思想倾向,从文章的结构上有一种舜高于禹的寓意,文章似乎是在暗示,汤武革命的真正祸根来自于"禹政"。因为有了"贤者",就必然有"不贤者",有了"不贤者",矛盾就会滋生,并且最终引发武装夺取政权。笔者的意思是,如果我们完全排除《容成氏》一文受到道家思想影响的可能,也是不行的。

② 本书所引《容成氏》的释文,全部出自陈剑先生《上博简〈容成氏〉的竹简拼合与编连问题小议》一文,参见朱渊清、廖名春主编:《上博馆藏战国楚竹书研究续编》,上海书店出版社 2004 年版,第 327—334 页。

淋漓尽致。尧舜禅让,传贤不传子,是上上之策。否则传子不传贤,最后会招致暴力革命,政权被推翻。汤武革命实为下下之策,是不得已而为之的最后手段","从思想倾向来看,《容成氏》应属于儒家作品"。① 学术界还有一些学者根本就不予讨论,把《容成氏》属于儒家作品视为当然。例如,台湾的林素清先生和大陆的丁四新先生。②

我们知道,《容成氏》的基本思路是"述其先王之道"(第 35—42 简),尧、舜、禹之所以能够实行禅让制,就在于"履天戴地",遵奉了"天地人民之道",也就是遵奉了"先王之道",所以人民才能够安居乐业,国家才能够"禽兽朝,鱼鳖献,有无通"(第 5 简)。而桀、纣之所以神人共愤,也就在于不能够"述其先王之道"。《容成氏》认为整个三代以来的历史,都是一代不如一代的、不断堕落的历史,道德的最高表率在"尧",是尧发现了舜,在反复考察之后,舜继承了大位,舜之所以能够在在位期间把国家的事情做好,是因为执行了尧的既定方针。舜的接班人"禹",劳苦功高的同时,也打破了尧舜以来"不赏不罚,不刑不杀","无为而治"、天人冥合的格局,在政治的理想上已经脱离了尧、舜的天人理想,在《容成氏》的整个文章结构中,弦外之音,在对"禹政"的描写中隐含着批评的意味。我们知道,儒家虽然崇敬禹,但是墨家更加崇敬禹,禹是墨家的"神"。《庄子》批评墨家学派"以自苦为极","以此教人,恐不爱人;以此自行,故不爱己。……使人忧,使人悲,其行难为也,恐不可以为圣人之道!反天下之心,天下不堪,墨子随独能任,奈天下何? 离于天下,其去王也远矣。"(《天下》)透过庄子对墨子的批评,我们也可以掂量出《容成氏》在尧舜与禹之间的褒贬分寸。更为重要的是,《容成氏》是一篇提倡禅让制的文章,但是与此同时他却并没有否定"文王崩,武王即位"(第 49 简)仔细研读《容成氏》,并且把它与先秦儒家的传世文献结合起来考虑的思想体系,笔者认为,它好像是与《孟子·万章》引用孔子的话"唐虞禅,夏后殷周继,其义一也"有某种相同之处,换言之,《容成氏》可能与思孟学派有某种特别的联系。这与

---

① 姜广辉:《上博藏简〈容成氏〉的思想史意义》,简帛研究网,2003 年 1 月 9 日。
② 林素清:《读〈容成氏〉札记》,见武汉大学简帛研究中心主编:《简帛》第二辑,上海古籍出版社 2007 年版,第 243—248 页;丁四新:《楚简〈容成氏〉"禅让"观念论析》,见刘大钧主编:《简帛考论》,上海古籍出版社 2007 年版,第 196—216 页。

其说是笔者阅读《容成氏》的一种启示，还不如说是笔者把这个问题当作一个疑问，存放在这里，以待进一步的简帛资料出土来证实。

<h1 style="text-align:center">二</h1>

战国时期本来就是一个思想大融合时代，各种文献在很大程度上，很难完全百分之百地定性为诸子百家中的一家，而且即便有明显的思想倾向，也不可能不受到其他学派的影响。例如，《容成氏》肯定受到了墨家、道家①等各个方面的影响。但是，笔者认为，讨论出土文献的学派属性，尤其是讨论文献本身的思想倾向性，对我们加深文献本身的思想理解，对我们把握中国政治哲学的思想发展脉络，都是十分有益的。

笔者并没有确定《容成氏》在学派的归属上一定会属于哪一"家"，但是，笔者在认真阅读《容成氏》的时候，强烈地感到《容成氏》的作者从原始儒家的思想体系中汲取了系统而又丰富的资源。认真鉴别这种资源的来历，只是在探讨《容成氏》的思想倾向，并不是在确定《容成氏》的学派归属。这是笔者要首先声明的一个基本态度。

下面，笔者就根据《容成氏》的具体内容，从以下八个方面讨论《容成氏》与先秦儒家思想的关系，以就教于方家：

第一，《容成氏》在表达的各种政治理想中，一再表现了鳏寡孤独皆有所养，各种人才都各尽所能的强烈希望，不仅"喑聋执烛，冒（从木）工鼓瑟，跛躃守门，侏儒为矢，长者□宅，偻者□数，瘿者煮盐，疕者渔泽，□弃不□"，（第2—3简）而且"上下贵贱，各得其所"。（第5简）这种思想传统早在《尚书》中就有彻底的表述："若保赤子，惟民其康。"（《周书·康诰》）"欲至于万年，惟王子子孙孙永保民。"（《梓材》）"呜呼！厥亦惟我周太王、王季，克自抑畏。文王卑服，即康功田功。徽柔懿恭，怀保小民，惠鲜鳏寡。自朝至于日中昃，不

---

① 《容成氏》的"其德蔽清"，陈剑先生读为"蔽"，李零先生读为"蒨"，并且指出，"蒨清"一词"疑是清静无为的意思"。（见马承源主编：《上海博物馆藏战国楚竹书》第二册，上海古籍出版社2002年版，第251页）更为重要的是，《容成氏》的"无为而治"虽然与道家有根本的不同，但是在尊重人的主体性、尊重人的自由性，在打造理想的社会管理的人文模态上，却与道家思想是完全一致的。

遑暇食，用咸和万民。"(《无逸》)在《孟子》中更是明确提出了"五亩之宅，树之以桑，五十者可以衣帛矣。鸡豚狗彘之畜，无失其时，七十者可以食肉矣。百亩之田，勿夺其时，数口之家可以无饥矣。谨庠序之教，申之以孝悌之义，颁白者不负戴于道路矣。七十者衣帛食肉，黎民不饥不寒"(《梁惠王上》)，在孟子看来，这是实现仁政理想的第一步。《容成氏》在关于鳏寡孤独皆有所养，各种人才都各尽所能的理想上与《尚书》以来的儒家思想并无二致。值得注意的是，《容成氏》一再表明，鳏寡孤独皆有所养与墨子同情下层民众的生活的观点也无二致，但是，《容成氏》承认上下贵贱以及由此而导致的礼乐制度，这是与墨子平等思想的根本不同之处。

第二，《容成氏》在刑与德之间追求的最高理想是"不赏不罚，不刑不杀"(第4简)的无为而治的社会境界，这种境界毫无疑问与道家的"无为而治"有根本的不同。因为它是"禅让制"自上而下的德行、德性教化的结果。正是因为有自上而下，执政者身教重于言教的感化力量，才有可能使全国上下"不劝而民力，不刑杀而无盗，甚缓而民服"。(第6简)用郭店简《唐虞之道》的话来讲，就是"禅让制"的实施导致的"化民"结果。这种思想毫无疑问也是属于先秦儒家的。孟子说："广土众民，君子欲之，所乐不存焉；中天下而立，定四海之民，君子乐之，所性不存焉。君子所性，虽大行不加焉，虽穷居不损焉，分定故也。君子所性，仁义礼智根于心。其生色也睟然，见于面、盎于背。施于四体，四体不言而喻。"(《孟子·尽心上》)孟子的意思是，广土众民，中天下而立，定四海之民，都是"君子"所追求的，但是，从社会的道德呵护来讲，这不是最重要的；最重要的是"仁义礼智根于心"，身心互正，金声玉振，践形生色，施于四体，就会释放出无穷的德性教化的感召力，并且逐步扩大，影响整个社会。这也就是孔子说的"孝乎维孝，友于兄弟"(《论语·为政》)所达到的政治效果。所以，孔子"必也使无讼乎"(《论语·颜渊》)的理想境界，是必须要从国家的执政者正心、诚意、修身养性开始做起的。这也正是《容成氏》的理路。墨子的理论显然没有这种深度和广度。

第三，《容成氏》完全依托于孔子"庶、富、教"的治国策略，从正反两个方面汲取了孔子的思想："禹乃从汉以南为名谷五百，从汉以北为名谷五百。天下之民居奠(定)，乃□食，乃立后稷以为□(畯?)。后稷既已受命，乃食于野，宿于野,复谷豢土,五年乃穑。民有余食,无求不得,民乃赛,骄态始作,乃立皋陶以为李。皋陶既已受命,乃辨阴阳之气,而听其讼狱,三年而天下之人无讼狱者,天下大和均。"(第27—30简)后稷的责任是让老百姓富裕起来的人物,但是仅仅"富之"是很危险的,因为老百姓"无求不得"之后就会"娇态始作",于是,皋陶氏乃治理讼狱。但是,治理讼狱的目的是为了取消讼狱,理想的状态是"天下之人无讼狱者,天下大和均",这当然是孔子"必也使无讼乎"憧憬的体现。孟子的表述似乎更加彻底:"是故明君制民之产,必使仰足以事父母,俯足以畜妻子,乐岁终身饱,凶年免于死亡;然后驱而之善,故民之从之也轻。今也制民之产,仰不足以事父母,俯不足以畜妻子;乐岁终身苦,凶年不免于死亡。此惟救死而恐不赡,奚暇治礼义哉?"(《孟子·梁惠王上》)由此看来,《容成氏》在治国方略上借鉴了孔子的思维方式。

第四,《容成氏》在政治哲学上提倡的是"天地人民之道",其政治理想是"大乐与天地同和,大力与天地同节。和,故百物不失;节,故祀天祭地"(《礼记·乐记》),它把礼乐的建设视为治理国家的最高境界,《容成氏》在叙述了后稷、皋陶的功绩之后写道:"舜乃欲会天地之气而听用之,乃立质以为乐正。质既受命,作为六律六[30]邵(吕),辨为五音,以定男女之声。当是时也,疠疫不至,妖祥不行,祸灾去亡,禽兽肥大,草木晋长。[16]"很明显,在《容成氏》的作者看来,"会天地之气而听用之"的途径只能是"乐",这是国家繁荣最显著的标志,这就是"疠疫不至,妖祥不行,祸灾去亡,禽兽肥大,草木晋长"天人合一的境界。之所以能够达到这样的状态,关键在于实行了"禅让制"之后,也就是通过以"诚"为中心的"人道"与"天道"达成了统一,"天道"与"人道"的融合,必然会导致国家繁荣。这就是《礼记·中庸》里面说的:"唯天下至诚,为能尽其性;能尽其性,则能尽人之性;能尽人之性,则能尽物之性;能尽物之性,则可以赞天地之化育;可以赞天地之化育,则可以与天地参矣。"

第五,"禅让制"的根本立足点,在于它的作者始终认为,国家的领导人,或者说国家的最高权力,自上而下,必须彻底贯彻德治的主张。他始终认为,如果不是通过"禅让制"所移交的权力,这个权力本身的正义性就是不可能的。郭店简的《唐虞之道》说得非常直截:"禅也者,上德授贤之谓也。上德则天下有君而世明,授贤则民兴效而化乎道。不禅而能化民者,自生民未之有也。"(第20—21简)这里透露了禅让制的两层意思:其一,不是禅让制产生的权力,绝对不是正义的权力,在这个权力统治下的政府也不可能具有真正的正义性,"世明"讲的是公开公正公平的原则,也就是权力的正义性。其二,国家的一个基本职能就是要使"民兴效而化乎道",就是要使整个社会进入诚信、和谐的状态。但是,如果"上德授贤"的权力移交过程没有真正贯彻到底,这种理想的社会状态就不可能出现。尤其重要的是,由于在禅让制的感召下,"民兴效而化乎道",人人在内心的精神世界中具足圆满,因此,社会数据化的强化管理已经成多余,这样一来《容成氏》由此而产生了一种强烈的淡化社会具体管理制度的倾向:"于是乎不赏不罚,不刑不杀,邦无饥人,道路无殇死者。上下贵贱,各得其所。四海之外宾,四海之内廷。禽兽朝,鱼鳖献,有无通。"(第4—5简)"不劝而民力,不刑杀而无盗,甚缓而民服。"(第6简)这种"无为而治"的最终结果,是通过禅让制的努力而形成的一种高度人文主义化、人道主义化的社会形态。

需要进一步指出的是,道家也有"无为而治"的思想,但是,道家的无为而治具有与儒家完全不同的理路。道家的"无为而治"完全因循自然,反对一切知性和智慧的行为,反对一切知识的学习和社会的进取、发展,要广大的人民无知无欲,回到小国寡民的自然社会状态之中去。这显然不符合人类社会发展的基本趋势,更不符合人性的基本事实。与此相反,儒家的无为而治,建立在孔子"为政以德,譬如北辰,居其所而众星共之"(《论语·为政》)的理念基础之上。这种理念的基点是把人当人,充分尊重人之所以为人的主体尊严。换言之,人完全可以在良好的社会环境下(比方,在彻底实行禅让制的社会里)自足圆满,自我成长,走向善、信、美、大、圣、神的精神境界。人之所以为人,就在于它不是统治者统治、欺压、盘剥的对象。因此,禅让制的根本出发点就在尊重人之所以为人的神性、天性!尤其需要指出的是,儒家的"无为而治"是经过以"圣王"不断修身养性之后,全国人民一起修身,造成了一个每个人自足圆满,"万物皆备于我"而导致的社会诚心与和谐,它是社会知识积累、历史文化传承更替、发展提高的结果。

第六,《容成氏》始终具有一种强烈的反战精神。在《容成氏》的作者看来,"官其材"是"寝其兵"(第2简)的直接结果。因为只有"寝其兵",杜绝一切巧取豪夺的途径,完全进行德性的教化,才有可能上下各得其所,人尽其才,物尽其用;否则,在没有正义性的状态下,人们的才能根本不可能得到适当的发挥,颠倒错乱,人鬼混杂,鱼目混珠,是武装夺取政权的必然结果。所以,《容成氏》写道:"禹听政三年,不制革,不刃金,不略矢,田无蔡,宅不空,关市无赋。禹乃因山陵平隰之可封邑者而繁实之,乃因迩以知远,去苛而行简,因民之欲,会天地之利,夫是以近者悦怡,而远者自至。四海之内及,四海之外皆请贡。"(第18—19简)《容成氏》的作者已经看到,战争的本质就是杀人,而任何杀人的行动都是对"天"的亵渎,都是对"人"的蔑视,因此,"去苛而行简,因民之欲,会天地之利",减租减息,保证民生,发展经济,是任何一个人道的政府应该履行的基本职责。尤其是,孟子有言曰:"以力服人者,非心服也,力不赡也;以德服人者,中心悦而诚服也。"(《孟子·公孙丑上》)正因为如此,才可能产生"近者悦怡,而远者自至。四海之内及,四海之外皆请贡"的国际国内的政治影响。

第七,《容成氏》的禅让制理想最终的政治行政结果是"不赏不罚,不刑不杀,邦无饥人,道路无殇死者。上下贵贱,各得其所。四海之外宾,四海之内廷。禽兽朝,鱼鳖献,有无通"。(第4—5简)值得深思的是,禅让制的根本原则在于修身,尤其是在于国家的首要领导者以身作则,修身养性,以此化民而导致国家的强大。这与孟子"广土众民,君子欲之,所乐不存焉;中天下而立,定四海之民,君子乐之,所性不存焉。君子所性,虽大行不加焉,虽穷居不损焉,分定故也。君子所性,仁义礼智根于心。其生色也睟然,见于面、盎于背。施于四体,四体不言而喻"(《孟子·尽心上》)的深层理路完全相同。我们知道,孟子是要通过内心世界的博厚、高明、悠久,达到在政治上的广泛影响,于是乎"天下仕者皆欲立于王之朝,耕者皆欲耕于王之野,商贾皆欲藏于王之市,行旅皆欲出于王之涂,天下之欲疾其君者,皆欲赴愬于王"(《孟子·梁惠王上》),全面实行仁政的景象就赫然实现了。《容成氏》的相关表述是:"是以视贤,履地戴天,笃义与信。会在天地之间,而包在四海之内,毕能其事,而立为天子。"(第9简)这与《尚书·尧典》开头的文句在精神实质上是没有多大区别的:"曰若稽古,帝尧曰放勋,钦明文思安安,允恭克让,光被四表,格于上下。克明俊德,以亲九族;九族既睦,平章百姓;百姓昭明,协和万邦。黎民于变时雍。"

第八,"汤武革命"的思想虽然在《容成氏》的文章结构中是处于被批判的地位,但是,"汤武革命"本身又是《容成氏》在历史的逻辑推进中不得不承认,也不得不采纳的一种行之有效的革命手段。《尚书·五子之歌》站在统治者的角度,把人民的力量写的触目惊心:"皇祖有训,民可近,不可下,民惟邦本,本固邦宁。予视天下愚夫愚妇一能胜予,一人三失,怨岂在明,不见是图。予临兆民,懔乎若朽索之驭六马,为人上者,奈何不敬?"这正是人民的反抗力量在《尚书》中的反映。孟子在这个方面的论述也是很多的:"贼仁者,谓之贼;贼义者,谓之'残'。残贼之人,谓之'一夫'。闻诛一夫纣矣,未闻弑君也"(《孟子·梁惠王下》)的豪语就是对武王"一怒而安天下之民"(《孟子·梁惠王下》)的革命形式毫无保留的赞扬。在《容成氏》中,桀纣的劣行得到了淋漓尽致的描写,作者的目的很明确,就是要唤起人神共愤的情感。对周文王,《容成氏》并没有把他简单化。纣王的恶行导致"九邦叛之"的时候,文章是这样写的:

> 文王闻之,曰:"虽君无道,臣敢勿事乎?虽父无道,子敢勿事乎?孰天子而可反?"纣闻之,乃出文王于夏台之下而问焉,曰:"九邦者其可来乎?"文王曰:"可。"文王于是乎素端□裳以行九邦,七邦来服,丰、镐不服。文王乃起师以向丰、镐,三鼓而进之,三鼓而退之,曰:"吾所知多鹰,一人为无道,百姓其何罪?"丰、镐之民闻之,乃降文王。文王持故时而教民时,高下肥毳之利尽知之,知天之道,知地之利,思民不疾。昔者文王之佐纣也,如是状也。(第46—49简)

在这里作者把文王描写成了一个具有儒家忠君、事父的忠厚长者,当纣王要他带兵去镇压九邦叛民的时候,他素服而行("文王于是乎素端□裳以行九邦"),认为用国家的军队去镇压叛民,就是滥杀无辜:"一人为无道,百姓其何罪?"对天下苍生充满了慈悲的情怀。字里行间对周文王是十分推重的。最后,周武王带甲万人,替天行道,结束了商纣王的残暴统治。这实际上也是儒家的理想。

从上述八个方面,我们可以知道,《容成氏》在思想体系上与儒家的政治哲学具有深刻的联系,从文本的风格来看,受到了《尚书》、孔子以及此前的儒家思想影响是显而易见的。在文章的结构上,从一代不如一代的历史观念上,《容成氏》充满了一种历史性的无奈和哀叹,与孔子盛推周文王的态度是有根本不同的,因为它从精神实质上昭示了儒家的亲亲"孝道"与"天下为公"的根本冲突,进而也就把一切家天下的政权视为反人性、反人民、反人道的政权,把一切通过武装夺取的政权视为非法的、非正义的政权,所以,笔者以为,如果《容成氏》不是其他学派的作品,那至少也是先秦儒家思想的发展。

第三节 《民之父母》的政治哲学研究

笔者以为,与郭店楚简中的《唐虞之道》、上博简中的《子羔》一样,《民之父母》一文是在探讨政治权力的合法性来源问题。该文将"五至"、"三无"、"五起"一以贯之,摆在一起次第展开逐一阐述,其中有深刻的逻辑性。它认为拥有政治权力的条件是道德高尚、能力超群并且将道德与管理能力结合起来运用到实际的社会政治生活之中。这种理路本来是孔子在《论语》中早就已经展示过的理路,但是没有这么系统的表达。因此,我们要对这篇文章予以特别的关注。

一

《民之父母》与《礼记·孔子闲居》最显著的区别在于没有"五至"、"三无"、"五起"以外"三王之德,参于天地"的内容。现在我们需要首先澄清的事实是,是抄录者一开始就没有抄录这一段文字,还是在入葬或发掘的时候不小心遗失了这一部分内容?这是一个看似简单不值得我们在此探讨,但实际上却又是一个深究起来发人深省的问题。

我们知道,在先秦时期,楚国人被北方人视为"南蛮",是文化"落后"的地区,但是楚国人自己却并不以为然,他们艰苦奋斗,筚路蓝缕,建立了幅员辽阔的伟大国家。在北方人看来,楚国人自力更生的个性就是反抗、叛逆的精神。但是,依据《左传》、《国语》、《战国策》、《史记》等史书,我们可以确切地发现,楚国人的文化传统虽然"好巫、信鬼",崇尚浪漫主义和自由精神,但是在现实的政治生活中，是极端务实、诚信，这正是楚庄王成为春秋五霸的根本原因。①尤其是《史记·滑稽列传》记载楚国与孙叔敖有关"优孟衣冠"的故事，正说明了兴盛时期楚国人的政治生活并没有好高骛远的妄想，倒是具有非常勤奋、诚恳、吃苦在前享受在后的作风。《礼记·大学》引《楚书》曰："楚国无以为宝，惟善以为宝。"正说明了楚国的政治生活中长期以来有一种以德为本、脚踏实地（《大学》云："德者本也，财者末也"）的精神。

《民之父母》虽然是北方齐鲁地区儒家的文献，但它却是楚国人根据楚国现实政治的需要而抄录的。《孔子闲居》一文最后"三王之德"的主要内容是"天无私覆，地无私载，日月无私照"，是孔子"大同"理想的重要内容。它的最大特点是过高、过远、太难以企及，用《孔子闲居》的话来讲就是"峻极于天"，可望而不可即。它有政治哲学上的感召精神，对现实的政治具有一种无形的批判力量。但是，真正要在现实的政治生活之中施行，却是画饼充饥，望梅止渴，落不到实处的。所以，笔者以为，《民之父母》比《孔子闲居》少了"三王之德"那个部分，不是无意识的遗失，而是有意识的删节，是楚国的抄录者对儒家相关思想的一次新的诠释或者批评。这显示了楚国的政治家们与儒家政治哲学思想上的矛盾。

实际上，在注重实证科学的今天看来，当认真反思先秦以孔子、孟子为核心的儒学时，我们深以为，孔子、孟子的政治理想虽然确乎具有深远的哲学意涵，说明了纯朴的中国知识分子对人类政治生活的一种崇高的憧憬，但在实际的政治生活中，它真正的力量和作用是对现实政治生活的一种期待和批判。换言之，如果真的要把这种理论落实在现实的政治生活中，则无异于痴人说梦。第一，它对政治游戏中的个体（个人）在德性上要求太高，它基本上忽略了个体的基本欲望与要求，把政治权力的运作完全建立在"道德"的支点上，实际上是一件非常危险的事情，因为"道德"本身是一个具有时代性、民族性、阶级性的概念，这不仅导致判断有德无德的评判标准莫衷一是，而且，即便是在同一个时代、同一个民族、同一个阶级的范围内来衡量"道德"高下优劣，也

---

① 参见《左传·桓公六年》、《左传·庄公三十年》、《国语·楚语》、《战国策·楚策》的相关记载。

是很难量化的,非常容易引发全社会的虚伪和政治集团的"乡愿"习气。第二,《孔子闲居》之"三王之德"对政治生活的描述近乎神话而不食人间烟火:

> 子夏曰:"三王之德,参于天地,敢问:何如斯可谓参于天地矣?"孔子曰:"奉三无私以劳天下。"子夏曰:"敢问何谓三无私?"孔子曰:"天无私覆,地无私载,日月无私照。奉斯三者以劳天下,此之谓三无私。其在《诗》曰:'帝命不违,至于汤齐。汤降不迟,圣敬日齐。昭假迟迟,上帝是祗。帝命式于九围。'是汤之德也。天有四时,春秋冬夏,风雨霜露,无非教也。地载神气,神气风霆,风霆流形,庶物露生,无非教也。清明在躬,气志如神,嗜欲将至,有开必先。天降时雨,山川出云。其在《诗》曰:'嵩高惟岳,峻极于天。惟岳降神,生甫及申。惟申及甫,惟周之翰。四国于蕃,四方于宣。'此文武之德也。三代之王也,必先令闻,《诗》云:'明明天子,令闻不已。'三代之德也。'弛其文德,协此四国。'大王之德也。"子夏蹶然而起,负墙而立曰:"弟子敢不承乎!"(《礼记·孔子闲居》)

《孔子闲居》的作者以无法证实的《诗经》"史实"作为证据来论证自己的观点,以天地之生气流行、三王之德的"令闻不已"来鞭策现实政治的运行,肯定不能不说具有对政治生活以及社群精神生活的提升作用,但是,它同样也肯定不能作为现实政治的操作原则,特别是不能指导具体的政治运作方式,因为它违反了人性"血气心知"的基本需求原则,因而也就违反了人性中"自私"的原则,①对个别执政者(或者某一个集团)在道德上的信任与依赖,决不能代替对整个执政者建立在分权与法制的信任与依赖。所以,对政治的管理运行机制的信任与依赖,只能建立在权力的彼此牵制与监督的前提之下。千百年来,人类的各种政治实践表明,这确实是一条颠扑不破的真理。第三,完全以"道德"作为推动政治生活建设的原动力,愿望当然很好,但在实际的政治生活中不可能取得根本性的效果。首先,当这种"道德"的要求"峻极于天",可望而不可即的时候,它就会成为一种顶戴在执政者头上的"幌子",整日价谈经论

---

① 英国的政治学家霍布斯就认为"人是自私的",深受其影响的亚历山大·汉密尔顿也说:"从人类历史来判断,我们将被迫得出结论说:战争的愤怒和破坏性情感在人的心目中所占的支配地位远远超过和平的温和而善良的情感。"(参见《联邦党人文集》,商务印书馆1982年版,第164页)

道,在现实生活中却无一处可以落实。① 这是中国的儒家政治哲学为历代专制主义者所利用,成为欺骗人民的工具,而且另一方面又最终成为知识分子"永恒的乡愁"②的实质性原因。其次,以"道德"作为推动政治生活建设的原动力,在我们这个日新月异、科学技术飞速发展的今天,也是一件相当危险的事情。康德说得很清楚:"在人类的进步过程中,才能、技巧和趣味(及其后果,逸乐)的培育,自然而然地要跑在道德发展的前面;而这种状况对于道德以及同样对于物质福利恰好是负担最大而又最为危险的事,因为需求的增长要比可以满足他们的手段更强烈得多。"③所以,道德的建设必须要有法制与制度的坚强有力的保障,否则,一切绞尽脑汁、奋笔疾书的努力都是海市蜃楼般的虚构。

不过,具体到《民之父母》一文的抄录过程来讲,也许在楚国抄录者看来,在《孔子闲居》从个人的德性修养到"天无私覆,地无私载,日月无私照"的政治理想中,虽然其理论的结果完全高不可及[子贡云:"夫子之不可及也,犹天之不可阶而升也。"(《论语·子张》)],但是其中"五至、三五、五起"的修养功夫还是值得楚国人借鉴的,对战国中后期人欲横流、昏庸贪婪的楚国政界来讲,不能不说没有感召的作用,因此就把《孔子闲居》删节成了一篇以个人德性修养为唯一目的的《民之父母》,既可以对楚国的官场上自私自利的执政者们起到一定的教育作用,也可以避免对最高权力集团产生刺激("三王之德")而带来不必要的麻烦。

二

《民之父母》一文把《孔子闲居》中有关"五至、三五、五起"的内容放大成为全部的内容,笔者以为,有它意在言外的特别含义。这就是,在政治生活

---

① 对这种整天空谈心性道德,误国误民的现象,顾炎武早就进行过严厉的批评:"今之君子则不然,聚宾客门人之学者数十百人'譬诸草木,区以别矣',而一皆与之言心言性,舍'多学而识'一求一贯之方,置四海之穷困不言而终日讲危微精一之说,是必其道之高于夫子,而其门弟子之贤于子贡,桃东鲁而直接二帝之心传者也。"(《四部备要·亭林文集·与友人论学书》)

② 黄俊杰著:《儒学与现代台湾》,中国社会科学出版社2001年版,第271页。

③ 康德著:《历史理性批判文集》,商务印书馆1990年版,第85页。

中,提倡执政者以身作则的个人道德修养,是制衡权力的一种非常有效的手段。实际上,即便是在各种现代行政管理模式的优点都已经非常明确地展现在人们面前的今天,道德修养的提倡仍然还是很有必要的。笔者以为,在一个健全的政治社会生活中,加强执政者的道德修养至少有以下三方面的重要作用:

第一,现代的政治社会已经完全脱离了孔子、孟子时代小国寡民的历史背景,我们面对的是制度化、法制化、国际化、民主化的现代社会,所以我们一定要做一个全面发展的现代公民,而不是刻舟求剑的腐儒。因此,我们不能不认识到,没有制度和法制,没有权力有效的分离与监督,政治的权力一定会因为高度的集中和人为化的操作而变得无法无天,而且最终会导致社会生产力发展的缓慢,降低社会生活在各个方面的品质,并且在很多方面引发危机。惨痛的历史教训告诉我们,在一个没有有效的制度建设与权力监督的社会里,是谈不上道德建设的。即便是有所谓的"道德建设",那也一定是皇帝的新装,是自欺欺人、掩耳盗铃的把戏;但是我们也同样认识到,在一群没有任何道德约束的执政者掌握之下的政府,只可能制造数不尽的冤狱和无边无际的灾难。制度不是万能的。制度是机器,是冷得让人发颤的一种无情的规则,而道德则是机器上的润滑剂,它可以通过情理相依的途径,使制度的贯彻充满人间的温情。它既可以在一定程度上保证国家机器本身可持续性运转,减少消耗,又可以在很大程度上减少因为制度的冷酷性而带来的负面影响。孔子所说的"道之以政,齐之以刑,民免而无耻;道之以德,齐之以礼,有耻且格"(《论语·为政》)就正是指出了在一个具有完备制度建设的国度里,如果不注重道德建设,就会把有些人改变成为寡廉鲜耻的禽兽,把人们最终熏陶、逼迫成为钻国家制度空子的蛀虫。

第二,在进行制度管理的同时,在一定程度上用道德的戒律来唤醒、警示执政者的良知,还不仅仅只是为了国家机器本身的运转。无数历史事实证明,加强道德的建设,最根本的作用还在于在全社会倡导一种和谐、康乐的风气,培养全社会积极奋发、进取向上的精神。孔子在这方面有非常深刻的阐发:

> 子贡问政。子曰:"足食,足兵,民信之矣。"子贡曰:"必不得已而去,于斯三者何先?"曰:"去兵。"子贡曰:"必不得已而去,于斯二者何先?"

曰："去食。自古皆有死,民无信不立。"(《论语·颜渊》)

季康子问政于孔子。孔子对曰："政者,正也。子帅以正,孰敢不正?"(《论语·颜渊》)

季康子患盗,问于孔子。孔子对曰："苟子之不欲,虽赏之不窃。"(《论语·颜渊》)

季康子问政于孔子曰："如杀无道,以就有道,何如?"孔子对曰："子为政,焉用杀? 子欲善,而民善矣! 君子之德,风;小人之德,草;草上之风,必偃。"(《论语·颜渊》)

子贡问政章的"民无信不立",说的并不是人民不能"立",而是说如果人民彼此之间不能建立诚信的依赖关系,国家的长治久安就不可能建立起来。那么,何以建设这种全社会的诚信呢?"子帅以正,孰敢不正"是唯一的途径。所以在孔子看来,"季康子患盗"的真正根源在季康子自己身上,因此"君子之德,风;小人之德,草;草上之风,必偃",执政者的一言一行,一举一动,老百姓都看在眼里,记在心里。在一个具有良好道德风气的政府统治下,人们可以"出入相友,守望相助,疾病相扶持,则百姓亲睦"(《孟子·滕文公上》);但是,在一个暗箱操作,党同伐异,见利忘义,尔虞我诈的政治集团的统治下,人们则"饰邪说,文奸言,为倚事,陶诞突盗,惕悍憍暴"(《荀子·荣辱》)、"流淫污僈,犯分乱理,骄暴贪利"(《荀子·正论》)。在这样的情况下,社会迟早会进入动荡的境地,一切淳朴的民风、良好的人际关系以及维系社群的诚信理想和信念,等等,都将在这里坍塌。

第三,加强执政者的道德修养,既然会对全社会的道德建设产生影响,那么,加强执政者的道德修养,实际上就成了维持社会平安、保持社会持久发展根本性的保障之一。

哀公问曰："何为则民服?"孔子对曰："举直错诸枉,则民服;举枉错诸直,则民不服。"(《论语·为政》)

子路问政。子曰："先之,劳之。"请益,曰："无倦。"(《论语·子路》)

"民不服"的原因在于政府没有公正的干部人事制度,任人唯亲、拉帮结派、排斥异己的结果是毁掉了社会的上进心,毁掉数千年来积淀而成的良知。所以,孔子"先之、劳之"的论述,就是要执政者身教重于言教,为老百姓树立一个标准的典范。不知疲倦的工作("不倦"),就自然而然会安定民心,培养起全社会的进取精神,使老百姓积极向上,使他们清楚地看到,只要通过努力的学习、工作,就可以在实现个人理想与推动社会进步的契合点上,实现他的人生价值。道德虽然不是制度,但是,制度的建设,最终依据的是道德的力量。所以,在一个富有人性化的制度体系里面必然渗透着道德的光辉。而这种富有道德光辉的制度体系,从理论上来讲,在贯彻与实施的过程中又必然唤起人们的道德良知。这种积淀在人们心中的道德良知正是推动社会前进的根本动力之一。不过,它的前提是分权,在于权力本身的有效限制和监督,否则任何一种制度都会因为没有限制的权力的滥用而将社会引导到道德沦丧的境地。

《民之父母》开宗明义,提出了一个在政治学上非常基本但又非常关键的问题:"何如斯可为民之父母"? 这个问题演绎成现代汉语,就是:成为一名掌管国家权力的官员,要具备什么条件? 换言之,作为一名政府的官员,你必须具备哪些修养? 文章的答案是"必达于礼乐之原"。礼与乐,在原始儒家这里,是忠与恕的统一,是个人的人生价值与社群整体的全面发展的共同呈现。从具体的修炼上来讲,它们可以是修炼的途径与手段,也可以是修炼的目的和境界。它们既是对一个人生活行为、举止的规范,也是对一个人在思想道德境界上的要求,这是"五至、三无、五起"的主要内容。对此,本节拟在下面的一节里面进行较为详细的阐述。

《民之父母》的价值,在今天看来,并不仅仅在于提出了"五至、三无、五起",而且在于对权力的来源本身进行了直接的探讨。这无论如何,在中国的政治学说史上具有划时代的意义(自伊尹、姜太公以来的黄老哲学是不探讨君主权力的合法性的,商鞅与韩非子的法家哲学对这一带有根本性的问题更是视若无睹)。它潜在的话语背景是,国家的权力到底应该掌握的什么人的手里? 国家的性质到底是什么? 国家的目的是什么? 国家与人民的关系是什么? 官员,特别是国王与国家的关系是什么? 官员、国王与人民的关系是什么? 总而言之,政治学一旦进入对国家权力来源合法性本身的探讨,那么,政治学之理性的时代就已经开始降临了。

当然,以孔子为首的先秦儒家,把国家权力的正义与否完全建立在道德的修养之上,在今天看来,无论如何是幼稚的。①　但是,在当时小国寡民的社会历史背景下,是有可能行得通的。所以,以孔子的为首的先秦儒家没有承担当今政治权力是否正义的任何责任,恰恰相反,它给予了我们无限的启示。历史,是一条不断向前涌动的河流。我们不能过高地期望我们的前辈,但是,我们一定要担当起新的时代赋予我们的历史使命。

三

那么,具体到《民之父母》,我们如何来理解"五至、三无、五起"呢?笔者以为,三者之间既隐含了一种修身过程的逻辑性,也隐含了一种由个人到社会的逻辑性。只有从这三者之间的逻辑性上,才能真正把握"五至、三五、五起"的内涵。首先,文本提纲挈领地回答了"何如斯可为民之父母"的尖锐问题,答案是"必达于礼乐之原"。原,从厂从泉,厂泉会意,意谓泉水从山崖中流出。其原始的意义是"根源"。那么什么是"礼"与"乐"的"原"呢?在《民之父母》的上下文中,笔者认真体味,这个"礼乐之原"的"原",似乎还不仅仅只是"根源"的意思,它好像指的是礼与乐背后某一种更加抽象、更加超拔、更加质实、高尚的东西,用《论语》的语言来表达,那就是"礼云礼云,玉帛云乎哉?乐云乐云,钟鼓云乎哉?"(《阳货》)

那么,礼与乐到底隐含了什么高深的旨趣呢?《论语》并没有直接说出来,倒是《民之父母》有明确的解释:

> 子夏曰:"敢问何谓'五至'?"孔子曰:"志之所至,诗亦至焉。诗之所至,礼亦至焉。礼之所至,乐亦至焉。乐之所至,哀亦至焉。哀乐相生。是故,正明目而视之,不可得而见也;倾耳而听之,不可得而闻也;志气塞乎天地,此之谓五至。"子夏曰:"五至既得而闻之矣,敢问何谓三无?"孔子曰:"无声之乐,无体之礼,无服之丧,此之谓三无。"

这段话有两个大的层次,第一个层次是将志、诗、礼、乐、哀(乐)融汇起来,交

---

①　马基雅维利认为:"性本善的观点可能非常人道,但用在政治生活中却是极为荒谬的;所有真正的历史学家和论述政治统治的学者,都不把性善论作为基本原则,因为一旦有适宜的机会,人心就会自然堕落。"(参见徐大同主编:《西方政治思想史》,天津教育出版社 2002 年版,第 98 页)

代它们在人的德性与知性世界中何以形成一个整体性的联系。换言之,"志"是根本性的东西,它是一个人之所以成就人生的事业,呈现道德理想的原动力,没有"志",就谈不上诗、礼、乐、哀(乐)。诗言志,诗是志的表现形式,是志通过艺术语言与形象思维的交融达到的对人生、对世界的认识与感悟。"不学诗,无以言"(《论语·季氏》)的命题,正说明了"诗"在志与礼乐之间的重要作用。诗不仅有艺术的审美作用,而且有广泛的认识作用,它扩展了有志之士的人生内涵,打开了作为一名"民之父母"的知识视野,只有在知性的基础上才有可能进入德性的境界。礼与乐,从基本的内容来讲,也是知性的存在。但是,从德性的作用来讲,它们却更是矫正人性的手段与途径,礼从地,乐从天,礼乐相持,天地交融,不离不流,才能够真正在性情上做到"哀乐相生"。哀乐相生是礼与乐交相作用,彼此涵容之后,作用于人的性情而产生的德性效果,是作为民之父母的最根本的人性要求。值得指出的是,《民之父母》在诗、礼、乐、哀(乐)次第展开的表述形式上,是在暗示"五至"是不可分割的,它们是相连相续、彼此激发的一个机制、一个整体,它们在德性修养的结果上,是分不出彼与此来的。因此,《民之父母》在"五至"之后有"正明目而视之,不可得而见也;倾耳而听之,不可得而闻也"的概括。

很显然,具备了"五至"之完备修养的人已经不是一般的凡人,而是通过超常的修炼,已经达到了"礼乐之原",这种人在德性的言行举止上与常人本来没有多大的区别,他的特别之处在于"明目而视之,不可得而见也;倾耳而听之,不可得而闻",但是他的功能却是超常的:"志气塞乎天地","横于天下"而莫之能阻,在政治生活中他也有特异的功能——"四方有败,必先知之",在处理政治事务时具有常人不具备的远见卓识。

这段话的第二个层次,是在"五至"的基础上阐述"三无":"无声之乐,无体之礼,无服之丧"。正是从"五至"的混融性上超拔而出的一种视之而不见、听之而不闻的人格境界。这三个命题的意思是,先秦儒家的道德修养不是"入乎耳,出乎口;口耳之间,则四寸耳",而是"入乎耳,箸乎心,布乎四体,形乎动静。端而言,蝡而动,一可以为法则"(《荀子·劝学》),是全神贯注,融化成生命一部分的灵魂。"五至"是从理论上对志、诗、礼、乐、哀(乐)存有状态的一种界定和描述,文章在强调五者之间缺一不可的有机性、整体性,而

"三无"则在强调"五至"作用于人的知性、德性世界之后学与用贯通一体、体与用彼此交融的表现形式,它是一种浑然天成的状态,看不见,摸不着,犹如天马行空,却又充塞于天地之间,无处不在,在具体的政治生活中更是毫发毕见,丝毫不爽。《民之父母》用了《诗经·周颂·昊天有成命》、《诗经·邶风·柏舟》、《诗经·邶风·谷风》的三种境界来形容"三无"在政治生活中落到实处后的绝佳效果,正是要强调儒家的修身养性并不仅仅是游走于口耳之间的游戏。

　　"五起"的"起"字,《释名》谓:"举也。"段玉裁注曰:"起本发步之称,引申之训为立,又引申之为凡始事、凡兴作之称。"①所以,《民之父母》之中的"五起"就是在"五至"、"三无"基础之上的申发,是由内在的修养之功,举发为实际政治生活中的行动。从叙述的层次上来讲,"五起"是从五个方面,或者说是从五个层面进一步阐述了"三无"的延展状态和政治影响。"五起"还十分注重"气"与"志"的关系,我们似乎感到了它与《孟子·公孙丑上》中"夫志,气之帅也;气,体之充也"、"我善养吾浩然之气"之间似乎有什么关系。对此庞朴先生已经撰文对此进了研究,②笔者不再赘述。另外,它在阐述"五起"由"三无"向外延展时,十分重视由小到大、由内到外的过程,从整体上构置了一个由"三无"的内圣而"五起"的外王的发展理路。它是在昭示我们,由"五至"、"三无"、"五起"发展成为《孔子闲居》的"三王之德",不是人为地做作出来的政治表演,而是道德化的情感力量喷薄而出导致的结果。

　　由于这一套理论从人学之域顺理成章,进入政治哲学、政治学的领域,并且揭示了二者之间的直接关系,因此子夏听后,大为震撼,以"大矣、美矣、盛矣"来赞美,叹为观止。不过,在现实的政治生活中,对执政者具有道德修养方面的约束是一回事,把道德修养作为推动政治生活建设的唯一支撑点,则是另外一回事。如果我们没有划清二者之间的界限,就枉费了古代楚国《民之父母》抄写者的一番苦心了。

---

　① (汉)许慎撰,(清)段玉裁注:《说文解字注》,浙江古籍出版社1998年版,第65页。
　② 朱渊清、廖名春主编:《上海馆藏战国楚竹书研究续编》,上海书店出版社2004年版,第220页。

第四节　先秦儒家的君权合法性论证

先秦儒家的君主论思想深刻而广大,悠久而精微,稳健而充满张力,其理论涉及儒家思想的方方面面。换句话说,儒家方方面面的理论都为这一思想的展开作了十分周全的铺垫。儒家的君主论基本上由其合法性论证和统治方法论构成,二者彼此渗透,互为补充,具有深厚的政治、经济、社会历史的土壤以及强有力的理论导向和价值抉择的根据。唯其如此,先秦儒家的君权合法性论证才具有浓厚的时代性和文化传承的背景,精华与糟粕并存,真理与谬误相因,现实与空想互为依持,对中国文化与历史产生了深远的影响。其得失成败,回响千古,发人深思。

一

在古希腊语中,"政治"(Politics)一词的词根是"城邦"(Polis),指的是"共同体成员(即公民)对公共事务的讨论、对话并达成同意的活动过程,以及实现此过程的仪式、程序和技艺"。因此,政治就是讨论,就是在差异中找到一致的意见。于是,"世俗权力的合法性来源于论证",辩证的思考,理性的论证,现实的选择,正是政治的主体与归宿。① 先秦儒家与古希腊的城邦相去千山万水,其理论的形态也显示出大相径庭的特点,但是,儒家对君权合法性的论证却深刻而富有条理,路径众多而彼此涵摄,在理论的整体性、系统性、实用性和针对性上形成了独特的有机性。

由于对人生命运具有一种极为透彻的观察和研究,儒家的政治伦理学说承接上古以来的文化传统,其终极理念是"天",是"天命"。因此,孔子曰:"君子有三畏:畏天命,畏大人,畏圣人之言。小人不知天命而不畏也,狎大人,侮圣人之言。"(《论语·季氏》)孟子曰:"昔者,尧荐舜于天而天受之,暴之于民而民受之。故曰:'天不言,以行与事示之而已矣。'"(《孟子·万章上》)荀子

---

① 浦兴祖、洪涛主编:《西方政治学说史》,复旦大学出版社 1999 年版,第 35 页。

曰:"礼有三本:天地者,生之本也;先祖者,类之本也;君师者,治之本也。"
(《荀子·礼论》)大人、圣人也罢,先祖、君师也罢,实际上都涵盖在无边无际、
浩瀚博大的"天"的理念之中。这种天的理念的崇高地位来源于原始宗教的
信仰,从尧时"绝地天通"的宗教斗争中可以窥见"天"以及与"天"通话在中
国早期的政治生活中是何等的重要。① 这种历史的传承在先秦儒家的政治伦
理学说中打下了深刻的烙印:

> 大哉乾元,万物资始乃统天。云行雨施,品物流形,大明终始,六位时
> 成,时乘六龙以御天。乾道变化,各正性命,保和太和,乃利贞。首出庶
> 物,万国咸宁。(《周易·乾》)

> 天尊地卑,乾坤定矣。卑高以陈,贵贱位矣。动静有常,刚柔断矣。
> 方以类聚,物以群分,吉凶生矣。在天成象,在地成形,变化见矣。(《周
> 易·系辞上》)

> 子曰:"大哉,尧之为君也! 巍巍乎! 唯天为大,唯尧则之。荡荡乎,
> 民无能名焉。巍巍乎其有成功也,焕乎其文章!"(《论语·泰伯》)

> 唯天下至诚,为能尽其性;能尽其性,则能尽人之性;能尽人之性,则
> 能尽物之性;能尽物之性,则可以赞天地之化育;可以赞天地之化育,则可
> 以与天地参矣。(《中庸第二十二章》)

"天",在孔子为代表的先秦儒家的文献中,始终占据着至高无上的地位,从自
然的云行雨施,到人文的保合太和,从社会的高卑贵贱,到人生的至诚尽性,都
无不以"天"作为效法的崇高对象。儒家的君权标准和合法性原则正是从这
一点上申发开来的。《礼记·大学》"三大纲领"("在明明德"、"在亲民"、"在
止于至善")的根本精神也来源于此,它们都是依托于"天"的。

孟子认为,他自己是一个尽了己之性、人之性、物之性而"可以与天地参"
的人物,"大德者必受命"(《中庸第十七章》)。因此,"五百年必有王者兴,其
间必有名世者。……夫天未欲平治天下也,如欲平治天下,当今之世,舍我其
谁也?"(《孟子·公孙丑下》)由此可知,在儒家先哲的思想中,"天"是万物之
根源,一切尊卑、贵贱都是前定的,非人力能够左右。因此,君主的权力(即天

---

① 萧萐父、李锦全主编:《中国哲学史》(上),人民出版社 1982 年版,第 33 页。

禄)是上天赐予的,君主的地位是不可动摇的。这当然是当时的局限,我们是不能把数千年的政治经济状态与当今复杂的政治环境弄混淆了的。否则,就要守株待兔、刻舟求剑而贻笑大方之家了。

由于先秦儒家君主论的天命性依托直接上承于父系氏族社会而来的宗法制,对天帝的崇拜与对祖先的崇拜便最终在儒家的政治伦理学说中合而为一。

> 定公问于孔子曰:"古之帝王,必郊祀其祖以配天,何也?"孔子对曰:"万物本于天,人本乎祖。郊之祭也,大报本反始也,故以配上帝。天垂象,圣人则之,效所以明天道。"(《孔子家语·郊问第二十九》)

> 曾子曰:"敢问圣人之德无以加于孝乎?"子曰:"天地之性,人为贵。人之行,莫大于孝;孝,莫大于严父;严父,莫大于配天,则周公其人也。昔者,周公郊祀后稷以配天,宗祀文王于明堂以配上帝。是以,四海之内,各以其职来祭。"(《孝经·圣治章第九》)

"本于天"与"本乎祖"是有内在联系的,君主在这样的前提下就成了天帝的儿子,他的权力就是天赋予的,这就是"君权天授"。它既有形而上的"天"的呵护,又有形而下的"三纲五常"的支撑,在人类社会早期是再也不会有比这更强有力的合法性论证了。

由于天命观念与宗法制在先秦时期由来已久,根深蒂固,具有极为深厚的生产方式和生活方式的社会基础,是历史文化千百年积淀而成的民族生存形态与思维方式的结晶,儒家学说则脱胎于斯,依托于斯,依山点石,借海扬波,因而具有强大的历史文化背景和现实支撑。这正是先秦儒家政治伦理学说何以在中国最终取得成功的根本原因所在。

二

"天行健,君子以自强不息。"(《周易·乾》)基于这种体认,孔子以为,虽然人世间一直有天命的笼罩,但是人不能不自我奋斗。在《礼记·哀公问》中,鲁哀公问孔子:"敢问君子何贵乎天道也?"孔子回答道:"贵其'不已'。如日月东西相从而不已也,是天道也。不闭其久,是天道也。无为而物成,是天道也。已成而明,是天道也。"《孔子家语·五议解第七》载鲁哀公问于孔子曰:"夫国家之存亡祸福,信有天命,非唯人也?"孔子对曰:"存亡祸福皆己而已,天灾地妖不能加也。"而且,孔子用一系列历史事实论证了他的观点。孔子的意思是,作为一国之首的君主应该努力体认天道,用《礼记·大学》引《盘铭》的话来说,就是"苟日新,日日新,又日新",加强自我修养,开创善政。因此,郭店楚简《缁衣》的最后一章写道:"子曰:'宋人有言曰,人而无恒,不可为卜筮也。其古之遗与!龟筮犹弗知,而况于人乎?'"(第47简)君主在体认天道的时候要有恒心,去修养自己,去建设善政,去开创一个太平的盛世。这种"不已"的精神、"恒"的精神,正是天无所不在的生发力量,是天道的精神。

那么,怎么去修养自己,怎么去建设善政呢? 先秦儒家的理论是成龙配套的,这就是著名的修齐治平论。

> 古之欲明明德于天下者,先治其国;欲治其国者,先齐其家;欲齐其家者,先修其身;欲修其身者,先正其心;欲正其心者,先诚其意;欲诚其意者,先致其知;致知在格物。物格而后知至,知至而后意诚,意诚而后心正,心正而后身修,身修而后家齐,家齐而后国治,国治而后天下平。(《大学》)

按照朱熹的说法,所谓"明德",乃灵虚不昧、上承于天、下禀于气、具众理而应万事、始终不息之本性。先哲的逻辑是,治国平天下的君主是在德性上修炼得十分高超的人,一举手、一投足都是天下百姓的表率,是在全国实行道德教化的标准。这样一个具有"明德"的人就是"天子",就是上天与国家、上天与人民之间的中介。他的表现必须谨慎,道德必须完善,一举一动都关涉民生大计。

> 季康子问政于孔子,孔子对曰:"政者,正也。子帅以正,孰敢不正?"(《论语·颜渊》)

> 夫政者,正也。君为正,则百姓从而正矣。(《孔子家语·大昏解第四》)

> 孟子曰:"君仁,莫不仁;君义,莫不义;君正,莫不正。一正君而国定矣。"(《孟子·离娄上》)

> 君者,仪也(民者,景也),仪正而景正。君者,盘也(民者,水也),盘圆而水圆。君者,盂也(民者,水也),盂方而水方。(《荀子·君道第十二》)

在希腊,政治就是通过论证、讨论来达到正义的过程;而在儒家思想中,政治则是君主、大人以身作则、为民表率、实行教化的过程。实际上,这二者有内在的相通之处。《尚书·尧典》一开头就讲君主必须修德:"钦明文思安安。允恭克让,光被四表,格于上下。克明俊德,以亲九族。九族既睦,平章百姓。百姓昭明,协和万邦,黎民于变时雍。"自我的道德修养终究会在认识论上发生飞跃,从而在自己的世界观里引起巨大的变化,养成一种圣人式的阔大胸怀和人格。由于君主的显赫地位,这种人格在教化的过程中就会对社会群体发生影响,存神过化,从而导致全国上下一片祥和。这种理路一直都是孔子、孟子、荀子等儒家所遵奉的圭臬,荀子甚至说,君主完全不需要治国,只要修身即可,所谓:"君者,民之源也。源清则流清,源浊则流浊。"(《荀子·君道第十二》)

在儒家的君主论中,君主的道德修养主要包括以下三个方面:孝、仁、礼。

第一,君主首先应该是个孝子。"夫孝,德之本也,教之所由生也。"(《孝经·开宗明义章第一》)教,就是对人民的教化。如果君主不能在孝行上为人民做出表率,又怎么能在人民中推行德治呢?《论语》的第一篇是《学而》,《学而》的第一章是讲教与学的态度的,第二章就是讲孝悌的,足见孝悌的重要。

> 有子曰:"其为人也孝弟而好犯上者,鲜矣;不好犯上而好作乱者,未之有也。君子务本,本立而道生。孝弟也者,其为仁之本与!"

孝在儒家的君主论中并不是可有可无的东西,《孝经·三才第七》的记载最能说明问题:

> 曾子曰:"甚哉,孝之大也!"子曰:"夫孝,天之经也,地之义也,民之行也。天地之经而民是则之,则天之明,因地之利,以顺天下。是以,其教不肃而成,其政不严而治。先王见教之可以化民也,是故,先之以博爱而民莫遗其亲,陈之以德义而民兴行,先之以敬让而民不争,导之以礼乐而民和睦,示之以好恶而民知禁。"

由此可见,孝悌作为一种美德,对于君主来说是至关重要的,因为它是人的各种品性的源头。君主以身作则倡导这种品德,其好处实在是美不胜收。

第二,由孝悌、亲亲等差之爱推及对广大人民的敬与爱。孔子说:"爱与敬,其为政之本与!"(《孔子家语·儒行解第五》)"敬事而爱人,使民以时。""入则孝,出则弟,谨而信,泛爱众,而亲仁。"(《论语·学而》)郭店楚简《缁衣》在爱、信、礼的关系中把爱放在了第一位："慈以爱之,则民有亲;信以结之,则民不倍;恭以莅之,则民有逊心。"(第25—26简)只有如此,才能做到"民以君为心,君以民为体,心好则安之,君好则民裕之"(第8—9简)。要做到这种敬与爱,当然就要彻底进行仁的修养。"仁者,爱人。"仁可以培养其君主的恻隐之心:"老吾老,以及人之老;幼吾幼,以及人之幼。"如此,则天下百姓就老有所养、少有所归了,"天下可运于掌"(《孟子·梁惠王上》)。

第三,孔子曰:"夫礼者,君之柄,所以别嫌明微、傧鬼神、考制度、列仁义、立政教、安君臣上下也。故,政不正则君位危,君位危则大臣倍、小臣窃。"(《孔子家语·礼运第三十二》)"夫礼,生死存亡之体。"(《孔子家语·辨物第十六》)这种斩钉截铁的判断,不能不使任何一个中国君主为之战战兢兢、如履薄冰地从事于礼的修养。在儒家的思想体系中,我们不能想象,如果没有礼的约束,社会将会是什么样子。在中国,对每一个公民进行礼的约束是重要的,当然,对君主进行礼的约束更为重要。

三

先秦儒家君权合法性论证最精妙的地方在于它的制衡思想。我们认识到,先秦儒家置身于人类社会的早期,面对着宗法制气氛十分浓厚的时代,能够提出这一思想,不论这种思想在具体的行政操作中是否行之有效,都是难能可贵的。事实上,虽然没有民权思想作基础,也没有现代民主精神作支撑,现在看来,其中一些思想的路径也许已经近乎荒唐,但是,在社会生产力并不发达的时代,先秦儒家对君权制衡思想的思考已经达到了相当的深度。如果我们站在历史的角度仔细鉴别这种思想在当时的社会里所引起的巨大反响,正视它给社会各个阶层所带来的积极效应,并且对此进行同情性的理解和解剖,那么,我们的发现将具有启示性意义。

首先,先秦儒家的君权制衡思想表现在对自古以来的阴阳五行思维方式的吸收和利用上。先秦时期的政治家、历史学家都非常注重用阴阳五行思想来分析、解决现实中的问题,像史伯的"和实生物,同则不继"、"以他平他"(《国语·郑语》),晏婴的"和与同异"、可以"相济""相成"(《左传·昭公二十年》),史墨的"物生有两"、皆有"倍贰"(《左传·昭公三十二年》),等等,都是这方面的显著例子。在先秦儒家的著作中，首先全面运用这种思维方式的是《尚书·洪范》。它说：

> 五行：一曰水，二曰火，三曰木，四曰金，五曰土。水曰润下，火曰炎上，木曰曲直，金曰从革，土爰稼穑。润下作咸，炎上作苦，曲直作酸，从革作辛，稼穑作甘。

根据《汲冢竹书》、《孔子家语》等要籍可以确知，《尚书》是经过孔子精心删改和修订了的。为了制造儒家道统，高扬儒家思想，推进西周礼治，孔子广招门徒，形成了三千弟子、七十二贤人的庞大队伍，在教材建设上下了一番令人不可思议的巨大功夫，这是可以想见的。从上面的这段引文可以清晰地看到，孔子的哲学方法论已经透彻地吸收了五行思想。

《史记·孔子世家》载：

> 孔子晚而喜《易》，序《彖》、《系》、《象》、《说卦》、《文言》。读《易》，韦编三绝。曰："假我数年，若是，我与《易》则彬彬矣。"

这是孔子亲自研究《周易》的重要证据。笔者已经在前面详细交代过了，《周易》思想与孔子具有非常紧密的联系。可惜，当长沙马王堆的帛书《周易》还没有出来的时候，我们大家都怀疑孔子与《周易》的密切关系。武汉大学哲学学院的《周易》专家萧汉明教授曾经亲口对笔者讲，至少《易传》中所有标有"子曰"的话都是孔子的思想。所以，《周易》中最突出的对立而又彼此吸纳、互相转化的矛盾观念对孔子的思想体系产生过深刻的影响。笔者认为，《周易》的六十四卦中隐含着丰富的权力制衡思想，是先秦儒家政治哲学理论中的重要组成部分。

在君权的制衡思想中，孔子由此而展开的论述是非常多的，我们不妨撷取郭店楚简《缁衣》中的某些论述来作一扼要的探讨。

> 为上可望而知也，为下可类而等也，则君不疑其臣、臣不惑于君。

（第3—4简）

> 民以君为心，君以民为体，心好则体安之，君好则民裕之。故，心以体废，君以民亡。（第8—9简）

> 长民者，教之以德，齐之以礼，则民有劝心；教之以政，齐之以刑，则民有欺心。故，慈以爱之，则民有亲；信以结之，则民不倍；恭以莅之，则民有

逊心。（第23—25简）

《缁衣》全篇充满了这种辩证思维的论述，可见，君与臣、君与民的关系是互动的，是彼此牵制、彼此制约的。亦即：君必须以民为"体"，民才能够以君为"心"；君主对人民有慈爱之心，人民对君主才会有亲和之意；君主对人民讲信用、与人民交朋友，人民才不会背叛君主；君主对人民待之以礼、恭敬有加，人民也才会有谦逊之心。在关系的运动中来展示制衡君权的思想，其理论的现实作用之大，我们不难想象。

其次，先秦儒家制衡君主的思想也体现在上天对君权的制约上。先哲的逻辑是，既然君主的崇高地位是上天赐予的，君主是天子，那么，对天就应该绝对孝顺。孔子的"大哉，尧之为君也！巍巍乎！唯天为大，唯尧则之"（《论语·泰伯》），实际上就是这个意思。与此同时，作为天子之父的上天就具有了监督君主所作所为的无边法力。如果君主"大天而思之"，"从天而颂之"（《荀子·天论》），体认天道，加强自我修养，开创善政，就会风调雨顺，山川和谐，鸟兽翔集，五谷丰登，人民安居乐业，万物欣欣向荣；如果君主耽于酒色，醉生梦死，草菅人命，为非作歹，使民不聊生，就会妖孽丛生，乱象迭出，要么赤地千里，要么洪水滔天，要么彗星、地震、瘟疫、蝗虫等天灾人祸不断，引起巨大恐慌。"天视自我民视，天听自我民听"（《尚书·泰誓》），头上三尺有神灵，丝毫不爽。在人类社会的科学技术水平还没有达到有效解释大自然的各种现象的时代，一般来说，如果不是极端的十恶不赦的恶棍，君主都顶不住来自"上天"的"惩戒"和由此而煽起的社会舆论，所以不得不小心翼翼地恪尽职守。

最后，先秦儒家极力弘扬儒家道统，把仁、义、礼、智、信构成的儒家道统视为高于君权的真理，以此制衡君权。荀子说："从道不从君，从义不从父，人之大行也。"（《荀子·子道》）以此为依托，他提倡"净谏"的制衡方式。孔子说："为人君而无谏臣则失正，士而无教友则失听。御狂马不释策，操弓不反檠，木受绳则正，人受谏则圣。"（《孔子家语·子路初见第十九》）因此，荀子曰："净谏辅拂之人，社稷之臣也，国君之宝也，明君所尊厚也。"（《荀子·臣道》）由此可见，净谏之臣在儒家君权制衡思想中占据着重要的地位。

在"净谏"的道路上走得最远的是思孟学派的子思子与孟子。子思子说："恒称其君之恶者为忠臣。"（郭店楚简《鲁穆公问子思》）至于孟子，他甚至要对"四境之内不治"的君主采取"易位"的手段,罢免他的君权。对桀、纣这样的民贼,孟子主张"诛"之,从而把先秦儒家制衡君权的思想推向了极端。孟子的论述在思想上有闪光之处,但是在实际操作上落不到实处,没有具体为限制君权的法律条款,更没有设计出完备的制度作为限制君权的保障,这是值得我们深思和总结的问题。

结　论

综上所述,有关君权合法性的思想,先秦儒家的先哲是从多个角度进行阐述的。上天的笼罩,自身的修养以及大臣的谏诤,似乎从各个方面保证了君权的合法性。这种理路在当时的经济条件下基本上是非常有效的,并且在中国古代社会也产生过较为积极的作用。在中国文化进行现代转型的今天,我们应该认真总结其经验,推陈出新,为构建合理、有效的中国现代政治体制摄取充分的养分。换言之,先秦儒家的君权合法性论证的价值,并不在于它给我们今天的政治理论建设是否提供了可资借鉴的思想资源,而是在于它早在数千年前就已经清醒地看到,国家的权力何以诞生,国家何以管理、干部何以选拔、权力何以制衡的各种理论路向。面对中国的古人,我们有责任、有义务、也应该有能力将我们今天政治权力的方方面面理性地安排妥帖。

第二章　儒学的宗教性探微

第一节　郭店儒简的宗教性

先秦儒家的人学,以自我的修身为基点,立足于现实的伦理关系,却又具有通向天道的宏大背景,其通过人伦日用的道德践履体现终极关怀、回应天命的理路,在世界各大文化体系中别具一格,包孕着深刻的人文价值。郭店楚简中的儒家文献行文古朴而幽远,意蕴宏阔而精微,理智的思辨与直觉的体验相裹挟,逻辑的解析与道德的超升相结合,哲学的睿智之思,笼罩在天命的杳远之中,而天命的杳远又最终被哲学的睿智所超越。其相辅相成的机制值得我们研究。

一

郭店简《性自命出》中"性自命出,命自天降"的判断,推出了一个由天而命,由命而性的框架。结合《性自命出》的简文,我们可以把这个框架推演为三个层次:相对于"命"而言,"天"带有根本性;相对于"性"而言,"命"带有根本性;相对于"情"而言,"性"带有根本性。由上而下的灌注内化为人的性情,而人的性情在现实的摩荡中,通过"命"的中介又上达于"天"。"天者,百神之君也,"(《春秋繁露·郊义》)在郭简《五行》中就是由仁而智,由智而圣的性命归宿。这种形上与形下、外在与内在、客观与主观相表里,层层递进,灌注而下,并且下学上达的循环螺旋结构,一方面有它不可置疑的神性作为依托,另一方面又有它鲜活的人性作为拓展。双向撑开,渗透到了郭店儒家文献的各个层面,使它的性命之学蕴含了巨大的理论张力。

《语丛·一》第 2 简"有天有命,有物有名"和第 4、5 简"有命有度有名而后有伦"与《性自命出》的"天→命→性→情"路径一样,展示的是儒家人学的宇宙整体观。亦即,世界上的万事万物,诸如君臣、父子、夫妇、兄弟,一切的一切都莫不最终归于天命。有了天,才有命;有了命,才有物(《朱子近思录》曰:"天所赋为命,物所受为性");有了物,才有名;有了名,才有了人伦天常。天、命是整个世界的最终根据和动力。

在人类社会的早期,面对着变化无常的世界,人的能力是十分有限的,各种难以预料的祸福都会莫名其妙地降临到人的头上。在万般无奈而又盲目的处境中,人不得不把自己的命运交给冥冥之中的天命之神,于是人因此而在灵魂上得到了拯救。这就是宗教的起源,更是宗教的力量之源。著名宗教学家麦克斯·缪勒在转述费希特的宗教观时说:"宗教是一种知识。它给人以对自我的清澈洞察,解答了最高深的问题,因而向我们转达一种完美的自我和谐,并给我们的思想灌输了一种绝对的圣洁。"①在郭店儒简中,这种"完美的自我和谐"首先来自"我"与"天"的对话与交融。换句话说,人,在这里已经不是一个孤立的概念,而是在天人关系中,在宇宙与人伦关系中彰显其价值,是宇宙有机整体网络中的一个环节。用《成之闻之》的话说,就是"君子慎六位以祀天常。"(第 40 简)

《六德》一文在叙述到六德、六位、六职时,有三种排列顺序:一是夫妇、父子、君臣;(第 8 简)二是君臣、夫妇、父子;(第 14—15 简)三是父子、夫妇、君臣。(第 34—35 简)本来,儒家是一个特别注重礼仪的先后顺序的学派,为什么在《六德》这样重要的文献中就忽略了这种儒家的基本规则呢? 如果我们不是依据儒家哲学的世俗性,而是依据儒家哲学的宗教性,这种令人迷惑的现象就是容易得到解释的了。原来,不论父子关系、夫妇关系,还是君臣关系,在儒家看来,都有一种天经地义的神性,都有它们天命的最终依托,都是天道伦常在人世间的具体表现。这三种关系,首先是各自独立的子系统,都直接上承于天命。父子关系是就慎终追远、报本反始来说的;夫妇关系是就天尊地卑、

---

① 麦克斯·缪勒:《宗教的起源与发展》,上海人民出版社 1989 年版,第 10 页。

阴阳大化来说的;君臣关系是就君权神授、上承天祚来说的。然而这三种关系之间,又是彼此牵制、互为激励的。没有夫妇,就没有父子血脉的持续延伸;没有父子,就没有夫妇化合的依托;没有君臣,父子夫妇就没有赖以存有的贤明社会,由亲亲而尊贤的理想就得不到公正、有效的贯彻。但是,这三种关系,在整个宇宙中,又只是各种天人关系中的一部分,它们来自天常,是天的意志的一种表现。从《周易》、《易传》以来,"天道"一直被先秦儒家先哲视为人类社会生活的最高典范。因此,人只有秉承天道的精神("自强不息"),以一种真诚(同样是宇宙的精神)的情怀("凡人情为可悦也。"《性自命出》第50简),把自己性情的赤诚,投放到各种关系的动态过程之中去,格物、致知、诚意、正心、修身、齐家、治国、平天下,在世俗的生活中体认天道、回归天道,才能够最终达到"所过者化,所存者神,上下与天地同流"(《孟子·尽心上》)的境界。

至关重要的是,在郭店儒简中,夫妇关系、父子关系与君臣关系是一种递进式的逐层扩展。上承天命得到了父母赐予的血肉躯体之后,在先秦儒家看来,人的根本性的任务就是从事"为己之学"("古之学者为己,今之学者为人。"《论语·宪问》),就是修身。修身的过程就是通过"亲亲之杀"达到"尊贤之等"(《中庸》)。对此,郭简《唐虞之道》的论述尤其精辟。它开篇就说:"唐虞之道,禅而不传。尧舜之王,利天下而弗利也。"(第1简)虽然上承古代的传统,先秦儒家历史性地继承了西周以来的血亲宗法制思想,但是,儒家先哲并没有被教条所窒息,而是突破了血亲的藩篱,实行了从"亲亲"到"尊贤",从仁到义,从小家到社会,从个人的自我到"天下为公"的飞跃。这种飞跃就是《成之闻之》的"慎求于己,而可以至顺天常矣"(第38简)。因此,在《唐虞之道》"尧舜之行,爱亲尊贤。爱亲故孝,尊贤故禅。孝之方,爱天下之民"(第6—7简)的论述中,爱亲是尊贤的起点和动力,尊贤是爱亲的扩展和结果,而尊贤的目的就是为了"爱天下之民。"没有爱民的精神,就不可能真正尊贤;不能真正尊贤,就不可能实现"禅而不传"的理想,"不禅而能化民者,自生民未之有也。"(第21简)由此可见,"禅而不传"在儒家伦理政治的逻辑中,就是"圣人天德",以祀"天常"。(《成之闻之》第37—40简)。

"孝,仁之冕也;禅,义之至也。"(《唐虞之道》第7—8简)亲亲之"仁"的私我必须突破血亲宗法的限制,进入到天下为公的"义"的领域,尊贤禅让,才能达到"世无隐德"(《唐虞之道》第7简)的境界。也就是说,个人的修养必须抱定"己欲立而立人,己欲达而达人"(《论语·雍也》)的宗旨,走出私我,以天下为己任,与你周围的人,与你所处的整个社会共同发展,以求得整个社会的繁荣,全民道德水准的提升,才真正算得成功。所以"爱亲忘贤,仁而未义;尊贤遗亲,义而未仁",(《唐虞之道》第7—8简)既仁且义,相辅相成,才能"顺乎肌肤血气之情,养性命之正"(《唐虞之道》第11简)。"血气之情"只有通过现实伦理的践履,达到自我与社会,自我与天道的和谐,才能够"养性命之正"。这种从整体出发来思考问题的理路,固然与先秦儒家特殊的人文主义精神有密不可分的关系,但是,笔者以为,儒学的宗教性,阴阳大化,天道流行,天人合一的体认方式,则是这种理论样态赖以存有的根本原因。

二

由天而命,由命而性,由性而情的框架,还给我们展示了儒家人学由宇宙论向主体性,由客观天道的大化流行向主观人道的道德修养,由外在的天命灌注向内在的下学上达的自我转化。这种转化的根本动力仍然来自于"天"。"天"在先秦儒家看来,从宗教的层面来说,是美大圣神的典范,是一种主宰人类命运、能够赏善罚恶的人格神。与"天用剿绝其命,今予惟恭行天之罚"(《尚书·甘誓》)、"死生有命,富贵在天"(《论语·颜渊》)的记载相一致,郭店儒简的论述也比较全面:"遇不遇,天也。"(《穷达以时》第11简)"天施诸其人,天也。"(《五行》第48简)"君子治人伦以顺天德。"(《成之闻之》第32—33简)"有天有命,有物有名。"(《语丛·一》第2简)这里的"天"、"命",先验性的规定非常明确。

但是,天"施诸其人"的并不仅仅是被动的命运,而且也充分地包含了修身养性、自我提升的力量。郭简《五行》"仁之思"、"智之思"、"圣之思"的"人道之善",之所以能够精明觉察,超凡脱俗,最后达到金声而玉振,"舍体"而超升的"天道之德"的"一",最根本的原因在于先秦儒家在天道与人道之间、天命与性情之间、宇宙与主体之间架起了一座彼此贯通的桥梁,并且坚实地构筑起了使这座桥梁畅通无阻的基石:人的性情与天道的自然法则是相同的、相通的,人可以通过礼乐教化的道德践履、性情心志的不断磨砺,在日用世俗之间,居仁由义,反善复始,下学上达,以求得终极实在的实现。

郭店儒简的人性论相对于其他儒家经典来说,最突出的地方在它的身心观。郭店儒简身心观的肯綮,在于它与天命、天道的遥契。这种遥契的依据,实际上就是儒家的宗教性。如果把郭店儒简的身心观有意识地置放到宗教学的视域之下进行检讨,我们也许就会有新的发现:

第一,《性自命出》曰:"凡人情为可悦也。苟以其情,虽过不恶;不以其情,虽难不贵。苟有其情,虽未之为,斯人信之矣。"(第50—51简)这里的"情"是一个比现代汉语"情感"之"情"更为深刻、宽泛的概念。由于在笔者看来,郭店楚简已经深刻地受到了《周易》的影响(《语丛·一》有:"《易》,所以会天道人道也。"),因此,这个"情"与《周易》的"孚",《中庸》的"诚"有相通之处,与《大学》的"正心"、"诚意"具有同样的品格。在有志于君子道的儒家学者看来,真挚诚悫,是宇宙精神的本质,是至善至美、至大至神的榜样。因此,要在心性上达到天人合一的境界,内圣也好,外王也罢,都必须首先正心诚意,正直无欺。《性自命出》写得很清楚:"笃,仁之方也。仁,性之方也。性或生之。忠,信之方也。信,情之方也。情出于性。"(第39—40简)人的性情是天的自我彰显和自我实现的形式,我们只有真诚地在人伦关系中尽心、尽性,才能够最终完成"天"赋予我们的使命。仔细思考,实际上这种认识的前提,正是儒家人性论,特别是"性善论"的哲学基础。郭简的"德"(悳)字,作为心性学最高深的概念,从直从心,这表明在先秦时期,华夏民族已经有了真实无妄是宇宙的根本精神的共识;郭简的"仁"(身)字,作为儒家价值体系的最高范畴,从身从心,这表明儒家的理想就是依托天道,亲躬践履,言行一致,身心合一,与"德"字相通。不论是"德"还是"仁",都必须以真诚为基本的心理前提,才有可能上达天命与天道融合。用《成之闻之》的话来说,就是"行不信则命不从"(第1简)。所以,《性自命出》的"情",为"实",为"真",为"诚",具有浓厚的宗教性,这是儒家对"为己之学"提出的一个心态上的要求。亦即,不论是生活日用之间的道德践履,还是修身反己的心性超越,儒家的有志之士都必须抱定一个"情"字,抱定真挚诚悫的主体心态。只有站在这样的角度,我们才能够真正领悟到《性自命出》中"道始于情"(第3简)、"礼作于情"(第18简)、"凡声,其出于情也信,然后其入拨人之心也厚"(第23简)、"信,情之方也。情出于性。"(第40简)的哲学深意,在于"情"与"性"具有内在的一致性,"性"来自"天道"、"天命",成为"天性",那么"情"的本质也在于"天情"(见《荀子·正名》)。孔颖达《礼记·中庸》疏引贺玚云:"性之与情,犹波之与水,静时是水,动则是波,静时是性,动则是情。"实际上在我看来,二者在宗教的承受上具有相通性、连贯性。

第二,《性自命出》一文,一开始就提出了"性自命出,命自天降"的命题,把"性"与"情"、"气"相结合,看成一种可以应时而动,感物而发,通过礼乐教化提升的原初本体("反善复始"),但全文最后又归结到了"君子身以为主心"之上,高度重视通过道德践履,加强身与心的冥合,来体认天命,融合天道人道的精神。身心一致,本来是自孔子以来,儒家心性学最基本的特征之一,是其天人合一思想的必然结果。"君子义以为质,礼以行之,逊以出之,信以成之。"(《论语·卫灵公》)"文质彬彬,然后君子。"(《论语·雍也》)但是,《性自命出》从形而下的人性修养层面,立足于礼乐教化的现实,对性情与心志的关系问题,对外在教化与内在心术的关系问题,对心身双修、内外互证的过程,等等,都进行了前所未有的系统阐述,这在儒家心性学发展史上应该具有特殊的地位:

> 致容貌,所以文节也。君子美其情,贵其义,善其节,好其容,乐其道,悦其教,是以敬焉。(第20—21简)

> 笑,礼之浅泽也;乐,礼之深泽也。凡声,其出于情也信,然后其入拨人之心也厚。闻笑声,则鲜如也斯喜。闻歌谣,则陶如也斯奋。听琴瑟之声,则悸如也斯叹。观《赉》、《武》,则齐如也斯作。观《韶》、《夏》,则觍如也斯敛。咏思而动心,喟如也。其居次也久,其反善复始也慎,其出入也顺,司其德也。郑、卫之乐,则非其声而纵之也。凡古乐龙心,益乐龙指,皆教其人者也。《赉》、《武》乐取;《韶》、《夏》乐情。(第22—28简)

一方面,以人的内在情感为根据,以音乐为手段,以描写先王功德的《赉》、《武》,《韶》、《夏》为教材,深入到心灵之中去,以情动人,陶冶人的情操、净化人的灵魂,使之从音乐的最高深之处"返回人性本始的善"[1](反善复

---

① 郭齐勇:《郭店楚简身心观发微》,见《郭店楚简国际学术研讨会论文集》(武汉大学中国传统文化研究中心主编:《人文论丛》2000年特辑),湖北人民出版社2000年版,第200页。

始）。另一方面，又以礼教修正外形、体态，追求仪表的端庄、举止的中节。《性自命出》的身心观精华是，乐教与礼教交互双修，以达成身与心的高度和谐，是以"君子执志必有夫光光之心，出言必有夫柬柬之信，宾客之礼必有夫齐齐之容，祭祀必有夫齐齐之敬，居丧必有夫恋恋之哀。"（第65—67简）容色、情气、身形、形神都融为一体。先秦儒家的礼乐论本来就具有宗教的背景：礼者，"履也，所以事神致福也。"（《说文·示部》）"礼也者，反本修古，不忘其初者也。""礼也者，反其所自生；乐也者，乐其所自成。"（《礼记·礼器》）礼者，"上事天，下事地，尊先祖而隆君师。"（《荀子·礼论》）乐者，"天下之大齐也，中和之纪也。"（《荀子·乐论》）这些都是在讲礼乐的宗教性。它们的目的，用朱熹的话来说就是"礼乐只在进反之间，便得性情之正。"（《近思录》）郭店儒简的礼乐宗教性，强调了主体性的内在超越，是身与心、主体与客体、内在与外在，一句话，就是人与天的完全冥合。这种冥合就是通过礼、乐的修养达到礼乐与性情的合而为一，进而达到性情与天道的合一而实现的。

第三，如果说《性自命出》的心性学主要是从形而下的修养层面来立论，那么《五行》一文主要是从形而上的道德内在性上追求其超脱凡俗的功夫。《五行》把心性的修养划分为形而下的"四行"之"和"的"善"，以及形而上的"五行"之"和"的"德"。仁义礼智之和合，是行于外的人道，是与现实礼俗相联系的道德实践；仁义礼智圣相和合，是行于内的天道，是上达于天命的道德超越。"四行"之"善"，"五行"之"德"通过"圣"上达于天。《五行》写道："君子之为善也，有与始，有与终也。君子之为德也，有与始，无与终也。""有与始，有与终"就是指现实的践履；"有与始，无与终"就是指道德的形而上超越。在"有与始，有与终"的阶段，人的心性提升是与人的外在形体相融合的；而在"有与始，无与终"的阶段，却是指人的心性剥离了人的形体，脱离了现实的羁绊，上达于天人玄冥的神圣之境。这种被帛书《五行》"说"文称之为"舍体"的心理过程，消解了五官四肢的"多"的限制，而进入了"独其心"的"一"的状态。这有似佛教的"觉悟"，是一种大解脱、大彻悟、大自由的境界，超越了现实的视听言动的牵累以及时间与空间的障碍，体认到了宇宙人生的真实本质——德，是孔子"从心所欲，不逾矩"（《论语·为政》）基础上的发展。

三

然而,先秦儒家哲学之所以称之为哲学,就在于它蕴含着深厚的理智思辨、透彻的逻辑解析,而并不仅仅局限于宗教性的直觉的体验和道德的超越。用杜维明先生的话来说,就是:"儒家既不是一种哲学又不是一种宗教,正因为儒家既是哲学又是宗教。"①因此,我们在诠释先秦儒家哲学的时候,就既不能忽略儒家宗教性的体验、超越功夫,也不能忽略儒家哲理化的思辨、解析精神,只有在哲学与宗教的交会点上,才能真正抓住儒家体验性的哲学与思辨性的宗教相结合,二者融为一体的实质。如果儒学仅仅是一种宗教的体验,就不可能具有一种真理性的说服力量;如果儒学仅仅是一种哲学的思辨,就不可能真正树立起道统的崇高以及志士们"舍生取义"的热忱。中国文化之所以源远流长、经久不息,根本原因正是在于这种哲学的睿智与宗教的热忱相互发明的机制。

拿郭店楚简的性命之学来说,《性自命出》"性自命出,命自天降"的判断,毫无疑问,其中的"天"、"命"都具有强烈的宗教气息。人的性情直接受到了"天"、"命"的规定、引导和激发。但是,《性自命出》的思想主体,是提出了一套身心修炼的方法,以回应天命的给予。笔者以为,儒家心性论的本质,就在于对"天"、"命"的超越。这种超越的理路是,人的"性"虽然是由"天"、"命"由上而下灌注而成,但是,"性"具有可塑性。人作为一种具有主体人格的个体,可以通过心性的修养,道德的提升,来掌握自己的"性"、"命"。这种修养和提升有一个非常艰巨的过程:"好恶,性也。所好所恶,物也。善,不善,性也,所善所不善,势也。凡性为主,物取之也。金石之有声,弗扣不鸣,人之虽有性,弗取不出。凡心有志也,无与不可,心之不可独行,犹口之不可独言也。"(第4—7简)"行之不过,知道者也。闻道反上,上交者也。闻道反下,下交者也。闻道反己,修身者也。上交近事君,下交得众近从政,修身近至仁。"(第55—57简)这里的修身论是一种典型的实践论。自我之"性",只有在与外界之"物"的摩荡之中才能够显现出来;"心志"的存有,必须搭挂在具体的

---

① 杜维明著:《一阳来复》,上海人民出版社1997年版,第135页。

事务之上,才有追求的目标。这是十分理性的哲学思路。但是,性情的显现,心志的追求,都必须满怀一腔对"道"的热忱,上下左右远近的一切,才有可能激发起我的主体"修身近至仁"的积极性。正是在这样的前提之下,《性自命出》才提出了"凡性,或动之,或逆之,或交之,或厉之,或出之,或养之,或长之"(第9—10简)多方位、多层面彻底涤荡人性、磨砺人性的途径。对心性的锤炼在于对自己道德情操的提高,而道德水准的高下最终决定了命运的好坏。这应该就是《大学》的"有德此有人,有人此有土,有土此有财,有财此有用。"和《中庸》的"大德必得其位,必得其禄,必得其名,必得其寿。"儒家坚信通过这样一条修身的途径,从现实的道德践履,下学上达,回归最原初的自我,体认"天道",就"可以赞天地之化育","与天地参矣"(《中庸》)。于是,宗教的赤诚信仰,最终演化成为一种现实的奋斗过程,遥远的天命也就化解为可以触摸、可以感知、可以掌握的必然规律了。

郭店儒简《穷达以时》一文,以"有天有人,天人有分"开头,通过历史人物的际遇故事,得出"遇不遇,天也"的结论,以历代圣贤之际遇,来自我宽慰:"有其人,无其世,虽贤弗行矣。"但是,这篇文章的珍贵之处在于,面对人生命运的无奈,它的思想并没有归之于宿命论,以消极的态度来对待命运的不公,而是以"动非为达也,故穷而不怨;隐非为名也,故莫之智而不吝"的豁达胸怀来面对人生的历程,不怨天,不尤人,最后的理性选择是"惇于反己",把上天的命运,外在的际遇,内化为心性的修养、德性的提炼之上。在这里,我们不难感到,儒家"为己之学"的主体性动力,究其实质,并不是来自虚无缥缈的天命灌注,而是来自在哲理分析基础上的、对真理的坚定信念。在这里,我们找到了儒家哲学何以源远流长,在中国文化史上产生了巨大影响的根本原因。

在郭店儒简中,有关"反己"之学的论述是很多的:"故君子惇于反己。"(《穷达以时》第15简)"闻道反己,修身者也。"(《性自命出》第56简)"求之于己为恒。""君子求诸己也深。""反诸己而可以知人。""慎求于己,而可以至顺天常矣。"(《成之闻之》第1、10、19、20、38简)为什么先秦儒家没有像基督教那样,将主体的扩充与提升寄托于外在的天命,而是转化为内心的自我修炼呢?笔者以为,这关键在于"天"、"命"的观念转化。"天",天道也;"命",性命也。在注《礼记·中庸》时,郑玄说:"天命,谓天所命生人者也,是谓性命。"也就是蒙培元先生说的"指天道之命于人而人受之以为性者",①天道流行,赋予人以天地之性。大家耳熟能详的"大哉乾元,万物资始""乾道变化,各正性命"(《周易·乾》)的命题实际上透露了天道与性命的关系。人性的内在修炼,通过"命"的中介把自己与天道统一起来,使天道的善性在自己的视听言动中得以实现。这就把先验性的"天命"转化为主体性的"性情"。本质上讲,这是中国先秦时期伟大的人文主义精神在儒家心性学上的体现。诚如徐复观先生在论述到孔子在中国文化史上的地位时所指出的那样,"由孔子开辟了内在的人格世界,以开启人类无限融合及向上之机。"②这种"向上之机",就是"惇于反己",从本体的内心世界去挖掘原初之善,扩充自我,"至顺天常"。这种"为己之学",从人的内心入手提升自我的途径,在《五行》之中就揭示出了具体的修炼内容:

> 仁之思也精,精则察,察则安,安则温,温则悦,悦则戚,戚则亲,亲则爱,爱则玉色,玉色则形,形则仁。智之思则长,长则得,得则不忘,不忘则明,明则见贤人,见贤人则玉色,玉色则形,形则智。圣之思也轻,轻则形,形则不忘,不忘则聪,聪则闻君子道,闻君子道则玉音,玉音则形,形则圣。
> (第12—16简)

这里的仁之思,智之思,圣之思,各个范畴一环套一环,一气呵成,各个环节之间,都具有深刻的内在理据,它们是修炼的内容,也是修炼的追求过程和目的。但是,《五行》哲理分析的内在深处却始终具有一种无处不在的感悟、体认的质素:"德之行五,和谓之德,四行和谓之善。善,人道也。德,天道也。"(第4—5简)从哲学上讲,这里的四行之善、五行之德就是践履的内容;从宗教学上讲,它们就是性命的本体。德性的超越,关键在"和"字上。四行、五行之"和",就是各种道德层面在修身的过程中彼此激发、牵制的机制,就是融会贯通的结果。它的思维方式是阴阳五行式的"综合、中和、提升"。因为"和",所以能"独"(第16简),所以能混而为"一"(第16简),所以能"集大

---

① 蒙培元著:《中国哲学主体思维》,人民出版社1997年版,第147页。
② 徐复观著:《中国人性论史·先秦篇》,台湾"商务印书馆"1994年版,第69页。

成"（第 42 简），①最后"金声而玉振之"（第 19 简），达到"舍体"而出，与天道合而为一的境界。而这种与天道合而为一的境界，正是儒家"为己之学"、"惇于反己"的理论目的，是人的主体性的高度弘扬。没有宗教性的体悟，哲理性的分析，是达不到这种认识境界的；而没有哲理性的分析，更不可能具有我们所看到的宗教性超越。既有哲学的理性，又有宗教的执着。哲学的理性，加强了宗教信仰的热忱；宗教的热忱，又烘托了哲学的理性力量。这正是儒家心性学的魅力之所在。

囿于时代与历史的局限，先秦时期的儒学思想家们是不可能摆脱"天""命"的纠缠的。任何一种具有历史张力的思想体系，都必然性地与过去的文化传统纠结着斩不断的情思；但是，它又一定是超越了历史的苑囿，而有其长足的开拓。郭店儒简的价值正好就在于它们依山点石，借海扬波，从传统的"天"、"命"观念中脱颖而出，借宗教的氛围，阐发哲理的思想；借哲理性思辨的力量，烘托宗教性的崇高，从而相辅相成，在两方面都取得了很好的理论效果。

第二节　《三德》中的儒家思想初探

关于上博简第五册中的《三德》一文，学者的研究已经相当深入，尤其是曹峰先生已经撰写了好几篇相关的文章，取得了较为突出的成果。但是，曹峰先生说："我们可以视《三德》为一部典型的黄老思想著作。"②笔者认为这是一篇具有浓厚黄老思想倾向的文献。但是，很难说，《三德》归根结底一定属于哪一家。本节并没有要否定曹峰先生观点的意思，并且深以为曹峰先生的论证是一项富有价值的研究工作。本节只是换一个角度，就鄙人的一孔之见，谈一谈《三德》中的儒家思想倾向，以就教于曹峰先生和各位专家。

---

① 池田知久先生说，这里的"集大成"与"一"的内容基本相同。参见《郭店简与儒学研究》（《中国哲学》第二十一辑），辽宁教育出版社 2000 年版，第 99 页。

② 曹峰著：《〈三德〉所见"皇后"为"黄帝"考》，见武汉大学中国传统文化研究中心编：《新出楚简国际学术研讨会会议论文集》（上博简卷）第 129 页。

一

首先,《三德》一文十分强调顺天应时①、天人感应,具有浓厚的黄老道家的倾向。但是,我们是否就此可以断定这是一部十足的黄老道家文献呢?笔者认为,这种断语还是谨慎一点为好。为什么?笔者认真将楚简《三德》的文本与《黄帝书》(也就是曹峰先生所称之《黄帝四书》,笔者以为魏启鹏先生所取书名较为稳妥)比较,深以为,二者之间是有区别的。其中最大的区别在于《黄帝书》十分重视权术:"上道高而不可察也,深而不可测也。"(《道原》)在道德的建设上,《道原》追求的是深不可测的"道",也就是《老子》的"知其白,守其黑,为天下式",是一种阴柔之术。但是《三德》却要求统治者:

> 敬者得之,怠者失之。是谓天常。天神之□,□□□□,皇天将兴之。毋为伪诈,上帝将憎之。忌而不忌,天乃降灾。已而不已,天乃降异。其身不没,至于孙子。阳而幽,是谓大戚。幽而阳,是谓不祥。齐齐节节,外内有辨,男女有节,是谓天礼。敬之敬之,天命孔明。(第2—3简)

在这里"敬"与"怠"相对而出,提倡恪敬职守,反对懈怠懒惰,并且直接称这种从政的态度,"是谓天常",与道家之纯任自然、因循守旧的心态具有相当的距离,与《黄帝书·称》的"圣人不为始,不专己,不豫谋,不为得,不辞福,因天之则"更是大相径庭。在人性论上,《三德》一文提倡端正诚悫,反对"伪诈",作者认为如果这样的话,"上帝将憎之"。它尤其提倡作为一个执政者,应该是道德的表率,为人要正直,要表里如一:"阳而幽,是谓大戚。幽而阳,是谓不祥",与《黄帝书·原道》之"显明弗能为名,广大弗能为形"、深不可测的政治手腕完全不同。而且"敬之敬之,天命孔明"的口气完全与《尚书·康诰》"敬哉!天畏棐忱"以及《太甲上》"先王顾諟天之明命,以承上下神祇。社稷宗庙,罔不祇肃。天监厥德,用集大命,抚绥万方",在语气和理论目的上完全一致。尤其是这段文章中有"其身不没,至于孙子"的宗法制思想,这是典型的

---

① 孔子撰写的《易传》中十分重视"时",所以孟子称孔子为"圣之时者"。孟子还说:"不违农时,谷不可胜食也;数罟不入洿池,鱼鳖不可胜食也;斧斤以时入山林,材木不可胜用也。谷与鱼鳖不可胜食,材木不可胜用,是使民养生丧死无憾也。"(《孟子·梁惠王上》)

先秦儒家的思维方式。我们应该知道,儒家的宗法制思想的本质是以"德"为中心的思想,是"礼"、是"仁"(笔者在此指的是从身从心、上身下心的这个仁字——身、心)、是"慎终追远"(《论语·学而》),是孟子"居天下之广居"(《孟子·尽心上》)的那个"仁"。

从另一方面来看,《三德》是一篇宗教性很浓厚的文章。文章在第一简中就把天、地、人三材的自然属性巧妙地转化为宗教资源:

> 天共(供)时,地共(供)材,民共(供)力,明王无思,是谓三德。卉木须时而后奋,天恶如忻。平旦毋哭,晦毋歌,弦、望斋宿,是谓顺天之常。

"天共(供)时,地共(供)材,民共(供)力",本来是任何一个有组织的国家都要面对的现实问题,但是,《三德》很巧妙地将现实的事物宗教化,或者说,对国事民瘼,这里有一个宗教化的诠释。"平旦毋哭,晦毋歌,弦、望斋宿"绝对是春秋战国时期的某种宗教仪式或者是宗教性风俗,并且在此基础之上,把宗教性的习俗称为"顺天之常"。《三德》全文都是这种理路。它始终把"皇后"、"上帝"、"后帝"与"皇天"、"天常"、"天礼"、"天命"、"鬼神"在无形之中结合起来,进而导出因为执政者不恪尽职守而导致的"天灾"、"天饥"。笔者以为,在《三德》中不能不说有黄老的影子,因为它在天、地、人三材之中塞入了"明王无思"(第1简)、无为而治的句子。但是,从根本上来讲,这种理路仍然是《尚书》的:

> 我不可不监于有夏,亦不可不监于有殷。我不敢知曰,有夏服天命,惟有历年;我不敢知曰,不其延。惟不敬厥德,乃早坠厥命。我不敢知曰,有殷受天命,惟有历年;我不敢知曰,不其延。惟不敬厥德,乃早坠厥命。(《尚书·召诰》)

因此,《三德》十分注重祭祀。"忌而不忌,天乃降灾。已而不已,天乃降异。其身不没,至于孙子。"(第2—3简)武汉大学历史学院的晏昌贵读"已而不已"的"已"为祭祀的"祀"。我看很有道理,因为只有这样解释,才能符合"天乃降灾"、"天乃降异"的逻辑。这样说来"忌而不忌"的"忌"字也很有可能是一个宗教方面的名词,只是现在没有释读出来而已。《三德》第八简有"鬼神禋祀,上帝乃旬",第十三简又有"室且弃,不堕祭祀,唯藋是服。凡若是者,不有大祸必有大耻",这些判断都已经表达得很明确了。说明《三德》一文十分重视"天"的宗教性,因此,它的祭祀思想的最终承享者是"天"。但是,不论从德性的修养还是从政治的目的上来讲,尊崇"皇天"的目的依然是现实政治的权力,是泽被子孙而"惟有历年"、稳定压倒一切的政治环境。所以,宗法制的思想依然是《三德》一文的原始立足点之一:"毋烦姑嫂,毋耻父兄"(第2—3简)。众所周知,这是原始儒家最根本的思想原点,而且《三德》的相关表达很清楚:"知天足以顺时,知地足以固材,知人足以会亲"(第17简),"顺时"、"固材"都是手段、是途径,"会亲"才是目的。

第三个方面,是《三德》始终讲究"度":

> 喜乐无期度,是谓大荒,皇天弗谅,必复之以忧丧。凡食饮无量计,是谓滔皇(荒),上帝弗谅,必复之以康。上帝弗谅,以祀不享。邦四益,是谓方芌,虽盈必虚。宫室过度,皇天之所恶,虽成弗居。衣服过制,失于美,是谓违章,上帝弗谅。(第7—8简)

很清楚,《三德》的作者从性情的修养到现实的行为规范都给执政者提出了以"中和"为标准,以"礼"为最后依据的道德要求。"上帝弗谅,以祀不享"说的是如果你在性情的修养上没有节制,"喜乐无期度",在饮食上没有节制,等等,流连荒亡,那么,连上帝都拒绝享受你的祭祀。我们知道,先秦原始儒家的根本思想之一就是建立在中和精神上的"礼",孔子说:"一日克己复礼,天下归仁焉"(《论语·颜渊》),所以,把"礼"强调到了相当的高度。文章认为,过于骄奢淫逸,则"皇天之所恶",衣服过于华丽,超过了约定俗成、或官方规定的"制",就是"违章",就"失于美"。这种表达方式的后面始终具有"皇天"、"上帝"的背景,因为"皇天之所弃而后帝之所憎"(第19简),所以,迟早会招致灾难:"天灾绳绳,弗灭不隕。"(第14简)现在根据文本,我们完全可以肯定地说,在"礼"的宰制上,《三德》丝毫不比任何一部儒家经典差:

> 齐齐节节,外内有辨,男女有节,是谓天礼。敬之敬之,天命孔明。如反之,必遇凶殃。(第3—4简)

内外有别,男女有节,是谓"天礼";而且,"如反之,必遇凶殃",《三德》的行文之最大的特点,就是将人间现世的各种事物与"天"挂钩,形成了一个天人感应的体系。把天上的"皇天"与地下的"君主"联系起来,把大自然的"常"与人间的"礼"("变常易礼")联系起来,把"天灾绳绳"与"上帝弗谅"联系起来,通过宗教性的视域结构,在心理上对统治者造成了制约。这当然是儒家惯常的政治思维模式。

二

上面的三个方面,都还是其次的。《三德》与《黄帝书》的最大区别,还在于对人民的态度完全不同。《黄帝书》把专断权力的"一人"与"天下"广大的黎民百姓对立起来,将人民视为"猾民"、是"佞辩用知智",整天找麻烦,与统治者作对的一个群体。整个理论都建立在深层次与民为敌的心态之上:

> 唯余一人,兼有天下,滑(猾)民将生,年(佞)辩用知(智),不可法组,吾恐或用之以乱天下。请问天下有成法可以正民者?"(《黄帝书·十大经·成法》)

与《十大经·成法》的作者不一样的是,先秦时期的孔子、孟子是名副其实地与人民站在一起的原始儒家。这就是我们所说的"布衣孔子"、"布衣孟子",他们具有高度的人民性,他们在遭受接二连三的政治打击之后,毅然地把追求真理、传授知识、弘扬文化传统作为他们终身的追求目标。但是,秦汉以后的儒家,在现实的政治挤压下,阳儒而阴法,暗暗地吸纳了类似《十大经》中的各种权术手段,为了迎合统治者的贪欲,在不同的程度上违背了原始儒家的意愿。《三德》的"亲民"思想与原始儒家的相关思想十分一致:

> 临民以仁,民莫弗亲。兴兴民事,行往视来。民之所喜,上帝是佑。凡宅(宅)官于人,是谓邦固;宅(宅)人于官,是谓邦蒿(窳)。建五官弗措,是谓反逆。土地乃坼,民人乃丧。(第22、6简)

"宅"字,李零读为"托",陈伟读为"吕"。笔者以为李零为确。"蒿"字,李零读为"窳",也说得通。"托官于人"与"托人于官",是与法家针锋相对的一种干部人事制度。"托官于人"指的是人治,"托人于官"指的是法制。《三德》的作者认为,如果"托官于人"则国家稳定,固若金汤;如果"托人于官",则民人松散,国家衰败。为什么呢? 因德行卓著而设官职,则官职因为有好的人而有道德的感召力量;因官职的空缺而找(不道德的)人充数,则贪赃枉法,有不如无。这是一种以道德教化为中心的政教合一的政治思想,与法制的观点完全不同。这正是地地道道的儒家观点。目前,我们国家正在推行法治,这是历史的选择,不可逆转。但是先秦儒家提倡"人治"有它当时的历史背景,亦是无可厚非的。而且,即便是在实行法治的今天,在政治管理的体制上可以视人为十恶不赦的歹徒,但是,在社会教化功能上,我们依然要不懈地提倡人的之所以为人的道德良心。

至为重要的是,这段话始终认为人民是国家的根本,如果"民人乃丧"之后,国家的土地就不能保全,君王的权力也就不可能稳固了。所以,执政者一定要勤勤恳恳,一切都是为了人民的利益着想("兴兴民事,行往视来"),执政者只有"临民以仁",举国上下的老百姓才能彼此之间建立和谐、诚信的关系("临民以仁,民莫弗亲")。这与《黄帝书·十大经·成法》"猾民将生,侫辩用智"完全不同。笔者认真体会,贯穿整个《三德》文本的一条主流就是"临民以仁",始终认为人民是国家稳定的基本前提:

> 骤夺民时,天饥必来。夺民时以土攻,是谓稽,不绝忧恤,必丧其似(秕)。夺民时以水事,是谓洲,丧怠(以)系(继)乐,四方来嚣。夺民时以兵事,是〔不〕懈于时。上帝喜之,乃无凶灾。(第15—16、9简)

"民时"是先秦儒家政治思想的核心概念。①《三德》要求统治者恭谨为人,忧恤人民,关心人民的生老病死,就是关心自己的权力,否则全国人民"四方来嚣",你就悔之晚矣! 这与《尚书·五子之歌》"皇祖有训,民可近,不可下,民惟邦本,本固邦宁。予视天下愚夫愚妇一能胜予,一人三失,怨岂在明,不见是图。予临兆民,懔乎若朽索之驭六马,为人上者,奈何不敬"的表述实在是有难分难解的联系。特别是《三德》的第二十简还有"民之所欲,鬼神是佑。慎守……"的命题,与《尚书》更是只有一纸之隔:

> 政事懋哉懋哉。天聪明,自我民聪明;天明畏,自我民明威。达于上下,敬哉有土!(《虞夏书·皋陶谟》)

> 虽有周亲,不如仁人。天视自我民视,天听自我民听。百姓有过,在予一人。今朕必往,我武惟扬,侵于之疆,取彼凶残,我伐用张,于汤有光。勖哉夫子,罔或无畏,宁执非敌。百姓懔懔,若崩厥角。呜呼! 乃一德一心,立定厥功,惟克永世。(《商书·泰誓》)

笔者在仔细体味《三德》的文本之后深以为,《三德》与《尚书》的关系还不仅

---

① 孔子撰写的《易传》中十分重视"时",所以孟子称孔子为"圣之时者"。孟子还说:"不违农时,谷不可胜食也;数罟不入洿池,鱼鳖不可胜食也;斧斤以时入山林,材木不可胜用也。谷与鱼鳖不可胜食,材木不可胜用,是使民养生丧死无憾也。"(《孟子·梁惠王上》)

仅停留在上面这样非常明显的文字上,该文作者对人民的反抗力量十分了解,致使文章的字里行间始终荡漾着一种小心翼翼、如履薄冰的恐惧心情。这篇文章的撰写者很有可能受到了《尚书》的影响,撰写的时间可能在孟子之前。

　　为什么这么说呢? 这要从"天"的概念说起。在先秦时期的儒家文献里面,"天"的概念一共有五个义项,它们是主宰之天、物质之天、命运之天、义理之天和自然之天。在《三德》中,"天"字凡28见。其中,除了个别的"天"(最多3例)是自然之天外,其余的都是主宰之天。笔者以为,在先秦儒家文献中,从《尚书》到《荀子》确乎有一条由主宰之天向自然之天逐步发展的趋势,虽然《尚书》中有自然之天,《荀子》中也不是没有主宰之天,但是,这些文献中始终存在着一种主流导向,那就是主宰之天逐步淡化,自然之天逐步兴起的导向。①

　　正是从"天"这个范畴的内涵与外延上来讲,《三德》与《黄帝书》相差的距离太大。在《黄帝书》中并不是没有类似"凡犯禁绝理,天诛必至"(《黄帝书·经法·亡论》)这样的句子,但是,在《黄帝书》中,这样的貌似主宰之"天"的行文中实际上依然是以道家的自然之"天"作为整个背景,支撑这一概念的理论体系是"赢极必静,动举必正。赢极而不静,是谓失天。动举而不正,〔是〕谓后命"的自然力量。所以,笔者初步断定,《三德》是一篇较为古老的文章,它受到了《尚书》"敬天保民"思想的影响,而且可能在《孟子》之前就已经形成了目前我们已经看到的文本。因为它不仅具有极端浓厚的宗教意识,而且在文字的表述上显然没有《孟子》圆润、成熟。与此同时,我们还可以断言,至少《黄帝书》的有些部分的成书时间应该比《三德》晚,因为《三德》之中不仅"主宰之天"占据着思想的主流,而且具有原始宗教习俗的证据。

第三节　孔子的宗教思想研究

——从《鲁邦大旱》说起

　　先秦儒家的开山祖师——孔子不仅是一位忠厚、平实的学者,而且更是一

---

①　详见拙著:《先秦儒家性情思想研究》,武汉大学出版社2005年版,第一章。

位充满智慧与理性的哲人。认真阅读《论语》,我们就不能不被他深刻的思想与高尚的人格所打动。但是,在有些人看来,《上海博物馆藏战国楚竹书》第二册《鲁邦大旱》一文表现了孔子在信仰与理性之间的矛盾,并且认为孔子是不相信鬼神的。笔者以为,有关孔子之政治、宗教观及其两者之间的关系,实际上是先秦儒家政治哲学研究的一个重大的是非问题。在《鲁邦大旱》一文中,子贡在对孔子的思想提出质疑的同时,也给我们进一步研究孔子的宗教思想,进而深度审视中国文化的特质,提供了一个珍贵的切入点。

一

廖名春教授在《试论楚简〈鲁邦大旱〉的内容与思想》一文中以长沙马王堆帛书《易传》为佐证,论证了子贡在《鲁邦大旱》中对孔子的质问与子贡在帛书《要》篇中对孔子的质问在内容与形式上具有相似性,因此,这"足以证明"《鲁邦大旱》"新史料的真实性"。① 对此,笔者同意廖兄的观点。但是,廖文完全建立在孔子"以鬼为不神"、"是不相信鬼神"的基础之上。笔者则以为值得商榷。为了揭示廖兄的观点有失公允的事实,笔者以为,还是从简文本身的事实出发来展开论述,最为硬扎。《鲁邦大旱》的第一简写道:

> 鲁邦大旱,哀公谓孔子:"子不为我图之?"孔子答曰:"邦大旱,毋乃失诸刑与德乎?"②

请读者注意,这是《鲁邦大旱》的第一简。文章一开头,孔子就抓住了鲁哀公的要害,直接将鲁邦的大旱与哀公政府"失诸刑与德"直接挂上钩,天人合一、天人感应的思维方式十分明确,是孔子头脑中的第一反应。

实际上,早在孔子之前,在《诗经》、《尚书》以及其他各种文献中,这种天人感应的思想在当时是非常普遍的一种现象,是中华民族深层记忆中自古有之的一种属性。《尚书》中有大量的证据证明了这一点,笔者在此没有赘述的

① 朱渊清、廖名春主编:《上博馆藏战国楚竹书研究续编》,上海书店出版社 2004 年版,第111 页。

② 本书引用《鲁邦大旱》的文本是依据李学勤先生《上博楚简〈鲁邦大旱〉解义》一文的释文,请参见朱渊清、廖名春主编:《上博馆藏战国楚竹书研究续编》,上海书店出版社 2004 年版,第97—98 页。

必要。笔者要指出的是,孔子虽然是一位伟大的哲学家,但作为历史与时代的产物,他也不可避免地打上了这种属性的烙印。据载,哀公与孔子的相处并不真正相得,因为鲁哀公不仅是一个懦弱无能、没有主张的人,而且也是一个没有道德正义感的人。① 现在面对鲁哀公的请求,孔子依据时代的思维定式,就不可能不把鲁邦大旱的现状与"失诸刑与德"联系起来,以此来达到限制君权、推行德政、造福于民的目的。

在人类社会的早期,把天灾与"失诸刑与德"联系起来思考政治问题,是来自民间自然而然的恐惧心理,是面对大自然给人类社会造成巨大灾难,生产力十分微弱的表现。霍尔巴赫说:"恐惧"乃是人类陷入宗教"迷误"的"滔滔不绝的来源"。② 罗素在探讨宗教起源的时候,也持同样的观点:"恐惧是整个问题的基础。"③所以,在中国先秦时期,人们持有天人感应的宗教观念,是历史的必然。因此,如果说孔子能够超越他所处的时代而不信天地、鬼神,其思想体系中完全没有宗教性,在那个时代无异于是想象着一个人要扯着自己的头发离开地球一样荒谬。但是,德国哲学家康德说:"尽管恐惧最初能够产生出诸神(神魔)来,但理性借助于它的道德原则才第一次产生了上帝的概念(哪怕人们在自然目的论中如通常那样曾经极其无知,或者哪怕由于难以通过充分可靠的原则来调和在这里相互矛盾的现象而曾经极其犹豫)。"④所以,对于孔子这样的思想家来讲,相信天地鬼神,是经过了理性思考了的,孔子对上古及殷、周传承下来的宗教观念实际上是在经过了系统、深入的改造之后,才将其纳入儒家政治哲学体系之中的。对此,笔者在文章的第二部分还有进一步的论证。现在,我们还是回到简文。《鲁邦大旱》的第二简写道:

孔子曰:"庶民知说之事槐(鬼)也,不知刑与德。如毋爱圭璧币帛于山川,政刑与……"

"庶民知说之事槐(鬼)",只能说明民间有崇奉"事鬼"的风俗,并不能说明孔

---

① 详见《论语·宪问》"陈成子弑简公"章。《史记·鲁周公世家》亦载:"十四年,齐田常弑其君简公于徐州。孔子请伐之,哀公不听。"
② 霍尔巴赫著:《自然的体系》下卷,商务印书馆1964年版,第11页。
③ 罗素著:《为什么我不是基督徒》,商务印书馆1982年版,第27页。
④ [德]康德著、邓晓芒译:《判断力批判》,人民出版社2002年版,第303—304页。

子本人反对"事鬼",第一简的内容已经证明孔子千真万确是相信天地鬼神的,这是文本事实,是不容否定的。孔子在这里说"庶民"、"不知刑与德",语气中有一种悲悯的情怀。言外之意是在警告鲁哀公,如果"庶民"都知道你以及你的政府这样荒淫无度、草菅人命("失诸刑与德"),那就不是"毋爱圭璧币帛于山川"所能解决问题的了。然而孔子毕竟是在帮助鲁哀公解决目前面对的问题,所以孔子提出了"毋爱圭璧币帛于山川",以祭祀山川的形式稳定民心,同时修正刑德,励精图治,以免遭受更大的"天谴"。

当然,这支竹简的内容显示了孔子思想的一个悖论,亦即,既然是"失诸刑与德",就必须在刑与德上面下工夫,纠正政务上的失误就行了,何必又要"毋爱圭璧币帛于山川",侍奉天地鬼神呢? 由是而引发了子贡对孔子的质问:

> 出,遇子贡,曰:"赐,尔闻巷路之言,毋乃谓丘之答非与?"子贡曰:"否,□乎子女,□命其与。如夫政刑与德,以事上天,此是哉! 如夫毋爱圭璧币帛于山川,毋乃不可? 夫山,石以为肤,木以为民,如天不雨,石将焦,木将死,其欲雨或甚于我,或必寺乎名乎? 夫川,水以为肤,鱼以为民,如天不雨,水将涸,鱼将死,其欲雨或甚于我,或必寺乎?"孔子曰:"乌呼! ……公岂不□梁食肉哉也? □亡如庶民何!"(第3—6简)

子贡的表述,用现在的唯物主义观点来看,不是没有道理,但是,理解孔子思想的关键,在孔子的回答。"乌呼",这一感叹,表达了孔子语重心长的心态,也表达了孔子作为一代哲人的深谋远虑。孔子对子贡的回答,虽然因为竹简的残缺已经不能看到完整的内容,但是,整个表述始终贯穿着对鲁国政治现状的不满,"□亡如庶民何"一句的简书原文之后有明显的墨节记号,是本篇文章的最后一句,是照应文章的开头("毋乃失诸刑与德乎")的。竹简刻字十分艰难,古人作文,惜墨如金,我们一定要从整体的文章结构上来释读简文。

笔者认为,在这一点上,《上海博物馆藏战国楚竹书》(二)的释读更符合孔子思想的原貌,全文始终对鲁哀公一伙草菅人命、荒淫无度、[1]"失诸刑与德"的表现持批评的态度,而对老百姓贫苦无依的生活状况深表同情。所以,

---

① 《史记·鲁周公世家》载:"十二年……,季桓子受齐女乐,孔子去。"

我们如果把上下文整合、首尾照应起来，加以推理，就不难发现，孔子回答子贡的问题，是击中了子贡的要害了的。其内容应该是说，鲁哀公一伙草菅人命、荒淫无度、贪得无厌，贫苦的老百姓对他们一点办法都没有了，我们只有树立起天地神灵的巨大权威，让鲁哀公他们去顶礼膜拜，自省、自讼，才有可能在一定程度上限制他们手中的权力，从而推行德政、造福于民。这当然体现了大力提倡"周礼"的孔子具有"神道设教"的政治哲学思想。

从宗教学的层面上来讲，"神道设教"具有两面性：它一方面确实有麻痹人民精神的副作用，但是，在人类社会的早期，又确乎对统治者毫无限制的权力有十分重大的震慑作用，特别是在春秋时期肉欲横流的时代。迄今为止，所有宗教都具有两面性，这不仅是孔子解决不了的问题，而且也是全世界人文科学的专家们共同面临的一个重大难题。

不过，在这里，我们已经明确地看到，在孔子的政治哲学系统中，始终渗透着一种神性的权威。这与他在个人的修养上提倡"下学而上达，知我者其天乎"的路径，(《论语·宪问》)在国家事务上重视"斋、战"(《论语·述而》)的思想是完全一致的，与《周礼》、《仪礼》、《礼记》中非常注重祭祀之礼的事实也是一致的。我们如果没有认识到"礼"的宗教性、超越性，先秦儒家的各种研究就没有深入下去的可能。把上古以来自然型宗教发展、转变为后来的伦理型宗教，是孔子及其早期儒家学者对中国文化做出的巨大贡献。

德国哲学家康德也认为，如果一个人不承认世界有神性的存在，"欺骗、强暴和嫉妒将永远在他四周横行，尽管他自己是诚实、温和与善意的；而他除了自己以外所遇到的那些正直的人，不论他们多么配得幸福，但却会从毫不顾及这一点的自然界那里遭遇到一切穷困潦倒、疾病和意外死亡的灾祸，正如地球上的其他动物一样，而且，直到一座广大的坟墓来把他们全体(不管是正直还是不正直在这里都是一样的)吞没。"①历史事实反复证明，我们的世界不能没有宗教，我们每一个人的灵魂不能没有宗教的情怀，否则，世界就不知道要向何处去。另外，在一个没有分权、监督、民主的专制国度里，只有"神"才有可能对君权进行一定的限制。绝对的权力只能导致绝对的权力滥用，给广大

① ［德］康德著、邓晓芒译：《判断力批判》，人民出版社2002年版，第309—310页。

的人民带来无边无际的灾难。换言之,在中国古代的社会里,从君主到庶民,人们信奉神灵,实际上是维护社会安定的一个重要的手段,这本来是一个常识——宗教的社会创建功能与维系功能。

面对春秋时期各路诸侯攻城略地的混乱局面,孔子作为一位哲人肯定具有深层的忧虑,进而在政治哲学方面有完全不同于子贡的深沉思考。而对孔子的这种深入的思考,后期的子贡未必就没有意识到。在《论语》中,子贡就有"夫子之文章,可得而闻也;夫子之言性与天道,不可得而闻也"(《论语·公冶长》)的感叹,这说明子贡自己已经承认自己并没有抵达孔子"性与天道"的学术境界。司马迁的《史记·仲尼弟子列传》中有一段生动的表述,十分形象地展现了孔子与子贡的关系:

> 子贡利口巧辞,孔子常黜其辩。问曰:"汝与回也孰愈?"对曰:"赐也何敢望回! 回也闻一以知十,赐也闻一以知二。"

同样的记载也见于《论语·公冶长》,但是在那段文字中没有"子贡利口巧辞,孔子常黜其辩"一句。"孔子常黜其辩"是一个陈述句,它的主语是"孔子","其"指的是子贡。在这一句话中,"黜"就是"贬黜"的意思,"利口巧辞"也是符合子贡性格的,但是这违反了孔子"仁者,其言也切"(《论语·颜渊》)的训诫,是"巧言令色,鲜矣仁"(《论语·阳货》)的表现,所以孔子要"常黜其辩",常常教导、训斥他。从另一方面来看,上面所引司马迁的原文中,"问曰"的主语是孔子,"对曰"的主语是子贡,子贡的谦虚、卑恭的心态十分明显。

关于子贡与孔子的关系,历来各种史籍中有许多有趣的记载,其中有一个发展的过程。据《论衡》载,"子贡事孔子,一年自谓过孔子,二年自谓与孔子同,三年自知不及孔子。"①三年之后才知道自己过去是不知天高地厚。《论语》记载子贡的叹息:"夫子之文章,可得而闻也;夫子之言性与天道,不可得而闻也。"(《公冶长》)正说明了子贡在认识孔子的学术视野方面的进展与提高。孔子温、良、恭、俭、让的品德与"不知老之将至"的求知精神打动了他身边所有的人,也赢得了子贡的由衷尊重。鲁大夫孙武叔诽谤孔子,子贡义正词严:"无以为也,仲尼不可毁也。他人之贤者,丘陵也,犹可逾也;仲尼,日月

---

① 黄晖撰:《论衡校释·讲瑞篇》,中华书局1990年版,第724页。

也,无得而逾焉。人虽欲自绝,其何伤于日月乎? 多见其不知量也!"(《论语·子张》)陈子禽怀疑孔子的圣贤地位,曾对子贡说:"子为恭也,仲尼岂贤于子乎?"子贡反驳说:"君子一言以为知,一言以为不知,言不可不慎也。夫子之不可及也,犹天之不可阶而升也。夫子之得邦家者,所谓立之斯立,道之斯行,绥之斯来,动之斯和。其生也荣,其死也哀。如之何其可及也!"(《论语·子张》)子贡还认为自己过去"终身戴天,不知天之高也。终身践地,不知地之厚也。若臣之事仲尼,譬犹渴操壶杓,就江海而饮之,腹满而去,又安知江海之深乎?"(《韩诗外传》卷八)《孟子·公孙丑上》也记载了子贡由衷赞扬孔子的话:"见其礼而知其政,闻其乐而知其德,由百世之后,等百世之王,莫之能违也。自生民以来,未有夫子也。"不仅如此,据《史记·孔子世家》的记载,孔子去世以后,"孔子葬鲁城北泗上,弟子皆服三年。三年心丧毕,相诀而去,则哭,各复尽哀;或复留。唯子赣庐于冢上,凡六年,然后去"。由此可见,子贡对孔子的尊重,生前身后,虽然有一个不断加深认识的过程,但始终是忠心耿耿的,最后甚至已经达到了登峰造极、无以复加的程度。

真是不知廖兄为什么要将《史记》"子贡利口巧辞,孔子常黜其辩"一句理解为:"不但是说子贡敢于与孔子论辩,敢于发表自己的不同意见,也是说在论辩中常常令孔子有理屈词穷之感。"①实在是值得商榷。

二

从整个中国历史发展的进程来看,孔子的悖论并不仅仅属于孔子个人,它是历史、时代的产物。可是孔子毕竟是一位伟大的思想家,到底是孔子被动地被传统牵制而产生了悖论,还是有意识的思想作为呢? 这是本节要着重清理的一个重要的问题。实际上,并不仅仅是在中国历史上,即便是在全世界范围内来考察这个问题,我们也会发现历史有惊人的相似之处。

西方很多哲学家(有些甚至是一流的科学家)如笛卡尔、培根、斯宾诺莎、莱布尼茨、康德,甚至黑格尔、费尔巴哈等巨擘,都试图用哲学与科学去反对神

---

① 朱渊清、廖名春主编:《上博馆藏战国楚竹书研究续编》,上海书店出版社 2004 年版,第109 页。

学,而最后又不得不为宗教保留一个不可逾越的位置,世人都以为深刻而别无选择,其中是包含有深刻内容的。换言之,我们确定孔子是一位具有深刻理性的思想家,但同时又可以依据历史事实,确定孔子不是一位无神论者。这种看似吊诡的判断,不仅丝毫不会影响孔子的历史地位,而且恰恰相反,正好说明了孔子的深刻与伟大。

确实,《论语》中多次记载了孔子对"鬼神"敬而远之的心态:

> 樊迟问知。子曰:"务民之义,敬鬼神而远之,可谓知矣。"问仁。曰:"仁者先难而后获,可谓仁矣。"(《论语·雍也》)

> 子不语:怪、力、乱、神。(《论语·述而》)

> 季路问事鬼神。子曰:"未能事人,焉能事鬼?"曰:"敢问死。"曰:"未知生,焉知死?"(《论语·先进》)

> 祭如在,祭神如神在。子曰:"吾不与祭,如不祭。"(《论语·八佾》)

廖名春教授在他的文章中列出了这几条证据以说明孔子"以鬼为不神","是不相信鬼神"的,可是,这几条资料除了说明孔子注重人事、敬鬼神而远之以外,根本不能证明孔子"不相信鬼神"。因为,敬而远之是一回事,完全不相信是另外一回事。"六合之外,圣人存而不论;六合之内,圣人论而不议"(《庄子·齐物论》),正说明了孔子敬重天地鬼神的认知心理。这种认知心理影响了中国传统文化数千年,对中国社会历史的各个方面、各个层面产生了深远的影响。

而且,更为重要的是,我们在《论语》中也可以找到相当多的富有宗教意味的思想表述:

> 王孙贾问曰:"与其媚于奥,宁媚于灶,何谓也?"子曰:"不然,获罪于天,无所祷也。"(《八佾》)

> 文王既没,文不在兹乎? 天之将丧斯文也,后死者不得与于斯文也;天之未丧斯文也,匡人其如予何? (《子罕》)

> 固天纵之将圣,又多能也。(《子罕》)

> 颜渊死,子曰:"噫! 天丧予! 天丧予!"(《先进》)

笔者在《先秦儒家性情思想研究》一书中系统论证了孔子的"天"有五种含义,其中上面的这几例就是与物质之天、命运之天、自然之天以及义理之天并列的

"主宰之天"，是赋予了宗教意味的。由于该书根据前贤时彦的各种资料和思想，已经进行了详细的论证，这里就不赘述了。

我们知道，先秦儒家哲学的根本是什么？是"仁"。《论语》载："君子务本，本立而道生。孝弟也者，其为仁之本与！"（《学而》）以孝悌之道为"仁"的出发点，大约是任何人都无法否定的事实。但是，孝悌之道的归宿，最终是祖宗崇拜。当然，《论语》对这种祖宗崇拜的传统是进行了改造的："慎终追远，民德归厚矣"（《学而》）的命题，就显示孔子的"孝道"思想与中国过去纯粹的祖宗崇拜具有明显不同的理论指向——它的目的是要铸造淳朴、诚信的民风。

张荣明博士根据唐兰先生的《西周青铜器铭文分代史征》①的正文和"附件一"的资料，将该书中所征引的西周各个时期的青铜铭文中有关"天"、"祖"、"帝"的出现频率，按百分比作了一个详细的统计，西周成、康、穆、孝、厉各个时期在"祖"、"天"、"帝"的观念上并没有太大的变化。也就是说，在西周人的私人生活中，或者说在他们的精神世界深处，"天"的观念仍然居于次要的位置，祖先崇拜在周代的精英文化中占据着最为重要的地位。② 实际上，这正是先秦儒家政治哲学之宗教性的理论来源。赫伯特·斯宾塞说："祖先崇拜是一切宗教之根源。"③也就是说，只要我们承认先秦儒家的孝悌之道，就必须同时承认先秦儒家的宗教性特征。

英国科学家培根的话对子贡之类的人提出的问题是一个很好的反馈："一点点儿哲学使人倾向于无神论，这是真的；但是深究哲理，使人心又转回到宗教去。因为当一个人底精神专注意许多不想联贯的次因的时候，那精神也许有时会停留在这些次因之中而不再前进；但是当它看见那一串的次因相连相系的时候，它就不能不飞向天与神了。"④所以，子贡与孔子的对话，正好反映了子贡相对于孔子来讲知识欠缺、学问浅薄、易于提出一些似是而非的问题。

古今中外的历史证明，人不可能没有神性。"否认有神的人是毁灭人类

---

① 该书由中华书局 1986 年出版，是古文字学家唐兰先生的力作。
② 张荣明著：《中国的国教》，中国社会科学出版社 2001 年版，第 107 页。
③ 转引自［英］帕林德著：《非洲传统宗教》，商务印书馆 1999 年版，第 29 页。
④ 培根著，水天同译：《培根论说文集》，商务印书馆 1968 年版，第 57 页。

的尊贵的;因为人类在肉体方面的确是与禽兽相近的;如果人类在精神方面再不与神相类的话,那么人就是一种卑污下贱的动物了。同样,无神论也毁灭英雄气概与人性的提高。……因此,无神论在一切方面可恨,在这一方面也如此,就是它削夺了人性所赖以自拔于人类底弱点的助力。这在个人如此,在民族亦如此。"①

孔子作为一位伟大的哲人,为了实现自己的政治理想,历尽人生的各种磨难,对这些问题难道就没有认真地思考过?我们非要用马克思主义的理论来衡量孔子的所谓"无神论"思想就是尊敬孔子吗?笔者以为,刚好相反,如果我们否定了孔子的宗教精神,孔子的历史文化地位将大打折扣。

但是,正如上文引用康德的论述,孔子是利用"理性借助于它的道德原则"对传统宗教进行了有意识的改造之后,才纳入到他的政治哲学体系的。例如,孔子是非常重视"礼"的,而"礼"的内容主要都是通过君君、臣臣、父父、子子的伦理关系来实现的。这在《论语》中有铁的证据:

> 齐景公问政于孔子,孔子对曰:"君君、臣臣、父父、子子。"公曰:"善哉!
> 信如君不君,臣不臣,父不父,子不子,虽有粟,吾得而食诸?"(《颜渊》)

齐景公的话从骨子里来讲是很自私的,这本不是孔子的原意,但是,如果从"礼"的角度来解读"君君、臣臣、父父、子子"的关系,就诚如上文所及,不可能没有宗教性的背景。郭店楚简《成之闻之》一文对孔子的这一思想发挥得相当透彻:

> 天降(登)大常,以理人伦。制为君臣之义,著(作)为父子之亲,分为夫妇之辨。是故小人乱天常以逆大道,君子治人伦以顺天德。(《成之闻之》第31—33简)②

孔子"君君、臣臣、父父、子子"中隐含的宗教性倾向在这里已经彻底地昭示出宗教的指向。这些人伦关系不仅是现实生活中不可逃避的事实,而且也是"大常"、"大道"、"天德",有它们承接于"天常"的神圣性。在这方面郭店楚简提供了十分丰富的思想资料。在郭店楚简另一篇题为《六德》的文章中,作

---

① 培根著,水天同译:《培根论说文集》,商务印书馆1968年版,第59—60页。
② 引文括号中的改动是参考了李零著:《郭店楚简校读记》(增订本),北京大学出版社2002年版,第122页。

者全面探讨了夫夫、妇妇、父父、子子、君君、臣臣的来源与社会功能,"六位"就是社会生活中的"六职";由"六职"各尽本分,"以裕六德"。"六德"者,圣、智、仁、义、忠、信之谓也。

《六德》一文在叙述到六位、六职、六德时,有三种排列顺序:一是夫妇、父子、君臣;(第8简)二是君臣、夫妇、父子;(第14、15简)三是父子、夫妇、君臣。(第34、35简)本来,儒家是一个特别注重礼仪的先后顺序的学派,为什么在《六德》这样重要的文献中就忽略了这种儒家的基本规则呢?如果我们不是依据儒家哲学的世俗性,而是依据儒家哲学的宗教性,这种令人迷惑的现象就是容易得到解释的了。原来,不论父子关系、夫妇关系,还是君臣关系,在儒家看来,都有一种天经地义的神性,都有它们天命的最终依托,都是天道伦常在人世间的具体表现。

先秦儒家政治哲学的这种明显的宗教性,已经把社会关系神圣化,把人伦关系天道化。在早期中国的生产力还非常落后,生产关系相对简单的前提下,整个社会需要人们具有高度的凝聚力以应对大自然残酷的挑战,这种宗教精神对社会结构的创建和社会生活的稳定是具有重大的积极意义的。因为对外,它可以全力以赴地抵御各种外来之敌;对内,可以让全社会有一种安宁感、稳定感、亲和感——"使民相亲"(《六德》第49简)。所以,笔者以为,先秦儒家的政治哲学理论是从中华民族深层记忆中申发出来的思想结晶,是中国上古社会以来政治管理运作体系早熟的一个重要的表现。在当时自给自足的小农经济为背景的环境下,中国社会生产对象固定,民风淳朴,关系稳定,人们日出而作、日落而息的生活方式,是这种政治哲学理论的肥沃土壤。

上面已经说了,夫夫、妇妇、父父、子子、君君、臣臣之"六位"就是社会生活中的"六职";由"六职"各尽本分,"以裕六德"。先秦儒家要创建的社会是一个要成就人之所以为人的社会,儒家的经典作家们认为,一切经济的发展、社会生活水平的提高,都离不开社会的主体——人。人之所以为人的道德建设、心灵境界如果出了问题,人与人之间不仅没有任何诚信,而且人人自危,以他人为沟壑,进而以他人为地狱,那么,一切外向型的追名逐利,对于主体的心灵建设来讲,都是南辕北辙,缘木求鱼。

至为重要的是,孔子的宗教思想并没有停留在"夫夫、妇妇、父父、子子、君君、臣臣"之上,像西周成、康、穆、孝、厉各个时期的西周统治者那样,把祖先崇拜始终置于核心的、最为重要的地位,而是对殷商、西周以来的宗教观念进行了彻底的改造:

子曰:"大哉! 尧之为君也! 巍巍乎! 唯天为大,唯尧则之! 荡荡乎,民无能名焉! 巍巍乎! 其有成功也! 焕乎! 其有文章。"(《泰伯》)

子罕言利与命与仁。(《子罕》)

子畏于匡。曰:"文王既没,文不在兹乎? 天之将丧斯文也,后死者不得与于斯文也;天之未丧斯文也,匡人其如予何?"(《子罕》)

子曰:"凤鸟不至,河不出图,吾已矣夫!"(《子罕》)

颜渊死。子曰:"噫! 天丧予! 天丧予!"(《先进》)

子曰:"莫我知也夫!"子贡曰:"何为其莫知子也?"子曰:"不怨天,不尤人;下学而上达。知我者其天乎!"(《宪问》)

公伯寮愬子路于季孙。子服景伯以告,曰:"夫子固有惑志于公伯寮,吾力犹能肆诸市朝。"子曰:"道之将行也与? 命也。道之将废也与? 命也。公伯寮其如命何!"(《宪问》)

孔子曰:"君子有三畏:畏天命,畏大人,畏圣人之言。小人不知天命而不畏也,狎大人,侮圣人之言。"(《季氏》)

孔子曰:"不知命,无以为君子也。不知礼,无以立也。不知言,无以知人也。"(《尧曰》)

笔者审视《论语》的结构,它以"人不知而不愠,不亦君子乎"(《学而》)章始,以"不知命,无以为君子也"(《尧曰》)结束,深以为,这有结构上的特别匠心。它昭示的是一种乐天知命、豁达通脱的人生理想。表面上看,在《论语》中似乎仅仅是"饭疏食、饮水,曲肱而枕之,乐亦在其中矣! 不义而富且贵,于我如浮云"(《述而》)的个人自由,只是"吾与点也"(《先进》)般的舒畅与闲适,玉帛钟鼓,乐山乐水。如果我们的认识只是限于这个层面,那就大错特错了。笔者以为,孔子对中国上古以来,特别是西周以来的宗教观念进行改造,有以下三个重要的维度,并且由此而对中国文化做出了重大的贡献:

第一,把"天"置于祖宗之上,只有"天"才是尽善尽美的。人道的目的就是效法天道。以此为据,把人的性情与"天道"、"天命"融为一体,由此而拓展了人之所以为人的崇高空间,从而使"人"这个重要的概念充满了尊贵感、崇高感和神圣感。人之所以为人者,是基于"血气心知"的,但是"性相近"(《论语·阳货》)的人,只有通过努力学习,才能不断地完善自己、提升自己,达到善、信、美、大、圣、神(《孟子·尽心下》),通向精神境界的自由。人的一生是由"下学上达",不断"纯洁"、不断"净化"、走向"圣洁","仁义忠信,乐善不倦"(《孟子·告子上》)的过程。宗教学家麦克斯·缪勒说:"宗教是一种知识。它给人以对自我的清澈洞察,解答了最高深的问题,因而向我们转达一种完美的自我和谐,并给我们的思想灌输了一种绝对的圣洁。"①具体到中国儒家的宗教性上来讲,这个"圣洁"就是"天"。《礼记·中庸》谓:"诚者,天之道也;诚之者,人之道也",是说"天"的本质属性是"诚",人的追求目标就是效法"天道"之"诚",是一种向"圣洁"不断进取的追求精神。《礼记·哀公问》又载:

> 公曰:"敢问君子何贵乎天道也?"孔子对曰:"贵其'不已'。如日月西相从而不已也,是天道也;不闭其久,是天道也;无为而物成,是天道也;已成而明,是天道也。"

通过不断刻苦努力的学习、修持,用《性自命出》的话来讲就是动性、逆性、交性、历性、绌性、养性、长性(第10—12简),用《礼记·中庸》的话来讲就是"博学之,审问之,慎思之,明辨之,笃行之",最终"合外内之道",成就人道与天道的融汇,只有这样才能达到博厚、高明、悠久、无疆的天道人格境界,也就是"上律天时,下袭水土。辟如天地之无不持载,无不覆帱,辟如四时之错行,如日月之代明。万物并育而不相害,道并行而不相悖,小德川流,大德敦化"(《礼记·中庸》),涵化天地的阔大胸怀。

第二,在政治哲学的层面直接昭示"天下为公"的理念,是孔子把"天命"与"人性"融汇起来,创建人之所以为人的社会结构的必然结果。《论语》对这一问题是进行过讨论的:

> 子贡曰:"如有博施于民而能济众,何如? 可谓仁乎?"子曰:"何事于仁,必也圣乎! 尧、舜其犹病诸! 夫仁者,己欲立而立人,己欲达而达人。

---

① 麦克斯·缪勒著:《宗教的起源与发展》,上海人民出版社1989年版,第10页。

能近取譬,可谓仁之方也已。"(《雍也》)

这是一段富有深远意义的对话。它真正的话语背景是,孔子对现实社会的人性没有抱过高的要求,认为做到"仁"就已经不错了,就更不要说做到"圣"了。"博施于民而能济众",实际上就是孔子向往的、"大同"(《礼记·礼运》)的政治境界,也是孔子真心实意想要追求的目标,否则他就不可能有"巍巍乎!舜、禹之有天下也,而不与焉"、"大哉!尧之为君也!巍巍乎!唯天为大,唯尧则之!荡荡乎,民无能名焉!巍巍乎!其有成功也!焕乎!其有文章"(《论语·泰伯》)的感叹了。但是,在孔子所处的历史时期,孔子周游列国,到处碰壁,自私自利的统治者们已经让孔子清醒地看到了,"博施于民而能济众"只能是一种政治哲学上的理想,退而求其次,只要做到"己欲立而立人,己欲达而达人",就很不错了。这当然是一个非常深刻的理想命题。这个命题的深刻之处在于,孔子已经深刻地看到了人的自私本性,正是在这样的基础上,孔子设立了一个在人人都为自己谋私利的心理前提之下的公众社会的游戏规则。

然而即便如此,孔子对"大同"的理想仍然是充满热情的。孔子"为政以德,譬如北辰,居其所而众星共之"(《论语·为政》)的理论结果只能是由亲亲推向尊贤,否则"举枉错诸直",则民不服;只有"举直错诸枉",人民才会"服",才会放心(《论语·为政》)地将管理社会的权力委托给统治者,否则就会造反,甚至引起天下动荡。因此,在先秦儒家的政治哲学理论逻辑的牵引下,为了最大限度地维护社会的正义,最后只能是"门外之治义斩恩"(郭店楚简《六德》第31简),有的时候,甚至只能通过大义灭亲才能真正解决社会的矛盾。

第三,与此相联系的是,"天下为公"的结果就不仅仅是"当仁,不让于师"(《论语·卫灵公》),更在于"朝闻道,夕死可矣"(《论语·里仁》)的卫道、崇道、追求真理的精神,树立起了"三军可夺帅也,匹夫不可夺志"(《论语·子罕》)的挺立人格。孟子的"鱼,我所欲也;熊掌亦我所欲也;二者不可得兼,舍鱼而取熊掌者也。生亦我所欲也;义亦我所欲也;二者不可得兼,舍生而取义者也"(《孟子·告子上》),荀子的"从道不从君,从义不从父,人之大行也"(《荀子·子道》)都是孔子"卫道"思想的申发,始终具有一种把道义置于生命之上的大无畏精神。它们的本质是宗教精神鼓荡起来的人的神圣性与高贵性。段德智先生云："宗教的语源学解释不仅昭示了宗教的最内在、最核心的内容是信仰,不仅点示出了宗教信仰对象的神秘特征,而且还暗示了宗教信仰何以神秘的成因,即信仰对象的超越性。"①换言之,从宗教的本质来讲,一切禁忌与戒律、礼仪与节庆、组织与制度,还有修炼方式,等等,相对于宗教的信仰来讲,都不是最核心的内容。信仰的热忱与执着,才是宗教的本质。孔子"朝闻道,夕死可矣"的气概,孟子"舍生而取义"的精神,就是一种宗教性的壮烈情感。正是这种气概与精神,保证了中国历史文化源远流长的生命不息。

第四节　上博简《仲弓》的思想史意义

上博简《仲弓》一文已经出版七年了。七年来似乎仅有简序编联和文字释读以及关于仲弓其人其事的考释文章,而对《仲弓》一文本身的思想性,尤其是政治哲学方面,论者并不多。从政治哲学的角度上来讲,《论语》对仲弓"为季氏宰"的事实有明确记载,孔子在《论语》中对仲弓也给予了崇高的评价。上博简《仲弓》一文与《论语》有密切的关系,这是可以肯定的。本节基于《论语》和《仲弓》以及相关的历史文献,对《仲弓》的思想史意义进行必要的探讨,以就教于方家。

一

仲弓,鲁国人,姓冉,名雍,字仲弓,是孔子得意的及门弟子之一。在孔子弟子及再传弟子的心目中,仲弓的地位也是相当高的,《论语》还专门以他的名字单独立篇——《雍也》,这是十分荣耀的事情。仲弓出身贫寒,《孔子家语》称冉雍"生于不肖之父",《史记·仲尼弟子列传》说他的父亲是"贱人",但是,孔子在《论语》中却把仲弓列为"德行"一类的高才生,与颜渊同列。孔子十分推崇仲弓,说:"犁牛之子骍且角,虽欲勿用,山川其舍诸?"(《论语·雍

---

① 段德智著:《宗教概论》,人民出版社 2005 年版,第 242 页。

也》)意思是说,耕牛的儿子长着赤色的毛,整齐而粗壮的角,虽然不想用他作牺牲品来祭祀,山川之神难道会舍弃他吗?这当然是高度的赞扬和肯定。根据《论语》,我们可以知道,子路、仲弓及冉有曾先后任季氏之家宰,但是,孔子在担当国家级领导的才能方面,独推仲弓,并且说:"雍也可使南面。"(《雍也》)根据孔子平实、客观的为人风格,对一个学生下这样的超级评语,无论如何是很异常的。《说苑·修文》中回答了其中的缘由:"仲弓通于化术,孔子明于王道。"所谓"化术"就是《说苑·修文》中记载的仲弓"居敬而行简以道民"的"南面"之术。"居敬"是"礼",而"行简",则是《周易》的"易简"之德,其中似乎确有道家的影子。

简文《仲弓》也有类似的说法:"子有臣万人道。"(第3简,据朱渊清的断句)这个"道"字与"术"字相通,所以,这句话与《论语》的"雍也可使南面"是一个意思。"南面"一词在《论语》中出现了两次,除了说冉雍以外,还有一处也是非常醒目的,把它与《仲弓》的文本联系起来考察,会有新的启发:

子曰:"无为而治者,其舜也与!夫何为哉?恭己正南面而已矣。"
(《论语·卫灵公》)

所以,"南面"一词与"无为而治"有关,与"雍也可使南面"的"南面"实际上是一回事。对孔子的"无为而治"虽然站在道德教化的角度,可以有不同的解释,未必就与老子的"无为而治"有真正的直接关系,但是,孔子从道家的思想体系中汲取了营养却是事实。换言之,冉雍的"臣万人道"之中确实隐含了道家的智慧。从《仲弓》与《论语》的关系,我们似乎可以推测,孔子确实是从道家哲学中汲取了充足的营养,郭店简与上博简中很多儒家文献显示了与黄老道家千丝万缕的联系,在《仲弓》中可以看到,这种情况并不是偶然的,也许从孔子或者七十子就已经开始汲取、吸收了。

另外,《仲弓》里面有借孔子说出的一句话:"夫民安旧而重迁。"(第8简)①从思想史的发展规律来讲,精英文化一定是从民间文化中逐步提升而成的。某一种思想潮流只有在民间积淀了雄厚的基础,才有可能成为主流文化。

---

① 本书有关《仲弓》一文的释文主要参考陈剑:《上博竹书〈仲弓〉篇新编释文》,简帛研究网,2004年4月18日,http://www.jianbo.org/admin3/html/chenjian01.htm。

《仲弓》第 8 简的内容说明,安土重迁的传统是中国民间文化习惯不断积累,由来已久,形成了巨大的规模,然后才影响了儒家;并非儒家锐意创新,有意提倡,然后灌输到民间。换言之,在孔子之前,儒家哲学中的很多理念早就已经形成了,孔子孟子及其传人只是因势利导,传承了上古以来的文化传统而已。我们能够通过新出简帛文献认识到这一点是很重要的,因为,只有分清孰先孰后,我们才能够真正认识到儒家哲学的性质。正因为儒家的很多思想资源直接来自民间,因此,我们对儒家的思想要认真鉴别,不能轻而易举地否定儒家的思想,因为儒家思想中的很多成分本来就是我们民族母体之中的悠久记忆。从这个角度上来讲,也许儒家,本身就是我们中华民族的文化代表,或者说它是我们中国传统文化的集中体现,否定了儒家,也就是否定了我们中华文化的主体。认识到这一点是十分重要的,因为这决定了我们研究先秦儒家的时候到底会采取什么态度。也就是说,儒家在中国文化的发展体系中,恐怕并不能仅仅只是把它视为一个寻常的学术流派,它的精神底蕴恐怕与世界上其他的学术流派是很不一样的。

《仲弓》中借仲弓之口还表述了另一个重要的事实:"今之君子,孚(愎)过玫析,难以入谏。"(第 20 简)"今之君子",说的是当今的诸侯国王;"愎过",就是坚持自己的过错;"玫析",就是捍卫"析言",析言就是"今之君子"的"诡辩不实之辞"。[1] 本条记载的内容是我们每一个人都能够想见的事情,但是直接见诸文本,则是一种很惨痛的事实陈述。它一方面反映了先秦儒家的政治理念在现实的行政管理之中所碰到的尴尬局面,另一方面也反映了在中国的历史上,代表真理的"理"与代表历史惯性的"势"之间不可调和的矛盾。这一组矛盾导致的结果是所有学派,只有想方设法,不断调整自己的思想追求,改变自己的理论内涵和面貌,才有可能生存下去。这是非常可悲的事情,因为没有学术思想独立的空间,真正的学术团体、学术流派就会失去自由、独立发展的可能。完全坚持自我,就有可能招致来自各个方面的污泥垢水,最后在屈辱之中烟消云散,比如墨家;完全与时俱进,迎合统治者的喜好,最后的结果同样

---

① 参见侯乃峰著:《〈仲弓〉篇"玫析"试解》,山东省儒学研究基地曲阜师范大学孔子文化学院"中华孔子网",2007 年 10 月 24 日。http://www.chinaconfucius.cn/Article/ShowArticle.asp?ArticleID=1059。

是丧失了自己的独立性和自由性,不仅面目全非,而且祸国殃民,比如,秦汉以后的所谓儒家。所以,在古代中国,真正意义上的学术团体、观点,左也不是右也不是,要么坚持己见而自取灭亡,要么扭曲异化,被人篡改利用,反正都是一个死。这是专制集权主义的副产品之一。

先秦时期统治者这样的一种状况,是深深植根于我们民族文化之中的一种恶习,它的最后根源是宗法制"家国一体"导致的君权与父权的至高无上。所以,如果说,现代中国的出路在于学术的独立,中国的现代化必须以知识分子的独立性为前提,那么,中国首先只有进一步摧毁宗法制的遗毒,努力建设一个公开、公平、公正的公民社会,不断努力,坚持不懈,建立起牢不可破的自由、民主、法制、博爱、科学的社会管理体系,这种恶习才有可能从制度上、从法律上、从道德上予以杜绝。对于中华民族来讲,这是一个看似简单但是实际上却是非常遥远的目标。我们任重而道远。

正是从中国政治体系的现代化角度,我们发现,《仲弓》一文整个的行文都建立在一个荒唐的基础之上——"季桓子使仲弓为宰",说起来仲弓具有"臣万人道","可使南面"的超级本领,但是终究是为季桓子的"家国"服务,是为季桓子的个人利益服务,仲弓所做的一切事物,只要违犯了季桓子个人的利益、宗族的利益、集团的利益,那么他的一切才华、一切政绩都将化为乌有,失去存在的价值。季氏在先秦时期的鲁国只是一个超级大户,但是,他一旦掌握了全国的权力,就毫无疑问是一个独裁专制的君主。因此,仲弓所做一切努力的基本出发点是"季氏",而并不是人民。这二者是一对完全不可能调和的天敌,政治体制如果不进行彻底的改革,这个问题就永远得不到解决。

所以,我们可以试问,既然这样的一个问题,简单到我们这些凡夫俗子都能够轻易地发现其中的蹊跷,难道作为"万世师表"的孔子就没有丝毫察觉其中的难堪吗?孔子晚年的学术重点转向了《易经》而"韦编三绝"(参见《史记·孔子世家》和长沙马王堆帛书《易传·要》),孔子的学术明显在向"天道"提升。《论语》中对此也有明确的记载,子贡说:"夫子之文章,可得而闻也;夫子之言性与天道,不可得而闻也。"(《论语·公冶长》)孔子晚年的学术状况是值得我们高度重视的。并且,从《论语》中,我们就可以直接在文献中看到晚年孔子的孤独:

子曰:"谁能出不由户? 何莫由斯道也?"(《论语·雍也》)

子曰:"从我于陈、蔡者,皆不及门也。"(《论语·先进》)

当政治哲学的"理"与现实社会的"势"发生尖锐矛盾的时候,当社会的不公开、不公平、不公正明确地摆在"圣人"面前的时候,我们可以试想,孔子到底会做些什么? 当他"举直错诸枉"(《论语·为政》)的理想得不到根本实现的时候,当社会的权力和财富都集中在少数人手里而人民却惨遭倒悬之苦的时候,孔子到底会做些什么? 笔者在研究了大量文献之后认为,"禅让制"理论的首创者,就是孔子本人。这在《论语》中也并不是没有痕迹可循。这是一种值得我们大家认真关注的重要问题。顾颉刚、童书业等老一辈学者都说"禅让制"是墨家的产物,笔者完全不能同意这个观点。这个问题笔者已经在本书的第一章中进行了讨论,这里就不赘述了。

二

现在本节要解决的一个问题是,上博简《仲弓》一文是记载的历史史实,还是假托孔子、仲弓之名而浇自己之心中之傀儡? 笔者的回答是后者。笔者认为,撰写这篇文章的人是仲弓思想的传人或崇拜者,是毫无疑问的。因为,在孔子与仲弓之间,不可能就"敢问为政何先"、"敢问道民兴德如何"、"敢问举才如之何"这样一些简单的问题进行讨论,这些论题明显显示《仲弓》一文是孔子后学为扩大孔子仲弓思想的影响,有意附会,编造成文,专门讨论政治哲学的文章。

据笔者的推断,本节绝对产生于战国时期,因为它在思想体系上已经形成了"刑政不缓,德教不倦"(第17简)的综合性趋向,大家都清楚,孔子提倡"德政"而反对"刑政",提倡"无讼"而反对一切形式的刑法。"刑政不缓,德教不倦"是战国时期原始儒家吸纳法家思想的结果。值得注意的是,此后几千年的中国历史实际上都是走的"刑政不缓,德教不倦"的路子。如果我们从这个角度来看待《仲弓》和其他上博简文献,那么,这一批竹书的价值就应该比我们现在预想的要高得多。

我们说《仲弓》是战国时期的作品的另一个证据是《仲弓》一文有"昔三代之明王,有四海之内,犹来……"(第18简)的句子,我们应该看到,这个句子表面上是在向往"三代之明王",而真正的希望却是全国的统一——"有四海之内","犹来"的"来"字如果按释读者释为"赉"字的通假,训为"赐",这当然是一种居高临下的大国心态。① 《仲弓》一文残破得厉害,毁损严重,很多竹简不能完整拼接,第 18 简也不例外。但是,根据上下文,我们可以断言,不论这个句子的意思是什么,都肯定与统一、领导"四海"之民有关,我们可以在《荀子》的文本中看到它发展的极致状态。这是战国时期大大小小各国诸侯国君的贪欲决定了的必然结果,更是战国时期战乱纷纷,民不聊生,人心思定,要求统一的时代思潮。

《仲弓》中还有一个句子显示了这篇文章成书于战国时期,那就是笔者已经在上文引用过的"子有臣万人道",这个句子在思维定式上与《论语》中的"可使南面"意思是相同的,但是深层的思维定式是完全不一样的。"可使南面"说的是一种"无为而治"、四两拨千斤的"化术",但是"臣万人道",则是一个使动用法,亦即使天下的人民俯首称臣。它把国家与人民,君主与臣子对立起来了。这种思想的方式我们可以在《商君书》、《韩非子》、《管子》和长沙马王堆的《黄帝帛书》中经常看到。"可使南面"说的是通过德化教育,感通天下,"臣万人道"则是宰制之术。前者是孔子德政思想的标志,而后者却是战国的黄老之术。这是我们不能不注意的。

《仲弓》的简策残破得厉害,所以其中的很多思想我们只能观其大概,而不能窥其全豹。但是,笔者认为,《仲弓》一文关键在于十分重视政治与人民的关系,重视政治与宗教的关系,重视政治集团内部上级与下级的关系,重视选拔贤才与政治的关系,重视个人的身心修养与政治的关系。从这几大关系来讲,不论竹简怎么编排,文章的思想关键是不可能游离其外的。所以,根据这里的综述,我们可以知道,《仲弓》一文是一篇全面阐述先秦儒家政治哲学思想的文章,我们应该予以高度的关注。

文章的第一个亮点,是通过仲弓之口提出了"敢问为政何先"的问题。有关孔子回答的竹简相当混乱,考古专家们还没有绝对的定论。但是,下面的内容肯定是其中之一:"老老慈幼,先有司,举贤才,惑(宥)过惓(赦)罪"。(第 7

---

① 马承源主编:《上海博物馆藏战国楚竹书》(三),上海古籍出版社 2003 年版,第 276 页。

简）在这支简的内容中，"老老慈幼"是根本，是出发点，是人道主义的归宿。这四个字是站在宗法制的角度，从"亲亲"的立场出发对广大黎民百姓、无依无靠的社会最底层的老百姓的一种拯救。此后，这四个字被孟子深入领会其中韵味，扩展成为"老吾老以及人之老，幼吾幼，以及人之幼。天下可运于掌"（《孟子·梁惠王上》），成为"仁政"学说中的重要原则。

"先有司，举贤才"，终究都是为了达到这个根本点而设置活动的空间和场景。"宥过赦罪"，是"老老慈幼"的一个方面。值得注意的是，《仲弓》第十九简的全文是："山有崩，川有竭，日月星辰犹差，民无不有过。贤者……"根据上下文，我们可以猜测得出，这应当是孔子从正反两个方面进一步论证"宥过赦罪"的过程，显然，孔子采取了一种非常宽厚的心态来理解每一个个体的言行举止，对每一个个体具有充分的尊重，允许每个人有认识事物的过程，这是十分难能可贵的。

对仲弓的问题"敢问道民兴德如何"？孔子的回答是："迪（申）之服之，缓悠（施？）而悆（逊）放之。唯有孝（？）德，其……"（第11、13简）孔子描述了整个"道民兴德"的方法与过程，这是毫无疑问的。但是，"唯有孝（？）德，其……"一句，十分醒目，《仲弓》一文认为，"道民兴德"的根本途径就是培养人民的"孝德"，最简便可行而又非常有效。当代中国长治久安，恐怕除了大力推进民主、科学、理性和法制以外，还是要坚定地走这条路。管理十数亿中国人的最有效途径，根据笔者对中国人的了解，数百年之内，还是离不开道德建设的。

另外，陈剑先生在重新编简的时候将原来的第6简与第23简拼合，形成以下内容，这是完全正确的做法，贡献很大：

> "雍，汝知诸？"仲弓答曰："雍也弗闻也。"孔子曰："夫祭，至敬之本也，所以立生也，不可不慎也；夫丧，至爱之卒也，所以成死也，不可不慎也；夫行，巽求（？）学……"（第6、23简）

在《上海博物馆藏战国楚竹书》第三册的释文中，简策的整理者李朝远先生是将第六简置放在仲弓"敢问为政何先"的问题之后的，换言之，根据李朝远先生的理解，祭祀在先秦时期的政治管理中占据着十分重要的地位，这当然是有道理的。但是陈剑先生的调整更富有人道主义的情怀，孰优孰劣，终究尚需进一步的文献出土验证。但是,我们至少在《仲弓》中已经看到祭祀,在先秦儒家的政治哲学中十分突出的地位。祭祀就是"所以立生"的途径,也是"所以成死"的方式,所以,"不可不慎也"。《论语》讲过孔子注重斋、战、疾,也记载了孔子强调在祭祀的过程中应该抱有真情实意的态度,等等,与《仲弓》一样,说明了宗教在中国古代文化母体中的重要性。中国要打造未来和谐的社会,诚信的社会,不可能没有宗教的精神限制。现代社会管理的实践已经显示,只要一个人没有了宗教的观念,任何丧心病狂的事情他都做得出来,无论如何,这都是需要我们当今的社会的管理者充分注意的事情。

与其他儒家文献一样,《仲弓》十分重视个人的修养,不同的是《仲弓》强调"修德"与"知识"的关系,语言形象生动,寓意深刻,给人的启示尤为深刻:

> 一日以善立,所学皆终;一日以不善立,所学皆崩,可不慎乎?"仲弓曰:"今之君子,使人不尽其逆。"(第24—25简)

只有坚持修身养性,改过迁善,所学习的知识才能够真正作用于你的工作之中,并且享受终身。如果不注重修德而作奸犯科,而所学习的一切知识也就顿时失去了它存在的价值。在它之前,有孔子的"弟子入则孝,出则悌,谨而信,泛爱众,而亲仁,行有余力,则以学文",(《论语·学而》)在它之后,有荀子的"赍盗粮,借贼兵",(《荀子·大略》)它与孔子、荀子的表述应该是一致的。

与仲弓对孔子说的"今之君子,孚(復)过攻析,难以入谏"(第20简)相关的内容是:

> (仲弓云):"……定,不及其成。謌=猒(厌)人,难为从政。"孔子曰:"雍,古之事君者以忠与敬,虽其难也,汝唯以□……上下相复(报)以忠,则民欢承教,害□者不……"(第12、21、22简)

这是几支关于君臣关系的简文。在郭店简《语丛·一》中有"君臣,朋友,其择者也"的判断,显示了先秦原始儒家关于君臣关系的思考,令人耳目一新。《仲弓》在这里借孔子之口,首先强调"臣"对"君"要"以忠与敬",而且强调,虽然要做到这一点非常困难,但是这一点一定要做到。这当然是臣子的本分,但是,简文紧接着从建立和谐、诚信社会的角度,提出了君臣之间的关系应该是君臣"上下相报以忠"的重要观点。这是先秦原始儒家政治理想的一种表现,正是因为有了这个观点,原始儒家的政治哲学理念就与黄老道家、法家划清了泾渭分明的界限。黄老道家的观点是"上道高而不可察也,深而不可测也"(长沙马王堆黄老帛书《道原》)君主玩的就是阴谋,要想臣子忠诚,显然是不可能的。法家与黄老之术相似"明君无为于上,群臣竦惧乎下。明君之道,使智者尽其虑,而君因以断事,故君不穷于智;贤者敕其材,君因而任之,故君不穷于能;有功则君有其贤,有过则臣任其罪,故君不穷于名"(《韩非子·主道》),君主莫测高深,所以"群臣竦惧",有了功劳是君主的,有了罪过则是臣子的,哪里还有和谐、诚信可言呢?

产生这种区别的原因,关键在于《仲弓》一文再次强调了孔子的政治理念:"唯政者,正也。"(附简)政治的正义性,是正确的君臣关系的基础,也是一切"政务"的出发点。原始儒家之所以还值得我们现在予以研究的原因在于先秦时期以孔子孟子为首的原始儒家始终坚持政治的正义性。离开了政治的正义性,一切政治哲学的理论都没有存在的价值了。原始儒家关于君臣关系的论述,虽然与我们现当代的政治理念在性质上有重大的区别,但是,其"君臣,其择者也"的判断,实在是具有很大的诠释空间。首先,它把政治集团界定为政治理想追求的结果。行政官员之间的关系是同志的关系,是为了一个共同的政治理想走到一起来了。因此,它是一个自强不息,洋溢着奋发精神的政治集体。它的最终落脚点在于全体的国民有了自立、自强、自我奋斗而充满昂扬精神的自由空间,每一个国民的人之所以为人的权利得到了最大的价值实现。其次,因为是共同的政治理想使他们走到了一起,所以,他们之间没有任何的尔虞我诈。以诚相待,平等友善,己欲立而立人,己欲达而达人,己所不欲勿施于人。由此而导致了整个社会的道德习俗和道德水平整体性地提高,各种作奸犯科的罪犯大为减少,社会的治安得到了根本性的改善。最后,在此基础之上的政治制度是以道德作为衡量官员的操守,其选拔制度、任用管理制度、更替淘汰制度都由此而得到了根本的实施保障。孔子"举直错诸枉"的思想正是这个意思。干部选拔的制度没有解决好,其他的一切管理制度都是一江春水向东流。

从当代的社会政治环境上来讲,我们已经进入 21 世纪,肯定不可能刻舟求剑地走古人的道路。但是,古人关于以德治国的方略是值得我们学习的,如果我们既有道德措施的彻底实施,又有民主、自由、博爱、法治的现代管理机制,把中国古人的政治智慧与现代的政治理论整合起来,使之浑然一体,形成富有中国民族特色的政治理论,那么,在政治理论上我们就有可能成为世界的强国。

第三章 在学派的比较鉴别中 探讨思想的实质

第一节 子张氏之儒与孔子的思想差异

经过周凤五先生的梳理与考释,上博简第二册中《从政》甲篇的思想脉络与思想源流已经更加清楚了。周凤五先生特别指出:"郭店《忠信之道》与这次公布的《从政》、《昔者君老》,凡涉及《论语》或其相关材料的,似乎都与子张有关。众所周知,《荀子·非十二子》批评当时的儒家,除了前述子思、孟轲之外,还有'子张氏之贱儒'、'子夏氏之贱儒'、'子游氏之贱儒'三派。郭店与上博两批楚简涉及《论语》的相关论述集中在子张身上,这一现象具体说明了子张一派曾经流传于楚国的事实,这是研究先秦学术史的第一手材料,显得弥足珍贵。"①周教授的发现也是弥足珍贵的。本节试图以周先生的论断为依据,站在现代政治哲学及政治学的角度,从《从政》甲篇第十五简出发,在与各种传世文献,特别是《论语》的相互比较之中探讨子张学派的特点,②并且从孔子→子张→后学的思想体系中为中国当代的政治哲学建设寻找营养。

---

① 周凤五:《读上博楚竹书〈从政〉甲篇札记》,见朱渊清、廖名春编:《上博馆藏战国楚竹书研究续编》,上海书店出版社 2004 年版,第 181—195 页。

② 见朱渊清、廖名春编:《上博馆藏战国楚竹书研究续编》,上海书店出版社 2004 年版,第 189 页。

一

上博简第二册《从政》篇第十五简全文如下：

> 毋暴，毋虐，毋贼，毋贪。不修不戒，谓之必成则暴；不教而杀则虐；命无时，事必有期则贼；为利枉（道谓之贪）。

周凤五先生在《读上博楚竹书〈从政〉甲篇札记》一文中认为，这一简内容出自《论语·尧曰》。由于本节在行文中要多次提到《论语》中的这段文献，因此，现在全文转录：

> 子张问于孔子曰："何如斯可以从政矣？"
>
> 子曰："尊五美，屏四恶，斯可以从政矣。"
>
> 子张曰："何谓五美？"
>
> 子曰："君子惠而不费，劳而不怨，欲而不贪，泰而不骄，威而不猛。"
>
> 子张曰："何谓惠而不费？"
>
> 子曰："因民之所利而利之，斯不亦惠而不费乎！择可劳而劳之，又谁怨？欲仁而得仁，又焉贪？君子无众寡，无大小，无敢慢，斯不亦泰而不骄乎！君子正其衣冠，尊其瞻视，俨然人望而畏之，斯不亦威而不猛乎！"
>
> 子张曰："何谓四恶？"
>
> 子曰："不教而杀谓之虐；不戒视成谓之暴；慢令致期谓之贼；犹之与人也，出纳之吝，谓之有司。"（《论语·尧曰》）

笔者认为，《从政》篇第十五简虽然脱胎于《论语·尧曰》，但是，它的"毋暴，毋虐，毋贼，毋贪"却比《论语》原文中的"四恶"概括得更加符合政治生活的实际，逻辑性更强，对人性的把握就更加准确，更富有政治思想的深度，因而也就更加富有现实的意义。

我们知道，《论语》本身是有"四毋"的，谓之"毋意，毋必，毋固，毋我"（《子罕》），这是从学习的方法与态度、为人的性情与气度上来立论，是人格修养、气质涵养的前提与基础，楚简《从政》则在形式上完全采纳了这一表述方式，使《论语》之"四恶"的相关内容更加集中、更加鲜明、更加富有针对性地展现在读者的面前。

但是，"毋暴，毋虐，毋贼，毋贪"在理论上具有完全不同的指向，亦即完全是行政管理的层面上，基于道德的标准提出的一套政治学上的原则，或者干脆说，是有关具体行政操作的方法论，是一套可以使执政者长治久安的政治原则。

"不修不戒，谓之必成则暴"的"暴"，本义是日出之后晒谷米，引申为急骤、猛烈，再引申为残害、糟蹋；"戒"，《说文解字》释为"警"，所以杨伯峻先生将其译为"申诫"，是正确的。由此可知，"修"就是对干部队伍的修束、整治与管理。整句简文的本义是从干部人事的管理上来讨论问题的，是说对手下办事的人要进行系统的训诫、修束，在思想上要达成一致的意见，不能在仓促之间，大事来临的时候，在没有任何思想铺垫的情况下要求手下的人一定要达到既定的目标。这种做法由于急骤、猛烈，而最终会残害、糟蹋干部队伍。

"不教而杀则虐"，简文原来的释文为"不教而杀则号"，是周凤五教授通过简书字形的结构重新加以考订，将"号"纠正为"虐"，这是正确的。按杨伯峻先生的思路，这一句可直接译为"不加教育便加杀戮叫做虐"。①

"命无时，事必有期则贼"，命者，令也。"无时"有违反天道、自然规律的意思，也有"作息不定，没有规矩"②的意思，但是，笔者以为，更多的是指高级执政者没有信用，时而懈怠，时而急促；时而懒散，时而严肃，上行下效，整个干部队伍都成了问题，一旦大事降临，高级执政者却要求手下办事的人不折不扣，如期完成任务，这就是"贼"。"贼"，《说文解字》释为"败"。换言之，此一命题的根本思路，是说高级执政者应该以身作则，严于律己，要有稳定的性情，建立牢固的信用，在此基础之上，依据天道及自然规律下达命令，才能"事必有期"，否则，高级执政者就像"贼"一样，本来没有长线投资却想获取非分的财物，是没有好结果的。

"为利枉（道谓之贪）"，括号中的内容是周凤五先生根据竹书残简和上下文的联系，以及《论语》的相关思想补正的。笔者以为十分精当。这一补正把子张氏之儒的思想凸显在我们面前了，实在是一个成就。为什么这么说呢？因为子张氏之儒并没有忽视执政者本身是有欲望的事实，他们把执政者本人

---

① 杨伯峻译注：《论语译注》，中华书局 1980 年版，第 211 页。

② 此语出自周凤五：《读上博楚竹书〈从政〉甲篇札记》，见朱渊清、廖名春编：《上博馆藏战国楚竹书研究续编》，上海书店出版社 2004 年版，第 190 页。

当成了有血有肉、具有血气心知的人,这是正面对待政治游戏规则的一种勇气,这正是政治学的一种理性精神。本来,孔子并不是不承认人是有各种欲望的,孔子曾经就明确表示过:"富与贵是人之所欲也;不以其道得之,不处也。"(《论语·里仁》)孔子甚至还不无失望、悲观地说过:"吾未见好德如好色者也。"(《论语·子罕》)所以,上面《论语·尧曰》的引述孔子"君子惠而不费,劳而不怨,欲而不贪,泰而不骄,威而不猛"的表述中,"欲而不贪"一句是承认执政者个体的基本欲望的,孔子的意思是说,执政者本人也是人,也是有欲望的,但是,执政者的欲望必须建立在道德的基础之上,君子爱财取之有道,只要不影响社会公德,不违反法律规定,君子是可以有欲望的。但是,皇侃的《论语义疏》将"欲而不贪"与下文的"欲仁而得仁,又焉贪"联系在一起,把"欲而不贪"的"欲"释为"欲仁义者为廉,欲财色者为贪",这是相当矫情的诠释。因为,如果走了皇侃的极端,那官场上的人都成了不食人间烟火的神仙。但是,古今中外任何一个民族、国度、时代都不可能有这样的官僚集团,有的只有上古三代传说中的尧、舜、禹。但是,那只是传说而已,最多只是一点史影。

在笔者看来,"毋暴,毋虐,毋贼,毋贪"在理论上最大的贡献,是化解了《论语·尧曰》中"欲而不贪"与"欲仁而仁,又焉贪"之间模棱两可的关系,直接将"贪"列为从政的"四恶"之一,这不仅完善了孔子的政治哲学思想,而且也显明了子张氏之儒在政治哲学上的独到见解。

二

根据各种文献来看,子张在孔子的及门弟子中是一位特殊人物。他的才干肯定相当突出,否则在《论语》中就不可能有相关记载达二十条之多,尤其是还以他的名字单独命名成为《论语》的一篇,但是,孔子与他是有距离的,他与孔子的关系远远不如颜渊、子路、子贡与孔子那么亲近。在《论语·先进》中,孔子列出了"德行"、"言语"、"政事"、"文学"四类高足的名单,其中有颜渊、闵子骞、冉伯牛、仲弓、宰我、子贡、冉有、季路、子游、子夏,没有子张。孔子在另外的场合也明确批评了子张:

子贡问:"师与商也孰贤?"子曰:"师也过,商也不及。"曰:"然则师愈与?"子曰:"过犹不及。"(《先进》)

柴也愚,参也鲁,师也辟,由也喭。(《先进》)

孔子对子张的评价是不高的,不如子夏。不过,"过"也罢,"辟"也好,都是在说子张偏激,说的是哪个方面呢? 笔者在《孔子世家·七十二弟子解》找到了一点蛛丝马迹:

颛孙师,陈人,字子张,少孔子四十八岁。为人有容貌资质,宽冲博接,从容自务,居不务立于仁义之行,孔子门人友之弗敬。

这条史料可以从两个方面说明子张为什么与孔子有一定距离:第一,年龄相差距离较大,相差四十八岁。孔子七十二岁的时候,子张才二十四岁。设身处地地想一想,我们可以肯定地讲,他们彼此之间是有代沟的。面临的时代不同,思考的问题就不太一样。况且四十八岁的差距,给子张反思孔子的思想留下了足够的空间,这可能是子张氏之儒与孔子有距离的根本原因。第二,《孔子世家》的这条史料揭穿了孔子与子张、孔子的其他及门弟子与子张之间的矛盾——"宽冲博接,从容自务,居不务立于仁义之行,孔子门人友之弗敬",字里行间已经透露出子张是一位桀骜不群、才华出众,很有独立思想的人物,"居不务立于仁义之行"一句,在《论语》中是有印证的:

子游曰:"吾友张也,为难能也。然而未仁。"(《子张》)

曾子曰:"堂堂乎张也,难与并为仁矣。"(《子张》)

子游的话是在说,子张氏能力超群,但是,不能称之为"仁";曾子的话用了"堂堂乎",说的是他在现实的政治生活中,追求"干禄",追求"闻、达"已经相当成功,但是,曾子不愿意与他为伍。不过,仅仅从《论语》的文本之中,从子张氏与孔子的各种对话、交往的记载中,我们基本上看不出子张氏在道德的修养上的问题,所以,子游、曾子的话,要看是站在什么层面上来说。由于子张氏特别关心从政方面的学问,长期学习"干禄",所以,他对政治有一套自己的理念,可能在这一点上与孔子及其他及门弟子的理解有距离。对这一问题,笔者打算集中放在第三部分去研究。现在我们请看子张氏的身世。《吕氏春秋·孟夏纪·尊师》有一条重要的关于子张的信息:

且天生人也,而使其耳可以闻,不学,其闻不若聋,使其目可以见,不学,其见不若盲;使其口可以言,不学,其言不若爽,使其心可以知,不学,其知不若狂,故凡学非能益也,达天性也。能全天之所生而勿败之,是谓善学。子张,鲁之鄙家也;颜涿聚,梁父之大盗也;学于孔子。段干木,晋国之大驵也,学于子夏。高何、县子石,齐国之暴者也,指于乡曲,学于子墨子。索卢参,东方之钜狡也,学于禽滑黎。此六人者,刑戮死辱之人也,今非徒免于刑戮死辱也,由此为天下名士显人,以终其寿,王公大人从而礼之,此得之于学也。

子张出身低贱,为"鲁之鄙家",是"刑戮死辱之人",但是因为勤奋好学而成为"天下名士显人,以终其寿,王公大人从而礼之"。子张在孔子去世之后是显名于天下了的,这也是《韩非子·显学》中把子张氏之儒列为八家之首的原因。可是,子张不仅与孔子有距离,而且与孔门的其他及门弟子相比较,也是一位卓立不群的人物:

> 子夏之门人问交于子张。子张曰:"子夏云何?"对曰:"子夏曰:'可者与之,其不可者拒之。'"子张曰:"异乎吾所闻,君子尊贤而容众,嘉善而矜不能。我之大贤与,于人何所不容? 我之不贤与,人将拒我,如之何其拒人也?"(《论语·子张》)①

这条语录正好点明了子张出身贫寒,急于"干禄"的心理。显示了孔子之后儒家对于社会现实的适应与发展,也显示了子张氏之儒重视现实从政能力的特点。在《论语》中,子张非常关心"从政",也就是"干禄"。但是在《论语》的话语背景中,"干禄"一词肯定带有贬义:

> 子张学干禄。子曰:"多闻阙疑,慎言其余,则寡尤;多见阙殆,慎行其余,则寡悔。言寡尤,行寡悔,禄在其中矣。"(《为政》)

> 子张问:"十世可知也?"子曰:"殷因于夏礼,所损益可知也;周因于殷礼,所损益,可知也;其或继周者,虽百世可知也。"(《为政》)

---

① 《说苑·杂言》子夏问仲尼曰:"颜渊之为人也,何若?"曰:"回之信,贤于丘也。"曰:"子贡之为人也,何若?"曰:"赐之敏,贤于丘也。"曰:"子路之为人也,何若?"曰:"由之勇,贤于丘也。"曰:"子张之为人也,何若?"曰:"师之庄,贤于丘也。"于是子夏避席而问曰:"然则四者何为事先生?"曰:"坐,吾语汝。回能信而不能反,赐能敏而不能屈,由能勇而不能怯,师能庄而不能同。兼此四子者,丘不为也。夫所谓至圣之士,必见进退之利,屈伸之用者也。"《说苑》的这条史料内容刚好与文章的引文相反,到底哪条是假的呢? 在没有其他旁证的情况下,笔者相信《论语》,因为《说苑》的这条史料有如稗官野史,有传奇色彩。实际上,根据其他传世文献,我们可以推测,子夏不会这么问,孔子也不会这么回答,都有失身份。

　　子张问政。子曰："居之无倦，行之以忠。"（《颜渊》）

　　子张问："士何如斯可谓之达矣？"子曰："何哉，尔所谓达者？"子张对曰："在邦必闻，在家必闻。"子曰："是闻也，非达也。夫达也者，质直而好义，察言而观色，虑以下人。在邦必达，在家必达。夫闻也者，色取仁而行违，居之不疑。在邦必闻，在家必闻。"（《颜渊》）

除了本节在第一节引用的"尊五美，屏四恶"那一段外，这些引文都是关于从政的。根据《孔子家语》，联系这里的引文，我们大致可以猜想，孔子与子张氏之儒的矛盾，在于子张非常关心执政管理的操作方法，急于追求"闻"、"达"，这对于出身贫寒的子张氏来讲本来是可以理解的。在人际交往过程中，子张信奉"尊贤而容众，嘉善而矜不能"，很有政治家的气度。

　　可是，问题真的就这么简单吗？通过《论语》、《孔子家语》与上博楚简《从政》显示出来的各种信息，我们应该嗅出更加深远的东西来。

三

　　《从政》甲、乙二篇在思想的主体上都根源于《论语》，其"敦五德"："宽"、"恭"、"惠"、"仁"、"敬"；"所务三"："敬"、"誎""信"；还有"四毋"："毋暴，毋虐，毋贼，毋贪"，虽然在概念的组合上有一些变动，但是，它们显示了从孔子到子张氏之儒的一贯发展，所以上面引述的《孔子家语》说子张"居不务立于仁义之行"云云者，如果仅仅从人格的修养、道德性情的培养上来讲，是并不准确的。

　　然而，与《论语》相比较，上博简《从政》之甲、乙两篇都更加注重具体的政治操作技巧，现实的功利性明显加强。这两篇材料所论述的事情几乎全部是指导在现实的政治生活中获得成功的方法。无论如何，与孔子都有一定的距离。当先秦时期由春秋转向战国的时候，时代是在发生着急剧的变化，各种思想的交流与演变在所难免。通过认真梳理，笔者认为，由于现实功利性的加强，上博馆藏楚竹书《从政》甲、乙两篇文献至少在以下三个方面与孔子的思想有距离：

　　第一，正面讨论刑法在行政管理过程中的作用与副作用。《从政》的甲篇明确提出了"从政有七机"："狱则兴（营），威则民不道，诪则失众，恓（猛）则无亲,罚则民逃……,则民作乱,凡此七者,政之所殆也。"①把刑法与现实政治直接联系起来加以探讨,这本身就说明了刑法已经在政治生活中占据了重要的地位,"七机"的真正目的是在说,在使用刑法时一定要小心谨慎。上博简《从政》乙篇也明确指出"不敷法盈恶,则民不怨"(第2简)的命题,意在对社会法制的公正性提出要求。换言之,《从政》乙篇已经承认"刑罚"是执政者的统治手段,是国家机器的一部分。我们应该注意到,对刑法进行理论上的探讨,这件事本身就是违反孔子"为政以德"的训诫和"必也使无讼乎"(《论语·颜渊》)的社会理想的。当然,这是战国时期儒家不能不面对的问题,但也不能不说是子张氏之儒在某种程度上偏离了孔子的"德政"思想,虽然子张氏之儒始终把孔子的训诫牢记在心。例如,"七机"的思想实质是根源于《论语·为政》"道之以政"章的。②

第二,像其他上博馆藏儒家简一样,在一定程度上,《从政》也吸收了黄老道家之术。例如,"行在己而名在人,名难争也"(《从政》甲第18简),这是一个隐含着黄老之术的命题。尤其是其中的第三、四简:"闻之曰:'善人,善人也,是以得贤士一人,一人誉四邻,失贤士一人,方亦反是,是故君子慎言而不慎其事'",这两支简的内容因为校释不通的缘故,现在还不能全部、彻底地读懂,但是,它的大致意思应该是明确的,它是说君主要善于寻找和使用"贤士",得到了好的贤士,他为你做了很好的工作,就会使你的政治闻名于四周远近的国家,赢得国际上的政治、外交空间;相反,如果君主失去了"贤士",那就会产生不良的效果。因此,君主主要是要小心说话,在拉拢"贤士"上下工夫,而不必整天忙于具体的国家事务。应该说这是具有明显黄老之术倾向的从政观念。孔子提倡的是"为政以德,譬如北辰,居其所而众星共之。"(《论语·为政》)大力提倡君主要身先士卒,在德行上,在工作能力上做出表率。在孔子的理想中,三代圣主尧、舜、禹都是"天下为公"的典范。这一点,后来

① 这里的引文吸收了周凤五教授的补正成果。参见氏著:《读上博楚竹书〈从政〉甲篇札记》,见朱渊清、廖名春编:《上博馆藏战国楚竹书研究续编》,上海书店出版社2004年版,第185—186页。

② 《论语》载孔子曰:"道之以政,齐之以刑,民免而无耻;道之以德,齐之以礼,有耻且格。"(《为政》)

被太史公批评为"主劳而臣逸"(《史记·太史公自序》),与此相反,黄老之术则强调主逸而臣劳,当然,这完全取决于君主的权术玩得怎么样:

> 王天下者有玄德,有〔玄德〕独知天之道而王天下而天下莫知其所以。王天下者,轻县国而重士,故国重而身安;贱财而贵有知,故功得而财生;贱身而贵有道,故身贵而令行。能王天下而天下则之。(《黄帝四经·经法》)①

第三,《从政》甲篇一开始就开门见山地说:

> 闻之曰:昔三代之明王之有天下者,莫之予也,而尽取之,民皆以为义。夫是则守之以信,教之以义,行之以礼也。其乱王予人邦家土地,而民或弗义。夫是则行之以礼,教之以刑也。行之以礼则寡而为仁,教之以刑则述(遂)。(第1—3简)

以"三代之明王"来表达自己的政治理想,是先秦儒家惯用的手法,无须赘述。在这里,整个的表述反映了先秦儒家向往全国统一,一以贯之的理想,也更体现了自春秋向战国转折时期人民已经厌倦诸侯国彼此之间年年征战而向往统一的倾向。但是,"莫之予也,而尽取之,民皆以为义"的表述,取而不予,而"民皆以为义"的思想,反映了作者集权专制的心理,不仅与孔子"博施于民而能济众"(《论语·雍也》)的思想大相径庭,而且也与曾子、子思子、孟子体系之"民贵君轻"的思想背道而驰。

不仅如此,在《从政》甲篇中,作者发展了孔子的"恭、宽、信、敏、惠"②为"敦五德"(宽、恭、惠、仁、敬),提出了"所务三"(敬、诔、信)和"四毋"(毋暴,毋虐,毋贼,毋贪),都只是为其"莫之予也,而尽取之"的政治目的服务的。所以《从政》正面加强了孔子"欲而不贪"的思想,在无形之中,去掉了孔子"欲仁而得仁,又焉贪"的重要思想。"欲仁而得仁,又焉贪"的逻辑结果是指要"仁",而不要"欲",当然也就更不要"贪"了。这在哲学的理想上来讲是崇高的,但是在真正的政治生活中是行不通的。由此我们可以在一定程度上发现

---

① 此段文献引自魏启鹏著:《马王堆汉墓帛书〈黄帝书〉笺证》,中华书局2004年版,第38—39页。

② 《论语》载子张问仁于孔子。孔子曰:"能行五者于天下,为仁矣。"请问之。曰:"恭、宽、信、敏、惠。恭则不侮,宽则得众,信则人任焉,敏则有功,惠则足以使人。"(《阳货》)

孔子及其门徒周游列国无功而返的原因。

所以,笔者认为,子张氏之儒与孔子在思想上的差距之最显著者,在于子张氏之儒认为执政者应该拥有自己的欲望和做人的权利,他否定了"孔颜之乐"之社会精英的自我德性完满来影响社会之政治生活的基本理路。① 这与子张氏的人生际遇有关,也与时代已经发展了,儒家的政治哲学不得不有所调整以适应现实的政治生活有关。这是孔子与子张氏有思想上的距离,子张氏与子游、曾子、子夏诸君不能搞好关系的根本原因。

走笔至此,我们想起了马基雅维利的论断:"性本善的观点可能非常人道,但用在政治生活中却是极为荒谬的;所有真正的历史学家和论述政治统治的学者,都不把性善论作为基本原则,因为一旦有适宜的机会,人心就会自然堕落。"②换言之,作为一种理想,以孔子为首的先秦儒家提出了"为政以德"的重要主张,时至两千五百年后的今天,仍然具有非常深远的现实意义;但是,在没有制度保障的前提下,把国家的长治久安与行政管理的公正无私完全建立在"道德"的基础之上,确实是"荒谬的",因为绝对的权力,只能导致绝对的腐败。

正是从这个层面上来讲,子张氏之儒提出"为利枉道谓之贪",就是一次重大的理论进步,它标志着儒家政治哲学之理性化的时代正在到来。当然,仅仅承认执政者具有个人的欲望是不够的,还必须要有细密的监控措施。这个问题,在中国中央集权制的政治体制下,探索了几千年,至今都还没有解决。子张氏之儒是怎么解决这一问题的,现在还无法找到系统的答案。根据上文所引《吕氏春秋》的记载,子张氏挖空心思学"干禄",最终是取得了成功的:"为天下名士显人,以终其寿,王公大人从而礼之",他在现实的政治生活中取得了与孔子完全不一样的结果。但是,值得我们注意的是,"王公大人从而礼之",并不是"人民从而礼之",所以,出身贫寒的子张氏解决的是"王公大人"

---

① 《论语》载:或谓孔子曰:"子奚不为政?"子曰:"《书》云:'孝乎!惟孝,友于兄弟,施于有政。'是亦为政,奚其为为政?"(《为政》)孔子曰:"贤哉!回也。一箪食,一瓢饮,在陋巷。人不堪其忧,回也不改其乐。贤哉!回也。"(《雍也》)孔子曰:"饭疏食、饮水,曲肱而枕之,乐亦在其中矣!不义而富且贵,于我如浮云。"(《述而》)

② 徐大同主编:《西方政治思想史》,天津教育出版社2002年版,第98页。

的问题。这在一定的程度上,调和了先秦儒家与当权者的差距与矛盾,而且也改变了先秦儒家越来越人学化、不食人间烟火而到处碰壁的境遇。从政治学的现实性上来讲,这是先秦儒家对新时代的一种适应;但是,从政治哲学的正义性、人民性上来讲,是先秦儒家政治哲学的一次堕落。

第二节　郭店简《缁衣》与睡虎地简《为吏之道》

郭店简《缁衣》的出土为我们再次认识、反省先秦儒家政治伦理学说提供了契机。从简文《缁衣》的古朴状态与今文《缁衣》相较,我们可以确信,《缁衣》一文直接上承孔子,[①]传于七十子,具有一个十分漫长的传抄、演变的过程,[②]它揭示了中国先秦政治伦理思想的流变。如果把简文《缁衣》与出土于云梦睡虎地的秦简《为吏之道》进行思想上的比较研究,那么我们就不仅可以更加深入地理解《缁衣》的思想,而且可以在一个更为广阔的视域里,更为准确地把握这种儒家政治伦理学说的流变过程,及其何以在"焚书坑儒"之前穿越法家的铁幕,对秦代的政治生活产生影响的。

一

在儒家的哲学体系中,其政治伦理学说是依托于天地的。《周易·序卦》说:"有天地然后有万物,有万物然后有男女,有男女然后有夫妇,有夫妇然后有父子,有父子然后有君臣,有君臣然后有上下,有上下然后礼仪有所错。"上秉于天地,造端于夫妇,生发于父子,延伸为君臣上下,"礼"才得以渗透到社会政治生活的各个方面。解读《缁衣》的关键就是要抓住这个根本性的东西。

刘信芳先生说:"竹简《缁衣》一至四章,讨论好恶之理;五至九章,讨论上

---

① 此说据邢文先生在《楚简〈缁衣〉与先秦礼学》所述:"先秦礼学源出于孔子。《缁衣》诸篇的'子曰',当系'孔子曰',而非子思或公孙尼子所曰,记录的是孔子之学。"(见《郭店楚简国际学术研讨会论文集》,湖北人民出版社2000年版,第160页)

② 刘信芳先生根据今本《缁衣》把简文的"仪刑文王,万邦作孚"改写为"仪刑文王,万国作孚"以避刘邦讳指出:"据此可知今本《缁衣》应抄成于汉代初年。"(见《郭店楚简国际学术研讨会论文集》,湖北人民出版社2000年版,第166页)

下之理;十至十三章,讨论教刑之理;十四至十九章,讨论言行之理;二十至二十二章,讨论交友之理;第二十三章则综括全文,以'恒'作为讨论的终结。"①这种概括的意义并不仅仅在于对简文《缁衣》贯通文气,沟通义理具有帮助,而且更为重要的是,它揭示了简文《缁衣》比今文《缁衣》更为正宗本色、更具有权威性的事实。透过这种概括,我们似乎已经感到了先秦儒家政治伦理学说隐隐约约流变不息的波涛声。

但是,窃以为,对《缁衣》的理解,仅仅停止在这种篇章结构上,于义理的研究是有损害的。也就是说,《缁衣》各章虽然各有侧重点,但是,贯穿全文的目的却只有一个,这就是要建立和谐的"君臣之道"以及稳定的君民关系。如果我们抓住了这一核心,读起《缁衣》来,就有一种"得意在忘象,得象在忘言"的感觉。在阅读经典文章的时候,如果我们没有一点超言绝象的功夫,就不可能真正透过字句,抓住思想。

儒家"君臣之道"的最大特点和优点,就在于从"圣贤"自身的道德修养着手,修身近仁,忠敬律己,以身作则,为天下臣民的表率。这是孔子"仁学"的重要组成部分,是孔子"圣贤治天下"的出发点。这也是《缁衣》一文的可贵之处。因此,在儒家经典作家眼中,君臣之道、君民关系的决定因素在君。《缁衣》一文,说到底,就是要阐述怎么去做一个合格的君主,怎么去做官,做"大人"。虽然它的理论视域之宽广,理论路径之深远都远非秦简《为吏之道》所能比拟,但是,二者的思想目的,在最终的落实处却是一样的。这也是我们可以将二者放在一起,进行比较研究的共同基础。

郭简《缁衣》一文的"文眼"在第十二章:"慈以爱之,则民有亲;信以结之,则民不倍;恭以莅之,则民有逊心。"这也是对《缁衣》纲领性的总结。辞章上的三组句子,就是义理上的三个层次:

第一,"圣贤"们只有对人民"慈以爱之",才能唤起人民对君主亲善的情感。值得充分注意的是,在孔子的仁学体系和孟子的仁政思想中,乃至整个儒家政治伦理学说中,"慈以爱之"并不是"大人"装模作样的表演出来给老百姓看,以达到欺哄人民的目的,而是要真心实意地开发自己的"善端","克己复

---

① 《郭店楚简国际学术研讨会论文集》,湖北人民出版社 2000 年版,第 179 页。

礼""反本修古",从我做起,加强道德修养。是以"君子无终食之间违仁,造次必于是,颠沛必于是。"(《论语·里仁》)只有这样下学上达,回归天命,培养起圣贤发自主体"至大至刚"的"浩然之气","所存者神,所过者化,上下与天地同流",(《孟子·尽心上》)才能最终在现实生活中,在慈爱的氛围中与民相亲。当然,《缁衣》在这一个层次中还从反面明确地凸显了君子、大人如果不"慈以爱之",人民就不会与他们相亲的思想。研不研究人民的想法,考不考虑人民的感受,顾不顾及人民的切身利益,这是儒家政治学说与法家相关思想的根本性分野。因此,要使人民与圣贤、君子相亲相善,首先是圣贤、君子自己要做大量的、持久的、毫不懈怠的道德修炼功夫。对此《缁衣》已经做了充分的论述和探讨。

第二,圣贤们只有对人民"信以结之",才能使人民对他们忠贞不贰。在儒家思想中,虽然君主与人民的地位有尊卑、贵贱、高下之分,但是,君与臣,君主与人民最根本的纽带,却只在一个"信"字上。也就是说,一个君主,不论你地位有多高,不论你权势有多大,你都必须取信于民,并且真心实意地把人民当作你的朋友。既然你与人民不能休戚相关,不能为人民谋福利,朝令夕改,出尔反尔,视人民如草芥,毫无信义可言,那人民就只能离你远去,甚至背叛你。《缁衣》的这一思想,相当深刻,值得我们十分珍重,因为它标明了君臣关系、君民关系的根本性基础是"信",其构成关系的前提是互动的,首先是朋友关系,同志关系,然后才谈得上君臣关系。也就是说,如果统治者与人民连同志、朋友都不是,那怎么可以成为君臣关系呢? 可见,这里具有深厚的现代化资源可以运用于我们文化转型的事业之中。

第三,"恭以莅之"的背后,实际上是笼罩在"礼"的精神之中的。王夫之在《周易外传·卷二》中说:"礼者,仁之实也。"相当精辟! 也就是说,作为一个圣贤君主,你的一切仁义道德,如果要普施天下黎民百姓,就必须"礼"字当头。"礼"虽然只能由"仁"构成它的内在动力,但是,如果没有"礼"无处不在地贯彻、体现"仁"的精神,那么"仁"也就没有依附的地方。礼与仁的关系,在郭店楚简中,就像儒家心性学中的"身"与"心"的关系(身以为心主)一样,互为表里,互为依持,互为激发。因此,在儒家政治伦理学说中,"礼"无疑是十分重要的。"礼,定社稷,序人民,利后嗣也。"(《左传·隐公十一年》)礼,是一把双刃剑,一是它可以约束统治者,他们的视听言动,都不可越雷池半步,因为他们是人民的表率;二是可以约束被统治者,圣贤君子的威仪、信义、慈爱,本身就是对人民教化的一种方式,可以唤起他们的谦逊之心(仁义之心,辞让之心,羞恶之心,是非之心)。所以,"恭以莅之"的背后,是儒家的经典作家们试图在一个本来并不平等的阶级社会里,制造一种宁静、祥和、秩序的气氛。历史地看,在人类社会早期,这种政治伦理思想无疑是有它合理的因素的,因为它凝聚了社会的整体力量,共同战胜一切难以预料的困难。

抓住这三个层次来理解《缁衣》,《缁衣》的思想就展现在我们面前了。不过,值得注意的是,《缁衣》在行文过程中有意无意地、明确地阐释了儒家的"为吏之道",与法家、老子道家的不同,这是我们不能忽略的事情:

在《缁衣》中,作者似乎十分注意与法家思想的不同。所以在它的开篇第一章中,就写道:

夫子曰:好美如好《缁衣》,恶恶如恶《巷伯》。则民而刑不屯(陈)。《诗》云:"仪刑文王,万邦作孚。"

这是《论语·颜渊》"必也使无讼"的思想。儒家的先哲们在对社会的整个认识上与法家有根本区别,因此他们在寻求社会安定的途径上完全不同。在第十二章中作者又写道:

长民者教之以德,齐之以礼,则民有劝心;教之以政,齐之以刑,则民有欺心。

与法家的"以刑去刑"理路针锋相对!关键原因在于儒家哲学把人当人,在于儒家始终都要呵护社会的道德、良心,把整个社会都引向"善"的天地。这是法家思想中完全忽略了的东西。

与老子政治思想的区别体现在《缁衣》中,就是儒家所培育的圣贤、大人,就是要在理想人格上为社会树立一个仁义礼智的表率,为全社会高扬正直、慈爱的良心。《缁衣》第十五章说:"可言不可行,君子弗言;可行不可言,君子弗言。"君子、圣贤是不欺诳社会的,做不到的事情就不要吹牛;做了又说不出口,不会被社会所接受,违背公理的事情,真正的君子、圣贤就绝对不会去做。在这里《缁衣》实际上是在树立一种言行一致、内外一致、刚正不阿的人格。所以,第十六章又说:"故言则虑其所终,行则稽其所蔽。"这是一种对社会、对人类负责任的圣贤情怀,与老子"强良不得其死"处世观是有本质区别的。

二

根据先秦时期的社会形态和特征,我们应该知道,在儒家思想体系中,政治伦理学说占据着很大的比重,因此,它在社会生活中所产生的影响也是最大的。翻开先秦儒家的各种典籍,我们都会有一种强烈的感觉,那就是胸怀大志,但充满坎坷,一生都郁郁不得志,却"忙忙如丧家之犬",战斗不息,奋斗不止的孔子,一定会做出让千百万后学敬仰而且不可企及的伟业来。"三千弟子,七十二贤人",代代相传,流派纷呈的学术盛况,所激发出来的思想力量,必然具有持久的学术惯性,并且以各种形态,从各个层面渗透到社会生活之中去。

韩非说,孔子之后,儒分为八。大家所熟知的颜渊、子路、曾子、子游、子夏、子弓、子思、孟子、荀子等,实际上还只是浮在表面上的几个人而已。由于儒家思想是依托于当时自给自足的小农经济和宗法制的一种与社会生活水乳交融、彼此渗透的学问,具有极为深厚、肥沃、广博的社会基础,因此它的理论队伍之庞大、思想影响之深远,都远非其他学派所能企及。唯其如此,秦国以武力征服六国之后,伴随着六国的各种风俗习惯、价值标准和反秦情绪,儒家思想从各个层面向秦王朝渗透进去,以仁学反对强权,以德教反对酷刑,以《诗》、《书》、《礼》、《乐》争取民众,追求安居乐业的幸福生活,以反对秦统治者的横征暴敛,以至于严重地危及秦王朝的统治。

"焚书坑儒"(始皇三十四年,公元前213年)的大火,漫及全国各地,整整烧了一个月,先秦儒家的典籍遭到了毁灭性的摧残。文献的严重不足,给我们研究先秦儒家带来了不可想象的困难,即便如此,我们仍然可以通过各种资料和历史的蛛丝马迹,去感受儒家那巨大的思想之流。限于本节的主旨和目的,笔者不拟对此展开论述,而是把这种论述放在"焚书坑儒"之前秦代政治思想的流变上。

崛起西北黄土高原的秦国,由于自然条件的极为恶劣,以及狄戎长年累月的侵扰,长期以来就自然而然地形成了一整套军事化、集团化、法治化的国家管理体系。秦始皇统一六国之后,虽然以商鞅以来的法家思想作为意识形态的唯一官方武器,"奋六世之余烈,振长策而御宇内,吞二周而亡诸侯,履至尊而制六合,执敲扑而鞭笞天下,威震四海。"(贾谊《过秦论》)但是在笔者看来,至少儒家的学说在秦王朝打开了如下几个缺口,并由此而产生了深远的影响:

第一,中国文化最根本性的基础是"宗法制"和与之相表里的自给自足的小农经济,这正是儒家思想赖以存有的温床。秦朝虽然采用商鞅"令民为什伍,而相牧司连坐。不告奸者腰斩,告奸者与斩敌者同赏,匿奸者与降敌同罚"(《史记·商君列传》)的法家思想,取得了统一六国的军事胜利,但是,这种思想从本质上是与中原文化相违背的,特别是统一了六国以后,这种抵触的成分就骤然增多,并且最终成了导致它灭亡的一个重要原因。与此相反,儒家思想却一直依托于社会文化与经济基础,在秦代社会生活中根深蒂固:它以"孝"为本的德教学说,以"仁"为本的人学理论,以"信、义"为本的君臣之道,等等,都植根于中国人的心灵深处,并且与中国人的经济方式、生活方式、传统习惯、价值观念裹挟在一起,从各个方面对秦代社会产生影响。秦简《为吏之道》中有关儒家的内容就充分地说明了这一点(请详见下文)。

第二,秦始皇在位期间,始终致力的重要事情之一就是树立他个人的权威。他到处竖碑刻石,颁布法令,告示天下。在他的各种文告中,我们发现,他的主观愿望还是希望天下老百姓形成一种良风美俗的,"车同轨"、"书同文"之外,还要"行同伦":

> 贵贱分明,男女礼顺,慎遵职事。昭隔内外,靡不清静,施于后嗣。
>
> 以明人事,合同父子。圣智仁义,显白道理。
>
> 端直敦忠,事业有常。六亲相保,终无寇贼。
>
> 蚀省宣义,有子而嫁,倍死不贞。防隔内外,禁止淫泆,男女絜诚。

(《史记·秦始皇本纪》)

在秦始皇的石刻中这种论述可以说是俯拾即是。也就是说,在具体的严刑峻法中,秦始皇是残酷无情的;但是,在治国的大政方针上,他却兼收并蓄的采用了一些儒家的思想,来施行教化。上面的引文中就涉及尊卑贵贱的等级制度,君臣、父子、夫妇的伦常关系,以及仁、义、礼、智、信的各项准则,本质上说,与儒家的三纲五常并没有太大的区别。根据现存的大量资料,我们可以确信秦始皇本人是相当重视孝道的,公子扶苏、公子告以及胡亥等人的言论中可以折射出,秦始皇对孩子们的孝道教育,相当系统,是典型的儒家理念(参见《史记·秦始皇本纪》《史记·李斯列传》等)。这么一种状况毫无疑问是会对他的统治思想产生影响的。

第三,对李斯其人,由于他是"焚书坑儒"的元凶,是儒家的首要叛徒,长期以来人们对他的评价似乎很不平静、公允。在仔细研读《史记·李斯列传》之后,笔者以为,李斯的一生有几点值得我们注意:以孔子为首所创立的儒家政治伦理思想一心一意就是要培养圣贤、君子、大人,以实现他们以圣贤治理天下的政治理想,孜孜以求的精神实在感人至深。他们代代传承,虽然最终培养出来的是一个"焚书坑儒"的叛徒,但是李斯确乎是一个地地道道的儒家圣贤,在他给秦王朝最高领导的一些上书文本中,思维方式都是儒家的,只是跟定了秦始皇,不得不满足他的个人权威欲望而牺牲了他的学术思想而已。此其一。李斯辅佐秦始皇的最大特点就是忠诚。他离间六国君臣的关系,焚烧天下诗、书,活埋非政的儒生,出的都是最损的招式,但是各为其主而已。当赵高与胡亥谋反,杀公子扶苏时,赵高来劝他共同谋篡天下的时候,李斯对赵高说:"斯,上蔡闾巷布衣也,上幸擢为丞相,封为通侯,子孙皆至尊位重禄者,故将以存亡安危属臣也。岂可负哉! 夫忠臣不避死而庶几,孝子不勤劳而见危,人臣各守其职而已矣。君其勿复言,将令斯得罪。"最后迫于形势不得不同意的时候,"斯乃仰天长叹,垂泪太息曰'嗟乎! 独遭乱世,既以不能死,安托命哉?'"长期的儒家教育毕竟使他与赵高的所作所为大不一样。李斯到了秦二世昏头昏脑,完全被赵高所迷惑的时候,挺身而出揭露了赵高是"贪欲无厌,求利不止,列势次主,求欲无穷"的"贱人"。所以,笔者以为虽然从学术观点上看,他是叛徒,为了维护秦始皇的统治而严重损害了儒家的利益,但是他以他自己的人生实践凸显了儒家的理想。此其二。当身陷囹圄,被赵高"榜掠千余",面对死亡的时候,他上书秦二世,把他在秦国所立下的顶天功劳概括为"七罪",并且最后还意味深长地说"若斯之为臣者,罪足以死固久矣!"(《史记·李斯列传》)是恨,是悔,还是痛? 他的所作所为,何以面对尊崇孔子、子弓的老师荀卿? 何以对得起儒家道统的列祖列宗呢? 从他们父子在生命的最后时刻相对而哭的悲哀中,李斯的悔恨是显而易见的。此其三。具有上述三方面儒家品质的秦国丞相会在他的生活中、政治生涯中,怎样去处理各种事务,怎样去影响他的国家、官吏和人民,并且有什么结果呢? 儒家思想是以一种什么方式和在什么层面上影响到秦代社会的呢? 我们从云梦秦简《为吏之道》中也许可以窥视到一些重要的信息。

三

睡虎地秦墓的主人"喜"生于秦昭王四十五年(公元前262年),在秦始皇时历任安陆御史、安陆令史、鄢令史及鄢的狱史等与司法有关的职务。死于秦始皇三十年(公元前217),比"焚书坑儒"早四年。从墓中的秦简,我们正好了解"焚书坑儒"以前,一个秦代中级官员的思想结构。墓中大部分竹简是有关法律、文书和解释律文的问答以及有关治狱的文书程序。当然,现在我们要重点予以讨论的是其中的《为吏之道》。

《为吏之道》从文章体裁上来说,至少有三种文体组成,拼凑的痕迹十分明显,这反映了"喜"的理论水平是有限的;但是,正是这三种文体的拼凑,说明了《为吏之道》中所体现出来的思想在秦代的广泛性、普遍性。

从思想上来讲,《为吏之道》中儒、法、道各家是互补的、互渗的,当然各家的层次、地位是有区别的。也就是说,法家的功利性虽然随处可见,特别是在实践中,在具体的操作上,法家的理念显得实用,行之有效;但是,儒家的思想却是《为吏之道》的根本。对此,《为吏之道》的行文足资证明:

> ……怵惕之心,不可不长。以此为人君则鬼(怀),为人臣则忠;为人父则慈,为人子则孝;能审行此,无官不治,无志不彻,为人上则明,为人下则圣。君鬼臣忠,父慈子孝,政之本也;志彻官治,上明下圣,治之纪也。

《论语》载:"孝弟也者,其为仁之本与?"(《学而》)这正是孔子政治伦理学说的基础。"父慈子孝,政之本也"这一《为吏之道》的核心思想,说明了作者对"政治"的理解,完全是儒家的眼光;更透露了秦代官员的精神依托到底是什么。

于是,笔者想起了司马迁在《史记·孔子世家》记载终身追求道德仁义、为政而"不言杀"的孔子,在升任鲁国司寇之后,为了维护礼仪,对"荧惑诸侯"的"匹夫"残酷地给予了"手足异处"的制裁。可见,儒家的政治伦理学说一旦推到独尊的地位,必然也会展现出冷酷的一面,这是现实政治斗争和行政管理必要的手段。因此,儒家在实施其思想的过程中,事实上是离不开法家的协助的。回首先秦法家崛起的历史,我们也许会隐约地感到,法家也许只是儒家的一翼。自法家的始祖李悝开始,吴起、商鞅、韩非等,都莫不有浓厚的儒家背景,这难道是偶然的吗?如此看来,儒家在秦代统治思想中占有一席之地就并不令人吃惊了,而且李斯到底是不是儒家的叛徒,在这一层面上,我们也许就要重新考虑了。

《为吏之道》在思想内容上从以下八个方面体现了儒家的思想,笔者以为其中还有内在的逻辑性:

第一,做官首先要做人。"宽容忠信,和平勿怨,悔过勿重。""安乐必戒,勿行可悔。以忠为(干),慎前虑后。"只有这样才有可能在人民之中树立表率的作用。那么,何以达到这样的境界呢?当然是自我的修养:"反赦(索)其身,止欲去愿。""正行修身,祸去福存。""处如斋,言如盟,出则敬,勿施当(弛常),昭如有光。"把人学与认识论交织在一起,修身反性,则"昭如有光",实在是得到了儒家思想的精髓,而且成为《为吏之道》的思想基础。

第二,"礼"字当先。"慈下勿陵,敬上勿犯,听间勿塞","君鬼(怀)臣忠,父慈子孝,政之本也。""邦之急,在体级,掇民之欲,政乃立。"在这里作者深刻地认识到了"礼"的本质,在于控制、限制人民的欲望,使之勿有非分之想;在于使各级官僚在千丝万缕的宗法关系、社会关系中找准自己的位置,恪守职责。《左传·昭公十五年》载:"礼,王之大经也。"《为吏之道》是抓住了这一要害的。

第三,言语论。"慎之慎之,言不可追。""言如盟。""戒之戒之,言不可追。"儒家的言语论从根本问题上讲,是一个个人的修养问题,因为它可以培养起一个人简洁、方正、严肃的品质;从教化、行政的角度来讲,它又可以培养起"大人"、"君子"的威仪、一言九鼎的权利威严。《为吏之道》大力提倡,正说明了儒家的言语论在实际政治操作中,具有十分明显的效果。

第四,中庸思想。"严刚勿暴,廉而勿钥,勿复期胜,勿以忿怒决。""急而勿懑,简而勿鄙。"孔子说:"中庸之为德也,其至矣夫。"可见,是否能在施政过程中贯彻中庸的原则,实在是为官一方、长治久安的绝妙手段。毫无疑问,《为吏之道》已经得到了儒家思想的神髓,可惜秦王朝并没有真正贯彻这一思想。这不是儒家思想在秦王朝的积淀不深厚,而是秦始皇个人权威太大,普通官员个人的主动权太小导致的。

第五,义利之间。"临财见利,不取苟富。""戒之戒之,财不可归。""慎之慎之,货不可归。"孟子的"义利之辩"落实到实际的政务工作中,实际上有它非常积极的一面。它从德性入手,有效地限制了贪官污吏的腐败,也在某一种程度上拯救了人民的生活,维护了国家的利益,是值得肯定的,似乎在今天都还有现实的指导意义。

第六,取信于民。《为吏之道》说,"吏有五善","忠信敬上"为第一;"吏有五害","夸以迣"为第一。所以在作者看来,忠信诚实,杜绝浮夸,是取信于民的关键之所在。文章有"言如盟"的观点,实质上就是"忠信"的意思,儒家的言语论实质上就是忠信论。于是《为吏之道》又写道:"将发令,索其政,勿发可异使烦请。令数究坏,百姓摇贰乃难请。"这是说要从实际出发,政出有因,有的放矢,力求正确,千万不要朝令夕改,否则人民惶惑不定,事情就难办了。

第七,教化人民。《为吏之道》说:"施以喜之,敬而起之,惠以聚之,宽以治之,有严不止。与民有期,安初而步,勿使民惧。""安而行之,使民望之。""凡戾人,表以身,民将望表以戾真。表若不正,民心将移乃难亲。"与《缁衣》的"下之事上也,不从其所以命,而从其所以行"如出一辙。

第八,招徕人民。"审知民能,善夺民力,劳以率之,正以矫之,反赦其身,止欲去愿。""临事不敬,倨骄无人,苟难留民。""道易车利,精而勿致,兴之必疾,夜以接日。观民之诈,罔服必固。地修城固,民心乃宁。百事既成,民心既宁,既勿后忧,从政之经。不时怒,民将姚去。"这与《孟子》中关于仁政的描述已经相去不远了。

很显然,与《为吏之道》相较,《缁衣》所涉及的话题较少,但是重点突出,抓住了问题的实质,理论性强,有思想深度,有力度,富有理论力量。而《为吏之道》却显得非常庞杂,涉及儒家思想的各个方面,而且与法家、老子道家相互渗透、胶着在一起。然而,值得注意的是,《为吏之道》直接来源于儒家经典著作的相关论述是很多的,有的甚至就是脱胎换骨,直接来源于圣人之言,其中的儒家思想与郭店竹简《缁衣》由"慈以爱之,则民有亲;信以结之,则民不倍;恭以莅之,则民有逊心"所引发的思想理路是完全一致的。

第三节　郭店简《缁衣》与《礼记·缁衣》的思想异同

深究《礼记·缁衣》与郭店简《缁衣》的文本,笔者以为,二者具有很大的差异。这种差异与其说是文献上的,倒不如说是思想上的更为确切。从郭店简《缁衣》到《礼记·缁衣》的变化,体现了先秦儒学在学脉上的走向,更反映了先秦时期的儒学与初汉时期儒学的重大差距。是一个值得我们认真注意的问题。

一

李零先生基于古往今来的研究成果,分析指出:"《缁衣》中的'子曰'肯定是记孔子之言。"①根据《史记·孔子世家》,我们知道,公元前 505 年,鲁定公五年,孔子 47 岁,季氏专权,阳虎作乱,故孔子不仕,退修《诗》、《书》、《礼》、《乐》以教授弟子。② 但是,《诗》、《书》、《礼》、《乐》虽然都有可能体现孔子的思想倾向,却并非孔子思想的直接展现。而且,柳宗元著有《论语辨》一文指出:"或问曰:'儒者称《论语》孔子弟子所记,信乎?'曰:未然也。孔子弟子,曾参最少,少孔子四十六岁。曾子老而死。是书记曾子之死,则去孔子也远矣。曾子之死,孔子弟子略无存者矣。无意曾子弟子之为之也。何哉?且是书载弟子必以字,独曾子、有子不然。由是言之,弟子之号之也。'然而有子何以称子?'曰:孔子之殁也,诸弟子以有子为似夫子,立而师之。其后不能对诸子之问,乃叱避而退,则固尝有师之号矣。今所记独曾子最后死,余是以知之。盖乐正子春、子思之徒,与为之尔。或曰:孔子弟子尝杂记其言,然而卒成其书者,曾氏之徒也。"③柳宗元的观点得到了程子、朱子以及很多学者的普遍认

---

① 李零著:《郭店楚简校读记》(增订本),北京大学出版社 2002 年版,第 68 页。
② 匡亚明著:《孔子年谱》,见氏著:《孔子评传》,南京大学出版社 1990 年版,第 438 页。
③ 柳宗元著:《柳宗元全集》,上海古籍出版社 1997 年版,第 32 页。

同；当代学者杨伯峻也认同此说，并且进一步在其《论语译注·导言》中论证并加强了柳宗元的观点。可见《论语》一书的思想未必就百分之百都属于孔子。这样一来，真正可资查证的原汁原味的孔子的著作就相当少了。如果李零先生的上述判断不错，①那么我们就可以把《缁衣》视为以孔子为核心的先秦原始儒家的代表作，其中的一些有别于后世的思想精髓是值得我们高度注意的。

郭店简《缁衣》第一章："好美如好《缁衣》，恶恶如恶《巷伯》，则民咸力而型不屯。《诗》云：'仪型文王，万邦作孚。'"《礼记·缁衣》改写为："好贤如《缁衣》，恶恶如《巷伯》，则爵不渎而民作愿，刑不试而民咸服。《大雅》曰：'仪刑文王，万国作孚。'"②将"好美如好《缁衣》，恶恶如恶《巷伯》"改为"好贤如《缁衣》，恶恶如《巷伯》"，缩小了原引《缁衣》的内涵。许慎《说文解字》云："贤，多才也。"段玉裁《说文解字注》云："贤本多财之称，引申之凡多皆曰贤。人称贤能，因习其引申之义而废其本义矣。"③朱骏声的《说文通训定声》、王筠的《说文解字句读》、桂馥的《说文解字义证》，对"贤"字的疏解基本上是一致的，没有什么疑义。但是笔者以为，此字从臣、从又、从贝，此谓多财、多能，君人者笼络而为己用者也。故《庄子·徐无鬼》有"以财分人之谓贤"，《战国策·赵策》有"老臣窃以为媪之爱燕后贤于长安君"，《荀子·劝学》还有"君人者隆礼尊贤则王"这三个义项有逐步递升的内在联系。也就是说，"好贤如《缁衣》"的"贤"，是指为"君子"所用的"贤能"之士。换言之，郭店简《缁衣》以"美"字概括《诗经》中《缁衣》一诗的思想，把原诗中亲切和睦的气氛、音节悠扬的韵律美都彰显了出来。根据闻一多《风诗类钞》，我们知道《缁衣》是一首赠衣诗，虽然缁衣为当时卿大夫上朝穿的衣服，但其亲密的口吻和热情洋溢的感情却徜徉于字里行间，故笔者以为，《缁衣》一诗当属于爱情诗的范畴。可见，郭店简"好美如好《缁衣》"，实谓"君子"要有高尚的情感境界和精神追求。因此，《礼记·缁衣》改"美"为"贤"，明显受到了《毛诗》和三家

---

① 持这一观点的，还有廖名春、刘信芳、邢文等学者。
② 因为这里将"万邦作孚"改写成了"万国作孚"，是有意避刘邦之讳，故学者们都一致认定，《礼记·缁衣》书写于汉初刘邦执政时期，或刘邦之后，离刘邦不远的时代。
③ 段玉裁注：《说文解字注》，浙江古籍出版社 1998 年版，第 279 页。

诗有关此诗为赞美郑武公的臆说的影响，而且加上了传述者自己置身刘邦大一统专制集权社会之中的独特理解。"美"，是指德性、心性、性情的纯一之美，是人性之美，其反面是与美相对立的"恶"；而"贤"则是君对臣的评价，是政治上的党派认定，其反面就是"不肖"之人，严重的就成了"乱臣贼子"。前者是一个人学、美学以及思想境界方面的名词，后者则是一个政治学方面的名词。前者包含了后者，而后者充其量只是前者的一个层面。

正是由于有这样的一个心理背景和认知理路，《礼记·缁衣》又将简本的"则民咸力而型不屯"改为"则爵不渎而民作愿，刑不试而民咸服"。根据简本《缁衣》的上下文，其"民咸力"当指内在德性的修养上自强不息，奋发上进。[①]其"型不屯"的"型"，李零先生云："原作'刑'，下文引《诗》有'仪型'之语，这里的'刑'是相应于《诗》，应读为'型'。"[②]许慎《说文解字》云："型，铸器之法也。"朱骏声云：型，"从土，刑声，按字亦作型。《礼记·王制》：'刑者侀也，侀者成也。'水曰准，曰法，木曰模，竹曰范，土曰型。"[③]段玉裁注云："以木为之曰模，以竹曰范，以土曰型。引申之为典型。"[④]由此可见，李说可从。"屯"简文释读者说"似为蠢"，不知何据。许慎《说文解字》云："屯，难也。屯象草木之初生，屯然而难。"《广雅》："屯，难也。"班固《幽通赋》有"纷屯邅与蹇连兮"的句子，曹大家注云："屯，难也。"《易》曰："屯，刚柔始交而难生。"正是指草木破土之初的艰难状态。有鉴于此。笔者以为，整理者释为"蠢"，似欠妥；李零先生释为"顿"，似乎也不如郭店简原文的"屯"意蕴丰富。"型不屯"指的

---

①　根据徐复观先生之《两汉思想史》，我们知道，专制集权主义者是不会从根本上鼓励他的臣民奋发向上的：西汉"景帝时代，朝廷猜防的重点在诸侯王的领土与职权。至武帝，则诸侯的领土与职权已不成问题；于是猜防的重点特转向到诸王的宾客上面，尤其是转向到有学术意义的宾客上面。而能招致才智及在学术上有所成就之士的诸侯王，其本身必有相当的才智，在学术上也有相当的修养；而其生活行为，也多能奋发向上，可以承受名誉。这更触犯了专制者的大忌。换言之，专制皇帝，只允许有腐败堕落的诸侯王，而决不允许有奋发向上的诸侯王。附丽在专制皇帝的周围，以反映专制皇帝神圣身份的诸侯王，只准其坏，不准其好；'禽兽行'的罪恶，绝对轻于能束身自好而被人所称道的罪恶，这是专制政体中的一大特色"。（见徐复观著：《两汉思想史》第一卷，华东师范大学出版社 2001 年版，第 107 页。）

②　李零著：《郭店楚简校读记》（增订本），北京大学出版社 2002 年版，第 63 页。

③　朱骏声撰：《说文通训定声》，中华书局 1984 年版，第 859 页。

④　段玉裁注：《说文解字注》，浙江古籍出版社 1998 年版，第 688 页。

是,如果君子"好美如好《缁衣》,恶恶如恶《巷伯》",那么,广大的人民就会目标明确,毫不迟疑,竭尽全力地效法"君子"的作为。这里所谓"作为"的主体,指的是德性、性情的谨厚、信实、诚纯专一。

要正确理解简文的第一章,我们只有在领悟了第二章、第三章之后才有可能。简文第二章说:"君不疑其臣,臣不惑于君",是因为"为上可望而知也,为下可类而志也",为什么能够"望而知"、"类而志"呢? 答案在第二章的引《诗》、引《书》,亦即"淑人君子,其仪不忒","惟尹允及汤,咸有一德"两句中。这里的"仪",指言行;"忒"指偏差。"其仪不忒",谓执义如一,言行如一,诚纯专一。"惟尹允及汤,咸有一德"出自古文《尚书·商书·咸有一德》中伊尹告诫太甲的训诰,传世文献为"惟尹躬暨汤,咸有一德"。咸有一德,在《尚书》中既指君臣一体之德,也指心性主体的纯一之德:"眷求一德,俾作神主。为尹躬暨汤,咸有一德,克享天心,受天明命。"又云:"德惟一,动罔不吉。德二三,动罔不凶。惟吉凶不僭在人,惟天降灾祥在德。"这明显包含了《尚书》"天畏棐忱"的一贯性主题,是一个充满宗教性的内在超越的心性修养的命题。简文第三章进一步阐述道:"有国者章善瘅恶,以示民厚,则民情不贰。"民情淳厚而不贰,咸有一德,才是简文第一章"仪型文王,万邦作孚"之"孚"的确解。笔者的意思是说,《礼记·缁衣》第一章将简文第一章"则民咸力而型不屯"改写为"则爵不渎而民作愿,刑不试而民咸服"完全是秦汉之后专制集权主义日趋炽烈的社会心理的折射,是对先秦原始儒家,具体地说,就是对孔子思想的曲解。《诗经·大雅·文王》中的"仪刑文王,万邦作孚",根据上下文可以释为"只要好好效法文王,就能得到万国诸侯的信服",①但是,根据简文《缁衣》上下文来理解,其引《诗》"万邦作孚"之"孚",肯定不能释为"信服",因为只有释为谨厚信实、诚纯专一,上下文才能最终融为一体。

简文《缁衣》文字简明赅要,精练深刻,文章结构紧凑,布局合理,以"万邦作孚"之"孚"提纲挈领,又以"人而无恒"之"恒"为文章收尾,前后照应,一气呵成,是《礼记·缁衣》不能企及的。因此,《礼记·缁衣》对简文《缁衣》第一章错误的诠释,导致了它在文本上一系列的问题。

① 程俊英、蒋见元著:《诗经注析》,中华书局 1991 年版,第 751 页。

二

总观简文《缁衣》,第一章至第四章,言好恶之理;第五章至第九章,言上下之理;第十章至第十三章,言教刑之理;第十四章至第十九章,言言行之理;第二十章至二十二章,言交友之理,各章互为支持,融会贯通,建构起了儒家伦理学说方方面面的价值观念,但是,引人注目的是,简文《缁衣》的基础,始终是儒家有血有肉的人学理念。它的理路是,首先要做人,然后才能言好恶,为君臣;教与刑的问题,言与行的问题,交友问题等诸多方面,都无不是人之所以为人的显现,把人的德性修养看成是第一重要的因素,是其他一切思想的出发点和归宿,失去了这个基点,人类的一切学问都等于零,有时甚至是负数。所以,简文《缁衣》第二十二章云:"轻绝贫贱,而重绝富贵,则好仁不坚,而恶恶不著也。"把"轻绝贫贱,而重绝富贵"视为"好仁不坚",注重的是人之所以为人的"仁"德的坚固于心。这与《论语》"子罕言利,与命与仁"(《子罕》)、"富与贵,是人之所欲也;不以其道得之,不处也。贫与贱,是人之所恶也;不以其道得之,不去也。君子去仁,恶乎成名?君子无终食之间违仁,造次必于是,颠沛必于是"(《里仁》)的思想可以互为诠释。而今本《礼记·缁衣》则上承它的第二章"好贤如《缁衣》",将简文《缁衣》第二十二章改写成了"轻绝贫贱,而重绝富贵,则好贤不坚,而恶恶不著也",一字之差,整个的理论路向都发生了变化,孔子推崇的是内在德性上的"仁",而《礼记·缁衣》推崇的却是政治上的"贤",这不仅是歪曲孔子,而且使文本的思想显得极为浅薄。

又如简文第九章云:"长民者,衣服不改,从容有常,则民德一。"是说"长民者"加强内在的修养,以身作则,以自我的人格魅力和外在的善言懿行,自然显发出来的品性的端正诚悫,以此感化了人民,人民就会自发地、主动地、竭尽全力地模仿、效法"长上"的品性而归于"德一",其内涵与孟子"君子所性,仁义礼智根于心。其生色也睟然,见于面,盎于背,施于四体,四体不言而喻"(《孟子·尽心上》)的人学意蕴是一致的,没有带任何强制性的成分。但是,在《礼记·缁衣》中,这一相关的章节被改写成了"长民者,衣服不贰,从容有常,以齐其民,则民德一","以齐其民",首先是没有把"民"当人,这里的"民",在精神上成了被宰制的对象,没有独立的人格,更没有主体的自由意志;一个"齐"字,把专制主义者"一天下"、"家天下"的心态,刻画得入木三分,尽显其专横、霸道的嘴脸;"齐"字更是一种外在的修整,在精神上对人民的盘剥与强暴。孔子云:"夫仁者,己欲立而立人,己欲达而达人"(《雍也》)的仁爱境界在《礼记·缁衣》里已经被流失了。同样的道理,简文第十六章之"君子道人以言,而恒其行",被《礼记·缁衣》改成了"君子道人以言,而禁人以行",其专制的心态昭然若揭。

简文《缁衣》的第二十三章,以"恒"字笼括全篇,实际上也是为全篇点题。郑玄注云:"恒,常也。不可为卜、筮,言卦兆不能见其情,定其吉凶也。犹,道也。言亵而用之,龟厌之,不告以吉凶之道也。"郑玄抓住了全文"则民咸力而型不屯"、"仪型文王,万邦作孚"通贯全篇的主题精神,说明了孔子强调的是主体之"仁",是一种涵括天地、下学上达的内在精神的修养与追求;"恒",当然也是指主体的高度自觉。在简文《缁衣》中,"孚"是"恒"的追求目标和精神境界,而"恒"是"孚"存有的表现形式,"孚"与"恒"相辅相成,互为表里而缺一不可。两者共同建筑起了简文《缁衣》的灵魂与血肉之躯,使之内蕴饱满,思想深邃,主题集中,风骨传神,充分显示了先秦经典精当、蕴藉、深刻、意味深长的特点。

简文《缁衣》第二十一章云:"唯君子能好其匹,小人岂能好其匹。故君子之友也有向,其恶有方。此以迩者不惑,而远者不疑。"匹者,匹敌,匹偶,匹配之谓也。君子能好其匹,为德性上有持恒、专一的追求,也就是孔子"唯仁者,能好人,能恶人"(《里仁》)的另一种表述。心中有"仁",故知道好什么,恶什么,其根本的内涵,仍然在"仁"的境界上,这种境界可以内涵于心中,也可以施放于外,成为社群中的一种人文氛围。但是《礼记·缁衣》将这一章改写成为"唯君子能好其正,小人毒其正。故君子之朋友有乡,其恶有方;是故迩者不惑,而远者不疑也"。在政治学中,从来就没有客观真理可言,没有永恒不变的"正"。在专制集权的社会里,当权者的"正",并不能代表人民大众的"正";专制主义者从来就只是视自己的利益为天下唯一的"正",而把别人的利益全部视为邪门歪道、旁门左道。人们要对统治者之所谓"正"提出不同的意见,就成了"毒其正",而提出不同意见的人,就顺理成章,成了"小人"。郑玄眼光犀利,早就发现了《礼记·缁衣》的传述不合原意,指出:"'正'当作

'匹'字之误也。匹谓知识朋友。"解释极为精当,"知识朋友",是指人的主体自觉,站在自己主体精神的立场上,识别了真假善恶之后作出的判断,选择出来的道义知己。这就是简文第二十章所说的"私惠不怀德,君子不自留焉","人之好我,示我周行"。这里的"德"是超越君子与小人之上的普适性的价值原则,这正是《礼记·缁衣》的传述者完全不能理解的精神。

相对于简文《缁衣》而言,《礼记·缁衣》结构松散,主题思想并不明确,首尾也不能照应,而且有意无意根据传述者所处时代的政治氛围,对简文《缁衣》进行了改动。李零先生说:"我们怀疑,早期的章句之学,其情况与宋明的高头讲章可能比较类似,它也是义理为先,词句的解释要服从于结构,因此有一定的主观随意性(但它对了解古代的义理传统和传授心法很有帮助)。有时读不懂或读不通了它会对文本'动手术'(这是说它的负面影响,其积极影响是,它对文章的理解能照顾大体,懂得大道理管小道理)。这种'手术'对文本的改造很大,如果传授者有意删选章数,颠倒章序,用以制造理解上的不同,其效果几乎等于'蒙太奇'(这类改动,常被说成是'乙正错简',但实际上却与古书的错简无关)。"①根据本节提供的由简文《缁衣》到《礼记·缁衣》的变化,我们发现,李零先生的表述,并不完全符合古书演变的事实。因为不论文章行文的水平,还是文章的思想深刻性,《礼记·缁衣》都不如简文《缁衣》,怎么能够将《礼记·缁衣》的粗制滥造形容为"蒙太奇"呢? 如果对历史采取虚无主义的态度,固然是不对的;但是如果对历史采取一味美化的态度,对后来者的危害也许就更大。

三

上述先秦原典《缁衣》的流变现象,从传世先秦经典的现状来看,如《礼记》、《大戴礼记》、《孔子家语》等,在当时绝不是孤立的。秦汉以后,中国的社会形态相对于秦汉以前,已经出现了明显的、巨大的变化:第一,刘邦吸取秦始皇"窃自号为皇帝,而子弟为匹夫"(班固语)的教训,实行同姓封建制,而剪灭异姓诸侯王。分封同姓,对刘邦这种六亲不认的政治流氓来讲,并不意味着他

---

① 李零著:《郭店楚简校读记》(增订本),北京大学出版社 2002 年版,第 65 页。

看重或倚重同姓诸侯,从汉代初年的历史来看,刘邦之所以分封同姓,完全是为形势所逼,以便更牢固地控制政治经济和军事的大权,以达到其一人专制的目的。第二,刘邦大封同姓,"系作为完成大一统专制的一种手段,而不是像周公一样,'宗周'以居于天下大宗(共主)的地位为满足。这便使汉初的封建在基本上已经生不了根。"①形成典型的"强干弱枝"的专制政治体系,其中央与诸侯国的关系与宗周共主与诸侯国的关系已经发生了根本性的变化。第三,徐复观先生说:"专制皇帝只允许有腐败堕落的诸侯王,而决不允许有奋发向上的诸侯王",猜嫌禁制,"不仅足以反映出专制君主为达到一人专制的目的,即使牺牲其子弟宗支亦在所不惜的心理状态;并对知识分子及学术的发展,发生了莫大的窒息作用。"②在笔者看来,这三个方面是汉初学术发生重大变化的直接原因。

春秋战国时期全国以宗周为共主,而诸侯国彼此独立的格局,更适合于生产力与生产关系的发展,各个诸侯国和置身其中的每一个人,作为个体的主观能动性更易于发挥出来,因为当时的人际关系中更加注重独立、创造的精神。这是先秦诸子百家群星灿烂的根本原因。先秦儒家就特别注重人格独立的精神。孔子云:"三军可夺帅也,匹夫不可夺志也。"(《论语·子罕》)孟子亦云:"居天下之广居,立天下之正位,行天下之大道。得志与民由之,不得志独行其道。富贵不能淫,贫贱不能移,威武不能屈。此之谓大丈夫。"(《滕文公下》)"鱼,我所欲也;熊掌,亦我所欲也,二者不可得兼,舍鱼而取熊掌者也。生,亦我所欲也;义,亦我所欲也,二者不可得兼,舍生而取义者也。"(《告子上》)都是在讲人之所以为人的自由意志的不可剥夺性。更为重要的是,在孟子的笔下,把先秦儒家的政治理想扩展为一种国际主义精神:

> 今王发政施仁,使天下仕者皆欲立于王之朝,耕者皆欲耕于王之野,商贾皆欲藏于王之市,行旅皆欲出于王之涂,天下之欲疾其君者皆欲赴愬于王。其若是,孰能御之?(《梁惠王上》)

这当然是超越于亲亲之上的人道主义至上的政治理想。亦即,哪里有"仁政",

---

① 徐复观著:《两汉思想史》第一卷,华东师范大学出版社 2001 年版,第 100 页。
② 徐复观著:《两汉思想史》第一卷,华东师范大学出版社 2001 年版,第 107 页。

人民就可以奔赴到哪里;哪里有暴政,人民就可以群起抗争,诛讨独夫民贼:

> 齐人伐燕,取之。诸侯将谋救燕。宣王曰:"诸侯多谋伐寡人者,何以待之?"孟子对曰:"臣闻七十里为政于天下者,汤是也。未闻以千里畏人者也。书曰:'汤一征,自葛始。'天下信之。'东面而征,西夷怨;南面而征,北狄怨。曰,奚为后我?'民望之,若大旱之望云霓也。归市者不止,耕者不变。诛其君而吊其民,若时雨降,民大悦。书曰:'徯我后,后来其苏。'"(《梁惠王下》)

对"诛其君而吊其民"的仁义之师,人民"望之,若大旱之望云霓",因而"东面而征,西夷怨;南面而征,北狄怨。曰,奚为后我"? 这当然是典型的先秦原始儒家的政治观,它不分国界,不受民族、种族的限制,唯仁义是求。所以,不仅刘邦的同姓之封"与儒家的政治思想没有任何关系",[①]而且数千年中国专制社会的腐败政治史也与先秦原始儒家的思想没有任何关系。

我们在简文《缁衣》中所看到的"好美如好《缁衣》,恶恶如恶《巷伯》,则民咸力而型不屯。《诗》云:'仪型文王,万邦作孚'",是孔子基于他丰富的人学理论对人类社会作出的出色的诗化的描述。其中"君"与"民"的关系,虽然是"心"与"体"的关系("民以君为心,君以民为体。心好则体安之,君好则民欲之。故心以体废,君以民亡"),但是二者互为唇齿,血肉相连。在孔子笔下,"君"必须是道德的化身,必须在各个方面给广大的人民做出表率,是"民之蕴",才能够成其为"君",在孔子那里是没有丝毫含糊的。因此,我们完全不能想象,当孔子笔下理想的"君"已经演变成像刘邦这样的流氓的时候,整个社会的政治经济大权已经被刘邦式的地痞所攫取时,孔子为什么还要为如刘邦式的人物所统治的国度的道德沦丧、政治经济一片混乱、腐败污糟令人发指的状态负责呢?

在刘邦的个人专制主义气焰甚嚣尘上的时候,全国人民都无一例外地沦为婢女,整个中华民族的文化,包括全人类一切优秀的文化都肆意地遭到了前所未有的践踏。孔子、孟子在这样的时候,也会遭到同样的命运。有的人对刘邦式的人物之所作所为视若无睹,却抓住几千年前"布衣孔子"不放,这到底是表现了他们学术眼光的犀利,还是理论人格的怯弱? 孔子、孟子等先秦儒

---

① 徐复观著:《两汉思想史》第一卷,华东师范大学出版社 2001 年版,第 100 页。

家,作为哲学的一个流派,当然会受到时间和空间的种种限制,肯定会有这样的、那样的错误,历史的前进本来就是一个不断完善的过程。我们对其思想的吸收,肯定要去粗取精,去伪存真,古为今用而发扬光大,但是,要几千年前的孔子、孟子为几千年后的中国现实负责,是不是把中国的历史发展看得太简单了? 本节对简文《缁衣》与《礼记·缁衣》的比较研究,正是要给大家提供一个认识真相的契机。

周予同先生在其《周予同经学史论著选集》中指出:"真的孔子死了,假的孔子在依着中国的经济组织、政治状态与学术思想的变迁而挨次而出现。……汉武帝……采用董仲舒的建议……单独推尊孔子,至少是一位半真半假的孔子,决不是真的孔子。……倘使说到学术思想方面,那孔子的变迁就更多了。……历代学者误认个人的主观的孔子为客观的孔子。所以孔子虽是大家所知道的人物,但是大家所知道的孔子未必是真的孔子。"匡亚明先生在《孔子评传》中引用了上述周予同先生的论述之后,又说:"我们还可以补充说,历代王朝在孔庙里供奉的孔子,都是假孔子或半真半假的孔子,决不是真孔子,决不是'布衣孔子'('布衣'是指一般平民穿的衣服,这里即作'平民'解)的本来面貌。"①笔者在此要进一步指出的是,知道了孔子的真相之后又怎么样? 难道我们只能奉"布衣孔子"为圭臬,而不能越雷池半步吗? 笔者的意思是,孔子毕竟只是一个历史的个体,我们只有端正学术心态,认真总结孔子、孟子以及先秦原始儒家思想的成败得失,继承他们一系列优秀的传统,立足中国的现实,解决中国当今所面临的问题,才是我们最终的理论选择。否则当代儒家哲学的研究,将仍然走不出低谷。

第四节　从黄老之术的崛起看先秦儒家学说的实质

为什么在战国中、晚期的先秦儒家文献(例如《上博简》诸册)中会不同程

度地掺杂一些黄老的思想？这是偶然的还是必然的？是个别思想家的选择，还是时代的潮流？如果它不是偶然的个案，而是必然的走向，那么，思想史上的这种流变态势，是什么原因造成的呢？既然先秦儒学是孔子及其后学的伟大创造而成为当时举世瞩目的显学，那么，黄老之术为什么会在汉初的政治舞台上取儒家学说而代之？站在先秦整个的学术背景之中对二者的内涵进行一番比较，从而探究先秦儒家学说的本质，实在是一个饶有兴味的问题。

一

韩非子云：

> 世之显学，儒、墨也。儒之所至，孔丘也。墨之所至，墨翟也。自孔子之死也，有子张之儒，有子思之儒，有颜氏之儒，有孟氏之儒，有漆雕氏之儒，有仲良氏之儒，有孙氏之儒，有乐正氏之儒。自墨子之死也，有相里氏之墨，有相夫氏之墨，有邓陵氏之墨。故孔、墨之后，儒分为八，墨离为三，取舍相反不同，而皆自谓真孔、墨，孔、墨不可复生，将谁使定世之学乎？孔子、墨子俱道尧、舜，而取舍不同，皆自谓真尧、舜，尧、舜不复生，将谁使定儒、墨之诚乎！殷、周七百余岁，虞、夏二千余岁，而不能定儒墨之真；今乃欲审尧、舜之道于三千岁之前，意者其不可必乎！无参验而必之者，愚也；弗能必而据之者，诬也。故明据先王，必定尧、舜者，非愚则诬也。愚诬之学，杂反之行，明主弗受也。（《韩非子·显学》）

矛头直接对准先秦儒家："明据先王，必定尧、舜者，非愚则诬也"。话说得有点刻薄，但是未必就不准确。对此一尖锐的批评，笔者下文有进一步的分梳，现在要说的是，韩非子的这段话对我们理解先秦儒家学说在孔子之后的发展是有启发的。笔者的意思是，之所以"儒分为八"，有两个实质性的因素：其一，孔子一生勤奋好学，"发愤忘食，乐以忘忧，不知老之将至"（《论语·述而》），因此思想的内涵极端丰富，温良恭俭让，没有门派作风，平实、厚道，不作惊人之语，没有党同伐异，先入为主的偏见，没有在思想上刻意地打造理论体系的企图。这是在孔子去世之后，其学生俱道孔子，而各取所需，取舍不同的重要原因；其二，孔子思想的精华是"为政以德"（《论语·为政》）、"仁之以德"（《上博简·五·季康子问于孔子》第 2 简），对国家的领导者，特别是对于春秋战国时期的领导者来讲,确实是高不可及的德性修养要求,在实际的政治生活之中很难实现。它的最大的价值在于对现实各个诸侯国对外攻城以战,对内草菅人命之政治的批评。当孔子的学生们走出校园,面对各种各样的现实生活的时候,他们就不可能守株待兔地抱住孔子曲高和寡的理念坐以待毙。因此,进一步修正、丰富、发展原始儒家的理念就在所难免。笔者以为,这是"儒分为八"的最重要原因。孔子的高足子贡就研究过,至少接触过黄老道家哲学,子张氏之儒也在一定程度上吸收过黄老之术的成分,①潜伏在《上博简》第二册、第四册、第五册文献中时隐时现的黄老思想,也就是孔子的后学们为了突破儒家的困境所做的一些努力。

不论是从传世文献还是从新近出土的先秦儒家简帛文献中,我们都发现,先秦儒家在孔子之后,确实出现了一个极端剧烈的、与其他各家各派交流互动、彼此对话甚至彼此诘难的局面。学术的交流无非有两种基本的形式,一种是彼此学习,你中有我,我中有你,以各种特殊的形式涵化异己的思想,如郭店儒简与上博简中的一些文献,就是这种理论形式的尝试;另一种交流的形式,则是彼此批判,彼此否定,千方百计在主观上要做到你中无我,我中无你,但是,又无形之中借用了异己的思想武器,重新调整、丰富自己的战斗力量,先秦时期的儒与墨、儒与道、儒与法之间的理论斗争形式往往如此。

可是,值得我们深思的是,诸子百家,各种资源都有,为什么黄老道家的思想在《上博简》中就有如此强烈的穿透力呢?为什么偏偏是黄老之术异军突起,在汉代初年跃居百家之首而居于统治的地位呢?这是一个值得我们深究的问题。太史公云:"儒者博而寡要,劳而少功,是以其事难尽从;然其序君臣父子之礼,列夫妇长幼之别,不可易也。"(《史记·太史公自序》)这种评价显然是站在黄老道家的角度,对先秦时期追求纯德性精神境界的儒家哲学的批评。太史公为什么对儒家哲学有这样的评价呢?我们看一看下面的这段话就很清楚了:

道家使人精神专一,动合无形,赡足万物。其为术也,因阴阳之大顺,

---

① 子贡问孔子曰:"古者黄帝四面,信乎?"(《尸子》)关于子张氏之儒吸收黄老之术的材料主要见于上博馆藏楚竹书第二册中的《从政》甲、乙篇。

采儒墨之善,撮名法之要,与时迁移,应物变化,立俗施事,无所不宜,指约而易操,事少而功多。儒者则不然。以为人主天下之仪表也,主倡而臣和,主先而臣随。如此则主劳而臣逸。至于大道之要,去健羡,绌聪明,释此而任术。夫神大用则竭,形大劳则敝。形神骚动,欲与天地长久,非所闻也。(《史记·太史公自序》)

原来太史公完全是站在社会现实的立场上,站在"人主"角度,对儒家与黄老道家进行比较的。他认为先秦儒家的致命弱点是孔子提出了"为政以德,譬如北辰,居其所而众星共之"(《论语·为政》)的理念,把"人主"设定为"天下之仪表","主倡而臣和,主先而臣随。如此则主劳而臣逸","人主"不仅要有高深的道德修养,而且要以身作则,在治理国家的各种行政事务中做出表率,像上海博物馆藏战国楚竹书《容成氏》中的大禹一样,太累,太划不来。由此我们就明白了,汉代初年黄老哲学盛行于朝野的真正原因,并不仅仅在于黄老哲学"清静无为",[1]而是在于像刘邦这样的实用主义者无论如何都不可能接受儒家的政治哲学理念,而"作茧自缚"的。

然而,我们要进一步追问的是,黄老道家果真是在汉代初年一夜之间突然崛起的吗?难道真的像司马迁的《留侯世家》中张良碰到黄石公得到《太公兵法》一样,是从天上掉下来的吗?历史经验告诉我们,世界上任何一件事情的发生发展,都有它源远流长的曲折原委。当这件事一旦出现并且引起了人们惊愕的同时,人们往往这才发现历史的轨迹本来有它必然的趋势。李学勤先生认为,马王堆汉墓帛书佚籍《伊尹·九主》是《汉书·艺文志》所载《伊尹》五十一篇之佚篇,属于黄老刑名之学;[2]魏启鹏先生进一步考证了《伊尹·九主》属于伊尹学派的大量证据,并且指出:"其成书年代当不晚于春秋末期。"[3]换言之,

---

[1] 刘泽华、葛荃主编:《中国古代政治思想史》(修订本),南开大学出版社 2001 年版,第180 页。

[2] 凌襄(李学勤)著:《试论马王堆汉墓帛书〈伊尹·九主〉》,《文物》1974 年第 11 期。

[3] 魏启鹏著:《马王堆汉墓帛书〈黄帝书〉笺证》,中华书局 2004 年版,第 275 页。为谨慎起见,对现在学术界似乎已经广为接受的"黄帝四经"的说法笔者持保留意见,认为魏启鹏先生称之为"黄帝书"比较稳妥。另,本书所引长沙马王堆《黄帝书》之文献,均以魏启鹏先生的《马王堆汉墓帛书〈黄帝书〉笺证》为准。

不论是奠定西周政治基业的姜太公,①还是九合诸侯、一匡天下的管仲,奖励耕战、富国强兵的商鞅,等等各国谋臣,都无不受到了伊尹学派的影响。《韩非子·奸劫弑臣》有云:"汤得伊尹,以百里之地,立为天子;桓公得管仲,立为五霸主,九合诸侯,一匡天下;孝公得商君,地以广,兵以强。"伊尹、管仲、商君,在语汇上一以贯之。蒙文通先生亦云:"非子以伊尹、管仲、商君为皆尚法术,则法家之从商,不亦宜乎?"②也就是说,如果我们换一个角度,不是从哲学理念的正义立场,而是从现实的政治影响来说,到底是孔子"为政以德,譬如北辰,居其所而众星共之"的说教富有说服力,还是伊尹、吕尚、管仲、商鞅的人君南面之术更具有诱惑力? 在春秋战国战火连连、朝秦暮楚的政治舞台上,政治家们会选择什么,这是不言而喻的。换言之,至少在中国早期的政治舞台上,从伊尹、姜太公、管仲……,一直到张良、曹参、汲黯等,真正左右中国政治舞台的思想主流是黄老道家之术,而不是孔子的儒家学说。孔子、孟子周游列国却到处碰壁,就是一个强有力的证明:

> 孔子适郑,与弟子相失,孔子独立郭东门。郑人或谓子贡曰:"东门有人,其颡似尧,其项类皋陶,其肩类子产,然自要以下不及禹三寸。累累若丧家之狗。"子贡以实告孔子。孔子欣然笑曰:"形状,末也。而谓似丧家之狗,然哉! 然哉!"(《史记·孔子世家》)

> 天下方务于合从连衡,以攻伐为贤,而孟轲乃述唐、虞、三代之德,是以所如者不合。退而与万章之徒序《诗》、《书》,述仲尼之意,作《孟子》七篇。(《史记·孟子荀卿列传》)

对先秦时期的政治家与政坛,我们是不能予以过高的评价的。在那个时代,中国强大的宗法制传统致使中国的政坛始终笼罩在自私自利、贪欲横流的阴霾

---

① 《韩非子·南面》云:"伊尹毋变殷,太公毋变周,则汤、武不王矣。"《史记·齐太公世家》,称姜太公"非龙非螭,非虎非罴",乃"霸王之才"。另,《六韬》载:周文王问太公曰:"王人者,何上何下? 何取何去? 何禁何止?"姜太公回答道:"夫王者之道如龙首,高居而远望,深视而审听,示其形,隐其情,若天之高不可极也,若渊之深不可测也。故可怒而不怒,奸臣乃作;可杀而不杀,大贼乃发;兵势不行,敌国乃强。"周文王曰:"善哉!"(《文韬·上贤》)又云:"鸷鸟将击,卑飞敛翼;猛兽将搏,弭耳俯伏;圣人将动,必有愚色。"(《武韬·发启》)这些言语都有黄老道家的口气。

② 蒙文通著:《古学甄微》,巴蜀书社1987年版,第230页。

之中,孔子"天下为公"的政治理念必然会四处碰壁。所以,孔子说得非常明确:"谁能出不由户?何莫由斯道也?"(《论语·雍也》)"凤鸟不至,河不出图,吾已矣夫!"(《论语·子罕》)这是一代伟大哲人的孤独,更是我们整个中华民族的悲哀。

<h2 style="text-align:center">二</h2>

　　由此看来,黄老之术的动人魅力让中国早期的统治者趋之若鹜,已经到了痴迷的程度。在中国传统世俗的心理中,像伊尹、姜太公、张良这样的人,也一直享有崇高的地位。不过,与司马迁不同的是,笔者认为,这些统治者更喜欢的是黄老之术的阴暗面。现在,我们以《老子》和长沙马王堆出土的《黄帝书》文本为根据,站在当今世界公认的正义论角度,从政治哲学的层面对黄老之术的阴暗面进行必要的梳理,从而对太史公的论述作出下面的回应:

　　第一,黄老之术讲的是"术",是政治手腕,因此很少讲到君权的合法性。《道原》谓:

　　　　一者其号也,虚其舍也,无为其素也,和其用也。是故上道高而不可察也,深而不可测也。显明弗能为名,广大弗能为形。独立不偶,万物莫之能令。天地阴阳,〔四〕时日月,星辰云气,规(蚑)行蛲重(动),戴根之徒,皆取生,道弗为益少;皆反焉,道弗为益多。坚强而不撌,柔弱而不可化。精微之所不能至,稽极之所不能过。故唯圣人能察无形,能听无〔声〕。知虚之实,后能大虚。乃通天地之精,通同而无间,周袭而不盈。服此道者,是谓能精。明者固能察极,知人之所不能知,服人之所不能得。是谓察稽知极。圣王用此,天下服。(《黄帝书·道原》)

这里的"圣人"指的是君主,这里的"道"指君主的统治之术,其"高而不可察也,深而不可测也"的政治目的是为了避免文武百官对君权的觊觎之心。让大家看不见、摸不着,"显明弗能为名,广大弗能为形",即便是有觊觎之心也无从下手。君主之所以要采取这种高深莫测的手法,说到底是因为他的权力来源不正当,或用暴力征服而夺取,或用权术欺诈而获得,或子承父业自营一亩三分地,自然就会漏洞百出,权力的合法性问题成了该政府无法面对人民的首要难题。所以,黄老之术借用并发挥了老子道家在政治哲学上的阴柔之术:

"知其雄,守其雌,为天下溪。为天下溪,常德不离,复归于婴儿。知其白,守其黑,为天下式。为天下式,常德不忒,复归于无极。知其荣,守其辱,为天下谷。为天下谷,常德乃足,复归于朴。朴散则为器,圣人用之,则为官长。故大制不割。"(《老子·第二十八章》)以阴柔的面貌,不显山水,博取同情,就可以在很大程度上化解了人民的敌意。让人民"复归于朴"之后,执政者(圣人)就可以"用之",天马行空,无迹无痕,是之谓"大制不割",用上引《道原》的话来讲,就是"圣人用此,天下服"。当然,这里的"天下服",并非人民真正已经心服口服了,而是执政者的政治骗术已经产生了良好的效果。

第二,正因为黄老之术统领下的君主集权没有权力的合法性,所以,君主及其统治就必然要想尽一切办法降低人民观察、分析问题和自卫反抗的能力。汉代初年,深受曹参重视的盖公说黄老之术"贵清静而民自定"(《史记·曹相国世家》),这是带有欺骗性的谎话,"民自定"确有休养生息的历史必然,但是,其中真正的话语核心,是要让老百姓完全没有反抗的能力。也就是老子所说的"不尚贤,使民不争。不贵难得之货,使民不为盗。不见可欲,使民心不乱。是以圣人之治,虚其心,实其腹,弱其志,强其骨;常使民无知、无欲,使夫智者不敢为也。为无为,则无不治"(《老子·第三章》)。这种政治哲学的思路是要让人民"虚其心","弱其志",无知、无欲。为了维护统治者的权力,它既忽视了人之所以为人的基本权利,也严重妨碍了国家的基本建设与发展。在这样的理论指导下建立起来的政府必然要与人民为敌。《黄帝书·十大经·成法》就有露骨的表现,揭示了黄老之"道"的本质:

黄帝问力黑:唯余一人,兼有天下,滑(猾)民将生,年(佞)辩用知(智),不可法组,吾恐或用之以乱天下。请问天下有成法可以正民者?

力黑曰:然。昔天地既成,正若有名,合若有形,以守一名。上拴之天,下施之四海。吾闻天下成法,故曰不多,一言而止。循名复一,民无乱纪。

"唯余一人,兼有天下"一句把统治者孤独的心态刻画得出神入化,其窃取了国家权力之后的霸道心理、狂喜心理以及恐惧心理都惟妙惟肖地凸显出来。因此,把人民与政府的权力对立起来,视人民为"猾民","佞辩用智,不可法组"(意谓诣媚善变,难以制止),就成了统治者必然的思维定式。这里"循名复一"的"一"就是"道",也就是老子的"复归于朴",其用心在于以大智若愚的外表,把人民引导到无知无欲的境地,从而确保君主权力安如磐石,万无一失。使人民无知无欲的唯一目的,就是要使执政者的欲望得到充分的满足。

第三,黄老之术领导下的国家不思进取,没有创造性,是其根本性的缺陷。《黄帝书·称》云:

> 道无始而有应。其未来也,无之;其已来,如之。有物将来,其形先之。建以其形,名以其名。其言谓何? 营内伤威,弛欲伤法。无随伤道。数举三者,有身弗能保,何国能守? 奇从奇,正从正,奇与正,恒不同廷。凡变之道,非益而损,非进而退。首变者凶。有仪而仪则不过,恃表而望则不惑,案法而治则不乱。圣人不为始,不专己,不豫谋,不为得,不辞福,因天之则。

没有事情的时候,决不自找麻烦;事情已经来临之后,顺其自然,因势利导。顺天因时,天人合一,本来没有什么不对,但是,把政府的治国方略全部建立在"首变者凶"、"圣人不为始"的基础之上,国家就不可能有真正意义上的发展,历史就会在这里故步自封、因循守旧,"其未来也,无之;其已来,如之",把国家的施政纲领完全置于被动的地位,把变革、发展视若寇仇:"凡变之道,非益而损,非进而退。首变者凶"。为了稳坐钓鱼台,牢牢掌握已经掠夺到手的权力,不愿意担当任何因为改革带来的风险。这样的政府,毫无疑问是没有任何创造性可言的。更为重要的是,在政府对人民"虚其心,实其腹,弱其志,强其骨;常使民无知、无欲,使夫智者不敢为也"的指导方针之下,人民已经丧失了创造的基本能力,国家也就因而丧失了创造的基础。从现当代的政治理念上来讲,这种政府不仅是反人民、反民族的政府,而且也是违反基本的社会自然法则的政府。走笔至此,我们就发现了励精图治的汉武帝面对北方匈奴的威胁,为什么要取缔黄老,独尊儒术了。①

---

①　徐复观说:不仅刘邦的同姓之封"与儒家的政治思想没有任何关系",而且数千年中国专制社会的腐败政治史也与先秦原始儒家的思想没有任何关系。(见氏著:《两汉思想史》第一卷,华东师范大学出版社 2001 年版,第 100 页)入《清史·儒林传》的刘沅(1767—1855)著有《槐轩全书》,最近已经由巴蜀书社出版。刘沅认为,真正的圣学圣道至汉代以后,已被弄得面目全非,并且认定韩愈、周敦颐、张载、邵雍、程朱的思想都歪曲了孔子孟子的真义,致使圣学不传。他在其《槐轩约言》中说:"吾以圣人之道定百家,不以百家之谬溷圣贤。"(清·刘沅著:《槐轩全书》,巴蜀书社 2006 年版,第 3692 页)所以,汉武帝"独尊"的"儒术"实际上也不是真正的先秦原始儒学。

第四,正因为黄老之术讲的是"术",所以在政治生活中,君主追求的是政治手腕。有的时候也许政治目的未必就不高尚,但是,当政治运作的过程是为了达到目的而不择手段,成为一种暗箱操作的时候,政治手段本身就给全社会树立起了反面的典型,各种暴政措施带来的告密、暗算、虐杀……,把全国人民无形之中引导到道德沦丧的泥潭中来。我们这里且不说"贵清静而民自定"之自给自足的状态下,全社会非常依赖道德的建设,即便是国家机器已经十分完备,管理的制度、法制十分细密,道德的建设依然是调节政治运作的一种润滑剂,是不可或缺的,更何况,在任何一个具有正义性的社会里,提高人民的道德水准,加强人民精神境界的建设,都是政府责无旁贷的基本工作之一。笔者在仔细研读《黄帝书》之后深以为,整个黄老之术的思想体系都是从杨朱哲学中申发开来的,自私自利,明哲保身,完全没有社会公德,是黄老之术的根本出发点。例如《称》云:"天下有三死:忿不量力死,嗜欲无穷死,寡不避众死。"这三个判断中并不是没有人生的某些哲理在,但问题在于,在真理只是掌握在少数人手里的时候,谁来坚持正义?当敌我悬殊比较突出的时候,又有谁挺身而出地与邪恶的势力进行殊死的斗争?况且,"嗜欲无穷"固然不好,但是,坚持真理、捍卫信仰,并且为之奋斗到底,却正是"君子自强不息"的精神体现,它的正面表达应该是儒家的"自强不息"与"贵其不已",如果把这种人性特点引导到正面的社会道德建设上来,那就不仅会为人类创造无穷的物质财富,推动社会前进,而且可以在全社会树立起崇尚知识、信奉真理、追求道义的风尚。

第五,黄老之术之根本的特点之一是君主专制:"知天之所始,察地之理,圣人糜论(靡沦)天地之纪,广乎独见,〔卓乎〕独〔知〕,□〔乎〕独□,□〔乎〕独在。"(《黄帝书·称》)君主是不是"广乎独见,卓乎独知",是不得而知的,但是,君主大权独揽,则是确凿无疑的。换言之,在黄老之术领导下的国度里,君主与臣子之间是没有信任感的。在先秦儒家的政治哲学中,"君臣、朋友,其择者也"(郭店楚简《语丛·一》第87简),君主可以选择臣子,臣子也可以选择君主,全部的政治生活都是志同道合的人们为理想而奋斗的一次盛典。因此,"为上可望而知也,为下可类而志也,则君不疑其臣,臣不惑于君矣"(郭店楚简《缁衣》第3—4简),"君之视臣如手足,则臣视君如腹心;君之视臣如犬马,则臣视君如国人;君之视臣如土芥,则臣视君如寇雠。"(《孟子·离娄下》)

彼此信赖是君主与臣子的基本关系定位,但是,在黄老之术的笼罩之下,政府上下所有的管理者各怀鬼胎,人人自危,对君主的错误选择不可有任何的质疑与反抗:"失其天者死,欺其主者死,翟(佻)其上者危。"(《黄帝书·称》)把"天"与"主"、"上"相提并论,有"主"、"上"就是"天"的话语暗示,要坚决地捍卫和保护君主的权力,君主的权力是不可动摇的,是《称》的基本思想前提之一,也是黄老之术真正的理论目的。它的结果只能是,君主的权力不能有任何的限制,不能接受任何的批评,任何人不能对君主的所作所为提出任何质疑。但是,当臣子对君主的错误不能提出任何质疑的时候,臣子就会明哲保身,甚至变本加厉,更加自私自利起来。如此,整个社会的各级官员就各自为政,表面上平安无事,实际上就成了一盘散沙。

　　总之,黄老之术是一套地地道道的维护君主专制主义的权术,无论如何,在很大程度上展现了中国古代政治生活的阴暗面,对它的梳理也揭示了中国古代的生产力得不到更大发展的真正原因。我们不是文化虚无主义者,但是,我们必须正视专制主义的权术在中国的流毒之深、惨祸之烈。对此,我们必须保持清醒的头脑和彻底的批判精神。如果我们连这一点勇气都没有,那么,建立我们当代公平、公开、公正的政治理论就很难有真正的成就了。

三

　　由此看来,孔子"为政以德"的理念虽然是一股巨大的社会正义力量,在很大程度上来讲,民本思想是它的主体,是先秦时期的显学之一,但是,相对深受先秦时期各个诸侯国统治者青睐的黄老之术来讲,儒家哲学只是活跃于民间、流行于学术界的抗衡力量。在中国数千年专制主义统治中,尤其是在它的行政管理的操作层面,真正的儒家所起的作用微乎其微,即便是有,也是被人改造过的儒家。只是统治者在进行权力斗争、欺骗天下苍生的时候,在不得已的情况下,才把儒家这一面耀眼的旗帜拿出来晃上几下。说到底,这仍然是黄老之"术"的一个组成部分。这是儒家政治哲学的悲哀,也是我们民族的悲哀,更是中国人民的悲哀。那么,为什么统治者一到关键的时候还是离不开儒家呢?先秦儒家到底有什么东西是统治者无法逾越的底线呢?笔者拟从以下几个方面进行探讨:

第一,孔子明确提出了"政者,正也"、"为政以德"的正义原则,不仅对国家的君主提出了道德修养、人格表率方面的要求,而且为了营造全社会的诚信氛围,创造广大人民修身养性的社会条件打下了政治哲学上的基础。在一个充满昂扬精神的国度里,每一位个体的道德修养都是非常重要的,但是,如果国家的执政者没有任何的限制,无法无天,为非作歹,其危害并不仅仅在于他本人的人格丧失与堕落、对社会造成了直接的危害,而且还在于他的行为给广大的人民树立了一个反面的典型,"生于其心,害于其政;发于其政,害于其事"(《孟子·滕文公下》),他们的各种劣行最终导致的是全社会信念的坍塌,诚信的丧失和传统道德价值观念的崩溃。孔子说:"上好仁,则下之为仁也争先。故长民者,章志以昭百姓,则百姓致行己以说其上。"(郭店楚简《缁衣》第10—11简)上行下效,把国家建设成了一个道德教化的学校,形成了"民以君为心,君以民为体。心好则体安之,君好则民欲之"(郭店楚简《缁衣》第8—9简)的和谐氛围,为全国上下养成积极进取的精神提供了政治理念与政治制度上的保障。

第二,"政者,正也"、"为政以德"的正义原则之最精妙之处还在对君主的权力来源问题提出了正面的规定。换言之,国家的权力到底应该掌握在谁的手里?这在中国政治思想史上具有极端重大的意义。郭店楚简和上海博物馆藏儒家文献的出土之所以引起了当今学术界的高度重视,其中一个重要的原因就在于它明确提出了"何故以得为帝"(上博简《子羔》第1简)这样非常直切的问题;有的楚简文献还系统阐述了"禅也者,上德授贤之谓也。上德则天下有君而世明,授贤则民兴效而化乎道。不禅而能化民者,自生民未之有也"(郭店简《唐虞之道》第20—21简)。在政治哲学的理念上达到了任何其他哲学流派无法企及的正义高度。虽然它只是把政治的理想建立在唐虞的时代,而且落实在具体的政治运作过程的时候很难真正贯彻实行,但是,作为一种政治的哲学,作为一种人类精神哲学的向往,它提出了人类政治学科最高尚的理想,它像一块照妖镜一样,成了衡量一切现实政治体制的尺度:"唐虞之道,禅而不传。尧舜之王,利天下而弗利也。禅而不传,圣之盛也。利天下而弗利也,仁之至也。故昔贤仁圣者如此。身穷不贪,没而弗利,穷仁矣。必正其身,然后正世,圣道备矣。故唐虞之道,禅也。"(郭店简《唐虞之道》第1—4简)只考虑老百姓的利益,而不顾及自己的私人利益;首先加强自己的道德修养,然后才能成为执政者,掌管国家的权力。这些思想不仅在当时是极具针对性、批判性的论断,而且即便是我们当代,都仍然是非常有价值的政治哲学资源。

第三,民贵君轻的思想是始于孔子而光大于孟子的。孔子说:"泰伯,其可谓至德也已矣! 三以天下让,民无得而称焉。"(《论语·泰伯》)又说:"齐景公有马千驷,死之日,民无德而称焉。伯夷叔齐饿于首阳之下,民到于今称之。其斯之谓与?"(《论语·季氏》)政治的权力来自人民,只能归于人民。不论你做了好事还是做了坏事,人民是唯一的评判者。孟子的表达就更加透彻,更加彻底:"民为贵,社稷次之,君为轻。"(《孟子·尽心下》)这是一条放之四海、贯穿千古而皆准的真理,它使先秦时期其他学派相形见绌。"天视自我民视,天听自我民听"(《孟子·万章上》引《尚书·泰誓》)人民既是一切政治活动的基础,也是政治生活的主体。以民为本,是先秦儒家在当时的历史时期,提出的最先进的政治理想。虽然它与"以民为主"的政治思想还因为种种原因而相去遥远,但是,它却历史性地给中国的政治提供了一个举世瞩目的分野:那就是,一切关心人民,爱护人民、尊重人民、以人民为主,富有人道的政府就是属于人民的政府;一切仇视人民、宰制人民、盘剥人民以中饱私囊、偷天换日的政府就属于反人民的政府。

第四,宗教性的向度是先秦儒家思想体系中非常珍贵的一个理论层面。儒家的宗教性表现在三个层面:第一个层面是以"孝道"为支撑点的双向("慎终"与"追远")撑开。"孝道",实际上有面向祖宗与面向子孙万代的两个向度。这种人生修养的路径构成了"慎终追远,民德归厚"(《论语·学而》)的宗教性境界。换言之,传统的祖宗崇拜最终是由"古"而"天",①是之谓"追远"。要面对子孙万代的繁衍,就要以身作则,严于律己,是之谓"慎终"。所以,"民德归厚"这一命题,既有现实生活层面的规约,又有宗教性的超越。由此可知,儒家哲学确实具有浓厚的宗教性,在很大程度上,我们甚至可以说它

---

① 《礼记·乐记》云:"久则天。"在注释《尚书·尧典》的第一句话"曰若稽古帝尧,曰放勋"时,郑康成写道:"稽古,同天。"往古之事,就是祖宗之事,就是我们每一个人的出生源头。因此,古就是天了。《春秋繁露·楚庄王第一》说:"《春秋》之道,奉天而法古。故圣者法天,贤者法圣。"《后汉书·范升传》又有"臣闻主不稽古,无以承天。"可见,在儒家的语境中,古就是天。

就是宗教。第二个层面就是人与"天"、"地"融通为一,从而在政治哲学上表现了与天地万物为一体、兼收并蓄的胸襟。这是孔子"天下为公"的政治理想真正的出发点,也是孔子思想中对祖宗崇拜的第一步超越。具体到政治学、伦理上来讲就是由亲亲而尊贤,由小家而大家。在上博简《礼记·孔子闲居》中的表述就是"三王之德"的"天无私覆,地无私载,日月无私照。奉斯三者以劳天下,此之谓三无私"。当然,在现实的社会中,凡夫俗子是无法超越这层天然的壁障的,即便是对于达官贵人、皇亲国戚,也是难上加难。用孔子的话来说就是"尧、舜其犹病诸"(《论语·雍也》),孔子把它视为宗教性、精神性的理想。第三个层面是对"道"的热忱,就是"朝闻道,夕死可矣"(《论语·里人》)追求精神。从孔子的"三军可夺帅也,匹夫不可夺志也"(《论语·子罕》)到孟子的"生亦我所欲也;义亦我所欲也;二者不可得兼,舍生而取义者也"(《孟子·告子上》),始终具有一种把道义置于生命之上的大无畏精神,这实际上就是一种来自宗教精神的人的神性、人的高贵性。没有这种高贵的精神,中国文化就不可能香火流传,惠命不断,生生不息。先秦儒家宗教性的三个层次,实际上是儒家的仁人志士个人的灵魂不断提升的一个过程,也就是由"血气心知"出发,而"下学上达",不断"纯洁"、不断"净化"、走向"圣洁"的过程。这种特殊的宗教思想最终是以追求道义的精神作为归宿的,是先秦儒家学说中最为震撼人心、具有普适性的理论力量。

第五,诚如上面的阐述,儒家的道统是从它的宗教性中申发出来的一种精神。从孔子的"朝闻道,夕死可矣",到孟子的"舍生而取义",再到荀子的"从道不从君,从义不从父,人之大行也"(《荀子·子道》),先秦儒家的思想家们始终把"道"置于比生命、比亲情、比政治权力、比一切世俗力量更加崇高的地位。说它来自宗教的精神,是说它有一种超乎一切世俗利害关系的崇高感,但是,它却又无不时时刻刻立足于现实生活,显示了先秦儒家学说追求真理的勇气与决心,表现了他们为了捍卫道义、维护社会正义而视死如归的大无畏精神。郭店楚简中有《鲁穆公问子思》一文,是值得我们深入研究的一篇文字,它提出的问题是:"何如可谓忠臣?"子思的回答是:"恒称其君之恶者,可谓忠臣矣。"成孙弋的解读是:"夫为其君之故杀其身者,尝有之矣。恒称其君之恶者,未之有也。夫为其君之故杀其身者,交(效)禄爵者也。恒称其君之恶者,远禄爵者也。为义而远禄爵。"首先这篇文字展示了"忠臣"与"远爵禄者"之间的矛盾，讲的是政治权力的附庸与具有独立批判精神的知识分子之间的分野，这表明子思子已经注意到了作为政治权力附庸的知识分子与具有独立精神的知识分子之间的重大区别。这当然不能说子思子已经完全具有了现代民主与自由的思想，但是，我们可以据此而毫不夸张地说，子思子的表述，是一种具有民主意识的真诚呼唤，是对孔子有关"人"的定义的进一步拓展，具有重大的哲学意义。尤其是子思子认为知识分子的职责在于"恒称其君之恶"，就是永不停息地批评行政管理运作中的失误，纠正行政管理中的各种错误，从而提升政治生活的质量。这其中隐含了一种为"道义"而献身的独立精神，与当时或后代专制主义社会里的"净臣"、"谏士"是有本质区别的，是对具有独立精神之知识分子人格的全新构想。

综上所述，先秦儒家的政治哲学像诗一样充满了理想的道德光辉，把"人"这一政治生活中的主体视为政治生活的目的，因而具有非常深刻的合理性，其政治理念本身就是对伊尹、姜太公以来之黄老权术的批评与否定。在对待很多问题的态度上，先秦儒家看起来似乎是"博而寡要，劳而少功，是以其事难尽从"，但是，由于它的根本理念是人道主义，是要通过政治管理来成就人之所以为人者，而不是要把国家建设成为一个彼此屠杀的战场，因而，具有黄老之术完全无法企及的思想高度。更为重要的是，先秦儒家的政治理想是把国家的发展与每一个个体的完善结合在一起的，因而"君子自强不息"的精神贯彻于整个社会的每一个角落，这对于我们民族长远的发展利益来讲，至关重要。所以，笔者认为，先秦儒家的政治哲学理念中具有很多民主政治思想的萌芽，它的理论路向和理论内核是指向现代民主政治的，与我们当代的中华民族伟大复兴具有深刻的默契。因此，只要我们认真总结，阐幽表微，克服或纠正它的缺点，发挥并且弘扬它的优点，继往开来，理直气壮地弘扬其内在的精神实质，全力以赴，奠定起具有我们民族特色和传统的民主政治思想的肥沃土壤，就能够让民主政治在中国这片古老而又富有活力的热土上，绽放出绚丽的鲜花来。

第四章　从心性到政治

第一节　《性自命出》、《成之闻之》、
　　　　　　《六德》、《尊德义》合论

　　郭店楚简《性自命出》、《成之闻之》、《六德》、《尊德义》四篇简文形制相同,字体相近,内容相关,整理者说,这四篇文章都"抄写在形制相同的竹简上"。① 这一结论给我们的启示是,这四篇文字的学术视野是相同的,它们所面临和探讨的问题也是相同的,因此,寻找这四篇文章的共同思想,从不同角度挖掘、清理其中的政治哲学内涵,深入研究并吸收其中的合理资源,总结其理论的得失,就成了一件十分必要而且重要的工作。

一

　　在郭店楚墓竹简《六德》的后面,有一支并不醒目的孤简,整理者不知道它属于这四篇佚籍中的哪一篇,因此就姑且附在该文的后面。全简的内容如下:

　　　　……生。故曰,民之父母亲民易,使民相亲也难。(《六德》第49简)②

笔者在仔细通读了四篇佚籍之后,深以为,这是一支在内容上点题的简。如果我们把《性自命出》、《成之闻之》、《六德》、《尊德义》融会贯通,认真体味其中

---

　　①　荆门市博物馆编:《郭店楚墓竹简·前言》,文物出版社1998年版,第2页。
　　②　本书引用的郭店楚简原文,采用的是李零:《郭店楚简校读记》(增订本),北京大学出版社2002年版。

的神韵,就会发现,"使民相亲",建立人与人之间的和睦关系,打造诚信社会,才是这四篇文字共同拥有的思想内涵。这四篇文字从不同角度对这一重大的理论问题进行了必要的探讨,不同层次、不同方面、不同向度的一切论题都是围绕着这一中心论题来展开的。

对广大的人民施行必要的道德教化,始终都是先秦儒家政治哲学中非常重要的一个内容。《论语》中有关这方面的内容是非常丰富的:

> 子贡问政。子曰:"足食,足兵,民信之矣。"子贡曰:"必不得已而去,于斯三者何先?"曰:"去兵。"子贡曰:"必不得已而去,于斯二者何先?"曰:"去食。自古皆有死,民无信不立。"(《颜渊》)

孔子的态度很明确,强大的武装力量和丰富的物质生活并不是一个国家最根本的依靠,如果国民之间没有了诚信,政府的官员之间没有了诚信,一切社会的交际之中没有了诚信,人们彼此之间投机取巧、尔虞我诈,国家赖以存在的根本就丧失了。任何一个人人自危,没有安全感、安宁感和依靠感的国度实际上已经濒临动荡的边缘,社会的动乱可能会随时因为各种因素的引发而出现。

笔者以为,正是从这样的理论高度上,《性自命出》、《成之闻之》、《六德》、《尊德义》的作者深谋远虑,提出了深刻的问题,是值得我们予以足够重视的。从其思维方式与行文方式来看,这四篇佚籍的作者很希望从理论的根本处入手,彻底地解决社会诚信何以建立这一中心问题,并且令其产生深远的影响:

> 君子之于言也,非从末流者之贵,穷源反本者之贵。苟不从其由,不反其本,未有可得也者。君上享成不唯本,功[弗就矣]。农夫务食,不强耕,粮弗足矣。士成言不行,名弗得矣。是故君子之于言也,非从末流者之贵,穷源反本者之贵。苟不从其由,不反其本,虽强之弗入矣。(《成之闻之》第11—15简)

这段话透露了四篇佚籍的作者深层的创作意图。"君子之于言也,非从末流者之贵,穷源反本者之贵",我们可以理解为,《性自命出》虽然大谈性情,深究性情的根源与锤炼,但那只是作者追本穷源,为建立诚信社会所做的人性上、主体上的准备;《六德》之"六位"、"六职"、"六德"的定位也有超乎言表之外的深意,阐发"六位"的社会职能,"六者各行其职,而谗谄蔑由作也"(《六德》

第35—36简)都是作者要从根本处入手,来建立牢不可破的和谐社会。为了治标,首先治本,以达到从根本上"使民相亲"的目的。用他自己的话来讲就是"苟不从其由,不反其本,未有可得也者"。所以,这四篇佚籍的作者是有指向社会现实的理论目标的。根据上面引出的文字看,作者在这四篇佚籍中是下了很大的工夫的:"君上享成不唯本,功[弗就矣]。农夫务食,不强耕,粮弗足矣。士成言不行,名弗得矣",言行而名得,就是要他的文章产生强大的理论张力,在现实的社会中产生重大的影响。正因为如此,我们对《性自命出》、《成之闻之》、《六德》、《尊德义》这四篇佚籍的理解就不能完全囿于文章本身的思想内容之中。我们只有在一定程度上打破各个独立的篇章局限,把它们在思想上整合起来,"穷源反本"地对它们的思想进行系统梳理和研究,才能真正把握这一组文章的思想实质。

从整个的思想框架来讲,这四篇佚籍依据的是孔子"忠恕之道,一以贯之"的思想大纲。从思想的总体上来讲,《性自命出》讲的是"忠",是内在性情的修养与锤炼,《六德》讲的是"恕",是外在的社会职位与职能。《成之闻之》与《尊德义》则是从政治管理的经验层面,正面探讨何以能够"使民相亲"。当然,这四篇佚籍的思想你中有我,我中有你,在内容上是互补互渗的,其思想侧重点的划分是不能绝对化的。笔者这样来思考问题,在很大程度上也是为了更好地分析问题、研究问题。

关于《性自命出》,学术界的研究成果已经车载斗量了,但是,如果站在孔子"忠与恕"一以贯之的角度来思想问题,我们则会发现,它确实是在为打造诚信社会、建立人与人之间彼此和谐、和睦、信赖的关系奠定人学上的基础。所以,就文章本身而言,它是一篇有关人学的性情论,但是,从《性自命出》、《成之闻之》、《六德》、《尊德义》四篇佚籍的整体上来看,它是一篇重要的政治哲学文献。李零先生把《性自命出》划分成为上、下两节,这为我们更加深入地理解《性自命出》提供了更加方便的条件。《性自命出》的上一节,首先讲"性自命出,命自天降。道始于情,情生于性"(第2简),这是从天、命、性、情、道彼此流转的关系入手,探讨性与情的生发。然后在义、好、恶、善、不善、势、心、志、学、教等多个概念的互动之中推出了"动性者、逆性者、交性者、厉性者、绌性者、善性者、长性者"(第10—12简),在儒家礼与乐交错磨砺之中,提

出了"君子美其情,贵其义,善其节,好其容,乐其道,悦其教,是以敬焉"(第
20—21简)的养性思想,但是落脚点却是在"敬"字功夫上。① "敬",不仅是人
之所以为人的第一要义,而且也是社会交往的首要原则。对此,《论语》中有
充分的论述:

　　子曰:"道千乘之国,敬事而信,节用而爱人,使民以时。"(《学而》)

　　子游问孝。子曰:"今之孝者,是谓能养。至于犬马,皆能有养;不
敬,何以别乎?"(《为政》)

　　季康子问:"使民敬、忠以劝,如之何?"子曰:"临之以庄则敬,孝慈则
忠,举善而教不能则劝。"(《为政》)

　　子路问君子。子曰:"修己以敬。"曰:"如斯而已乎?"曰:"修己以安
人。"曰:"如斯而已乎?"曰:"修己以安百姓。修己以安百姓,尧、舜其犹
病诸!"(《宪问》)

　　子张问行。子曰:"言忠信,行笃敬,虽蛮貊之邦行矣;言不忠信,行
不笃敬,虽州里行乎哉? 立,则见其参于前也;在舆,则见其倚于衡也。夫
然后行!"子张书诸绅。(《卫灵公》)

不仅在"孝道"中要有"敬",做人做事要有"敬",特别是作为一个执政者更是
要具有"敬"的素质和品格,"言不忠信,行不笃敬,虽州里行乎哉?"这是相当
恳切的表达。但是在《性自命出》中对"敬"就有更加细化的要求,总结起来有
两个方面的规约:第一,要遵守"礼"的原则:"拜,所以□□□,其□文也。币
帛,所以为信与征也,其词宜道也。笑,礼之浅泽也。乐,礼之深泽也。"(第
21—23简)可惜因残缺而不能彻底通读,但是,它们紧接第20—21简,明显是
对"敬"进行的"礼"之中和原则的限制。尤其是"笑,礼之浅泽也;乐,礼之深
泽也"两个命题,把社会的和谐和诚信强调得十分突出,从而指出了人类社会
与兽群的根本区别。第二,《性自命出》的下篇全部是在讲"情":"凡人情为可
悦也。苟以其情,虽过不恶。不以其情,虽难不贵。苟有其情,虽未之为,斯人
信之矣。未言而信,有美情者也。未教而民恒,性善者也。"(第50—52简)笔
者在《先秦儒家性情思想研究》的《〈性自命出〉的性情思想研究》一章中认

---

① 《朱子语类》(卷十二)在论及《论语》中就有"敬字功夫,乃圣门第一要义"的说法。

为,这个"情",具有宗教的"圣洁"感,是与《中庸》的"诚"具有相同的性质。①以"诚"为忠恕之道的"忠",古人已有这种诠释。真德秀《四书集编》云:"天地与圣人只是一诚。天地只一诚而万物自然各遂其生,圣人只一诚而万事自然各当乎理,学者未到此地位,且须尽忠恕。诚是自然之忠恕,忠恕是着力之诚。"所以,纵观《性自命出》、《成之闻之》、《六德》、《尊德义》四篇的主题思想,我们确知,《性自命出》实际上只是讲了一个"诚"字。它与上文提到的"笑"、"乐"界定形成了外与内、形式与内容、文与质两方面的高度统一。

笔者始终以为,在郭店楚简中,《六德》是一篇奇文。现在学术界往往只是注重了《六德》的"六位"、"六职"和"六德"建立起来的一套管理措施,没有深入地思考这一套由伦理出发进入政治哲学领域的思想背景所昭示的人学深刻性。细读《六德》,我们会发现,作者的作文目的并不是要阐述什么是"六位"、"六职"和"六德",因为他说得很清楚:"夫夫、妇妇、子子、君君、臣臣,六者各行其职",是古已有之的:"观诸《诗》、《书》则亦在矣,观诸礼、乐则亦在矣,观诸《易》、《春秋》则亦在矣。观此多也,钦此多[也],美此多也"(第23—26简)。作者的目的是要通过"六位"、"六职"和"六德"的贯彻执行,来杜绝人与人之间的"谗谄":

> 男女别生言,父子亲生言,君臣义生言。父圣子仁,夫智妇信,君义臣忠。圣生仁,智率信,义使忠。故夫夫、妇妇、父父、子子、君君、臣臣,此六者各行其职,而谗谄蔑由作也。君子言信言尔,言诚言尔,设外内皆得也。其反,夫不夫,妇不妇,父不父,子不子,君不君,臣不臣,昏所由作也。
> (第33—38简)

在人与人的交际过程中,言语,是一个典型的、重要的方面。《说苑·谈丛》谓:"百行之本,一言也。一言而适,可以却敌;一言而得,可以保国。响不能独为声,影不能倍曲为直,物必以其类及,故君子慎言出己。负石赴渊,行之难者也,然申屠狄为之,君子不贵之也;盗跖凶贪,名如日月,与舜禹并传而不息,而君子不贵。"言语,是百行之本。是人与人之间建立和睦、诚信关系的关键。"六德"生"六言",是什么职位,就说什么话,各守本分,各行其职,"言信言尔,

---

① 欧阳祯人著:《先秦儒家性情思想研究》,武汉大学出版社2005年版,第266—279页。

言诚言尔,设外内皆得也",这是建立诚信、和谐社会的前提。

《六德》的作者对人与人之间的交际语言及其在社会交际中所拥有的作用,是非常清楚的。我们知道,一言既出,驷马难追;出乎此口,入乎彼耳。言语相得,则上下一片祥和,言语不相得,则内外不和。那么,怎么才能在游走于口耳之间的交际言语中建立诚与信的氛围呢?《六德》抓住了六职、六位、六德来做文章。作者认为男女之间的言语生于"别",父子之间的言语生于"亲",君臣之间的言语生于"义"。六职、六位各依六德,各行其职,则"言信言尔,言诚言尔",则"父圣子仁,夫智妇信,君义臣忠"。如果六职不分,六位不明,则六德不彰。六德不彰则是非不分,好恶不明,于是"夫不夫,妇不妇,父不父,子不子,君不君,臣不臣,昏所由作也",社会就不可能和谐、安定了。由此可见,作者的思虑相当深远。

二

那么怎么才能牢不可破地打造一个"父圣子仁,夫智妇信,君义臣忠"的社会基础呢?这个答案在《性自命出》与《尊德义》两篇文章中。《性自命出》虽然讨论的是性情问题,但是,性与情的来源是天与命。性与情本来是人性在现实生活中磨砺的对象,它们通过礼乐相依的锤炼,身心互动的提升,最后超拔到了"天"与"命"的博厚与高明。也就是说,"性自命出,命自天降"的形上背景,不仅是诚信的起点,同时也是夫妇、父子、君臣,全社会所有人修身养性的终点。这当然是一种把哲学思想宗教化的思维方式。正是有了这种宗教性的背景支撑,社会关系的维系才有可能坚如磐石:

> 有其为人之节节如也,不有夫柬柬之心则采。有其为人之柬柬如也,不有夫恒始之志则缦。人之巧言利辞者,不有夫诎诎之心则流。人之悦然可与和安者,不有夫奋作之情则侮。有其为人之快如也,弗牧不可。有其为人之渊如也,弗辅不足。(《性自命出》第44—47简)

如果从《性自命出》首尾照应的全部文本来理解,我们就会发现,这段文献并不仅仅是在告诉人们怎样在现实生活中涵养中和之德,不离不流,处于不败之地,而且也是在论证,人们一举手一投足都要涵化天地的精神,回归到"性自命出,命自天降,道始于情,情生于性"(《性自命出》第2—3简)的周流之中去：

> 君子执志必有夫光光之心，出言必有夫柬柬之信，宾客之礼必有夫齐
> 齐之容，祭祀之礼必有夫齐齐之敬，居丧必有夫恋恋之哀。君子身以为主
> 心。(《性自命出》第65—67简)

"光光"，李零释为"广广"，广大深远义。"柬柬"，即"謇謇"，形容人的诚信；
"柬柬之信"，就是诚悫、笃信。"齐齐"，恭敬之义；"齐齐之容"，就是仁礼相
融，德礼相依的礼仪之象。①"君子身以为主心"，就是以"践形"的途径，下学
上达，修养身体；以身正心，身心互正，打通天地物我，身心，内外，一以贯之。

《性自命出》是在强调，自身的修养与天地、性命之间有着不可分离的关
系，没有天与命的支撑，个人的身心修养就不可能有内在超越的前景。《尊德
义》则是在阐述各种复杂关系中何以调整己、人、命、道、行、礼、乐、哀的互动
关系：

> 知己所以知人，知人所以知命，知命而后知道，知道而后知行。由
> 礼知乐，由乐知哀。有知己而不知命者，无知命而不知己者。有知礼而
> 不知乐者，无知乐而不知礼者。善取，人能从之，上也。(《尊德义》第
> 9—11简)

这是一组精微的、环环相扣的命题，在一定程度上体现了先秦儒家的理论思辨
水平。由己及人，由人知命，由命知道，由道知行，一环套一环，极富逻辑性。
作者是在告诉我们在知己、知人、知命、知道(知礼、知乐)、知行的各种关系中
怎么选择自己修身养性的发展方向，也就是简文所说的"善取"，目的是为了
掌握世界发展的规律，根据自己的特点加强不同方面的修身功夫，少犯错误，
成为社会的表率，因而"人能从之"。

走笔至此，我们已经看到，孔子一以贯之的"忠恕之道"，在这里已经得到
了发展。其发展的关键性内容就是加强了"忠"与"恕"的宗教性提升。也就
是说，简文作者的身心修养论与社会关系论，始终都没有脱离形而上的天命、
天道支撑。用《成之闻之》的话来讲，就是"圣人天德"。这种慎求于己，以至
顺"天常"的理路，由于具有宗教的热忱与信仰作为基础，因而是六职、六位、

---

① 李零著：《郭店楚简校读记》(增订本)，北京大学出版社2002年版，第110、111页。

六德坚如磐石的根本保障。所以《成之闻之》写道：

　　天降大常，以理人伦。制为君臣之义，著为父子之亲，分为夫妇之辨。
是故小人乱天常以逆大道，君子治人伦以顺天德。（第31—33简）
由于"人伦"直接来自"天常"，所以君臣、父子、夫妇的关系都是神圣化的关系，是天经地义的"天常"投射，所以是神圣不可侵犯的。但是，"六职"还必须以"天常"为皈依："君子慎六位以祀天常。"（《成之闻之》第40简）一个"祀"字，神韵全出。换言之，在一个没有现代哲学的理性支持、没有三权分立，彼此监督的社会里，唯一能够保证"父圣子仁，夫智妇信，君义臣忠"不会动摇的办法就是依托于宗教信仰。在古代，宗教毕竟是唯一能够维系社会的绳索。天常，就是大常。就是天命、天道，就是宇宙间生生不息的大化流行。作者很清楚，没有来自宗教层面对心志的威慑，没有蕴含着恐惧和信仰的宗教情感，没有对道义的热忱追求，"使民相亲"的政治目的是不可能达到的。

　　因此，人伦关系的神圣化，社会关系的天道化，在先秦儒家政治哲学的话语背景中，是夫夫、妇妇、父父、子子、君君、臣臣的本质。与现代网状关系不一样的是，这种神圣化、天道化的关系是垂直的上下关系。从道德的建设上来讲，它不是制度的交叉定位管理，而是通过道德的"教化"来感动人心。所以，先秦儒家认为，诚信社会的建立，与"教"有直接关系。在郭店楚简《性自命出》、《成之闻之》、《六德》、《尊德义》四篇简文中，关于建立诚信社会的具体措施，有较为系统的思想，无不与"教"密切相关，值得我们认真总结：

　　第一，作者认为打造诚信、和谐的社会，道德的建设是关键。可是道德的建设首先要从管理社会的官吏身上着手。只有官吏成为社会道德的表率之后，诚信、和谐的社会才有建立起来的操作起点：

　　君子之莅民也，身服善以先之，敬慎以守之，其所在者入矣，民孰弗从？形于中，发于色。其诚也固矣，民孰弗信？是以上之恒务，在信于众。（《成之闻之》第3简，第24简）①

"在信于众"的前提是"身服善以先之，敬慎以守之"。修德于中，诚心诚意，感

---

　　① 这里根据李零先生的调整有所改动。见氏著：《郭店楚简校读记》（增订本），北京大学出版社2002年版，第122页。

发于外,广大人民的诚信就不可能建立不起来。"上之恒务,在信于众"的核心在于官员的道德修养。《六德》的作者也认为,只要圣与智,仁与义,忠与信各行其功,一切社会问题都会得到全面的解决:

> 作礼乐,制刑法,教此民尔,使之有向也,非圣智者莫之能也。亲父子,和大臣,寝四邻之抵牾,非仁义者莫之能也。聚人民,任土地,足此民尔,生死之用,非忠信者莫之能也。(《六德》第2—5简)

由此看来,作者绝对相信,圣智、仁义、忠信的作用是万能的。当然,这并不是说,只要有了道德,一切其他的事情都不要做了,而是说,道德的建设是一切工作的前提。《尊德义》对此表达得十分清楚:

> 善者民必富,富未必和,不和不安,不安不乐。善者民必众,众未必治,不治不顺,不顺不平。是以为政者教导之取先。教以礼,则民果以劲。教以乐,则民弗德争将。教以辩说,则民艺长贵以忘。教以艺,则民野以争。教以技,则民少以吝。教以言,则民吁以寡信。教以事,则民力啬以湎利。教以权谋,则民淫昏,违礼无亲仁。先人以德,则民进善焉。(第27简,第12—16简)

作者不是不提倡发财致富,也不是不提倡广土众民,但是,发财致富,社会未必和睦;广土众民,国家未必大治。所以为政者应该教育人民要学会"取先"。"取先"就是要"先之以德",道德要先行一步。道德领先,然后再"教以礼"、"教以乐"、"教以辩说"、"教益艺"、"教以技"、"教以言"、"教以事"、"教以权谋"等,就大致不会在根本上出现偏差了。因此,《成之闻之》的作者指出:"亡乎其身而存乎其辞,虽厚其命,民弗从之矣。是故威服刑罚之屡行也,由上之弗身也。"(第4—6简)为政者不要只是夸夸其谈,而是要身体力行,才有可能让人心服口服。作者的目标是要建立一个由上而下都是德性化的社会,反对官僚体系对人民的"威服"。作者对老百姓犯法以后所遭受的"刑罚"深表同情,认为那都是因为执政者没有身体力行,在道德上没有做出表率而导致的恶果。这无疑是相当深刻的思想。作者深信,只要执政者以身作则,身教重于言教,从我做起,"求诸己也深",各种因为道德建设不力而引起的社会问题都迎刃而解了:

> 君袀冕而立于阼,一宫之人不胜其敬。君衰绖而处位,一宫之人不胜

其哀。君冠胄带甲而立于军,一军之人不胜其勇。上苟倡之,则民鲜不从矣。虽然,其存也不厚,其重也弗多矣。是故君子之求诸己也深。不求诸其本而攻诸其末,弗得矣。(《成之闻之》第7—11简)

统治者一定要在自己的道德修养上下工夫,要随时随地深刻地反省自己的深层思想;如果不从自己的主体上下工夫,只是一味地要求别人,就是本末倒置,就不会取得任何好的效果。

第二,人与人之间发自人性的根本的"爱"是诚信、和谐社会真正的人性基础。郭店楚简的作者讲得很实在,而且有理论深度:"欲人之爱己也,则必先爱人;欲人之敬己也,则必先敬人",为什么呢?"圣人之性与中人之性,其生而未有非志。次于而也,则犹是也。虽其于善道也亦非有怿,数以多也。及其博长而厚大也,则圣人不可由与埤之。此以民皆有性而圣人不可慕也。"(《成之闻之》第26—28简)这段话实际上是上面第一点的理论前提。它的意思是,人心都是肉长的,人之所以为人,就在于他们都是有天赋的尊严和权利,执政者是人,被统治者也是人。如果执政者不是出于爱心去关心人民,尊重人民,爱护人民,视民如伤,老百姓就不可能关心你,尊敬你,爱护你,并且听候你的调遣。不仅如此,用郭店简《缁衣》的话来讲,那就是"民以君为心,君以民为体。心好则体安之,君好则民欲之。故心以体废,君以民亡"(第8—9简),水能载舟,亦能覆舟。真正地把老百姓当人看,尊重他们的自由选择,从而为成就他们符合历史发展要求的志向提供广阔的社会发展空间,己立立人,己达达人,才是执政者最根本的从政原则。在此基础之上,"泛爱众,而亲仁"(《论语·学而》),从爱的立场出发,建立整个社会赖以存有的爱的基础:"不爱则不亲,不□则弗怀,不赖则无威,不忠则不信,弗勇则无复。咎则民□,正则民不吝,恭则民不怨。均不足以平政,埒不足以安民,勇不足以蔑众,博不足以知善,决不足以知伦,杀不足以胜民。"(《尊德义》第32—36简)这段话十分深刻地告诉我们,绝对的平均主义是行不通的,争强好胜,以权威凌驾于人民的头上,也是不能让人信服的,只有诚心诚意,从仁者,"爱人"(《论语·颜渊》)的角度出发,才能从根本上调节各种社会矛盾,让整个社会走向安定、诚信与和谐。

第三,诚信、和谐社会的建立,对于执政者来讲,始终要讲求"道"。"道",

简单地说就是方法,就是万事万物的规律。违反了"道",违背了人民的意愿,倒行逆施,就不会有什么好的结果。在《成之闻之》、《尊德义》、《性自命出》、《六德》四篇佚籍都提到了"道"。它们各有具体的语境与特殊的内涵:

> 上不以其道,民之从之也难。是以民可敬导也,而不可掩也;可御也,而不可牵也。故君子不贵庶物,而贵与民有同也。秩而比次,故民欲其秩之遂也。富而分贱,则民欲其富之大也。贵而能让,则民欲其贵之上也。反此道也,民必因此厚也以复之,可不慎乎?(《成之闻之》第15—19简)

> 禹以人道治其民,桀以人道乱其民。桀不易禹民而后乱之,汤不易桀民而后治之。圣人之治民也,民之道也。禹之行水,水之道也。造父之御马,马之道。后稷之艺地,地之道也。莫不有道焉,人道为近。是以君子,人道之取先。(《尊德义》第5—8简)

《成之闻之》的"道"指的是人民"可敬导也,而不可掩也;可御也,而不可牵也",强调"贵与民有同"、"贵而能让",只有这样,人民才有可能"因此厚也以复之"。这里的"道"既有物质生活的层面,也有精神生活的层面。《尊德义》的"道"、"人道"更加抽象化,更接近《性自命出》的"人道"。《性自命出》关于《诗》、《书》、《礼》、《乐》的"人道"概念最为达诠,显示了先秦儒家最高的旨趣。简文的作者表达十分明确:

> 《诗》、《书》、《礼》、《乐》,其始出皆生于人。《诗》,有为为之也;《书》,有为言之也;《礼》、《乐》,有为举之也。圣人比其类而论会之,观其先后,而逆顺之,体其义而节文之,理其情而出入之,然后复以教。教,所以生德于中者也。(第15—18简)

《六德》的"道"就是"六职既分,以裕六德"。但是笔者以为,它依然是《性自命出》"人道"思想的投影:

> 苟不由其道,虽尧求之弗得也。生民斯必有夫妇、父子、君臣,此六位也。有率人者,有从人者;有使人者,有事人者;有教者,有受者。此六职也。既有夫六位也,以任此六职也。六职既分,以裕六德。(第7—10简)

这是在说,道,就是"夫妇、父子、君臣"之道,只有掌握了六职、六位之道,人与人之间的诚信才有可能。如果不"由其道",即便是尧来治理国家,也不可能达到建立诚信社会的目的。为什么通过六职、六位之道,就一定能够建立起诚信和谐的社会呢? 这是因为"有率人者,有从人者;有使人者,有事人者;有教者,有受者",各行其职,各尽其责,丝丝相扣,一环套一环,各种挑唆、奸诈的事情就无法穿透进来了。因此,"六职既分,以裕六德",就是《六德》的话语背景中最根本的"道"。这就把《性自命出》的"人道"落到了实处。

第二节　从《六德》看先秦儒家从"亲亲"到"尊贤"的逻辑理路

郭店楚简《六德》是一篇阐述伦常、职责的儒家政治伦理文献。根据廖名春先生的调整,我们可知,《六德》开宗明义:"君子如欲求人道,必由六位,以任六职,以依六德也。夫六位、六职、六德,大者以治人民,小者以修其身。"① 六位、六职、六德的阐述,是限于人道之内的,它以六位、六职、六德为出发点,扩充到社会的管理上去,意在"以修其身"、"以治其民"。这就为我们研究儒家哲学从血缘宗亲出发,走向"泛爱众而亲仁"的理路提供了契机。

一

《六德》的思想主体主要体现在以下三个方面:第一,"夫夫、妇妇、父父、子子、君君、臣臣,此六者各行其职而铦逆亡由作也","其反,夫不夫,妇不妇,父不父,子不子,君不君,臣不臣,昏所由作也。"(第35、38 简)通过明确君臣、父子、夫妇"六位"的"六职"和"六德",来坐实现实生活中每一个人的职责和义务,各行其职,思不出位,"非礼勿视,非礼勿听,非礼勿言,非礼勿动"(《论语·颜渊》),社会就安宁、秩序了。作为整个社会管理来说,从社会学的角度出发,从国家的整体管理来讲,笔者以为,对整个社会成员的位、职、德的定位,是极为重要的一件事,因为人类社会的集体成员,什么时候都是需要一种定位的。关键是要看它在什么样的历史环境之下,以什么标准来定位。因此,我们

---

① 廖名春:《郭店楚简〈六德〉校释》,见油印本《清华简帛研究》第一辑,第68 页。

还非得有一种历史的眼光来看待先秦儒家"六德"的构想不可。第二,仅就字面意思来讲,《六德》一文立论的出发点是血亲宗法的观念。"为父绝君,不为君绝父。为昆弟绝妻,不为妻绝昆弟。为宗族疾朋友,不为朋友疾宗族。人有六德,三亲不断。"(第29、30简)这种以亲亲为基础的"推恩"的出发点,与《论语》、《孟子》都是一致的:

> 有子曰:"其为人也孝弟,而好犯上者,鲜矣;不好犯上,而好作乱者,未之有也。

> 君子务本,本立而道生。孝弟也者,其为人之本与?"(《学而》)

> 子曰:"弟子,入则孝,出则悌,谨而信,泛爱众,而亲仁。"(《学而》)

> 仁之时,事亲是也;义之实,从兄是也;智之实,知斯二者弗去是也;礼之实,节斯文二者是也。(《离娄上》)

> 老吾老以及人之老,幼吾幼以及人之幼,天下可运于掌。(《梁惠王上》)

需要指出的是,儒家思想从宗法血亲出发,来建立它的整个哲学体系,一是受到了历史的限制和局限。我们知道,夏代以降,中国的宗法制度就十分盛行,到西周的时候发展到顶峰。这种民间生活基础十分雄厚的制度不仅涵盖了先秦时期所有各家各派的思想,而且也深远地影响了整个中国文化数千年的传统,这是众所周知的事情。儒家作为中国思想史的一个领域,当然也不可以避免的要打上它的烙印。二是有它特别的深意。以孔子为开山祖的先秦儒家,虽然置身于宗周以来强大的宗法制惯性之中,但是,儒家依山点石,以"亲亲"为仁的出发点,抓住人的天生性情与自然情感,说得准确一点,就是抓住人的生物特征,扩而充之,超越自我,从而进入到人文思想的领域,选贤授能,以天下为己任。在当时的历史条件下,这是无可奈何的,但又是极为聪明的选择,因为它有一种四两拨千斤的效果。也就是说,它以最小的成本取得社会教化的最好效果。第三,"孝,本也。下修其本,可以断铨。"(据陆德明《经典释文》"铨",奸佞、奸邪)《六德》的作者以为,孝,是人的修身之本,以孝修身,可以明确人的位、职、德,从而使人安分守己,尽职尽责,养成诚悫真纯的性情,在社会上消除奸佞、欺诈、淫亵的隐患。对此,《孟子·滕文公上》中关于滕文公"五月居庐"的故事阐发得非常清楚,此不赘述。因此,《六德》的理论目的实际上与这个故事一样,是为了发明、扩充民众的善端、良心,维护社会的宁静与秩序,而不是血团宗亲的利益。这是一个理论的走向问题,要想把握这种理论的走向,我们就必须全面深入地研究儒家的文献,决不可断章取义。因此,六德之中体现出来的各种美德就必然要扩而充之,由父子夫妇君臣的职守、职责推广到全社会的管理之中:

> "何谓六德? 圣,智也,仁,义也,忠,信也,圣与智就矣,仁与义就矣,忠与信就矣。作礼乐,制刑法,教此民黎,使之有向也,非圣智者莫之能也。亲父子、和大臣、寝四邻之抵牾,非仁义者莫之能也。聚人民、任土地、足此民黎生死之用,非忠信者莫之能也。"(第1—5简)

君臣父子夫妇本身的各种位、职、德,推而广之,就可以全面的管理社会上各种各样的事情了。儒家的先哲们坚信,只有通过个体天性中父慈、子孝、夫义、妇信的伦理修炼,才能够真正呵护人的由天而降的性情,违反了日常生活中的"六位六职六德",就是违反人的天性、天情。而在认真培养了这种天性天情之后,人就是真挚诚恳的人,就是讲究天地良心的人,就是与天道天常相一致的人。这种人一旦投入到社会之中就会严格区分"门内之治恩掩义,门外之治义断恩"的界限,关心民生疾苦,以天下为己任。这种理路,是中国传统文化数千年写下的事实,虽然埋藏其中的也有许多问题,但是,我们如果不承认这种事实,就无法对五千年文化的发展作出客观的解释。

二

那么,这种推而广之的契机是什么呢? 它的社会基础和心理基础是什么呢? 先秦儒家到底采取了一种什么样的方法,使这种由"亲亲"到"尊贤"的飞跃成为可能呢? 关键是修身,也就是《论语·宪问》中的"为己之学"("古之学者为己,今之学者为人")。在郭店楚简中,从正面论述这种修身之学的文献,至少有《五行》《穷达以时》《成之闻之》《尊德义》《性自命出》五篇,足见郭店楚简是多么重视这种学问。因此,忽视了儒家的为己之学,我们是无论如何都弄不懂"亲亲"为什么可以扩展为"尊贤"的。

先秦儒家"为己之学"的主要功夫在于养心,也就是儒家的"心性论"。先秦时期,或者说得准确一点,在中国古代,人们的社会交往是相对稀少的,人们的经济生活也远不如我们当代的细密、繁荣,在宗教气氛十分浓烈的情况下,在人与大自然十分贴近、人与天的遥契冥合比我们当代更为便利的条件下,这种心性论的产生是有深厚的现实土壤的,更有悠久的历史文化背景。对此,我们读一读《管子·内业》以及《老子》、《庄子》中的许多相关论述,就不会有什么疑义。因此,对诸如像儒家心性论式的学说,我们切忌因为我们自己当下的时代早就已经丧失了这种个体修养的条件和环境,而轻易地否定古人的生活环境,并进而否定古人的学说,这显然是历史文化学常识的缺失导致的结果。

与儒家学说的其他领域一样,养心的学说也是肇始于孔子的。孔子说:"吾十有五而志于学,三十而立,四十而不惑,五十而知天命,六十而耳顺,七十而从心所欲,不逾矩。"(《论语·为政》)这是一段非常著名的论心的文字,它的意思是说,孔子是在以他自己的生命历程为例来说明,养心是一个实践的人生过程,它由知识的学习和道德的修养两个方面构成,这种修养经过不断的努力,逐层发展,一直到他七十岁的时候才达到了至高的境界——"从心所欲,不逾矩。"心性最后才完全进入了自由的天地。孔子的心性论具有三个层次:第一,由心志的激发而产生的内心欲望;第二,主体意志导致的思维创发性;第三,涵盖前二者的主体道德意识。知识的学习,是一个不断深入提高的认识过程,从无知到有知,明辨是非,达知天命;道德的修养,是在认识提高的基础上实现道德修养目标的过程,心在这个过程中,作为主体道德意识,随着对世界上各种事理认识的深化,而逐步实现了自我的道德自觉。知识的增长与道德水平的提升是成正比的,这样一来,人的欲望、意志、知识、思想与道德等各个方面完全融为一体,实现了人格的高度完美,它的本质是主体性的自我丰富和加强。

孔子之后,心性论在中国哲学史上具有长足的发展。由于目前学界已经基本上同意了郭店楚简就是《子思子》的论断,因此,笔者在此就重点剖析一下思孟学派的心性论与先秦儒家从亲亲到尊贤的飞跃的关系。首先,思孟学派紧紧抓住孔子仁学"下学上达"的思想理路,非常注重现实的道德践履。郭店简《性自命出》指出:"凡人虽有性,心无定志,待物而后作,待悦而后行,待习而后定。"性的修炼功夫"动、逢、交、厉、出、养"的深浅,最终将决定心性的善恶高下。《孟子》的"尽心知性知天"重点在"尽心"上,在于对自己善端的永不停息的扩充,以事父母,以保四海。《中庸》赞天地之化育与天地参的基础,仍然在于"博学之、审问之、深思智、明辨之、笃行之"。当然,这种现实的道德实践功夫,就是六位、六职、六德的克己修养。儒家的先哲们相信,一个不能侍奉他的父母、关心爱护他的兄弟的人,是不可能爱护别人的父母和兄弟的,因为他并不具备仁爱的天性。因此,"子为父隐,父为子隐"的理论目的是要保持住人的"赤子"(《尚书》)天性,由此去呵护人的自然情感和道德情感,而并不是置社会公德于不顾。

其次,思孟的心性论十分重视人的自然情感。继孔子的乐论、诗论之后,郭店儒简不仅以真情为真性,以情气之性为性,并且申言"凡人情为可悦也。苟以其情,虽过不恶;不以其情,虽难不贵,苟有其情,虽未之为,斯人信之矣。"把"情"提升到了本体论的高度。更为重要的是,他们从本质上继承了孔子"志于道,据于德,依于仁,游于艺"的"游"的境界,注重人的性情在音乐欣赏中,归真返朴,"反善复始"。《中庸》在此基础上,提出了与"情"相去不远的"诚":"唯天下之至诚,为能尽其性;能尽其性,则能尽人之性;能尽人之性,则能尽物之性;能尽物之性,则可以赞天地之化育,可以赞天地之化育,则可以与天地参矣。""诚"者,诚笃无妄,绝假纯真之本性也。是刚健之"天"下注于人的"性命之源",更是诚笃之我下学上达的遥契之资。因此,"诚则形,形则著,著则明,明则动,动则变,变则化,唯天下至诚为能化。"化,正是先秦儒家的"情"、"诚"的最后目的。由亲亲而尊贤的飞跃,实际上就是在这个"化"字上的功夫。这一点在简书《五行》的仁之思、智之思、圣之思的系列描述中论述得十分精彩,它的"独""一""集大成"的心性状态最后将要"舍体"而超升,这种超升就是《中庸》的"化"。

最后,思孟心性学的最大特征是在天人之际体现出来的。事实上,这也同样肇始于孔子。因为《论语》记载,孔子与他的学生们是把"性与天道"放在一起来加以论述的,而且,孔子的整个理论体系都是置放到"与命与仁"的总框架之下的。与此相一致的是,郭店楚简提出了"性自命出,命自天降"、"天降大常,以理人伦"、"有天有命,有仁有智,有义有礼,有圣有善"等许多深刻的心性论命题,把人与天、主体与客体、内与外都融为一体。在此基础之上,孟子"尽其心者,知其性也;知其性,则知天矣"的著名思想,把心性论构建成了人与天之间的桥梁。在《性自命出》和《孟子》中都是通过身心互正的道德践形来完成这种从现实的践履到心灵的飞跃的,从而最终与天道相与为一的。人的心性只有与天地万物完全融为一体的时候,才能真正成为一种涵盖天地万物的宇宙精神:"大哉圣人之道! 洋洋乎,发育万物,峻乎极天!"(《中庸》)表面上看,这是神乎其道、玄之又玄的表达,实际上这正是《孟子》仁政的基础。

由亲亲发展到尊贤,还只是实现"大同"理想的第一步。通过对亲亲的超越,由尊贤而爱民,在社会生活中就会以天下为己任,为民请命,奋勇地承担起"我不下地狱谁下地狱"的责任。《六德》对此是有详细表述的:"门内之治恩掩义,门外之治义断恩。仁类萌而大,义类止而绝,仁萌而广,义强而柬。"(第30—32简)在这里,"掩"字与"断"的对比而出(后者要比前者无情、果断得多),生动地勾画出了先秦儒家超越血缘宗亲,维护社会公德的决心,它给我们显示出来的是,思孟学派由心性的提升而下学上达的结果,在我们今天看来就是一种国际主义的精神,这在《孟子·梁惠王下》有明确反映:

> 齐人伐燕,取之。诸侯将谋救燕。宣王曰:"诸侯多谋伐寡人者,何以待之?"孟子对曰:"臣闻七十里为政于天下者,汤是也。未闻以千里畏人者也。书曰:'汤一征,自葛始。'天下信之。'东面而征,西夷怨;南面而征,北狄怨。曰,奚为后我?'民望之,若大旱之望云霓也。归市者不止,耕者不变。诛其君而吊其民,若时雨降,民大悦。《书》曰:'徯我后,后来其苏。'今燕虐其民,王往而征之。民以为将拯己于水火之中也,箪食壶浆,以迎王师。若杀其父兄,系累其子弟,毁其宗庙,迁其重器,如之何其可也? 天下固畏齐之强也。今又倍地而不行仁政,是动天下之兵也。王速出令,反其旄倪,止其重器,谋于燕众,置君而后去之,则犹可及止也。"

这是一种以仁义为唯一归宿的国家观念,其中埋藏着丰厚的现代化资源,我们对此不能不有明确的认识。

<h2 style="text-align:center">三</h2>

通观《六德》整个思想的脉络,笔者以为,全文实际上只有一个形而下的"人道"的"礼"字。它的目的就是为了"作礼乐,制刑法,教此民尔,使之有向

也";"亲父子,和大臣,寝四邻之抵牾";"聚人民,任土地,足此民尔,生死之用"(第2—5简),因而,六位、六职、六德又可以归结为一个"孝"字,因为,妇之信、臣之忠,都源于子之孝。"圣人以孝治天下",就是这个意思。做出这样的分梳,《六德》说得很清楚:"仁,内也;义,外也;礼乐,共也。"(第26简)仁,在《六德》中指的是父、夫、君的位、职、德;义,指的是子、妇、臣的位、职、德,这是现实层面的定位。只有礼与乐的交融修养,才可以使这种内与外的德性融化为一个整体,这是超越层面的提升。

然而,《六德》中的"礼"与"孝"主要是以现实的政治伦理为目的的,因为它是以现实的"人道"来立论的。应该指出的是,礼与孝,除了现实的人道层面外,还有形而上的超越层面,也就是礼与孝的宗教性。长期以来,学界过分夸大了儒学的宗法血亲性,而对人类社会早期的宗教氛围却有所忽视,从而在把握先秦儒家学说的思想价值的时候,就多少有失公允了。

王国维先生指出,古代的"礼"字象"盛玉以奉神人之器。"(《观堂林集·卷一·释礼》),《说文解字·示部》又说,礼,"履也,所以事神致福也。"《大戴礼记·礼三本第四十二》言,"礼有三本,天地者,性之本也;先祖者,类之本也;君师者,治之本也。无天地焉生?无先祖焉出?无君师焉治?三者偏亡,无安之人。故礼,上事天,下事地,宗事先祖而宠君师,是礼之三本也。"先祖君师都是天地派生出来的,文理非常清楚,所以,礼最终的祀奉目的是天地、天道、天命。

诚如《六德》所阐述的一样,六位、六职、六德具有深刻的政治学、社会学根源,因而控制六位六职六德的"礼"也就为历代统治者所重视了。《尚书·尧典》载,伯夷典三礼;《礼记·礼运》称,礼义以为纪。因为"夫礼者,所以定亲疏,决嫌疑,别同异,明是非也。"(《礼记·曲礼上》)但是,礼的宗教性,并不仅仅来源于它的肇始,更源自儒家人学的思想体系内部。儒家哲学本质是天人合一,天人合一的境界是由人的下学上达得到的功夫来实现的,这个"上达"的实现过程,没有"礼"的心态和仪式,实际上就是一件不可能的事了:"凡治人之道,莫急于礼;礼之五经,莫重于祭。夫祭者,非物自外至者也,自中出,生于心也。心怵而奉之以礼,是故唯贤者能尽祭之义。贤者之祭也,必受其福,非世所谓福也,福者,备也。备者,百顺之名也,无所不顺者谓之备。言内尽于己,而外顺于道也。忠臣以事其君,孝子以事其亲,其本一也,上则顺于鬼神,外则顺于君长,内则以孝于亲,如此之谓备。唯贤者能备,能备然后能祭。是故贤者之祭也,致其诚信,与其忠敬,奉之以物,道之以礼,安之以乐,参之以时,明荐之而已矣,不求其为。此孝子之心也。"(《礼记·祭统》)礼也罢,祭也罢,都是一种心性的功夫。因此,祭祀的人就有一种特殊的心态:"凡祭,容貌颜色,如见所祭者。"(《礼记·玉藻》)孔子说得更为清楚:"祭如在,祭神如神在。"(《论语·八佾》)其目的就是要营造一种真实的宗教环境,通过祭祀之礼来体认天命的流行,"报本反始"(《礼记·郊特牲》),目的在养心。

"报本反始"的意思,就是慎终追远,就是从生命的源头去把握自我的本始状态。但是它体现出来的哲学形态却是天人冥合,有一种宗教的皈依感:"是故夫礼必本于大一,分而为天地,转而为阴阳,变而为四时,列而为鬼神。其降曰命,其官于天也。夫礼必本于天,动而之地,列而之事,变而从时,协于分艺,其居人也曰养,其行之以货力、辞让、饮食、冠、昏、丧、祭、射、御、朝、聘。故礼义也者,人之大端也。所以讲信修睦,而固人之肌肤之会,筋骸之束也;所以养生、送死,事鬼神之大端也;所以达天道、顺人情之大窦也。"(《礼记·礼运》)一切现实的礼仪,实际上都是为了修养人的性情,畅通人与天的冥合。这正是《六德》一文的宗教性背景。

在《六德》中,这种宗教性的背景,还与六位、六职、六德之中体现出来的"孝"的精神有关。"孝"的宗教性是与"礼"相表里的,孝是礼的内容,礼是孝的形式;孝需礼来庄重,礼需孝来充实。孝,是原始反终、慎终追远的天生之性,礼是上达神明、报本反始的人道途径。孝,基于父子关系,是人类最基本、最原始的自然情感,但是,在儒家思想的体系中,诚如杜维明先生所说:"它一方面和现实人生所碰到的世界有千丝万缕的联系,另一方面又有非常深远的而且可以普遍化的理想境界,并且把这理想境界提升到天人合一、万物一体的高度。"[1]《孝经》对此叙述得很透彻:

> 曾子曰:"甚哉!孝之大也。"子曰:"夫孝,天之经也,地之义也,民之行也。天地之经,而民是则之,则天之明,因地之利,以顺天下。"曾子曰:

---

[1] 杜维明著:《一阳来复·孝的观念》,上海文艺出版社1997年版,第170—171页。

"敢问圣人之德,无以加于孝乎?"子曰:"天地之性,惟人为贵。人之行,
莫大于孝。孝莫大于严父,严父莫大于配天,则周公其人也。昔者周公郊
祀后稷,以配天。宗祀文王于明堂,以配上帝。是以四海之内,各以其职
来祭。"

"严父"的目的在"配天",现实的礼仪,六位、六职,六德,从宗教学的角度上
讲,就是要追求人与天的冥合。这是我们认识《六德》思想的一个关键。

四

　　《六德》是怎样来调节个体、团体与社会的关系的,这是人们用现代的眼
光来衡量《六德》一文价值的关键问题之一,也是我们目前研究儒家哲学的重
大问题之一。如果不把这个问题弄清楚,我们就不可能真正把握儒学,由此一
来,儒学也就不可能真正走向现代化了。因此,站在公正、历史、客观、前瞻的
角度,对儒家哲学在这个方面的思想进行一些研究,就成了我们的一项艰巨的
任务。

　　笔者认为,人的个体性是一个相对性的概念。个体肯定是应该独立的,但
是,它首先应该是社会关系网络中的一个环节。对父亲的孝,对子女的慈,对
妻子的义,对丈夫的信,等等,应该是个体的天生性的情感和环境,如果没有这
种情感和环境,人的个体性也就没有依傍的可能。如果从这样的角度来认识
《六德》的思想,那么我们的认同感就应该强得多了。当然,儒家哲学并不是
不讲究个体的独立性,孔子的"三军可夺帅也,匹夫不可夺志"的"志",孟子的
"塞于天地之间"的"浩然之气",实际上都是个体的独立性。在郭店楚简《语
丛·二》中,作者花了大量的篇幅来讨论人的血气心知,说到底,实际上就是
在研究人的个体性、主体性。笔者在很多场合说过,儒家的整个哲学体系,是
建立在性情论的基础之上的,它来自性情论,又归于性情论。关键问题是我们
对儒家学说的理解,必须要有一个彻底、通盘的把握,而不能断章取义,更不能
抓住一点,就不计其余,从而扭曲儒学的思想。例如,董仲舒的《春秋繁露》在
这方面的思想就相当深刻,可惜近代以来,人们先入为主的许多偏见妨碍了学
术的正常研究,以至于这方面的工作成效甚微,致使我们并没有从中开发出深
藏其中的现代资源来,这是令人非常遗憾的。

由于儒家学说是一种感悟性极强的"大人之学",其经典著作的行文对读者是有特殊的要求的,亦即,读者必须对儒家学说的文献和传统思想要有全面的修养,而且由于它的宗教性十分强烈,因而它还要求读者具有追求道义的热忱,否则,对儒家学说的理解往往就如瞎子摸象,不得要领。另外,由于具有了这种感悟性,对先秦儒学的理解就不能太讲究篇章结构和句子承接上的逻辑性了,用现代逻辑知识来解析儒家文献,而不是在体悟的心灵感应上来同情的理解,融会贯通,那就只能是现代医学式的肢解,而不是中国式人文性的研究。① 团体精神也是一个相对的概念,没有团体人们就不可能组成社会。相对于整个社会来说,团体的划分是有不同的标准的,师生关系,朋友关系,家庭成员关系,等等,都有可能导致一种特殊的团体。社会必须由团体来组成,而团体当然又必须由无数的人的个体所组成,尤其是,团体的划分标准在不同的时期,不同的地点实在是很不一样,因此,团体的构成因素就非常复杂。儒家为宗法血亲团体,这是不对的,为什么这么说呢? 因为,社会机体的基本单位是家,家才是社会的细胞,是社会真正独立的因子。即便是在同一个宗族的内部,不同的小家庭的利益也是大相径庭的。家的丰富性、复杂性、多样性,使社会呈现出丰富多彩的格局。但是,先秦儒家只是把人的这种关系的网络视为人之所以为人的先决条件,是人生的出发点,而从来都没有把它视为一个团体。因此,六位六职六德,虽然基于"亲亲",但是,在《六德》的文本中它确凿地超越了"亲亲":

> 任诸父兄,任诸子弟。大材艺者大官,小材艺者小官,因而施禄焉,使之足以生,足以死,谓之君,以义使人多。义者,君德也。非我血气之亲,畜我如其子弟,故曰:苟济夫人之善也,劳其藏腑(?)之力弗敢惮也,危其死弗敢爱也,谓之[臣],以忠事人多。忠者,臣德也。知可为者,知不可为者;知行者,知不行者,谓之夫,以智率人多。智也者,夫德也。能与之齐,终身弗改之矣。是故夫死有主,终身不嫁,谓之妇,以信从人多也。信也者,妇德也。既生畜之,又从而教诲之,谓之圣。圣也者,父德也。子也

---

① 这个方面的详细论述烦请参见拙文:《郭店儒简对中国文学研究的启示》,《人民日报海外版》2001 年 8 月 27 日。

者,会最长材以事上,谓之义,上共下之义,以奉社稷,谓之孝,故人则为
[人也,谓之]仁。仁者,子德也。(第13—23简)①

血缘宗亲的原则与全社会的管理规则在这里是相辅相成的,其中还有一种相
互激励的机制。在先秦儒家看来,没有六位六职六德的定位,就不可能从个人
走向社会,从小家走向国家,最终将人民的根本利益置于国家的利益之上,用
今天的话来讲,就是一种基于民本思想的国际主义的精神,这本来就是先秦儒
家思想的必然归宿,只有从这种深处入手,我们才能真正正确地解释中国文化
中不断推向前进的发展精神:

　　邹与鲁哄。穆公问曰:"吾有司死者三十三人,而民莫之死也。诛
之,则不可胜诛;不诛,则疾视其长上之死而不救,如之何则可也?"孟子
对曰:"凶年饥岁,君之民老弱转乎沟壑,壮者散而之四方者,几千人矣;
而君之仓廪实,府库充,有司莫以告,是上慢而残下也。曾子曰:'戒之戒
之!出乎尔者,反乎尔者也。'夫民今而后得反之也。君无尤焉。君行仁
政,斯民亲其上、死其长矣。"(《孟子·梁惠王下》)

　　滕文公问曰:"滕,小国也。竭力以事大国,则不得免焉。如之何则
可?"孟子对曰:"昔者大王居邠,狄人侵之。事之以皮币,不得免焉;事之
以犬马,不得免焉;事之以珠玉,不得免焉。乃属其耆老而告之曰:'狄人
之所欲者,吾土地也。吾闻之也:君子不以其所以养人者害人。二三子何
患乎无君?我将去之。'去邠,逾梁山,邑于岐山之下居焉。邠人曰:'仁
人也,不可失也。'从之者如归市。或曰:'世守也,非身之所能为也。效
死勿去。'君请择于斯二者。"(《孟子·梁惠王下》)

很显然,由于儒家思想中最珍贵的是人文主义,是民本思想,因此,宗法血亲的
出发点最终都会被人民的利益高于一切的思想所超越。正是在这一点上来
讲,人的个体价值不仅超越了团体的利益,在《孟子》上面的两段话中,完全超
越了由某一个统治者所组成的特殊社会。在"配义与道"的内在动力之下,恻
隐之心、羞恶之心、是非之心、辞让之心焕发出来的、超越的就不仅仅是团体、
社会,而是充塞于宇宙之间的"浩然之气",是"上下与天地同流"的博大胸怀。

---

① 本段文字根据刘钊著:《郭店楚简校释》(福建人民出版社2005年版,第108页)而定。

我们反复在不同的地方论述过,先秦儒家的哲学形态是一种天人合一的形态,用《中庸》的话来讲就是:

> 喜怒哀乐之未发谓之中,发而皆中节谓之和。中也者,天下之大本也,和也者,天下之达道也。致中和,天地位焉,万物育焉。自诚明,谓之性。自明诚,谓之教。诚则明矣,明则诚矣。唯天下至诚为能尽其性。能尽其性,则能尽人之性;能尽人之性,则能尽物之性;能尽物之性,则可以赞天地之化育;可以赞天地之化育,则可以与天地参矣。

结合上面的论述,我们已经清楚地发现,这不仅仅是一个理论的形态问题,而是一个超越自我,超越团体,超越社会,与天道合一,具有无限生机的创发性问题。因此,儒家的哲学本质就是在于创造性,再生性和超越性,这是一个用数千年历史写下的事实。

第三节　超越穷达的孤独与豁达

荆门郭店楚简《穷达以时》与《鲁穆公问子思》,是两篇典型的儒家文献,不仅竹简形制及简文书体完全相同(竹简两端均修削成梯形,简长26.4厘米;编线两道,编线间距为9.4—9.6厘米),而且从思想内容上看,这两篇文章也有极为紧密的内在联系和照应。如果把这两篇文章置放到整个先秦儒家哲学体系之中去审视,我们就会发现,它们从"穷"和"达"两个方面阐发了儒家理想人格的范式。但是,认真地揣摩起来,其字里行间所透露出来的哲学意蕴又并非仅仅停留在"穷"和"达"的层面上,而是具有十分深刻的理论内涵,值得我们深究。

一

《宋史·张载传》说张载的哲学"尊礼贵德,乐天安命,以《易》为宗,以《中庸》为体。"就是说,张载的哲学构架是以《易经》为主要的思想渊源和性命依托,以《中庸》为主要的骨干的。实际上,这是先秦儒家和宋明理学的共同特征。只要以客观、平实的心态来对待儒家的原始著作,我们就会发现,不论

是孔子、《中庸》、孟子,还是荀子,都有一种深沉的宗教背景作为支持:

　　"天之未丧斯文也,匡人其如予何?"(《论语·子罕》)

　　"道之将行也与,命也;道之将废也与,命也。"(《论语·宪问》)

　　"君子有三畏,畏天命,畏大人,畏圣人之言。"(《论语·季氏》)

　　"不知命,无以为君子也。"(《论语·尧曰》)

　　"天命之谓性,率性之谓道,修道之谓教。"(《礼记·中庸》)

　　"鬼神之为德也,其盛也乎! 视之而弗见,听之而弗闻,体之而不可遗。使天下之人齐明盛服,以承祭祀。洋洋乎! 如在其上,如在其右。"(《礼记·中庸》)

　　"莫之为而为者,天也;莫之致而至者,命也。"(《孟子·万章上》)

　　"尽其心者,知其性也。知其性,则知天矣。"(《孟子·尽心上》)

　　"夫天未欲平治天下也;如欲平治天下,当今之世,舍我其谁也?"(《孟子·公孙丑》)

　　"明于天人之分,则可谓至人矣。"(《荀子·天论》)

　　"列星随旋,日月递炤,四时代御,阴阳大化,风雨博施,万物各得其和以生,各得其养以成,不见其事而见其功,夫是之谓神;皆知其所以成,莫知其无形,夫是之谓天。唯圣人为不求知天。"(《荀子·天论》)

　　"人之命在天,国之命在礼。"(《荀子·天论》)

道德的超拔、人性的完善、事业的成功,毫无疑问都要靠自己永不止息地对"道"的追求,是所谓"朝闻道,夕死可矣。"(《论语·里仁》)但是,人的主观的奋斗都是在"天"的笼罩之下,在"命"的涵盖之中进行的。正是具有了这种宗教情怀,才使儒家的人学思想建立在了宗教与哲学的交会点上,给心性论赋予了十分深刻的命运观照、终极观照。唯其如此,仁义礼智的道德修养,也才最后找到了性命的依托。"故君子不可以不修身;思修身,不可以不事亲;思事亲,不可以不知人;思知人,不可以不知天。"(《礼记·中庸》)于是,简文《穷达以时》抓住了这种天人之际的遥契,一开篇就说:

　　有天有人,天人有分。察天人之分,而知所行矣,有其人,亡其世,虽贤弗行矣。苟有其世,何难之有哉? (《郭店楚墓竹简·穷达以时》第1、2简)

《穷达以时》与《荀子·宥坐》、《孔子家语·在厄》、《韩诗外传》以及《说苑·杂言》诸篇在叙述部分大致说来是相近的。但是,《穷达以时》的高明之处在于,它并没有仅仅停留在史实的叙述之上,而是超拔到了一个形而上的层面。上面所引用的这几句开场白,就是其他诸篇所没有的,作者出语不凡,把文章的人学思想置放到了一个宽广而又深远的背景之上。杜维明先生的话也许可以使我们对此有更为深刻的把握:

> 儒家既不是一种哲学又不是一种宗教,正因为儒家既是哲学又是宗教。如果仅把儒家当作一种哲学,一种理智的思辨,一种纯智的解析,一种逻辑的争论,一种思想的厘清,那么儒家的体验精神就会被忽略了;如果仅把儒家当作一种宗教,一种直觉的体验,一种灵魂的信仰,一种绝对的皈依,一种感情的超升,那么儒家的学术精神就会被贬低了。儒家的哲学思辨不应变成观念的游戏,也不应变成玄学的戏论,因为儒家的哲学的思辨是"实学",是要在具体生命的气质变化中表现出来的。儒家的宗教体验不应变成盲目的信仰,也不应变成反理智的迷信,因为儒家的宗教体验,借用熊十力先生的名辞,是"证智",是要在人性的智慧观照下成就人伦社会的圣贤大业的。这种"极高明而道中庸"的体验哲学或智性宗教—也就是"宗教—哲学"(religion-philosophy),只能在哲学与宗教的交汇处与共通处找到安身立命的"场所"。①

"有天有人",就是个人的理想人格的实现,有两个方面的原因,一方面是先天的性命灌注,"巍巍乎! 唯天为大,"(《论语·泰伯》)是我们每一个人在无限的时间和空间面前,理性的自证,或者说"证智",高远、空漠、冷寂而又幽深,供养万物的"天",是我们不得不尊崇,不得不面对、选择的最后皈依,是人性中不可或缺的终极支撑!"不知命,无以为君子也。"(《论语·尧曰》)"今夫天,斯昭昭之多,及其无穷也,日月星辰系焉,万物覆焉。"(《礼记·中庸》)另一方面,也有人的主观努力,这就是"仁义礼智根于心",(《孟子·尽心上》)敏而好学,温故知新,努力达到"仁"的境界,"造次必于是,颠沛必于是,"

---

① 杜维明著:《一阳来复·心性之学:哲学与宗教之间》,上海文艺出版社1997年版,第135—136页。

(《论语·里仁》)"肫肫其仁！渊渊其渊！浩浩其天！"(《礼记·中庸》)天人合一,终身不已,以待其世。

<h1 style="text-align:center">二</h1>

儒家心性之学的性命观照,长期以来,中国大陆学界都一言以蔽之曰:"唯心主义",弃之如敝屣。殊不知儒家的心性之学,作为一种经过了数千年实践的陶冶、千锤百炼的人学思想,是有它合理的科学基础作为根据的。诚然,早在先秦时期,儒家的先哲们绝对不可能进行精密的科学研究,但是,中国是一个早熟的社会,却是全世界学者一致公认的事实。为什么我们可以承认中国早期的科学家们在政治学、天文、历法、文学、数学、冶金学、医学、农学、地理学等等诸多方面的巨大创获,却不能正视中国早期数不清的才智渊博之士对性命这一与人的生活、幸福息息相关的问题所作出的深刻思考呢?

现代生物学认为,世界上所有生物,在其还是胚胎的时候,就是说,一颗种子还在土壤之中,一个动物还是胎儿的雏形,刚刚在其母体中落脚的时候,未来的现实世界中,它所将要展示的禀赋、特征就都已经基本上形成(当然,这里是说,如果不碰到什么意外的话,也并不排除后天的努力、环境和教育的影响)。这就是"细胞学说"。① 我们不妨在此做一个简单的试验:把一条刀削的苹果、梨子或其他类似的瓜果条状整皮,平整地铺在桌子上,就会得到如下所示的一个图形(图一):

再在外围加上一条圆形的虚线,就构成了一个中国人非常熟悉的太极图(图二)。也就是说,太极图,本来就是一个立体的植物种子或动物胚胎的平面化图形,它的本义就是对生命产生之原初状态所进行的准确而又深刻的概

---

① 现代细胞学说是由德国植物学家施莱登和德国动物学家施旺于1839年所创立的学说。认为一切动植物都是由细胞发育而来,并且是由细胞和细胞的产物所构成的,是生命最原初的存有状态。拿人的产生来说,父体的优胜精子与母体中相应的卵子在输卵管中相遇之后,精子投入到卵子之中,并经过一定的物理作用(分裂、组合等),整合成一个新的细胞,这就是婴儿最原初的生命胚胎(《易传·系辞下传》说:"乾,阳物也;坤,阴物也。阴阳合德而刚柔有体,以体天地之撰,以通神明之德。"就是一种十分合理的经验性猜想)。在生物物理学中,这种生命的原初状态又被称为"奇子"(cell)。细胞学说仍然是一门正在发展的学说,至少还受着"基因"(gene)或 DNA 等更为基始的生命信息的影响。

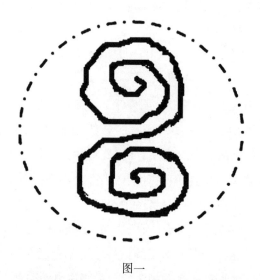

图一

图二

括。太极之谓，在一开始，有"太易"、"太一"、"太初"、"太始"、"太素"等别称，都是先于天地、阴阳的终极范畴：

> "《易》之书也广大悉备，有天道焉，有人道焉，有地道焉，兼三材而两
> 之，故六。"(《易传·系辞上传》)

> "《易》有太极，是生两仪，两仪生四象，四象生八卦。八卦定吉凶，吉

凶生大业。"①(《易传·系辞上传》)

"阴阳不测之谓神。"(《易传·系辞上传》)

"大哉乾元,万物资始。"(《乾卦·彖传》)

"至哉坤元,万物资生。"(《坤卦·彖传》)

"天地感而万物化生。"(《咸卦·彖传》)

"天地氤氲,万物化醇,男女构精,万物化生。"(《易传·系辞下传》)

"惟初太极,道立于一,造分天地,化成万物。"(《说文解字》卷一)

从现代科学的角度上看,以上引文绝不是迷信,这是毋庸置疑的。这有力地证明了中国的先哲们"仰则观象于天,俯则观法于地","近取诸身,远取诸物",研究"鸟兽之文与地之宜",(《易·系辞下传》)艰苦探索的真实性、可靠性和有效性。笔者在此没有丝毫要无端抬高中国古人的意思,但是,我们不能不正视中国古人对生命起源的一些有价值的猜想,并且必须对中国古代从自然哲学到人学之间的理论构建作出合理的、恰如其分的解释。

正是面对这种"阴阳不测"(《易传·系辞上传》)的"生"之"大德",(《易传·系辞下传》)孔子、子思、孟子和荀子才采取了一种敬而远之、若有若无而又无处不在的谨慎态度,与《易经》有深刻的照应:

"夫子之文章,可得而闻也;夫子之言性与天道,不可得而闻也。"(《论语·公冶长》)

"天地之道,可一言而尽也,其为物不二,则其生物不测。"(《礼记·中庸》)

"唯天下至诚,为能尽其性;能尽其性,则能尽人之性;能尽人之性,则能尽物之性;能尽物之性,则可以赞天地之化育;可以赞天地之化育,则可以与天地参矣。"(《礼记·中庸》)

"夫君子所过者化,所存者神,上下与天地同流,岂曰小补之哉?"(《孟子·尽心上》)

---

① "八卦定吉凶"之谓,应从综合式的思维角度予以理解。亦即,西方的思维方式为线性的思维方式,而中国的思维方式则为综合的思维方式,就像"五行"的彼此综合、牵制的方式一样。请参见萧汉明《五行学说的近代遭遇及现代诠释》(《人文论丛》,武汉大学出版社 1998 年版)中的相关论述。

　　　　"性者,天之就也;情者,性之质也;欲者,情之应也。"(《荀子·

正名》)

正是这种把"性"与天道结合起来,把"命"置放到了阴阳大化的演变、摩荡之
中,儒家人学才真正具有了一种独立、潇朗、真性、诚笃而又安之若素的情怀,
坦坦荡荡,直面人生,"素其位而行,不愿乎其外。素富贵,行乎富贵;素贫贱,
行乎贫贱;素夷狄,行乎夷狄;素患难,行乎患难;君子无入而不自得焉。在上
位不陵下,在下位不援上,正己而不求于人则无怨。上不怨天,下不尤人。故
君子居易以俟命。"(《礼记·中庸》)

　　对此,荆门郭店楚简《唐虞之道》中,有一段精彩的论述可以与上述思想
互为参照:

　　　　古者尧生于天子而有天下,圣以遇命,仁以逢时,未尝遇□□,并于大
时,神明均(?)从,天地佑之。宗仁,圣可与,时弗可及矣。夫古者舜居于
草茅之中而不忧,升为天子而不骄。居草茅之中而不忧,知命也。升为天
子而不骄,不流也。(《郭店楚墓竹简·唐虞之道》第14—17简)①

尧舜之人格、品性,在儒家是理想的寄托。尧,在他的人生道路上,努力修炼,
达到善、信、美、大、圣、神,"居广居,立正位,行大道"(《孟子·滕文公下》),
使自己已经达到了"圣"的境界,因而能够以"圣"的胸怀来面对命运的给予,
正是由于他具有了"圣"的德操,才能够"并于大时,神明均从,天地佑之",成
就壮丽的事业! 舜,处于荒山野外,能够超迈、闲适,"终身欣然",(《孟子·尽
心上》)自我修持,"独行其道";(《孟子·滕文公下》)居庙堂之高,却能够持
己守中,不惑、不骄,"与民由之",(《孟子·滕文公下》)"其养民也惠,其使民
也义"。(《孟子·公冶长》)这就是儒家人格的典型范式。

三

　　但是,儒学作为一种经受了无数风吹雨打,千古沧桑的哲学思想,它动人
的魅力并不真正在于对上天的崇拜,而在于对性命之学的后天超越,在于它对
生命本身充满挚爱的关注,在于它持久而又坚实的人文精神! 对此,儒家经典

────────

① 本段文字根据刘钊著:《郭店楚简校释》(福建人民出版社2005年版,第149页)而定。

作家的相关论述是十分明显的：

颜渊问仁。子曰："克己复礼为仁。一日克己复礼，天下归仁焉。为人由己，而由人乎哉？"（《论语·颜渊》）

"我欲仁，斯仁致矣"（《论语·述而》）

"有能一日用其力于仁矣乎，我未见力不足者；盖有之矣，我未之见也。"（《论语·里仁》）

"富与贵，是人之所欲也；不以其道得之，不处也。贫与贱，是人之所恶也；不以其道得之，不去也。君子去仁，恶乎成名？君子无终食之间违仁，造次必于是，颠沛必于是。"（《论语·里仁》）

"仁，人心也；义，人路也。"（《孟子·告子上》）

"仁，人之安宅也；义，人之正路也。"（《孟子·离娄上》）

"居仁由义，大人之事备矣。"（《孟子·尽心上》）

《穷达以时》和《鲁穆公问子思》正是这种超越精神和人文精神的典范。前者体现在"穷"字上；后者体现在"达"字上。《穷达以时》第12、13简有重要脱漏，本节认同廖名春先生《郭店楚简儒家著作考》一文对第12、13简的修补，并转录如下：

"遇不遇，天也。动非为达也，故穷而不[困，学非]为名也，故莫之知而不吝。[芷兰生于深林，非以无人]嗅而不芳。"①

这几句话至少有两层意思应该引起我们高度的注意：第一，人生不断的修炼、提高，["君子无终食之间违仁，造次必于是，颠沛必于是。"（《论语·里仁》）]到底是为了什么？是为了飞黄腾达，名满天下，还是为了自我道德的完善，主体的弘扬，以道德的力量阐扬仁义，"所过者化，所存者神"（《孟子·尽心上》），"老者安之，朋友信之，少者怀之"（《论语·公冶长》），"闻一善言，见一善行，若决江河，沛然莫之能御"（《孟子·尽心下》）？儒家的选择当然是后者。在这里，《穷达以时》明确地指出了儒家仁学的目的，既不是当官，也不是谋利，更不是诳名盗世，而是持久地对"道"的追求，对主体性的弘扬！而且这种追求和弘扬在实际的人生历程中，并没有受到天命观的阻碍，因此，其意义

---

① 见《孔子研究》1998年第3期。

极为重大。第二,人生是不可能一帆风顺的,当遇到困厄的时候,知识分子怎么办?《孔子家语·困誓》用孔子的亲身经历回答了这个问题:

> 孔子遭厄于陈蔡之间,绝粮七日,弟子馁病,孔子歌。子路入见曰:"夫子之歌,礼乎?"孔子弗应。曲终而曰:"由来! 吾语女,君子好乐,为无骄也,小人好乐,为无慑也,其谁之子,不我知而从我者乎?"子路悦,援戚而舞,三终而出。明日,免于厄,子贡执辔曰:"二、三子从夫子而遭此难也,其弗忘矣!"孔子曰:"善,恶何也? 夫陈蔡之间,丘之幸也,二、三子从丘者,皆幸也。吾闻之,君不困不成王,烈士不困行不彰,庸知其非激愤厉志之始于是乎在。"

孔子的"陈蔡之厄",据笔者所知,儒家的许多著作中都有记载,[1]孔子后来在《论语》中还无比怀念而忧伤地说:"从我于陈蔡者,皆不及门也。"(《论语·先进》)足见其给孔子留下了多么深刻的印象。在这些记载中,都把君子的"困厄"当成了修炼的机会、激发的契机、进取的起点,当成了成大器的必修之课。[2] 但是,《穷达以时》的作者与众不同,他胸怀更为宽广,视野更为辽阔,心情也更为平静,一种长者的风范,一种智者的深邃,一种哲人的道德情操,都在字里行间像无言的江河之流,温润而沉雄,古朴而悠远,默默东去:

> 穷达以时,德行一也。誉毁在旁……,穷达以时,幽明不再,故君子惇于反己。(《郭店楚墓竹简·穷达以时》第 14、15 简)

《孔子家语》中的愤激之言已经没有了,代之而来的是一种极为冷静的哲学思考,极为高洁的"反己"、"复性",是一种对生命的彻底穿透性领悟! 是一种对仁、对义始终不渝的追求! 我不下地狱,谁下地狱? 在冷静的外表下,激荡着一腔"以身殉道"(《孟子·尽心上》)的赤诚! 这种赤诚的美大圣神,在与"天"、"命"的摩荡中,最终将凤凰涅槃,得到永生!

　　正是由于遭遇过这种"穷困"的际遇,对人生就有了一种深入"体肤"、"筋

---

　　① 唯独《穷达以时》只字未提,而又不离其宗,这说明了什么呢? 根据《穷达以时》的行文风格、语句特征、思想的细微变化和孔子作为一代宗师的老者心理,笔者同意廖名春先生的推测,《穷达以时》当出于孔子之手。

　　② 参见《荀子·宥坐》、《孔子家语·在厄》、《韩诗外传》卷七之六、《说苑·杂言》十六、十七。

骨",触及"心志"、灵魂的认识,(《孟子·告子下》)子思子才会在《鲁穆公问子思》里"远禄爵",(《郭店楚墓竹简·鲁穆公问子思》第8简)求仁义,不畏强权,亢义直言,"恒称其君之恶,"(《郭店楚墓竹简·鲁穆公问子思》第1、2简)视富贵如浮云,展现了一代自由知识分子独立不群、仁爱不阿,拳拳服膺,以天下为己任的崇高情怀。

在穷与达的背后,是浩大幽深的"天"对生命的覆盖,是儒家圣贤在视听言动中"惇于反己","自强不息",从德行上对穷达的超越。在现实超越与天命观照彼此遥契的交会点上,儒家的理想人格找到了安身立命的人性空间。真可谓"仰不愧于天,俯不怍于人"(《孟子·尽心上》),"祖述尧舜,宪章文武,上律天时,下袭水土。辟如天地之无不持载,无不覆帱,辟如四时之错行,如日月之代明。万物并育而不相害,道并行而不相悖,小德川流,大德敦化"(《礼记·中庸》),而我亦在其中矣。

第四节 《性自命出》对儒家人学的转进

荆门郭店楚简《性自命出》一文的人学思想来源于孔子,但是,却是对孔子思想的本质性深化和转进。它依托于天命,生发于心志,摩荡于性情,在各个实践层面的道德践履和人生"反善复始"的追求中,调节、补充和丰富了儒家人学的思想。它不仅透露了从孔子向孟子发展的内在逻辑,而且更为重要的是,它本身就系统地论述了"性"、"情"在道德践履的各个层面上存有的状态,加强、巩固和提高了人的主体性在儒家哲学理论框架中的地位。这对整个中国哲学史的发展来说,都有至深至远的影响。

一

孔子的人学思想主要是以"与命与仁"的总框架构成的。"命",就是把人的主体性来源,神秘化为一种异己的"天命"力量,或者说是由上天下注于人的精神主体的一种天赋本原。这当然是对主体性从生发、存有到终极观照的深刻把握。它解决了人与天的关系问题,也解决了人的灵魂依处的问题,给世俗的哲学中注入了"相当深厚的宗教内涵",①是天命下注于人,人上达于天的理想境界,是天道与人道的统一,其意义是巨大的。"仁",是一种道德规范。"克己复礼为仁。"(《颜渊》)"孝悌也者,其为人之本与!"(《学而》)而且也具有一种先验的本原性质:"不知命,无以为君子也。"(《尧曰》)"君子而不仁者有矣夫,未有小人而仁者也。"(《宪问》)"君子学道则爱人,小人学道则易使也。"(《阳货》)另外,仁学还具有一种下学上达的功夫:"我欲仁,斯仁至也。"(《述而》)"为人由己,而由人乎哉?"(《颜渊》)因此,"仁"就成了一种主观修养、完善、提高自我的精神,在人的主体性中,亦即从人的思想内部弘扬了"仁"的力量:"无求生以害仁,有杀身以成仁。"(《卫灵公》)使中国数千年来的知识分子都有了一种"天下兴亡,匹夫有责"的使命感,"舍我其谁哉"的担待感,以及"舍生而取义"的崇高气节,在中国文化史上产生了深远的积极影响。

但是,孔子"与命与仁"的主体性构架是有缺陷的。这就是对人的"性"、"情",亦即对人所具有的最初始的自在本质、本性,敬而远之,从而使"仁学"在实践层面上失去了主体性存有的个体支持:"夫子之文章,可得而闻也;夫子之言性与天道,不可得而闻也。"(《公冶长》)"性相近也,习相远也。"(《阳货》)这是《论语》仅有的两次提到"性"的地方。从中我们可以领悟到:第一,孔子认为"性"是先天性的东西,因此,"不可得而闻也";第二,"性"是人的主体性之先验本原,每个人的"性"都是一样的。后天的教养与学习,只能改变人的道德,并不能改变人的"性"。《论语》论"情",也只有两次:"上好义,则民莫敢不服;上好信,则民莫敢不用情。"(《子路》)"上失其道,民散久矣。如得其情,则哀矜而勿喜!"(《子张》)严格地说,这里的两个"情"字,都与"性情"的"情"无直接的联系。② 我们如果站在人的"性情"这一特殊视点来通观《论语》,就会更为清晰地发现,孔子的理论确实是要把"仁义礼智"、君臣父子

① 杜维明著:《一阳来复》,上海文艺出版社1997年版,第141页。
② 有关"性"、"情",按照孔子思想的逻辑应该还有更多的叙述,没有对子贡讲"性与天道",并不等于不对别人,特别是不对颜回讲"性与天道",但是,毕竟目前在我们能够确定的文献中还找不到更多的证据,尤其是《性自命出》对人的"性"、情进行了淋漓尽致的描述,这在儒家哲学史上是前所未有的,因此值得我们充分肯定。

的道德戒律,灌注到人的主体性之中去,或者说,与人的主体性融为一体,"学而时习之"(《学而》),"举一反三"(《述而》),以至于"从心所欲,不逾矩"(《为政》),以一种高度的主体自觉,取代人的天性,从而达到"非礼勿视,非礼勿听,非礼勿言,非礼勿动",(《颜渊》)强化政治集权、实行思想钳制的目的,这就是"与命与仁"的本质。

　　郭店楚简《性自命出》一文的卓越之处,就在于系统地论述了人的"性""情",正视了人的原初本质、本性,从主体性的高度,为儒家哲学的理论框架奠定了一个坚实的人性基础,从而调节、补充和完善了上述孔子的"人学"思想。作者开宗明义地写道:

　　　凡人虽有性,心无定志,待物而后作,待悦而后行,待习而后定。喜怒哀悲之气,性也。及其见于外,则物取之也。性自命出,命自天降。道始于情,情生于性。(第1—3简)

在《性自命出》这篇不到1600字的文章中,作者就至少提到"性"字24次,提到"情"字21次,从各个层面全面论证了"性"、"情"在人性中的地位。作者强调了每一个人都有天赋的"性"、"情",它们具有由天而降的先验性、本原性,是生命的基质、根据和前提。《性自命出》对此还有许多精彩的论述:"虽能其事,不能其心,不贵";"凡人伪为可恶也";"凡人情为可悦也";等等,全面提高了"性"、"情"在儒学体系中的分量。在郭店楚简中,与《性自命出》的竹简形制相同的有《成之闻之》、《尊德义》、《六德》、《唐虞之道》和《忠信之道》,抄写的字体也相近。笔者以为,至少这六篇的思想可以互相参照。在《成之闻之》中,作者写道:"圣人之性与中人之性,其生而未有非之节于而也,①则犹是也。虽其于善道也,亦非有译娄以多也。及其专长而厚大也,则圣人不可由与□之。此以民皆有性,而圣人不可莫也。"(第26—28简)应该说,这是一个有力的佐证,进一步说明了《性自命出》加强了儒家"仁义礼智"的道德框架体系中人性的基础,也是孟子"民本思想"、"仁政"学说的先驱。

　　《性自命出》虽然大谈性、情,但是作者的主观用意,仍然是沿袭孔子的

_____

①　裘锡圭先生说,此处"而"字疑为误字。见荆门市博物馆《郭店楚墓竹简》,文物出版社1998年版,第170页。

"心志之学",试图调和心志(仁义礼智信)与性情的矛盾,谈性论情的目的就是要解决"心无定志"的问题,是儒家"心志之学"的自然延伸、发展、深化。也就是说,《性自命出》的作者已经清醒地认识到,儒家哲学仅仅用仁义礼智信来界定人的一切,用"毋意,毋必,毋固,毋我"(《子罕》)来限制人的主观能动性,是不符合实际的,也不利于人类自身的成长和社会前进。就连孔子自己也说"吾未见好德如好色者也"(《子罕》),因此,不能不面对人的性情,以及各种天生的欲求。但是,同时又必须解决人性中理性与情感的关系问题。没有理性的情感,是野兽式的情感;没有情感的理性,是对人的扭曲,使人成为非人。于是,《性自命出》提出了几个意味深长的哲学命题:(1)"所善所不善,势也。"人的好恶意向,是由人的情感所决定的,情感所及,是不得不发的必然选择。(2)"礼作于情。"人类的社会群体用礼仪、道德来协调、控制人的欲望、情感,是有必要的,但是,一切礼仪、道德戒律的制定,必须符合人的天性,强制推行扭曲人、作践人,把人不当人的"礼",就是"以礼杀人。"(3)"道始于情,情生于性。"一切人类的情感都来自人类本身的天性,是人类天赋的权利;所有的社会法规都必须以此为出发点,以此为归依。(4)"爱类七,唯性爱为近仁。"只有以"性"为出发点的"爱",只有发自真情的人性之爱,才是对仁最诚挚的追求。这是对孔子亲亲之爱的超越。(5)"凡性为主,物取之也。"人的主体性是根据,外在的万事万物是条件,是"物"取"性",还是"性"取"物",《性自命出》的作者有十分深刻的系统探讨。总之,上述命题都具有深刻的哲学意蕴,即便是在今天,也有借鉴意义。

虽然作者的著文目的在于调和心志与性情的矛盾,但是他却空前地给予了"情"以巨大的空间和篇幅。在中国哲学史上,很多人都不同程度地忽视了对人的"情",特别是个体之"情"应有的重视。从《礼记·檀公上》的"有直情径行者,戎狄之道也"到《荀子》的"一民心"、"统天下",至李翱把情与性对立起来的"弗虑弗思,情则不生;情既不生,乃为正思。正思者,无虑无思也"(《复性书·中》),程朱理学之后,更是要"灭私欲则天理明矣"(《遗书》卷二十四)。林林总总,草蛇灰线,都是在宗法制的千丝万缕中、集权制大一统超稳定的社会结构下,所必然要引发出来的结果。从这个角度上说,《性自命出》可谓一枝独秀,溢彩流芳。然而,在《性自命出》中,"情"的阐述是充满生机、充满生命的底蕴的。它内在地依赖于性命,外在地牵发于万物,从而使这种生命的活性之泉激扬着温润的浪花。尤其引人注目的是,它始终都是与"性"胶着在一起的。亦即,性是情的本原、依托,是生命的力量;情是性的激发、摇荡,是性命的飞动。它们相辅相成,内外摩荡,构成了儒家人学极富生命力的重要基础:

> 四海之内其性一也,其用心各异,教使然也。(第9简)

> 凡声其出于情也信,然后其入拔人之心也厚。(第23简)

> 凡至乐必悲,哭亦悲,皆至其情也。哀、乐,其性相近也,是故其心不远。哭之动心也,浸杀,其央恋恋如也,戚然以终。乐之动心也,浚深郁陶,其央则流如也以悲,悠然以思。凡忧思而后悲,凡乐思而后忻。(第29—32简)

> 仁,性之方也;性或生之。忠,信之方也;信,情之方也。情生于性。(第39—40简)

休谟说:"情感是一种原始的存在。"①《性自命出》就是准确地抓住了人性中这种本质性、天赋性、根源性的东西,作为立论的前提。人之所以为人,就在于他是一种有情感的灵性之物,杜绝了情感的外发,人何以为人?斩断了情感的鼓荡,性何以存有?《性自命出》的作者对此已经具有了深刻的认识。

二

从上文的叙述中,我们已经明确地感到,《论语》也是十分重视人的地位的,具有深刻的人道主义思想,"未能事人,焉能事鬼。"(《先进》)"厩焚。子退朝,曰:'伤人乎?'不问马。"(《乡党》),更有一种"仁者爱人"的博大胸怀。但是,孔子重视的是关系中的人,是社会群体中的人,是伦理道德中的人;并且,在现实生活的关系、社会群体和伦理道德中,人的主体性几乎完全被淹没了:"孝弟也者,其为人之本与!"(《学而》)"父在,观其志;父没,观其行;三年无改于父之道,可谓孝。"(《学而》)"父母在,不远游,游必有方。"(《里仁》)"出则事公卿,入则事父兄,丧事不敢不勉,不为酒困,何有于我哉?"(《子

---

① 休谟:《人性论·论情感·论意志与直接情感》,商务印书馆1980年版,第453页。

罕》）"不在其位,不谋其政。""君子思不出其位。"(《宪问》)这种论述在《论语》中,可谓俯拾即是。人是社会中的人,当然不能不讲关系、群体以及伦理道德,而且有时还十分重要,但是,笔者以为,它们与人的主体性是两码事,绝不是人的主体性本身。孔子哲学的根本缺陷,在于根本没有主体性的概念,人作为"自在"的人来说,在孔子那里没有存有的独立空间,完全被视听言动各个方面的戒律所束缚、覆盖或淹没。在人类社会的早期,这种"人"的观念,也许有它一定的合理性,但是,在中国文化的现代转型中,我们必须对它进行甄别、整理、超拔。

郭店楚简《性自命出》,一方面注重仁、义、礼、智的践履,是对孔子"人学"思想的承续,但是另一方面,又极为注重人的主体性以及主体性的追求目标,是对孔子的超越。笔者以为,《性自命出》的关键,并不仅仅在于论述了"性""情"的来龙去脉,至为重要的是,它深刻地认识到了,人,首先应该是一种独立的存在,有它来源于天命,生发于心志,摇荡于性情的内在本原、根据和依托,一切道德层面的磨砺,都只是完善本原之"性"的手段、途径,而决不能取而代之。这在中国哲学史上,具有划时代的意义,从本质上为思孟学派的诞生奠定了丰厚的基础:

凡性或动之,或逢之,或交之,或厉之,或出之,或养之,或长之。凡动性者,物也;逢性者,悦也;交性者,故也;厉性者,义也;出性者,势也;养性者,习也;长性者,道也。(第9—12简)

□,义之方也。义,敬之方也。敬,物之节也。笃,仁之方。仁,性之方也。性或生之。忠,信之方也。信,情之方也。情出于性。(第38、39、40简)

闻道返上,上交者也。闻道返下,下交者也。闻道返己,修身者也。上交近事君,下交得众近从政,修身近至仁。(第55—57简)

把性的动、逢、交、厉、出、养、长等人生各个层面的实践活动都看成对人性的锤炼,以及完善主体性的途径和手段,人的主体性始终处于人的核心地位;人生的一切活动,也都是主体性内在张力的物化释放、能动超越的结果。郭店楚简中与《性自命出》形制基本相同的《唐虞之道》写道:"夫古者舜居于草茅之中而不忧,身为天子而不骄。居草茅之中而不忧,知命也。身为天子而不骄,不

□也。"对自己的性命、心志有十分准确的把握,因此,持己守中,保持自我的高洁、独立,不为浊世所动;保持本性的真纯、清丽,一切以性情为归依,才是人生的最高境界。这种论述基于中国特殊的社会生活形态,给予了主体性至圣至神的空间,不仅超越了孔子的"内省"、曾子的"自省"和杨朱的"为我",启迪了思孟的"尽人之性"、"尽物之性"、"尽心,知性,知天",而且完全可以与李贽的"童心说"、公安三袁的"性灵说"以及陆王的心学体系实行思想对接。

不仅如此,《性自命出》还进一步以人的主体性为根本依托,提出了"反善复始",这一本体论、认识论与人生论互为渗透,互为表里,互为支持的、创造性的哲学命题,从而从根本上改变、转进和发展了孔子的人学思想:

> 笑,礼之浅泽也;乐,礼之深泽也。凡声,其出于情也信,然后其入拨人之心也厚。闻笑声,则鲜如也斯喜。闻歌谣,则陶如也斯奋。听琴瑟之声,则悸如也斯叹。观《赉》、《武》,则齐如也斯作。观《韶》、《夏》,则勉如也斯敛。咏思而动心,喟如也。其居次也久,其反善复始也慎,其出入也顺,司其德也。郑、卫之乐,则非其声而纵之也。凡古乐龙心,益乐龙指,皆教其人者也。《赉》、《武》乐取;《韶》、《夏》乐情。(第22—28简)①

---

① 在1999年武汉大学郭店楚简国际大会上,有人提出"反善复始"脱胎于《论语·述而》"子与人歌而善,必使反之,而后和之"的句子。这是笔者不能同意的,原因有三:第一,虽然《性自命出》与《论语》确乎具有相同的儒家背景,但是,从思想内核上看,《性自命出》与《论语》并没有直接的联系,前者对后者的转进是巨大的,特别是在情感、性命的论述上,《性自命出》的论述要深刻、条贯得多,《论语》完全没有这种语境。第二,《性自命出》虽然是一篇哲学文章,但是,它始终依托于天命的背景,始于兹,终于兹,这是我们理解《性自命出》的关键,如果我们连《性自命出》这一根本性的思想及其相关的整体结构都没有清醒的宏观把握,那么我们何以进行深入的研究呢? 第三,从这段引文本身来说,是在谈论音乐的欣赏以及音乐与德、与心的相互关系,完全没有讲唱歌。整个《性自命出》都只是讲音乐(通过欣赏)的养心,没有一个句子是讲唱歌的。所以,我们对《性自命出》的理解一定要建立在形而上的层面上,把它当成一篇哲学文章来读。对此,笔者著有《从"反古复始"到"反善复始"》一文专门对这一命题进行研究。窃以为,"反善复始"是一个深刻的哲学命题,从表述形式上来说,它受到了《易经》、《易传》"循环往复"、"反复其道,七日来复"的直接启发;从思想传承来说,它与孔子的"内省"、曾子的"自省"、子思的"反求诸身"和孟子的"反身而诚",显然是同一条路径。但是,它是"天命论"、"复性论"和"性善论"的复合体,具有承前启后、继往开来的作用。从《性自命出》的整体结构来理解这一重要命题,我们得到的启发尤其明确。虽然作者一笔带过,并没有系统地、专门地予以论述,但是,从《性自命出》的天命论背景,我们完全可以窥测到这一哲学命题的自明性和深厚性。

人生的目的,在这里已经再也不限于修、齐、治、平了,而是具有"反善复始"的深刻意义。从上文的论述中,我们也可以知道,"性",在《性自命出》中,是一个本原性的概念,这篇文章的灵魂就在于"性"与"情"的天赋本原。此所谓"性自命出,命自天降。道始于情,情生于性。"因此,这里的"反善复始",就是对性情的归依、对天道的体认、对天命的复观。也就是说,这里的"善",就是孟子的"此善不与恶对"的"善";这里的"始",就是《易·乾》"大哉乾元,万物资始,乃统天"的"始",就是超越了善恶的、先验的心之本体,是对《性自命出》开头"性自命出,命自天降"的照应。一切以"性"为出发点,一切又以"性"为归依,这是《性自命出》的神髓,是由《性自命出》的文章结构和布局所决定了的必然解读结果。

"反善复始"的命题,可能受到了《易经》"原始反终"的影响;也可能受到了《老子》"归根复命"的启发;《礼记·礼器》的"反本修古"和《礼记·郊特牲》的"报本反始"似乎也与之具有某种联系。但是非常明显,这是一个高于《易经》、《老子》和《礼记》相关论述的哲学命题,具有深刻的本体论、认识论和人生论意义,而且,在漫长的中国哲学史上产生了深刻的影响。笔者认真玩味、体悟《性自命出》全文,力求贯通,得其精要。窃以为,这个命题的哲学依据是作者倡导的"人道":

> 道者,群物之道。凡道,心术为主。道四术,唯人道为可道也。(第14、15简)

> 爱类七,唯性爱为近仁。智类五,唯义道为近忠。恶类三,唯恶不仁为近义。所为道者四,唯人道为可道也。(第40—42简)

这个命题的哲学基础是"凡人情为可悦也":

> 虽能其事,不能其心,不贵。求其心有为也,弗得之矣。人之不能以为也,可知也。其过十举,其心必在焉,察其见者,情安失哉?(37—38简)

> 凡人情为可悦也。苟以其情,虽过不恶;不以其情,虽难不贵。苟有其情,虽未之为,斯人信之矣。(第50—51简)

"反善复始",是人的主体性追求的目标,也是人性的终极归依,更是人的认知才能赖以奋进、发展、提高、飞跃的动力。郭齐勇师指出:儒家的复性、复初

"是一种反省式的直觉，唤醒灵明的本心、本性，体认天道。这是一种生命的智慧，生命的辩证法，是本体理境的追求。"①因此，反善复始的人学意义就至为深刻了。因为它依托于《易经》《易传》"与天地准"，体认天道，以主体反省式的直觉去追寻生命的本体，去呼唤心灵的照应，以求达到我与天的和谐统一、身与心的和谐统一、心与志的和谐统一。在《性自命出》的构思中，笔者以为，这种追寻是以"习性"（"习也者，有以习其性也"）为最基本、最主要的手段，并通过以下三方面的路径来实现的：第一，调整自我与"物"的关系：人性"待物而后作，待阅而后行，待习而后定。"只有固定了心志的人，才有可能处世不惊，"凡见者之谓物，快于己者之谓悦。"（第12简）作者在这里给"物"下了一个令人瞠目结舌的定义：对"我"来说，看得见的就是"物"（存在），看不见的就不是"物"（不存在）。万事万物的存有取决于我的主体意向，由于我在"习性"的过程中"生德于中"，心含万物，就可以达到"独处而乐"、"修身近至仁"的至高境界，因此，我就不会为外物所惑，做到"心有定志"。《性自命出》有关认识论的思想显示了卓越的超前性格，应该引起我们高度的注意。第二，"四海之内，其性一也。其用心各异，教使然也。"因此，作者把"性"在各个道德实践层面上的磨砺看得十分重要（这方面的引文已经见诸上文）。道德践履只是手段，并不是目的，这是《性自命出》与《论语》最根本的区别。这当然是对《论语》的超越，因为它注重了"心"的差异性、可塑性、个体性和发展性。由于后天的经历不同，每一个个体都有了他所独具的"喜怒哀悲"之"性"，善恶真伪之"情"。当这种"性""情"与肃穆、辽远的"天""命"相摩荡的时候，主体性就必然在敬畏、自守之中，得到冶炼、超拔，"身以为主心"，内外和谐、天人和谐、心志和谐，达到至真至纯的境界。身与心、人与天、物与我的关系是《性子命出》自始至终予以了系统性关注的问题，但究其实质，它的出发点仍然还是在性情之上。第三，作者认为，审美体悟是人最真诚的表现，也是人最真实的存有方式。因此"吟游哀也，噪游乐也，啾游声［也］，嘁游心也。"（第33简）通过审美体悟，人可以达到道德教化无法达到的，也是任何其他教化途

---

① 郭齐勇：《冯契对金岳霖本体论思想的转进》，见《人文论丛》（1998年卷），武汉大学出版社1998年版，第312—313页。

径都无法企及的体认天道、天命的人生境界。唯其如此,《性自命出》把审美体悟与天命论、人生论结合起来,在中国美学史上也开辟出了一片新的天地。在这个理论天地里,作者把美学提升到了本体论的高度来予以论述,把归依性情、体认天道、复观天命与审美活动的过程结合起来,在艺术的境界之中去弘扬主体。这实在是一个了不起的拓展!

根据"义也者,群善之蕝也"和"反善复始"两个命题(《性自命出》中至少有八次提到"善"字,而且基本上都与"性"的修、习有间接或直接的关系),我们可以断言,《性自命出》虽然没有全面论证"性善论"理论,但是,作者的理论倾向已经初见端倪。亦即,从学派归属上来看,《性自命出》应该属于思孟学派:"性自命出,命自天降","四海之内,其性一也。"但是,为什么很多人"心无定志"呢? 关键是没有"习"。"习"什么? 怎么"习"? "习"的结果又是什么? 从上述三个方面我们已经予以了回答。实际上,这就是孟子"性善论"的道德践履的路径。有了这种学派的归属,我们对《性自命出》的思想就在更为深远、更为广阔的背景下,有了更为深刻的把握和理解。

第五章　人性思想的深度挖掘

第一节　《尚书》的性情思想研究

《尚书》具有丰富的性情思想资源。由于它植根于三代历史兴衰更替的动荡之中,大凡作者们都经历了殷革夏命、周革殷命所带来的情感煎熬和振荡,因而对人本身以及人类社会的思考就特别深刻,并由此而奠定了先秦儒家性情思想的基调,树立了某一特殊的理论范式,是值得我们深入研究的。

一

刘熙载《艺概·经义概》云:"文不易为,亦不易识。观其文,能得其人之性情志尚于工拙疏密之外,庶几知言知人之学与?"《尚书》虽"皆典、谟、训、诰、誓、命之文"(《史通·六家》)但其敬天保民,明德慎罚,体恤苍生,诛讨独夫的思想后面,毫无疑问是有性情支撑的。《文心雕龙·原道》有云:"唐虞文章,则焕乎始盛!"可见,刘勰是感受到了《尚书》的性情的。

《尚书》之文虽作者众多,成文的年代又不一样,因而文章的旨趣、水平、风格都有一定差别。"《书》无定体,故易失其传;亦惟《书》无定体,故讬之者众。"(《文史通义·书教中》)但总的来讲,不论《今文尚书》还是《古文尚书》,其思想的主体都是笼罩在儒家思想之下的,虽然文体庞杂,但是江河归海,它们共同地体现了儒家著述的创作规范以及相关的美学思想。我们如果深入到这种美学思想的背后,再深挖一层,就必然会在"工拙疏密"之外得其"性情志尚"。

  《尚书》是一本君对臣、上级对下级、长辈对晚辈的训诰之书,因而它最大的特点是肃穆、尊贵、诚恳。例如开篇的《尧典》,虽文章质直古朴,但由于它的基本思想是"钦明文思"的大德昭显,"光被四表,格于上下","协和万邦,黎民于变时雍",因此,庄严之中透着圆润,质朴之中透着华贵,现实之中透着超迈,展现的是一幅天人合一的弘大景象。很显然,这是一种类似孟子之大智大勇,存浩然之气的人才具备的性情之美。章实斋说得好:"《尚书》圆而神,其于史也,可谓天之至也。"(《文史通义·书教下》)这种性情,当然是与天地相冥合的性情。

  大约夏商周三代战乱频仍,环境恶劣,人们迁徙无常,因此,《尚书》之中几乎每一篇文章都潜伏着一种浓郁的忧患意识:"皇祖有训,民可近,不可下,民惟邦本,本固邦宁。予视天下愚夫愚妇一能胜予,一人三失,怨岂在明,不见是图。予临兆民,懔乎若朽索之驭六马,为人上者,奈何不敬?"(《五子之歌》)"若网在纲,有条而不紊;若农服田力穑,乃亦有秋。汝克黜乃心,施实德于民,至于婚友,丕乃敢大言汝有积德。乃不畏戎毒于远迩,惰农自安,不昏作劳,不服田亩,越其罔有黍稷。"(《盘庚上》)"我不可不监于有夏,亦不可不监于有殷。我不敢知曰,有夏服天命,惟有历年;我不敢知曰,不其延。惟不敬厥德,乃早坠厥命。我不敢知曰,有殷受天命,惟有历年;我不敢知曰,不其延。惟不敬厥德,乃早坠厥命。"(《召诰》)"自时厥后立王,生则逸,生则逸,不知稼穑之艰难,不闻小人之劳,惟耽乐之从。自时厥后,亦罔或克寿。或十年,或七八年,或五六年,或四三年。"(《无逸》)这种忧患意识使整个《尚书》的文气直切、诚恳而淳厚,韵味古朴而深沉,真诚之中流荡着令人震颤的情感,具有独特的感人力量。章实斋云:"凡文不足以动人,所以动人者,气也;凡文不足以入人,所以入人者,情也。气积而文昌,情深而文挚,气昌而情挚,天下之至文也。"(《文史通义·史德》)又云:"夫情本于性也,才率于气也,累于阴阳之间者,不能无盈虚消息之机;才情不离乎血气,无学以持之,不能不受阴阳之移也。"(《文史通义·质性》)感于天地阴阳之移,动乎血气才情之性,化而为诰命文章,此《尚书》之所以感人者也。

  由此可见,《尚书》的性情思想以真挚、诚恳为最高的境界。夏商周三代有远见的统治者无不认识到,只有对天帝真诚,对人民真诚,体恤苍生,才能够

国祚永保,因为"我受命无疆惟休,亦大惟艰"(《君奭》),"惟王受命,无疆惟
休,亦无疆惟恤"(《召诰》),承受天的大命,是无上的美好,也是无穷的艰辛、
无限的忧患啊!但是,"敬哉!天畏棐忱。"(《康诰》)只要真诚地关心民生疾
苦,就可以感动天地,就可以永祈天命:"欲至于万年,惟王子子孙孙永保民。"
(《梓材》)于是"敬德保民"成了《尚书》中最大的主题:

> 王若曰:"呜呼,群后!惟先王建邦启土,公刘克笃前烈,至于大王
> 肇基王迹,王季其勤王家。我文考文王克成厥勋,诞膺天命,以抚方夏。
> 大邦畏其力,小邦怀其德。惟九年,大统未集,予小子其承厥志。厎商
> 之罪,告于皇天、后土、所过名山、大川,曰:'惟有道曾孙周王发,将有
> 大正于商。今商王受无道,暴殄天物,害虐烝民,为天下逋逃主,萃渊
> 薮。予小子既获仁人,敢祗承上帝,以遏乱略。华夏蛮貊,罔不率俾。
> 恭天成命,肆予东征,绥厥士女。惟其士女,篚厥玄黄,昭我周王。天
> 休震动,用附我大邑周。惟尔有神,尚克相予以济兆民,无作神羞!"
> (《武成》)

以仁义为皈依,以人民为根本,上承天命,下继大统,拯救苍生,辞真意切,谴责
独夫,声讨无道,神人共愤,正气冲天,此檄文之情也。袁宗道曰:"盖昔者咎、
禹、尹、旭、召、毕之徒,皆备明圣显懿之德,其器识深沉浑厚,莫可涯涘,而乃今
读其训诰谟曲诗歌,抑何尔雅闳伟哉?千古而下,端拜颂哦,不敢以文人目之,
而亦争推为万世文章之祖。"(《白苏斋类集·士先器识而后文艺》)那么这种
深沉浑厚、真挚诚恳的性情观是从哪里来的,有什么样的哲学背景呢?我们不
妨在下文作进一步的探讨。

二

王应麟曰:"《仲虺之诰》言仁之始也,《汤诰》言性之始也,《太甲》言诚之
始也,《说命》言学之始也,皆见于《商书》。'自古在昔,先民有作,温恭朝夕,
执事有恪。'亦见于《商颂》。孔子之传有自来矣。"皮锡瑞《经学通论》曰:
"《商书》四篇,皆出伪孔古文。""此乃伪孔书袭孔学,非孔学本于伪孔书。王
氏不知,乃以此书为圣学所自出,岂非颠倒之甚哉?惟《商颂》作于正考父,乃
孔子六世祖,以为孔子之传有自来,其说尚不误耳,然亦本于近祖正考父,而非

本于远祖商王也。"①

根据陈梦家先生在《尚书通论》一书中的考证,我们现在已经确知,上述的"商书四篇",早已为先秦时期的《缁衣》、《左传》、《孟子》、《墨子》等典籍所征引,可见这四篇文献自古就有。况且,笔者在研读"商书四篇"之后以为,王应麟之论并非肤浅之说,而是深得四篇文献之精神的。倒是皮锡瑞之论囿于古代小学的局限,不能从思想史的规律上来思考问题,因而犯有常识性的错误:第一,孔学的出现,必有一个从无到有,由远而近,再由小到大的发展过程。把孔子设定为一个没有前期思想铺垫的圣者,这是儒家经学道统观念在作怪,并不是历史地看问题。其实,孔子自己就说过,他学问的最大特点,就是"温故而知新",是"述而不作"。就是说,孔子所作的只是整理、注释、传述,甚至发展、提升古人的学说,没有以前辉煌的文化传统作为积淀,孔子是不可能出现的。第二,具体的文献显示,《商颂》的文字,有些地方可以与《商书》相发明。近世王国维有《说商颂》一文,从卜辞的角度考证出《商颂》为宗周中叶的诗,大约成诗于公元前 770 年左右。学术界已经公认此为《商颂》成诗年代的定论。宋襄公生活的时代是公元前 700 年到前 637 年之间,可见《毛诗正义》的记载"《那》,祀成汤也。微子至于戴公,其间礼乐废坏。有正考甫(父)者,得《商颂》十二篇于周之大师,以《那》为首"才是正确的,而皮锡瑞"惟《商颂》作于正考父,乃孔子六世祖"的说法则很不严肃。况且,孔子(公元前 551—前479)生活的时代相距正考父已经 200 百多年,即便《商颂》真是作于正考父,又何以见得孔子的思想就一定是正考父的嫡传,而正考父就没有吸收商代文明的熏陶呢,即便正考父是孔子的六世祖?第三,近百年来随着考古学的发展,甲骨文、金文、简帛文献以及各种其他材料的问世,人们不仅进一步确定了《今文尚书》的价值,正在纠正由来已久的对《古文尚书》的偏见,甚至对《逸周书》的许多篇章,人们也都在以信史视之。② 这就是皮锡瑞完全没有想到的事情了。

王应麟之说注重了孔子之学的渊源与传承,这是可贵的。但就其言《尚

---

① 皮锡瑞著:《经学通论》,中华书局 1954 年版,第 95—96 页。

② 杨宽:《论〈逸周书〉》,见杨宽著:《西周史》,上海人民出版社 1999 年版。

书》言仁、言性、言诚、言学之谓，倒也未必绝对准确。例如，他说"《汤诰》，言性之始也"就以偏概全。《君陈》云："惟民生厚，因物有迁，违上所命，从厥攸好。"生，性也。这句话的意思是说，人的自然之性是淳厚诚悫的，但是会因外物的诱惑发生变化。性情因诱于外物，而放纵无收，以至乖异倨慢，故人主要注重教化，正确引导，慎重地指导人民的接物之道。这段话有性善论的倾向，强调人与生俱来的淳厚诚悫。为此，《泰誓上》有云："惟天地万物父母，惟人万物之灵。"天地是人的父母，万物造化而钟秀于人的性灵，因此，天生之性只能是善的，因为它是以天地为范本的。所以《康诰》称人民为"赤子"，保民就"若保赤子。"《立政》将人民称之为"受民"。受民者，受天而降，受命而生，故而受天帝之庇护也。很明显，从《君陈》、《泰誓》、《康诰》、《立政》四篇中都可以开出性善论，或者说，它们都是孟子性善论的滥觞。

当然，《汤诰》讲得最为彻底："惟皇上帝降衷于民。若有恒性，克绥厥猷惟后。"伟大的上帝降下了"衷"（即"善性"）给天下苍生，顺从人的天性，能够找到安定他们性情的人，只能是君主。大约三代之际，天下纷争不息，民不聊生，"万方百姓罹其凶害，弗忍荼毒"（《汤诰》），故"民不静"，忍无可忍，揭竿反抗，致使统治者深感"艰大"（《大诰》），于是"德政"由是而生，修身养性之学在统治者的倡导之下，蔚然而形成了传统，因为只有保住人民的"恒性"才能使人民安静。所以，三代统治者的保民思想中，很大的成分是保民之"恒性"，保"赤子"的婴孩之心。当然，《尚书》的性善论思想从思想内容上来讲并没有形成系统，从理论的水平上来讲还没有脱离朴素的阶段，与孟子作为人学基础的性善论是不可同日而语的。

《君陈》的"惟民生厚，因物有迁"，"从厥攸好"，《汤诰》的"若有恒性，克绥厥猷惟后"都认识到了天生之性，在后天磨砺交接的过程中，会发生变化的特性。因此，"习与性成"（《太甲上》），注意到了人的习尚、习惯、修习的德目与人的生存环境等后天的因素，都是与"性"相辅相成的，所以，人们必须主动地、有意识地去"养性"、"习性"、"成性"，注重修身的实践性。在《尚书》中，修身养性实际上是一个回应天命的过程，既然天是世界上最大的真实，是世界万物最高的范本，那么人的性情的修养也一定是以拥抱天的美德为目的的。

因此，真诚的情感就必然在《尚书》受到极度的重视。《尚书》关于情感的叙述特别多,其中有几个概念,值得注意。例如,"允":"钦明文思安安,允恭克让,光被四表,格于上下。"(《尧典》)"浚哲文明,温恭允塞,玄德升闻,乃命以位。"(《舜典》)"人心惟危,道心惟微,惟精惟一,允执厥中。""祗载见瞽叟,夔夔斋栗,瞽亦允若。至诚感神,矧兹有苗。"(《大禹谟》)"尔克敬典在德,时乃罔不变。允升于大猷。"(《无逸》)《尚书》中"允"字凡32见,其中绝大多数是"诚信、真诚"的意思。《尔雅·释诂》云:"允、孚、亶、展、谌、亮、询、信也。"也就是说,允,在《尚书》中与"诚、亶、忱"等在表达真情至性的意向时,实为同一概念:"鬼神无常享,享于克诚。"(《太甲下》)"诞告用亶。"(《盘庚中》)"敬哉!天畏棐忱;民情大可见,小人难保。往尽乃心,无康好逸,乃其乂民。"(《康诰》)应该指出的是,《尚书》中真挚的情感,是人的主体之心贯通天人的桥梁,是人与上天对话,或者说,与"天冥合为一"的精神状态。这种状态实际上就是儒家哲学宗教性赖以存有的基本土壤,与《中庸》的"诚"实际上已经相去无几了。

三

在《尚书》中,"真诚"是"情感"的最基本的质素,但是,远非唯一的内涵,它具有深远而广阔的理论背景。《尚书》中的情,是以"欲"为基础的。从人天生的欲望来讲,《尚书》的作者们早就看到了"生则逸"(《无逸》)的人性本质,他们已经认识到,为了国家的长治久安,"永祈天命",统治者就必须满足人民物质生活的基本需求,并且在德性上对人民进行必要的教化,否则人民就不会"安静",就不会听从上级的领导。对统治阶级内部来说,由于"生则逸"的天性,在他们没有掌握国家政权的时候,往往励精图治,修德正身;可是一旦大权在握,"玩人丧德,玩物丧志"(《旅獒》),则不知稼穑之艰辛,荒亡淫逸,是为三风十愆:"敢有恒舞于宫,酣歌于室,时谓巫风;敢有殉于货色,恒于游畋,时谓淫风;敢有侮圣言,逆忠直,远耆德,比顽童,时谓乱风。惟兹三风十愆,卿士有一于身,家必丧;邦君有一于身,国必亡。臣下不匡,其刑墨,具训于蒙士。"(《伊训》)后果不堪设想。于是,《尚书》就提出了"节性"的主张:"节性惟日其迈。"(《召诰》)就是说,每天都应该努力向上,克己修习,锤炼性情,不可稍有惰息。"节性"的方式和途径在《尚书》中有如下几条:第一,继承先祖艰苦创业的传统,敬德修德,律己克诚。"先王顾諟天之明命,以承上下神祇。社稷宗庙,罔不祇肃。天监厥德,用集大命,抚绥万方。"(《太甲上》)"呜呼! 厥亦惟我周太王、王季,克自抑畏。文王卑服,即康功田功。徽柔懿恭,怀保小民,惠鲜鳏寡。自朝至于日中昃,不遑暇食,用咸和万民。文王不敢盘于游田,以庶邦惟正之供。文王受命惟中身,厥享国五十年。"(《无逸》)尊崇先祖的传统,用孔子的话来讲就是"慎终"、"追远",古则久,久则天也。这是一种宗教情怀的表现,它的最终结果是使人的性情与天融为一体。第二,尊崇先王的遗策遗典,努力学习知识,诚心诚意,恪尽职守,就不会出现错误。"明明我祖,万邦之君。有典有则,贻厥子孙。关石和钧,王府则有。荒坠厥绪,覆宗绝祀!"(《五子之歌》)"乃惟由先正旧典时式,民之治乱在兹。"(《君牙》)说得最为透彻的是《说命下》:"人求多闻,时惟建事,学于古训乃有获。事不师古,以克永世,匪说攸闻。惟学,逊志务时敏,厥修乃来。允怀于兹,道积于厥躬。惟敩学半,念终始典于学,厥德修罔觉。监于先王成宪,其永无愆。惟说式克钦承,旁招俊乂,列于庶位。"只有通过学习,才能够增长自己的"胆识",也只有心胸开阔,有胆有识的人,才能够真正地拓展自己的性情领域,提升其宗教性和美学性的境界,从而上承天命,控制自己的自然情欲,养性情之正。第三,在《尚书》中,先秦儒家以"礼"为手段,辅之以刑法的统治思想已经形成,但是,其中心是一个"德"字。《仲虺之诰》中的"仁"已经不是一个肤浅的标签,而是渗透到文章骨髓之中去了的"仁体",有一种内在的精神力量:"呜呼! 惟天生民有欲,无主乃乱,惟天生聪明时乂,有夏昏德,民坠涂炭,天乃锡王勇智,表正万邦,缵禹旧服。兹率厥典,奉若天命。"欲望是人人都天生具有的,因此,统治者的任务就在于有效地控制自己的欲望,以身作则,教化人民正确地宣导情感,非如此,社稷就不可能国泰民安。"有夏昏德",骄奢淫逸,丧失天命,致使生灵涂炭,民怨沸腾,震动天威:"夏王有罪,矫诬上天,以布命于下。帝用不臧,式商受命,用爽厥师。简贤附势,实繁有徒。肇我邦于有夏,若苗之有莠,若粟之有秕。小大战战,罔不惧于非辜。矧予之德,言足听闻。惟王不迩声色,不殖货利。德懋懋官,功懋懋赏。用人惟己,改过不吝。克宽克仁,彰信兆民。乃葛伯仇饷,初征自葛,东征,西夷怨;南征,北狄怨,曰:'奚独后予?'攸徂之民,室家相庆,曰:'徯予后,后来其苏。'民之戴商,厥惟旧哉! 佑贤辅德,显忠遂良。"原来,在《仲虺之诰》中,"仁"只是"德"的一个子系统,而"仁"的具体内涵就是宽厚慈爱,体恤民生疾苦,诛伐无道,救民于水火,也就是《康诰》的"保赤子"之心。这对孔子、孟子都毫无疑问产生了深远的影响。①

为了吸取"有夏"的失败经验,《仲虺之诰》在理论上找到了从人的性情上永祈天命的法宝:"德日新,万邦惟怀;志自满,九族乃离。王懋昭大德,建中于民,以义制事,以礼制心,垂裕后昆。予闻曰:'能自得师者王,谓人莫已若者亡。好问则裕,自用则小。'呜呼!慎厥终,惟其始。殖有礼,覆昏暴。钦崇天道,永保天命。"谦虚谨慎,努力向学,诚心修德,以符合社会公共道德的"义"来指导做人的原则,以合符天地精神的"礼"来制约自己的"心",以身作则,"建中于民"。

"中"的概念,可能是中国上古时代的先哲们受到地理学、政治学的影响和启发后,引进到性情论中来的一个概念。性情的中和之美,在《毕命》中,是一种不刚不柔、既刚且柔的人性状态:"不刚不柔,厥德允修。"性情的"不刚不柔",究其实质,是有效的控制欲望的结果:"予小子不明于德,自厎不类。欲败度,纵败礼,以速戾于厥躬。天作孽,犹可违;自作孽,不可逭。既往背师保之训,弗克于厥初,尚赖匡救之德,图惟厥终。"(《太甲中》)欲望如果不控制,就会乱了法纪,乱了纲常,给自己带来无边的罪过。对于统治者本身来讲,修身养性就更为重要:"惟敬五刑,以成三德。一人有庆,兆民赖之,其宁惟永。"(《吕刑》)欲不可纵,礼不可败。受命于天,承天侍命,始终追求一种不偏不倚的中道状态,才能最终与天道相合为一。

可贵的是,《尚书》坚持中道的思想并没有仅仅停留在"不刚不柔"之上。

"夔!命汝典乐,教胄子,直而温,宽而栗,刚而无虐,简而无傲。诗言志,歌永言,声依永,律和声。八音克谐,无相夺伦,神人以和。"夔曰:"於!予击石拊石,百兽率舞。"(《尧典》)

皋陶曰:"都!亦行有九德。亦言其人有德,乃言曰,载采采。"禹曰:

---

① 孔子的思想主体是仁。另外,此段文字被《孟子·梁惠王下》引用,孟子从精神上吸收了《尚书》中有关仁政、德政的思想,也是显而易见的。

"何?"皋陶曰:"宽而栗,柔而立,愿而恭,乱而敬,扰而毅,直而温,简而廉,刚而塞,强而义。彰厥有常,吉哉!"(《皋陶谟》)

这是一种以阴阳相济、刚柔互补为基础的性情论,正直而温柔,宽厚而坚栗,刚毅而不暴戾,简约而不傲慢,刚柔相间,互惠互补,既是性格上的概括,德性上的要求,也是情感上的提升;但是"八音克谐,无相夺伦"就不仅仅限于阴阳了,而是全面吸收了五行综合性思维方式的思想成果,其本质是要将人喜怒哀乐的自然情感超拔成本性之上的、以道德修养为基础的中和性情。尤其是"神人以和"一句,说明这种刚柔相济,阴阳互补,综合牵制,处中而制的性情,本来就是来自于天,最后又要通过自我的修习、提升,以回应天的"大德",其本质是天人合一。

应该指出的是,由于中国自古以来就是一个农业国,所以四方、五方的观念之起源是相当早的。《尚书·洪范》中提出的五行思想,也许诚如许多研究者言,经过了无数人的理论加工,[1]但是,笔者以为,其五行的理论内核是古已有之的。历史学家庞朴先生就说过:"殷人已经具有了确确实实的五方观念","这种以方位为基础的五的体系,正是五行学说的原始"[2]。所以,与其说思孟学派改编、提升了《洪范》,倒不如说,原始的《洪范》给了思孟学派以启示。

笔者在此要说明的是,《尚书》中的性情论,已经深刻地吸收了阴阳五行综合性思维方式的成果,其中阴阳消长、刚柔相济,彼此牵制、彼此吸收的内在机制,已经为后来的儒家性情论提供了一个理论的范式。

第二节　《性自命出》的人性思想研究

郭店楚简《性自命出》的释文自 1998 年出版以来,引起了海内外学者的

---

① 刘起釪先生认为,《洪范》原本是商代的作品,但是从西周到春秋战国,不断有人给它增加新的内容。(参见刘起釪:《〈洪范〉成书时代考》,《中国社会科学》1980年第3期)郭沫若先生又说:"《洪范》那篇文章其实是子思氏之儒所作的。"(郭沫若著:《青铜时代·先秦天道观之进展》,人民出版社1954年版,第8页)

② 庞朴:《阴阳五行探源》,《中国社会科学》1984年第三期。

广泛关注,各种考释、辨析、研究的专著、文章层出不穷,五年来,取得了众多的成果。但是,笔者以为,《性自命出》作为一篇具有丰富性情思想的奇文的研究,还有待于进一步摆正三个关系:第一,《性自命出》与宗周→春秋,周公→孔子之先秦儒家礼乐文明、德礼相依的文化传统的关系。《左传·昭公二年》载:"二年春,晋侯使韩宣子来聘,且告为政而来见,礼也。观书于大史氏,见《易》《象》与《鲁春秋》,曰:'周礼尽在鲁矣。吾乃今知周公之德,与周之所以王也。'"杨向奎先生就此指出:"以《易象》与《春秋》代表周礼,这是广义的礼,'周礼尽在鲁矣',等于说'周之文化中心在鲁'。周公及其同僚,建立了宗周的礼乐制度,鲁国继之成为正统,春秋而后,孔子因之有所发展。《易》与《春秋》乃儒家思想之理论渊泉,这是'天人之学',《易》代表天,而《春秋》代表人,天与人互相影响而有一系列表现。"①天人之学实际上是先秦儒家哲学思想的灵魂,也是《性自命出》的命脉,如果不抓住这一根本,《性自命出》的研究是很难做到深入的。第二,《性自命出》与孔子、孔子后学,特别是孟子、荀子的关系。姜广辉先生说:"郭店楚简所反映的是孔子之后一、二传弟子的思想,透过它可以反观孔子学说的核心思想。以此核心思想审察后世的道统说会对儒学传统作出新的诠释。"②众所周知,《论语》中孔子一以贯之的核心思想是"忠信之道",是忠与恕、仁与礼、个体与群体的统一。曾子、思孟一系儒者偏重于忠、诚之内在道德的提升与超越,而子夏、荀子一系却偏重于礼、法的圣王宰制,二者相辅相成、共襄圣道。笔者在后面的行文中将以文本为根据,通过切实地分析研究得出结论指出,《性自命出》既不属于思孟,也不属于荀子,倒是与孔子《论语》的思想较为接近。它是一篇介于孔子与孟子荀子之间的先秦儒家要籍。根据这种界定,我们更加清楚地看到,孔子本人并没有性善性恶的思想意识,但是,《性自命出》已经具有了性善性恶的思想萌芽,然而理论很不成熟,而且有思想上的冲突与矛盾,由此,我们循着孔子实践理性的路径,发现了孟子与荀子之性善与性恶的论题之成立何以成为可能。这种发展的脉络还告诉我们,先秦儒家面对现实社会的无数困境,一直都在试图依托于

---

① 杨向奎著:《宗周社会与礼乐文明》,人民出版社1997年版,第285页。
② 姜广辉主编:《郭店简与儒学研究》(《中国哲学》第二十一辑),辽宁教育出版社2000年版,第271页。

人的性情,来解决一系列棘手的问题。这一事实也深刻地说明,先秦儒家学说并不是空中楼阁,它在当时具有鲜明的现实性、针对性。第三,《性自命出》与郭店楚简其他文献的关系。庞朴先生指出:"孔子学说主要是强调仁和礼两个方面,仁者内部性情的流露,礼者外部行为的规范。""向内求索的,抓住'人之所以异于禽兽者几希'处,明心见性;向外探寻的,则从宇宙本体到社会功利,推天及人。""郭店楚简属于向内派,其向内面目,在在都有表现,即使当它处理天地这些最大外在对象时,仍然毫不含糊。"①李学勤先生甚至直指郭店儒家简就是《子思子》。② 但是,郭齐勇师指出:"郭店儒家简诸篇并不属于一家一派,将其全部或大部视作《子思子》,似难以令人信服。笔者不是把它作为某一学派的资料,而是把它视作孔子、七十子及其后学的部分言论与论文的汇编、集合,亦即某一阶段(孔子与孟子之间)的思想史料来处理的。"③笔者以为,郭师说是。

　　关于先秦儒学的研究,历来最伤脑筋的事,莫过于文献奇缺。孔子去世以后,儒家分裂为八个支系,"自孔子之死也,有子张之儒,有子思之儒,有颜氏之儒,有孟氏之儒,有漆雕氏之儒,有仲良氏之儒,有孙氏之儒,有乐正氏之儒。"(《韩非子·显学》)如果再加上子夏、子游就至少可以分成十家了。所以先秦儒家在后孔子时代的发展演变是相当复杂的,这种复杂性实际上已经在郭店儒家文献中有所反映。不过,儒家各个派别之间,虽然各立门户、千回万转,但是毕竟都是祖述孔子,根本的源头是一致的,一定要对立到像孟子与荀子的程度,毕竟是少数,也需要一个漫长的积累过程,料想孔子的及门弟子之间大多互有偏重,却也互相吸收、互相发明、彼此渗透,即便是孟子与荀子之间,也不例外。拿《性自命出》来说,近来多有学者考证其出自世子、出自子游、出自公孙尼子、出自子思子等多种说法,不过大都推断猜测的多,真凭实据的少,史影迷茫,实在是勉为其难。先秦著作往往是聚徒讲学而成,先生讲学

① 庞朴著:《孔孟之间——郭店楚简中的儒家心性说》,见姜广辉主编:《郭店楚简研究》(《中国哲学》第二十辑),辽宁教育出版社 1999 年版,第 23、25 页。

② 李学勤先生说:"郭店简的出现,对学术史研究的影响是多方面。简的主要内容,属于道家的是《老子》,属于儒家的我认为是《子思子》。"(姜广辉主编:《郭店楚简研究》,辽宁教育出版社 1999 年版,第 18 页)

③ 郭齐勇著:《儒学与儒学史新论》,台湾学生书局 2002 年版,第 3 页。

之言,弟子各有所记录,并予以加工整理,形成各种传本,在学派内部传习,有时还附有各种参考资料和心得体会。其中数传之后,先生的东西和弟子的东西往往难以分辨清楚,所以就推本先师,转相传述曰:此某先生之书。先秦诸子之书,不必如后世作文,必皆本人手著,云某某之作,只是说其学出于某人的思想。值得注意的是,这种推本先师的做法,在儒家学派的内部,最终都会推本到孔子那里去。有鉴于此,目前慎重的做法可能是,暂时最好还是不要硬性地断言《性自命出》的学派归属,只是以文本为依托,实事求是,做一些切实的解读工作,或许可以使人少出一些谬误。

一

认真考察《性自命出》的文本思想,笔者发现,很难说它是完全的"向内求索"(虽然它十分注重"向内求索",但是它与《中庸》、《孟子》的理论走向是有距离的),它也非常注重外在的礼乐教化,内在的仁义性情与外在的礼乐教化是兼顾的。因此,它在阐述性情的同时,极度注重"心志"、"心术"的重要性:

> 凡人虽有性,心亡奠(定)志,待物而后作,待悦而后行,待习而后奠(定)。喜怒哀悲之气,性也。及其见于外,则物取之也。性自命出,命自天降。道始于情,情生于性。始者近情,终者近义。知情者[能出]之,知义者能内之。好恶,性也;所好所恶,物也。善不[善,性也]。所善所不善,势也。凡性为宝,物取之也。金石之有声,[弗扣不][鸣。人之]虽有性,心弗取不出。凡心有志也,无与不[可,性之不可]独行,犹口之不可独言也。牛生而长,雁生而伸,其性[使然,人]而学或使之也。凡物无不异也者。刚之柱也,刚取之也。柔之约[也],柔取之也。四海之内,其性一也。其用心各异,教使然也。(第1—8简)

释文虽然将这一段分为三个自然段,但是笔者以为还是结合在一起来读较为妥帖。这一段首先推出了"性"、"心"、"志"、"物"、"情"等相关概念。第一个句群"凡人虽有性,心亡奠志,待物而后作,待悦而后行,待习而后奠"实际上是一个转折性的多重复句,后面三句是并列兼递进的关系。一个"虽"字,表明"凡人虽有性,心无定志"是一个转折关系的偏正复句,前偏后正,作者的重心是落在"心无定志"之上的,故从语法学的逻辑关系上来讲,"待物而后作,待悦而后行,待习而后奠"三句的主语是"心",而不是"性",语意非常明确。这个结论不仅可以从"待习而后定"之"定"与"心无定志"之"定"字的照应中得到印证,而且还可以从紧接着的论述中找到依据。

这一段文字中最著名、最醒目的命题是"性自命出,命自天降",简文作者认为,性为自天而降,人之承受于天者,是人之所以为人的天赋本质、本原,所以它本身是不可能"待物而后作,待悦而后行,待习而后奠"的,故简文有"凡心有志也,无与不可,性不可独行,犹口之不可独言也"之谓。简文以"喜怒哀悲之气"论性,虽意在论情之出入,但是,这也分明指出了性之不离生之本原的天赋性,故又曰"凡性为宝"。简文的这个"宝"字,写作从"宀"从"主"的"宝",许慎《说文解字》云:"宝,宗庙宝祏。"指的是宗庙中藏神主的石函,神主安置在宗庙之中,而为一切祭祀活动的祭拜中心。在先秦儒家人学体系中,既然已经把人之性抬高至了"宝"的地位,这正说明先秦儒家的人性是自天而降,与命融合而贯注于人的身心,显发为心性情才,并且贯通天人的神性。因此,"凡性为宝,物取之也"的表达背后是有潜台词的,它并不是说"物"可以直接取"性",而是说只有通过"心",物才可以间接地影响性情、摇荡性情,故紧接着有"金石之有声,弗扣不鸣,人之虽有性,心弗取不出"的高论。①

上面的这段引文,从论证的逻辑来讲,都将目的指向"心",是显而易见的。"知情者能出之,知义者能内之"之论,正点明了心的功能在于"知",此为智慧进出的渠道,认知贤愚的窗口,因此,"牛生而长,雁生而伸"之天性,只有通过"心"之学、之教,"待物而后作,待悦而后行,待习而后奠""志"之后,才能最终确立性情之好恶、善恶的价值观念。孔子曰:"唯仁者能好人,能恶人。"(《里仁》)此之谓也。"待物而后作",指的是外物与我的心灵发生了认识上的碰撞之后所唤起的灵感的生发,是心与物交接之后燃放起来的火花。"待悦而后行",是指心物交接之后激发起来心灵之交感、神明之喜悦之后的心术历程。这里的"行",当为"心之行",就是"心术为宝"的"心术",与简文

---

① 李学勤先生有一篇《郭店简与〈乐记〉》的文章,较为系统地论证了《性自命出》与《乐记》的关系,为了集中论题的思想,笔者对《性自命出》这方面的思想,置放到《乐记》一章中去阐述,在这里只是专论文本中的性情思想。

《五行》相通,按杨儒宾先生的阐释,就是心灵流行的路径、现象和方法。①
"待习而后奠",指的是人之"如切如磋,如琢如磨"的德性历练功夫以确定心
性、心志的过程。后文"凡见者之谓物,快于己者之谓悦,物之势者之谓势,有
为也之谓故。义也者,群善之蕝也。习也者,有以习其性也"(第12—14简),
就是对这三句的进一步发挥与诠释,讲的是人伦物我的摩荡,没有一种情况是
可以脱离"心志"而存有的。

　　由此可知,简文之"凡性,或动之,或逆之,或交之,或厉之,或出之,或养
之,或长之"(第9—10简)的论述,都是直接在讲"心",而间接在讲"性"(或
者说,以性为背景)。因此,"凡道,心术为宝。道四术,唯人道为可道也"(第
14—15简)的判断深得孔门礼乐教化的精髓,后天的教养、修习,既重心术又
重凡俗的人道伦理,这更接近孔子,②而离孟子、荀子都很远。下面的这段话
尤其令人深思:

　　　　《诗》、《书》、《礼》、《乐》,其始出皆生于人。《诗》,有为为之也;
　　　　《书》,有为言之也;《礼》、《乐》,有为举之也。圣人比其类而论会之,观
　　　　其先后,而逆训之,体其义而节度之,理其情而出入之,然后复以教。教,
　　　　所以生德于中者也。(第15—18简)

如果不看上下文,也许我们会以为,这是出自《荀子》的某个篇章,把一切的
希望都寄托给圣人之"教":"君子之学也,入乎耳,著乎心,布乎四体,形乎
动静。端而言,蝡而动,一可以为法则。"(《劝学》)"神固之谓圣人。"(《儒
效》)按照这段话的理路,如果没有"圣人比其类而论会之,观其先后而逆训
之,体其义而节度之,理其情而出入之,然后复以教"呢?再向前推一步,似
乎就可能是性恶论了。然而,荀子隆礼义而杀《诗》、《书》,显然又不是荀
子。但是,这段话同样不能归之思孟,因为它并没有性善论的主观建构。如
果作者果然持性善论的主张,何以要通过"教"才能"生德于中",而不去扩
充善端、收取放心呢?不过,不可忽视的是,《性自命出》也提出了具有性善

----

　　① 杨儒宾著:《儒家身体观》,"中研院"文哲所筹备处1999年修订版,第62、267—271页。
　　② 孔子"性相近也,习相远也"的判断,事实上可以推演出"性可以为善,可以为不善"的结
论,而这正是《性自命出》的理路,与孟、荀都不相同。

论倾向的思想,这就是"反善复始"。郭齐勇师曾以"正声雅乐,启导人们返回人性本始之善"来界定这一思想。① 走笔至此,我们已经发现,《性自命出》提出了一个尖锐的问题,而且展示了原始儒家人性论思想中深刻的矛盾,孟子与荀子在性善性恶上的对立,似乎在这里已经显示了某种倾向或者可能。

　　心志之由物而作,由悦而行,由习而定的过程,也就是"喜怒哀悲之气"不断"外见"的过程,因为在心志之由"作"而"行"而"定"的心理进程中,不可能没有情感的因素,因此,以情气论性,必然会导致以情气论心。在《性自命出》的心性结构中,"情"始终都是一个核心性的成分,它依托于"性"(始者近情),开发于心志(终者近义)。简文作者看得很清楚,没有情感作为动力,一切的道德的认知都是不可能的。所以,"喜怒哀悲之气"虽然直接生发于人的性,但是,它是"物取之"的直接对象,它直接左右着人们的价值取向。于是,在中国哲学史上,理性的心志认知始终与情感的喜怒哀乐纠结在一起了,它导致的结果必然是,一切认知的结论都是道德情感性的、价值性的结论,它消融了人与物的对立,也消融了理性与感性的对立,同时还消融了天、命、物、我彼此分割的状态。休谟的话也许对于我们理解先秦原始儒家先哲们的思想大有裨益:"熄灭一切对德性的火热的情和爱,抑制一切对恶行的憎和恶,使人们完全淡漠无情地对待这些区别,道德性则不再是一种实践性的修行,也不再具有任何规范我们生活的行动的趋向。"②这不仅说明了先秦儒家的性情学说在心理学上的合理性,而且也间接地透露了先秦儒家人学的普适性。

　　"始者近情,终者近义。知情者能出之,知义者能内之"(第3—4简)的思想明显与《礼记·礼运》之"何谓人情? 喜怒哀惧爱恶欲七者,弗学而能。何谓人义? 父慈、子孝、兄良、弟弟、夫义、妇听、长惠、幼顺、君仁、臣忠十者,谓之人义"的论述有思想上的关联。人道始于人情,而终于人义。始于人情者,谓

---

① 郭齐勇著:《郭店楚简身心观发微》,见武汉大学中国文化研究院编:《郭店楚简国际学术研讨会论文集》(《人文论丛》特辑),湖北人民出版社2000年版,第200页。笔者受此启发,曾在《江汉考古》2002年第1期上发表过一篇题为《从"反古复始"到"反善复始"》的文章。

② 休谟著:《道德原则研究》,曾晓平译,商务印书馆2002年版,第24页。

人道的贯彻必须依据人之所以为人者,要尊重人之喜怒哀惧爱恶欲的正常欲求和情感之实;终于人义者,谓人道的最终指向,是儒家人伦之职、位、德的落实,是礼乐、人文价值的归依。对以"出"、"内"(纳)为文眼的"知情者能出之,知义者能内之"的诠释,廖名春先生认为:"这是说了解喜怒哀乐之情,就能表现'道',知道义,就能深入到道的本质。"①丁原植先生认为:"只有通晓人存之实情者,能发起[人道的规划],也只有能通晓人文价值之本义者,能包容[一切人存事务的处置]。"②但是,笔者以为,二位先生的高论都是值得商榷的,因为这两句是上承前文"心无定志,待物而后作,待悦而后行,待习而后奠"而来的,整段文章都只是在讲人之心性情志的作、性、悦、定,故只有"心"之"知"情者,才能"出之";只有"心"之"知"义者,才能"内之"。这里的所"出"、所"内"的对象,就是下文的"好恶"、"所好所恶";"善不善"、"所善所不善"。因此,这里的情,是建立在"知"之上的道德之情,这是理性化的情。这又不能不使人想起简文"义也者,群善之蕝也。习也者,有以习其性也"的论述,《性自命出》特别强调心之"知",强调的是针对性情的礼乐教化,更强调现实伦理生活中的道德践履与性情磨炼,理性的精神十分浓厚。所以,笔者以为,与其说《性自命出》近似于思孟心性扩充,倒不如说它更接近于孔子本人实践理性的思想。

深究先秦时期儒家哲学的发展,笔者发现,先秦儒家的性情思想并不是一个孤立的问题。从历史文化发展的纵向角度来看,它实际上是由殷商之主宰性的天命观向西周义理性的天命观逐渐转化的投射。主宰性的天命观,意味着人与人之间先天性的阶级对立与天生的不平等关系;而义理性的天命观,则意味着"把传统的阶级上的君子小人之分,转化为品德上的君子小人之分,因而使君子小人,可由每一个人自己的努力加以决定,使君子成为每一个努力向上者的标志,而不复是阶级上的压制者。"③孔子继续着西周开国者的思想轨迹,发扬光大,在这一点上为中国文化史的发展做出了卓越的贡献。但是,孔

---

① 廖名春编:《清华简帛研究》(第一辑),清华大学思想文化研究所,2000 年,第 30 页。
② 丁原植著:《楚简儒家性情说研究》,台北,万卷楼图书有限公司 2002 年版,第 52—53 页。
③ 徐复观著:《中国人性论史》(先秦篇),台湾"商务印书馆"1969 年版,第 65 页。

子自己就说过："若圣与仁,则吾岂敢?"(《述而》)他自己是从来不以圣、仁自居的。他还说："十室之邑,必有忠信如丘者焉,不如丘之好学也。"(《公冶长》)认为自己并非道德上的楷模,但一定是勤奋努力,"发愤忘食"(《述而》)的典范。由此可见,圣也好,仁也罢,都只是孔子在人学的境界上提出的奋斗目标,并非常人能够抵达。因此,贤达睿智如孔子者,也不能无过。孔子的性情思想一方面是往古历史的继承,另一方面又是对历史的超越,过去与未来,保守与创新的各种因素在孔子身上是彼此纠结在一起的。事实上,在人类历史的任何一个横切面上,我们都可以看到,新与旧、古与今之间是不可能一刀两断,截然地划出一个泾渭分明的界限来的,在《论语》中,孔子的性情思想,就同样地存在着这种历史性的逻辑矛盾。孔子一方面说:"中人以上,可以语上也;中人以下,不可以语上也。"(《雍也》)"生而知之者上也,学而知之者次也,困而学之,又其次也;困而不学,民斯为下矣。"(《季氏》)"唯上智与下愚不移。"(《阳货》)把人天生地定格为"中人以上"、"中人以下","上知"、"下愚",而且他们之间,是不可能转化的,这明显是主宰性的天命观的遗迹。但是,孔子是伟大的,他并没有沉溺于历史厚重的惰性而不能自拔,他提出了一个在中国文化史上划时代的思想,这就是"性相近也,习相远也。"(《阳货》)孔子思想的矛盾是难免的,但是,孔子却在思想体系里显示了他理论的指向。孔子的意思是说,所有人的天生之性都是差不多的,只有通过后天的学习、习染,来修养他的性情,加强人之所以为人的精神意涵,并且进而以一个人性情的好与坏、道德修养之高与低、掌握知识的多与少来决定他生命的质量以及在社会上的地位。这实在是中国性情思想史上的革命性命题。① 一个思想,或者命题之是否具有革命性,不仅可以从它本身的思想内容和表述形式中看到,

---

① 　徐复观先生指出:它"打破了一切人与人的不合理的封域,而承认只要是人,便是同类的,便是平等的理念。此一理念,实已妊育于周初天命与民命并称之思想原型中;但此一思想原型,究系发自统治者的上层分子,所以尚未能进一步使其明朗化。此种理念之所以伟大,不仅在古代希腊文化中,乃至在其他许多古代文明中,除了释迦、耶稣,提供了普遍而平等的人间理念以外,都是以自己所属的阶级、种族来决定人的等差;即在现代,在美国,依然闹着有色人种的问题;而由人性不平等的观念所形成的独裁统治,依然流毒于世界各地。由此当可了解孔子在两千五百多年以前,很明确地发现了,并实践了普遍的人间的理念,是一件惊天动地的大事。"(见氏著:《中国人性论史》(先秦篇),台湾"商务印书馆"1969年版,第64—65页)

而且还可以从哲学家的后学思想发展中领略到它的光辉。郭店楚简《成之闻之》云:"圣人之性与中人之性,其生而未有别之。"这里的表述方式明显脱胎于孔子的"中人之性"云云,但是,它发展了孔子,试图将孔子本来含有矛盾的地方弥合起来;《性自命出》更是来得简单明了:"四海之内,其性一也。其用心各异,教使然也。"(第9简)完全是孔子思想的扩展与诠释,礼乐教化的思想指向已经相当明确。其后,孟子曰:"圣人之于民,亦类也。出于其类,拔乎其萃,自生民以来,未有盛于孔子也。"(《公孙丑上》)"尧舜与人同耳。"(《离娄下》)"故凡同类者,举相似也,何独至于人而疑之?圣人与我同类者。"(《告子上》)圣人的性与常人的性是一样的,但是,圣人之所以成为圣人,完全是他们努力学习,像孔子一样,切磋琢磨,"出乎其类,拔乎其萃"的结果。荀子亦曰:"凡人之性者,尧、舜之与桀、跖,其性一也;君子之与小人,其性一也。"(《性恶》)都是祖述孔子,推崇礼乐教化的走向。这应该是先秦儒家人学理论的重心,也是《性自命出》注重心志教化,以情气论性的理论背景。有了这样的认识,我们再来阅读《性自命出》的时候,也许就会对该文的主题有了更加牢靠的把握:

> 凡性,或动之,或逆之,或交之,或厉之,或出之,或养之,或长之。凡动性者,物也;逆性者,悦也;交性者,故也;厉性者,义也;出性者,势也;养性者,习也;长性者,道也。凡见者之谓物,快于己者之谓悦,物之势者之谓势,有为也之谓故。义也者,群善之蕝也。习也者,有以习其性也。道者,群物之道。凡道,心术为主。(第8—14简)

动性者,为物。何谓物?简文云:"凡见者之谓物。"见,读为"现"。在《性自命出》中,物之现,是性之出的先决条件。"喜怒哀悲之气,性也。及其见于外,则物取之也。"(第2简)以"喜怒哀悲之气"来界定性,为"物"之"取"的前提,但是"见于外"的原因,却是"物取之"的结果。之所以有这样的结果,原因还在于简文以气论性,把"喜怒哀乐"界定为"气",而气又是一种可以出入、吞吐、运动的存在,相对于性而言,本来是一种外在的存有。所以这里的"气"实际上就是"情"。相对于天命而言,性为"中体"(程伊川言《中庸》语,笔者借用于此)之性,是人的本质存在。"见于外",虽仍然是性之质,但是,其存有的形式已经发生了变化,是之谓"情"。故简文曰:"凡性为宝,物取之也。金石

之有声,[弗扣不][鸣。人之]虽有性,心弗取不出。"①说的实际上仍然是
"情"。"动性者,物也"的判断之理论价值,也许还在于简文作者立足于性情
的现实修炼与境界提升,对"物"本身可能提出要求。这样一来就为先秦儒家
的性情思想之发展的走向,设置了很多可能性。值得再说几句的是,郭店楚简
《语丛·一》中有"有天有命,有物有名。有物有容,有家有名"(第2—3简)的
句子,这是说,"物"也是由天命下贯定命定性而成,因此,《性自命出》中的
"物"也许与此是相通的,它有名、有容,也是天之所命,因而也具有神性,与现
代汉语中的"物"应该是有区别的。它所"取"的"性"是不是也具有神性呢?
回答应该是肯定的。

逆性者,为悦。逆,郭店简读为"逢",黄德宽、徐在国和李零等先生均释
为"逆"。上博简读为"逆"。逆,《尔雅·释言》曰:"迎也。"悦,简文自释曰:
"快于己者之谓悦。"(第12简)《广韵·夬韵》云:"快,称心。"《韩诗外传》第
九卷载:"见色而悦为之逆。"在交接的过程中,心性具有这种称心如意的感
受,是因为内在之性通过心志与外物的交接,"外物"在主体的心志之中引起
了一种特殊的心理反应,此之谓"逆"。这种"逆"是人人具有的,但是,要充分
利用这种"逆"的机缘,磨砺"性情",就不是那么容易的事情了。只有刻意地
锤炼自己的人才会有所提高。

交性者,为故。交,裘锡圭先生读为充实之"实"。② 故,简文自释曰:"有
为也者之谓故。"(第13简)《说文·攴部》云:"故,使为之也。"所以,有为也
者,指的是人为了达到一定目的,用作教化内容的《诗》、《书》、《礼》、《乐》等
文化典籍,就是孔子"文、行、忠、信"的"文"。以传统的文化典籍丰富人的内
涵,拓展人的性情空间,并且把它们视为人性的一部分,使之成为"天生人成"

---

① 赵建伟《〈性自命出〉校释》认为这里的"心"为衍文。李零先生则将"心"安置在"弗取
不出"的前一句句末,成为:"[人之]虽有性心,弗取不出。"(李零著:《郭店楚简校读记》,北京大
学出版社2002年增订版,第105页)在先秦的典籍中,笔者似乎从来没有碰到以"性心"为序的,
故不从。陈来先生将"心"放在"弗取不出"一句的开头,并且说"这个说法,很近于宋儒所说的
'心主性情'"。(陈来:《荆门竹简之〈性自命出〉篇初探》,见姜广辉主编:《中国哲学》第二十辑,
辽宁教育出版社1999年版,第305页)是否近于宋儒,不敢妄论,但是陈先生将"心"置放在"弗
取不出"之前,无疑是正确的,故从。

② 裘锡圭:《谈谈上博简和郭店简的错别字》,见《新出楚简与儒学思想国际学术研讨会论
文集》,清华大学,2002年,第19—20页。

的重要途径,这是对人类精神文化传统的正面肯定。另外,实性就是充实性,或使性变得充实、丰富。这里的潜台词是,人的天性与"故"并不矛盾,先天之性是基础,是前提,是宗教性的天道预设;后天的教化是充实,是磨砺,是现世人道的定位与提升。

厉性者,为义。厉,为磨砺。本来万事万物都可以磨砺心性,何以独"义"为然? 简文云:"察,义之方也。"(第38简)仔细鉴别、审查、选择是非、善恶的过程本身就是对人的性情的一种最好的锻炼;简文又云:"义也者,群善之蕝也。"(第13简)义,为群善之表征,是各种美德的集大成者,是儒家人学价值的标准,因此,学者必须"如切如磋,如琢如磨"(《大学》引诗),"博学之,审问之,慎思之,明辨之,笃行之"(《中庸》)。把"实性"与"厉性"联系起来,把"故"与"义"整合起来,就是仁与智的统一,德性与知性的统一,这正是孔子知行并重的实践理性。

出性者,为势。势,是针对物而言的,其目的还是为了锻炼性情的出入。简文自释曰:"物之势者之谓势。"第一个"势",李零先生读为"设",廖名春先生读为"制",即为制约,控制。廖说似可从。① 第二个"势",为处势义。《论衡・率性篇》云:"人间之水污浊,在野外者清洁,俱为一水,源从天涯,或浊或清,所在之势使然也。"这个"势",是一种社会礼仪的位势,它可以是历史的时势,也可以是现实的境遇,在很多情况下它是不以人的意志为转移的一种外在的力量。先秦儒家称之为"遇",《唐虞之道》谓之"圣以遇命,仁以逢时"(第14简)。内在之"圣"与"仁"与外在之"势",是一种互动的关系。李零先生说:"'势'是由外物构成的环境和环境具有的态势,可以屈挠其本性。"②屈挠其性,大约指的是对本性发展的一种合乎社会习俗、价值观念的一种限制。所以,李零先生与廖名春先生的解说是相通的。屈挠,实为修炼,是指在各种具体的境遇中何以把握性情的恰如其分,所以屈挠也是一种疏导。

养性者,为习。势,指的是人,作为一种社会的动物所受到的人文制约,因

---

① 李零著:《郭店楚简校读记》,北京大学出版社2002年增订版,第106页。又见廖名春:《郭店楚简〈性自命出〉篇校释》,见氏编:《清华简帛研究》(第一辑),清华大学思想文化研究所,2000年,第34页。

② 李零著:《郭店楚简校读记》,北京大学出版社2002年版,第117页。

此,其"所善所不善"的对象,是不以个人的意志为转移的、被动的趋势、态势;而习养,却与"势"刚好相反,是有目的的、主动的心性锤炼。"习也者,有以习其性也"(第13—14简)的判断,在很大程度上是对"动之、逆之、实之、厉之、出之"的全面总结。"习"是先秦儒家教化之学最根本的落脚点,就是孔子"造次必于是,颠沛必于是"(《里仁》),以"仁"为性的基本功夫。后面简文"察,义之方也。义,敬之方也。敬,物之节也。笃,仁之方也。仁,性之方也。性或生之。忠,信之方也。信,情之方也"(第38—40简)所展示的实际上是一个习练、修养性情的不断推演的过程。但是,《礼记·月令》中有"习合礼乐"之谓,也就是说,所谓"养性"就是用礼、乐之习来养性情之正。《尊德义》云:"德者,莫大于礼乐焉。治乐和哀,民不可惑也。"(第29—30简)以德治性,莫大于礼乐,以礼乐治性理情则民不惑。

长性者,为道。长,刘昕岚、郭沂、李天虹均视为增长、进益,[1]是说可从。因为儒家的"道",承《周易》"天道"之生化流行而来,是一个开放的创发体系,因此,廖名春先生将此"长",释为"统率、率领"之义,[2]是值得商榷的。人与道之间、天与人之间,在真正的"君子儒"那里,了无关碍,通体透明,不是统率与被统率的关系,而是彼此涵括、彼此冥合的关系。这应该是先秦儒家学说的基本要义之一。长性之"道",为人道。简文诠释曰:"道者,群物之道。凡道,心术为主。"(第14简)"道者",即指"长性之道",亦即"人道",人道就是下文的《诗》、《书》、《礼》、《乐》,为什么说"道者,群物之道"呢?因为简文作者认为,《诗》、《书》、《礼》、《乐》已经全面概括了世界上万事万物的真理,是世界的总相,所以认真地修德敬业,增进《诗》、《书》、《礼》、《乐》的知识,就可以扩大心性的内涵、完善整个的生命。实性,是指充实其性;长性,则是扩充其性,通过"心术"与天地之道同体。二者相关,但是并不相同。

"凡道,心术为主"之谓,据笔者所知,"心术"之说至少见于《庄子·天下篇》与《管子·心术》(上下)。《庄子·天下篇》云:"接万物以别宥为始。语心之容,命之曰:'心之行'。"《汉书·艺文志》曰:"夫民有血气心知之性,而

---

① 李天虹著:《郭店竹简〈性自命出〉研究》,湖北教育出版社2002年版,第145页。
② 廖名春:《郭店楚简〈性自命出〉篇校释》,见廖名春编:《清华简帛研究》(第一辑),清华大学思想文化研究所,2000年,第33—34页。

无哀乐喜怒之常,应感而动,然后心术形焉。"颜师古注曰:"术,道径也;心术,心之所由也。"郭沫若先生据此指出:"可见'心术'二字的解释也不外乎是'心之行'。而《心术下篇》言'心之行'如何如何,《内业》则言'心之刑',或言'心之情'刑与形字通,情与形义近,故'心之刑','心之形','心之情',其实也就是'心之容'了。"①把这种诠释与《性自命出》的论题联系起来,我们才恍然大悟,"凡道,心术为主"的判断是又将论述的笔触引回到了"凡人虽有性,心亡定志,待物而后作,待悦而后行,待习而后定"之上。② 简文始终紧扣性情、心志的论题,文章结构相当严密,起承转合,错落有致,前后照应有方,是值得我们注意的。

综上所述,对性动之、逆之、实之、厉之、出之、养之、长之的系统思想是承接上文探讨了心志、性情的出入之后,利用性情"心弗取不出"(第6简)的特性,而精心设置的磨砺套路。简文的真正用意是要拓展出"心术"("心之行"、"心之刑"、"心之情")的具体内容与走向,把儒家的德性、心性、性情修养的途径与方法落到实处。

二

根据《礼记·明堂位》,我们可以推知,周公制礼作乐,曾对此前的礼乐资

---

① 郭沫若:《宋钘尹文遗著考》,见氏著:《青铜时代》,科学出版社1957年版,第251页。
② 郭店楚简《五行》云:"德之行五,和谓之德,四行和谓之善。善,人道也。德,天道也。君子无中心之忧则无中心之智,无中心之智则无中心之悦,无中心之悦则不安,不安则不乐,不乐则无德。(君子无中心之忧则无中心之圣,无中心之圣则无中心之悦,无中心之悦则不安,不安则不乐,不乐则无德。)"透过《五行》篇的上述思想,我们对《性自命出》应该有新的认识:第一,《性自命出》的所谓"心术",说到底,就是《五行》篇的"五行"、"四行";《性自命出》中的"道四术"就是《诗》、《书》、《礼》、《乐》。由此我们进而相信,《性自命出》与《五行》在思想上具有深层理念上的相关性。第二,本章第三节笔者将论述到《性自命出》"情"的绝对圣洁性,由此我们发现,《性自命出》的情,并不是天生的"血气心知"之"情",而是与《五行》之忧、悦、安、乐一样,在经过了各个方面、各个层面的艰苦磨炼之后,对原始自我的超拔,"是最高的智慧,是理性的愉悦,是超善恶的忧乐,是内在的极致之安。这是圣贤的境界。"(郭齐勇:《郭店楚简身心观发微》,见武汉大学中国文化研究院编:《郭店楚简国际学术研讨会论文集》,湖北人民出版社2000年版,第203页)第三,《性自命出》之性情思想的最高、最深处,是形而上的性命超越,它是礼乐教化的"反善复始",身心互正的天道范本,无不是回归到"性自命出,命自天降"的源头上去。其理论的本质在于建设人之所以为人的贯通天人的"神性"。

源进行过集大成式的加工与改造。至孔子，明确提出"兴于诗，立于礼，成于乐"（《泰伯》）的人格修养、提升理路，由是而确定了先秦儒家人学的基本模式。西周时期的礼乐文化，文质相成，"郁郁乎文哉"（《八佾》），依托于上古巫史传统，神话与历史不分，史诗与乐舞不分，天与人亦不分，是先秦儒家礼乐文化的根本源头。① 是故《礼记·乐记》有云："及夫礼乐之极乎天而蟠乎地，行乎阴阳而通乎鬼神，穷高极远而测深厚。乐著大始，而礼居成物。著不息者，天也。著不动者，地也。一动一静者，天地之间也。故圣人曰'礼乐'云。"道出了先秦礼乐思想的本质。

《性自命出》的礼乐思想与此一贯而下，植根于性情，依托于天命，最后"闻道反己"（第56简），身心互正，回应天命，历史性地丰富了儒家人学的内涵。《性自命出》的身心观之最大的特点，在于把身体当成了一个情感的符号，并始终作为磨砺性情的一个重要的对象。对"作"于"情气"（"喜怒爱悲之气，性也"）的"礼"（"礼作于情"）的作用，《性自命出》说得很清楚："当事因而制之，其先后之序则义道也，或序为之节，则文也，致容貌所以文，节也。"（第19—20简）丁原植先生的诠释是："当面对事物的发生，就人道（的指向）而约制（人情的作用）。对礼施以上下先后次序的安排，就是人道之价值性（的要求）。（礼）有上下先后的顺序，对此加以约制铺陈，即形成礼仪的盛美。致力容貌（以呈现礼容的端庄），这是文饰着礼仪的制约。"②用后天之礼制约情气，就是以天道为范本，以人道的复杂关系作为锻炼自己性情的熔炉，置身其中而如切如磋，如琢如磨，以达到个体与群体的统一、天与人的统一。

但是，《性自命出》的礼仪化制约，是依托于心性的磨砺之上的，以"心"的认知规律为中轴，在心与物交接的过程中，从心之各个层面、各个阶段的实践出发，积土成山地练就性情的真纯，积善成德，"生德于中"，并且进而焕发在

---

① 杨向奎先生说："自王国维先生起到阴法鲁先生以甲骨文解上古史，旁征博引，遂使《天问》《山海经》中的神话故事，得以复现历史的真实。这些神话，还属于'神'职的历史时代。中国古代史职的演变，可分三期，即：一，'神'职历史时期，这时未'绝地天通'，人人通天为神，神话与历史不分。二，'巫'职历史时期，颛顼时代，重、黎'绝地天通'，是为巫的开始。三，春秋时代，'诗亡然后《春秋》作'，是为'史'的历史时期开始。"（见氏著：《宗周社会与礼乐文明》，人民出版社1997年版，第351页）

② 丁原植著：《楚简儒家性情说研究》，万卷楼图书有限公司（台湾）2002年版，第112页。

容貌、身体、举止、言行之上。故简文又云：

> 察，义之方也。义，敬之方也。敬，物之节也。笃，仁之方
> 也。仁，性之方也。性或生之。忠，信之方也。信，情之方也。情出于性。（第38—40简）

内在的仁、笃之性，必然要在纷繁复杂的人伦交际过程中，通过敬、忠、信之类的美德表现出来，溶解于颜色、容貌、辞气、体态等身体的语汇之中。这就是孔子所说的"君子义以为质，礼以行之，逊以出之，信以成之"（《颜渊》）的进一步扩展，它特别强调的是内心的端正诚悫，质朴信实（柬柬之信）。只有具备了"柬柬之信"（第66简）的人，才能消除巧言令色、污缦虚浮的言行，以达到内在的心性道德与外在表现的统一。所以《性自命出》又曰："君子美其情，贵[其义]，善其节，好其容，乐其道，悦其教，是以敬焉。"（第20—21简）丁原植先生就此释"敬"曰："'敬'是一种肃穆庄重的情态，是透过'美'、'善'、'好'、'贵'的取择与领会，'乐'、'悦'的心服感受，而产生一种道德的尊崇情怀。它具有原始宗教的神圣，而表现出人文价值创造的庄严。"①《墨经》曰："礼，敬也。"敬，为内在心性、情气之诚，是人之所以为人之主体上的内在要求；礼，为外在的节度，是人伦化的社会之各种关系在人的视听言动之仪表曲折的反映。敬是礼的内因，礼是敬的结果；有礼而无敬，谓之乡愿，有敬而无礼，则无人文之徵。② 敬、礼结合，表里如一，形神兼备，才能在身与心的高度统一的状态下显发天道的精神。

由于《性自命出》有"性自命出，命自天降"的天命源头，因此，"敬"的庄重之诚，实际上生发于天命，仰承天道，与性情相表里，具有超越的意涵，表现出了一种宗教的情怀。先秦儒家的思想体系中的人，之所以没有让人的主体流于偏枯、干瘪，关键还在于，与"敬"相表里的"礼"还有更为丰富的内涵支撑，这就是"乐"。礼乐之间相辅相成的内在张力，是先秦儒家礼乐人生的根本。杨向奎先生说："礼乐文明在西周初以'德'为核心，到春秋末，孔子提出，以仁为核心。孔子是一位大思想家、教育家，也是音乐家。他改革了礼，修正

---

① 丁原植著：《楚简儒家性情说研究》，万卷楼图书有限公司（台湾）2002年版，第115—116页。

② 孔子曰："人而不仁，如礼何？人而不仁，如乐何？"（《八佾》）又云："礼云礼云，玉帛云乎哉？乐云乐云，钟鼓云乎哉？"（《阳货》）

了乐。周公开始,使礼乐从原始的地位,走向人类社会;孔子开始,丰富了社会中的礼乐内容,礼不再是苦涩的行为标准,它富丽堂皇而文采斐然,它是人的文饰,也是导引人生走向理想境界的桥梁。"①但是,孔子哲学的主要目的,是要创发一种人生的境界。孔子"志于道,据于德,依于仁,游于艺"(《述而》),"兴于诗,立于礼,成于乐"(《泰伯》)的思想已经把先秦儒家人学带入了既善又美的艺术境界,这对中国的生命哲学产生了深刻的影响。

　　杨向奎先生还指出:"'礼'有广义、狭义之分。广义的礼,风俗信仰、礼仪制度无所不包;狭义的礼,包括礼物、礼仪两部分。'乐'属于与'礼'结合在一起的'仪',所以我们往往是礼乐合称。"②郭店楚简《六德》亦云:"礼乐,共也。"(第26简)所以,《性自命出》的"乐"也是属于"礼"的。它说得很清楚:"笑,礼之浅泽也;乐,礼之深泽也。"(第22—23简)案:泽,水聚会处。《释名·释地》云:"下而有水曰泽。"谓教化之恩泽,朱熹注《孟子·离娄下》"君子之泽,五世而斩"云:"犹言流风余韵。"(《孟子集注·离娄下》卷八)笑,丁原植先生释为"礼仪容貌的一种表现",很有道理。亦即,"和悦柔顺的态度,体现了礼义节度。聘问时致送璧帛,以作为表达诚信的证物,其馈赠体现着义道。欣然发笑,是和谐教化所产生的浅显影响。"③那么,为什么"乐",就成了礼的"深泽"呢?《礼记·乐记》可谓一针见血:"先王本之情性,稽之度数,制之礼义,合生气之和,道五常之行,使之阳而不散,阴而不密,刚气不怒,柔气不慑,四畅交于中,而发作于外,皆安其位,而不相夺也。然后立之学等,广其节奏,省其文采,以绳德厚,律小大之称,比终始之序,以象事行,使亲疏、贵贱、长幼、男女之理,皆形见于乐,故曰:'乐观其深矣。'"艺术(诗、乐、舞三位一体)的生发,本来深刻地植根于人的心灵之中,是"情动于中"(《乐记》)的直接产物。先王"稽之度数,制之礼义,合生气之和,道五常之行"的原因在于既符合艺术审美本身之发挥的规律,又不违反人之所以为人的血气心知之原则,故"使之阳而不散,阴而不密,刚气不怒,柔气不慑,四畅交于中,而发作于外,皆安其位,而不相夺也",完全是人发自内心的自然表现,没有丝毫的违拗之处。

---

①　杨向奎著:《宗周社会与礼乐文明》,人民出版社1997年版,第381页。
②　杨向奎著:《宗周社会与礼乐文明》,人民出版社1997年版,第385页。
③　丁原植著:《楚简儒家性情说研究》,万卷楼图书有限公司(台湾)2002年版,第119页。

因此,"广其节奏,省其文采,以绳德厚,律小大之称,比终始之序,以象事行,使亲疏、贵贱、长幼、男女之理",全面阐发了人类社会的人伦情怀。在这样的前提下,艺术才能呈现出"清明象天,广大象地,终始象四时,周还象风雨。五色成文而不乱,八风从律而不奸,百度得数而有常。大小相成,终始相生,倡和清浊,迭相为经。故乐行而伦清,耳目聪明,血气和平,移风易俗,天下皆宁"的面貌。(《乐记》)《乐记》一文,虽不是孔子亲自所作,但是,祖述了孔子的礼乐思想,是其"乐论"思想的发挥,则是无疑的。从文本来看,《乐记》的最终成文年代,明显比《性自命出》晚,也就是说,《性自命出》中许多还处于蒙昧、萌芽状态下的思想,在《乐记》中就发展得十分丰满了。由此看来,《乐记》也许是先秦儒家"乐论"思想的集大成者。

参照先秦儒家的传世文献,笔者以为,《性自命出》中关于"乐"的思想,有以下几点值得我们珍视:

第一,"游"是一种中国的艺术精神中特有的自由状态。《礼记·乐记》专门对音、声进行过区别:"凡音者,生于人心者也。乐者,通伦理者也,是故知声而不知音者,禽兽是也;知音而不知乐者,众庶是也。"而《性自命出》的"声",却是包含了哭声、笑声和琴瑟之声。简文作者承接上文"喜怒哀悲之气,性也"的判断,紧扣人之喜与怒、哀与乐的两极,深究它们与人性的关系:"凡至乐必悲,哭亦悲,皆至其情也。哀乐,其性相近也,是故其心不远。"(第29—30简)上一句讲情,说的是哀乐相生,交互影响,虽各有不同的心理走向,是不同的情感表现,但都是人之主体性的纯真表达。后一句言性,讲的是哀与乐虽然表现形式截然相反,但是心性的认知,情感的流露,在依托于"性"这一点上,却是一致的。如果与上文"四海之内,其性一也。其用心各异,教使然也"(第9简)结合起来读,我们就会发现,这一句与孔子之"性相近也,习相远也"(《阳货》)也许有承继上的关系。

"至乐必悲"之谓,似乎与《淮南子·道应》之"夫物盛而衰,乐极而悲,日中而移,月盈而亏"的自然辩证法思维模式有关,但是,笔者以为,这里透露了儒家与道家在理论指向上的不同。《孔子家语·六本》有"志之所至,诗亦至焉;诗之所至,礼亦至焉;礼之所至,乐亦至焉;乐之所至,哀亦至焉。诗礼相成,哀乐相生,是以正明目而视之,不可得而见;倾耳而听之,不可得而闻,志气塞于天地,行之充于四海,此之谓五至矣"之论,这是生命与性情的存有辩证法,由此我们可以知道,儒家的性情思想实际上是人生哲学、生命哲学,归根结底,将是对生与死的探索:"生与来日,死与往日。知生者吊,知死者伤。知生而不知死,吊而不伤。知死而不知生,伤而不吊。"(《礼记·曲礼下》)只有深知生死、贯通天人的人,才能真正养性情之正:"敖不可长,欲不可从,志不可满,乐不可极。"(《曲礼下》)所以,"凡至乐必悲"的真实用意在于阐明,人的真情实感是极为珍贵的,但是,"直情而径行"非君子之行也,因为它不合生死之道,天地之节,故"辟踊,哀之至也。有算,为之节文也"(《檀弓下》),才能哀戚有节而不伤性。因此,简文"吟游哀也,噪游乐也,啾游声[也],嘁游心也"(第33简)之谓,仍然上承孔子"游于艺"、"成于乐"的思想,试图以礼乐化的艺术之审美来锤炼、节制人的性情。吟,为浅叹;噪,为欢呼;啾,忧愁之声;呕,为歌唱。关于"游",异体作"遊",这个字上海简写作"芋",濮茅左先生释曰:"芋,亦遊字,《集韵》曰:'遾、迀、遊,行也。或从子,从斿,通作遊。'有放纵、放任义。"①如果我们把这个"遊"视为与孔子"遊于艺"、庄子"逍遥遊"之"遊"具有相关性,那么,吟、噪、啾、嘁,都可以理解为各种歌唱的艺术表现形式,并且用以"遊哀"、"遊乐"、"遊声"、"遊心",其本质就是"有算,为之节文也",与上文之"贵其义,善其节,好其容,乐其道,悦其教"(第20—21简)是一致的,都是养心、节情,所以说到底,《性自命出》之"喜斯陶,陶斯奋,奋斯咏,咏斯犹(摇),犹斯作(舞)。作(舞),喜之终也。愠斯忧,忧斯戚,戚斯叹,叹斯辟,辟斯通踊。踊,愠之终也"(第34—35简),虽然与《礼记·檀弓下》一样,具有丧葬之礼的语汇背景,但在本节中,却最终是在论述人之内心的喜怒哀乐何以选择一个相应的、恰当的方式表达出来,既不受压抑,不至于情感无以宣泄,又有所节制而不伤其性,以艺术的形式来调节身心以达到性情的和谐和精神的自由境界。对此《孟子》、《礼记·乐记》②中都有相关的思想,此不

---

① 马承源主编:《上海博物馆藏战国楚竹书》(一),上海古籍出版社2002年版,第251页。
② 《孟子》曰:"仁之实,事亲是也;义之实,从兄是也。智之实,知斯二者弗去是也;礼之实,节文斯二者是也;乐之实,乐斯二者,乐则生矣;生则恶可已也,恶可已,则不知足之蹈之、手之舞之。"(《离娄上》)《乐记》亦云:"故歌之为言也,长言之也。说之故言之。言之不足,故长言之,长言之不足,故嗟叹之,嗟叹之不足,故不知手之舞之,足之蹈之也。"

赘述。

第二,"凡声,其出于情也信,然后其入拨人之心也厚。"(第23简)借助艺术的形式,施行道德教化可以收到令人意想不到的效果。孟子曰:"仁言,不如仁声之入人深也。"(《尽心上》)荀子曰:"夫声乐之入人也深,其化人也速。"(《乐论》)都与此一思想一致,不过,《性自命出》的这个判断,是一个假设复句,是说如果音声"出于情也信",那么,"其入拨人之心也厚",如此,则在文意上相对孟子、荀子而言,更注重性情本身之论题的探讨。也就是说,"凡声,其出于情也信",是作者对艺术,对情感表达的一个根本性的要求。感情真挚是一切动人的情感、动人的艺术作品的生命所在。于是,简文作者从人之情感的喜与悲两极入手,来探讨情感出入、交汇的表现形式,以求找到其中的规律与本质:"哭之动心也,浸杀,其央恋恋如也,戚然以终。乐之动心也,濬深鬱陶,其央则流如也悲,悠然以思。"(第30—31简)浸杀,指悲痛到极点之后,心如刀绞的状况;"濬深鬱陶",欢乐之情内涵于人体而未发的状态。丁原植先生指出:"'乐'与'哀'作为人存之情的两种极致,均动撼着人心,各自表现出不同的情态。喜乐之情,感人深刻,在心中激荡而奋发,蕴积至极处,则顿然感伤人存之有无,茫然而生悲,忧然以哀思。丧痛之哭,哽咽声急,渐转深沉,而声嘶力竭,残音不断,尽情以悲戚。"①笔者倒以为,《性自命出》在这里展现出来的最精睿的思想也许并不仅仅在"皆至其情也,哀、乐,其性相近也",而在于人之主体性的存有,在哀与乐(实际上是指各种复杂的情感)之间互相转化,借助艺术的形式,摇荡性情,悲喜交加而陶冶人生,此为美的净化,这实际上正是孔子"成于乐"的展开。关于这一点,本节在孔子一章"无与点也"一节中有专论。

李光地的《论语札记》在诠释《论语》"子温而厉,威而不猛,恭而安"时写道:"温,春生之气。威者,秋肃之气。恭者,内温外肃,阴阳合德之气也。三句就一时想象亦可,然亦有迭见者。"天造地设,天生人成,生化不息,则人之情与天地之节相似,春夏秋冬四时代序,诚如人的喜怒哀乐之气彼此激发而摇荡性情的状态一样。"诗礼相成,哀乐相生"的支撑背景,是天人合一,是天地

① 丁原植著:《楚简儒家性情说研究》,万卷楼图书有限公司(台湾)2002年版,第155页。

宇宙与人生性命之关系的深入思考,触及到了人之天命性情最实质的问题,因此,简文从天地宇宙之发展规律处,回答了情感何以可能以及情感起源的重大问题。

正因为人之喜怒哀乐皆至其情,所以才能"入拨人之心也厚"。"圣人比其类而论会之,观其先后而逆训之,体其义而节度之,理其情而出入之,然后复以教"(第16—18简)。如此,则"闻笑声,则鲜如也斯喜。闻歌谣,则陶如也斯奋。听琴瑟之声,则悸如也斯叹。观《赉》《武》,则齐如也斯作。观《韶》《夏》,则勉如也斯俭(敛)。永思而动心,喟如也。其居次也旧(久),其反善复始也慎,其出入也顺,司其德也。郑卫之乐,则非其听而从(纵)之也。凡古乐动心,益乐动指,皆教其人者也。《赉》《武》乐取,《韶》《夏》乐情"(第24—28简)。《汉书·礼乐志》云:"夫乐本情性,浃肌肤而藏骨髓。虽经乎千载,其遗风烈韵,尚犹不绝。"之所以经乎千载,而遗风烈韵不绝的原因,正在于本乎情性,浃肌肤而藏骨髓,感人至深的真实情感足以打动人、深入人心。由于"《诗》《书》《礼》《乐》,其始出皆生于人"(第15—16简),都是出于人的真情实感,所以才能收到使人"斯喜""斯奋""斯叹"的效果,圣人之教也才能达到"斯作""斯俭","乐取""乐情"的目的。所以,《乐记》云:"德者,性之端也。乐者,德之华也。金石丝竹,乐之器也。诗,言其志也。歌,咏其声也。舞,动其容也。三者本于心,然后乐器从之。是故情深而文明,气盛而化神,和顺积中,而英华发外,唯乐不可以为伪。"

第三,乐教的形上超越。结合《性自命出》的上下文以及先秦儒家的相关思想,笔者以为,"喜斯陶,陶斯奋,奋斯咏,咏斯摇,摇斯舞。舞,喜之终也。愠斯忧,忧斯戚,戚斯叹,叹斯辟,辟斯踊。踊,愠之终也"(第34—35简)这段话,始终没有脱离孔子"慎终追远,民德归厚"(《学而》)以及"大报本反始"(《礼记·郊特牲》)的思想。所以,"性自命出,命自天降"为生发之源的性、情,在这里一直具有不可忽视的形上性。理查德·贝克指出:"从有生命时起,音乐就一直是同生命的目的、生命的奥秘紧密联系在一起的。"①用《乐记》的话来说,就是"穷本知变,乐之情也。著诚去伪,礼之经也。礼乐偩天地

---

① 理查德·贝克著:《音乐的魅力》,宋鸿鸣、路莹译,人民音乐出版社1986年版,第4页。

之情,达神明之德,降兴上下之神。"乐舞之情,生发于人情,却也贯乎性情,始终没有脱离人的性情。如果说,《檀弓下》的丧葬之舞、之踊,是为了"有算,为之节文"的主题,那么,在《性自命出》的上下文中,我们就应该从性情之出入,身与心的互正关系上来诠释。《性自命出》着重于"喜"与"愠"之生发和终结的心理过程,由喜而陶、而奋、而咏、而摇、而舞;由愠而忧、而戚、而叹、而辟、而踊的过程,就是人的情感摇荡心志,逐渐显发至身体,并通过身体表达出来的过程。

但是,正如我们所知道的,不论是摇,是舞,是辟,是踊,对儒家来讲,实际上都属于"礼"的范畴。先秦儒家的性情思想始终都是离不开"礼"的,因为礼是仁的显现,所以礼就始终以性情为内核。在很多情况下,礼,是通过身体的举止来表达的,但是并不仅仅如此,礼还有超越的层面,它同样要回证天命,天人合一。故《释名·释言语》云:"礼,体也。"也就是说,儒家的礼,就是要通过身体的礼仪化修炼贯通天人。故《荀子·修身》云:"礼者,所以正身也。"摇、舞、辟、踊,实际上就是礼,用以正身、修德的重要法门。《论衡·本性篇》云:"情性者,人治之本,礼乐所由生也。故原情性之极,礼为之防,乐为之节。性有卑谦辞让,故制礼以适其宜;情有好恶喜怒哀乐,故作乐以通其敬。礼所以制,乐所为作者,情与性也。"礼乐的本质,在于根基于人的性情,然后返其情,和其志,对人之所以为人者进行德性化的规范。

不过,在《性自命出》中,身心性情的交往通达有两个走向:第一,是由真挚的喜怒哀乐之情,激发而为摇、舞、辟、踊,通过身体化艺术的表达,"游"情、"游"性,天人合一,身心合一。第二,礼仪化的摇、舞、辟、踊,象天象地,化天化地,修身反己,修身近至仁,以德性化、礼仪化的身体来统领心志、性情,此之谓"君子执志必有夫广广之心,出言必有夫柬柬之信,宾客之礼必有夫齐齐之容,祭祀之礼必有夫齐齐之敬,居丧必有夫恋恋之哀。君子身以为主心"(第65—67简)。这是性情世界的理性化,是更高层次的快乐,是德性化的身与心的统一。《礼记·大学》曰:"诚于中,形于外。"孟子云:"有诸内,必形诸外。"(《告子下》)《大戴礼记·文王官人》还有"诚在其中,志见于外"之说,诸如此类,不一而足,都是讲内在之诚,显发到身体的理路,而《性自命出》却明白地提出"身以为主心"由外而内的思想,这是身心互正,内外双修,最终又身心统一,内外统一而又仰承于天的理论。由此,《性自命出》就与孟子或者思孟学派,划出了一道明确的分界线。

三

《性自命出》"性自命出,命自天降。道始于情,情生于性"(第2—3简)的组合判断展示了一个由天而命,由命而性,由性而情,再由情而道的下贯模式。在这个模式中,按照目前学界的常规理解,天与命是源,性、情、道是流,但是,笔者以为,本着荀子"善言天者,必有征于人"(《性恶》)的原则,根据上文分析之《性自命出》注重"心"的教化思想来看,性、情、道,实际上是这个组合判断的主体。特别是这个"道",表面上与上文所说的"心"相应,指的是人道,可是这个组合判断由上而下的条贯理路之本身,即含有"天道"的暗示。"道始于情",一方面是说,"道"源自于人之情的激发,符合人之常情,是人性的最高体现;但是另一方面,这个"情"生于由天命下降之"性",由本节第一章的分析,我们知道,"情"的前身写作"青",而且在《性自命出》的原始文本中,这个"情"字还时而写作"青"(⿱),时而写作"情"。从心从青,上青下心的"情"(⿱),实际上是儒家的发明,反映了先秦儒家试图将仁义礼智的教化融化到人的天生性情之中去的思想。但是,情字毕竟来自"青"字,也就是说,这里的性与情,都具有形上的意味。也就是说,始于情的"道",同样含有形上的意味,无不含有天道的成分。而且不仅如此,儒家的人道,亦即《诗》、《书》、《礼》、《乐》,虽然"其始出皆生于人",但是最终的归宿,却又无不是要与天道合一,这就是自然之天与义理之天的合而为一。"道"的意涵的双重性,正说明了"情"的意涵,也具有向人与向天的两个指向。

于是,我们惊奇地发现,在这个组合判断中,"情"实际上具有向上与向下,双向撑开的张力。也就是说,虽然它生于由天命贯注的性,但同时,它又是一个对"性"的规约,是"生(性)"之原质的体现,因此,这个"情"就与"性"一样,具有由天命贯注的宗教性质。《性自命出》中"凡人情为可悦也"(第50简)的"情",是一个形容词,意指真诚、敦笃。"悦"说的是一种与人沟通的状态,是说人只要真诚敦笃,就可以打动人,使人产生快乐的情感。但是,在先秦儒家"天生人成"的总框架之下,笔者以为,"可悦",并不仅仅只是指人与人之间,实际上还包括了人与天之间、人与物之间,因为道→情→性→命→天,在先秦儒家那里,每一个环节是不能够独立存有的,这是先秦儒家的天人合一的思想。

早在《尚书》中,儒家的"情",就是依托于"天"的,或者说,是在与"天"相磨合的运动中而存有的。《尚书》关于情感的叙述是很多的,例如,"允":"钦明文思安安,允恭克让,光被四表,格于上下。"(《尧典》)"浚哲文明,温恭允塞,玄德升闻,乃命以位。"(《舜典》)"人心惟危,道心惟微,惟精惟一,允执厥中。""祗载见瞽叟,夔夔斋栗,瞽亦允若。至诚感神,矧兹有苗。"(《大禹谟》)"尔克敬典在德,时乃罔不变。允升于大猷。"(《无逸》)《尚书》中"允"字凡32见,其中绝大多数是"诚信、真诚"的意思。《尔雅·释诂》云:"允、孚、亶、展、谌、亮、询、信也。"也就是说,允,在《尚书》中与"诚、亶、忱"等在表达真情挚性的意向时,实为同一概念:"鬼神无常享,享于克诚。"(《太甲下》)"诞告用亶。"(《盘庚中》)"敬哉!天畏棐忱;民情大可见,小人难保。往尽乃心,无康好逸,乃其乂民。"(《康诰》)值得注意的是,这些表述的背后都有"天"的支撑,或者说是"天"的本质属性的投射,所以《尚书》中才会有"格于上下"、"玄德升闻"、"允升于大猷"、"天畏棐忱"等诸如此类的思想,这是周革殷命之后,天人思想的必然归宿。

孔子的一生不离天、不离命,是谓"与命与仁"(《子罕》)。《论语》中的"天"主宰性、义理性兼而有之,是直接上承西周而来的"天"。由于近年来简帛的考古发现,人们已经认识到,孔子与《周易》的关系是相当密切的,因此,孔子的"天"、"命"与《周易》,特别是《易传》中的"天"、"命",有相通之处:"天何言哉?四时行焉,百物生焉,天何言哉?"(《阳货》)表现的是一种生化流行,生化万物,而又博厚高明的品质。《论语》又载:"子在川上曰:'逝者如斯夫,不舍昼夜!'"(《子罕》)与《易传》"日新之谓盛德,生生之谓易,成象之谓乾,效法之谓坤……,阴阳不测之谓神"天命生化的精神是相通的。因此,孔子曰:"大哉,尧之为君也!巍巍乎!惟天为大,惟尧则之。"(《泰伯》)天,就成了义理上的范本、性命的源泉、精神上的归宿。

笔者曾经撰文指出:《性自命出》曰:'凡人情为可悦也。苟以其情,虽过不恶;不以其情,虽难不贵。苟有其情,虽未之为,斯人信之矣。'(第50、51

简)这里的'情'是一个比现代汉语'情感'之'情'更为深刻、宽泛的概念。由于在笔者看来,郭店楚简可能已经受到了《周易》的影响(《语丛·一》有:'《易》,所以会天道人道也'),因此,这个'情'与《周易》的'孚',《中庸》的'诚'有相通之处,与《大学》的'正心''诚意'具有同样的品格,都是在追求一种宗教性的绝对圣洁。在有志于君子道的儒家学者看来,真挚诚悫,是宇宙精神的本质,是至善至美、至大至神的榜样。因此,要在心性上达到天人合一的境界,内圣也好,外王也罢,都必须首先正心诚意,正直无欺。《性自命出》写得很清楚:'笃,仁之方也。仁,性之方也。性或生之。忠,信之方也。信,情之方也。情出于性。'(第39、40简)①人的性情是天的自我彰显和自我实现的形式,我们只有真诚地在人伦关系中尽心、尽性,才能够最终完成'天'赋予我们的使命。"②情并不直接与天、命交接,它必须通过性与天、命发生关系,但是,情是性的表现形式,没有情在具体的操舍存亡中发挥作用,性就不可能回证天命。所以,情的内涵与天、命,实际上仍然具有不可斯须分离的关系,至少它无时无刻地都在天、命的笼罩之中。先秦时期的天与命,并不仅仅只是具有宰制性,特别是在先秦儒家的性情思想体系中,它在更多的情况下,是一种博厚高明的境界。

走笔至此,就不得不提及《中庸》"诚者,天之道也;诚之者,人之道也",《孟子》"诚者,天之道也;思诚者,人之道也。至诚而不动者,未之有也;不诚,未有能动者也"(《离娄上》)的表述了。这里的"诚"已经明确地被子思子与孟子界定为"天之道"与"人之道"双向互通的概念,可惜资料太少,我们不能详细地知道,这个丰满、圆融,涵括天地人世的"诚"是怎样发展而来的,但是,在这个"诚"的形成过程中,肯定有《性自命出》中"情"的积累与铺垫,因为《性自命出》中也有与子思子、孟子的表述相一致的地方:"凡人情为可悦也。苟以其情,虽过不恶;不以其情,虽难不贵。苟有其情,虽未之为,斯人信之矣。

---

① 《尔雅·释诂三》云:"方,类也。"用现代汉语的说法,就是"属于……的范畴"。李天虹博士将这一段引文译为:"敦厚,是仁的表象。仁爱,是性的表象。性则人生而有之。忠诚,是信实的表象。信实,是真情的表象。真情出于人的本性。"(见氏著:《郭店楚简〈性自命出〉研究》,湖北教育出版社2002年版,第178页)基本符合原意,正直无欺,忠诚信实,是《性自命出》之"情"的首要内涵。

② 欧阳祯人著:《郭店儒简的宗教诠释》,《中国哲学史》2001年第3期。

未言而信,有美情者也。未教而民恒,性善者也。未赏而民劝,含福者也。"
(第50—52简)这与孟子"至诚而不动者,未之有也;不诚,未有能动者也"的
思想在思路上实际上并没有多大的差距。

《中庸》、《孟子》的"诚",学界公认是具有形上性的。《性自命出》的"情"
也具有形上性。李天虹博士说:《性自命出》"上篇的重点在于讨论情的根源
以及情与礼、乐的关系,这里的情,主要是指真挚的情感。延及下篇,论情的重
心有所转移,情的情感因素下降到了次要地位,突出强调的是情的诚、实、真的
本质,在此基础上,情的地位、价值都得到了高度弘扬。"①这种理解基于文本
本身文理,是正确的。但是,丁四新博士最近撰文指出:在郭店楚简之《性自
命出》与《语丛·二》中,"情、欲、爱、慈、恶、喜、愠、智、瞿、强、弱十一者皆生于
性,是平行、并列的关系;特别是'情'、'欲'这些概念的内涵古今有较大的改
变,如欲用它们来概括以上内容,似乎必须十分谨慎才是。如喜、怒、哀、悲、
哀、慈、愠,甚至好恶等,今天都可以说是感情的情,但在简文中则没有直接的
证据,证明简文之'情'就是感情之情,因此应将'情'与喜、怒、哀、悲等情感概
念区别开来。"②很显然,这种理解似乎更有说服力,因为它挖掘得更深,更富
有哲学的思想分量。

从郭店竹简原始的简文照片中,我们可以看到,"情"有时写作"青",有时
又写作"情",透露了"青"字的本义,一开始本来是与性情的"性"(眚)裹挟得
非常紧的。既然人之"性"是承天命而生,而情又是性之所以为性者,所以,这
个"青"(情)原本就不是任何具体的喜、怒、哀、悲、哀、慈、愠等,"青"(情)高
于它们,与"性"(眚)是孪生的姐妹。值得一提的是,《性自命出》也毫不例外
的拥有宗教性的层面,一是"反善复始",讲的是礼乐教化对人本性之善的复
归;二是"身以为主心",讲的是圣人"践形"的身心合一论。礼乐教化为什么
能够使人回归自己的本性之善? 它的理论前提不是别的,就是"性自命出,命
自天降"中的"天"。"天",虽然在《性自命出》中仅此一见,但是,它的整个行
文以"天"为背景,是毋庸置疑的。这不仅有整个郭店楚简的儒家文献中大量

---

① 李天虹著:《郭店楚简〈性自命出〉研究》,湖北教育出版社2002年版,第57页。
② 丁四新著:《论郭店楚简"情"的内涵》,此文为丁四新博士从美国哈佛大学给笔者寄来
的Email文本。

涉及"天"的思想的支持，而且也有众多传世文献的支持，离开了天的支撑，《性自命出》的思想研究，是不可想象的。由于性自命出，命自天降，因此，至高至大的天之范本，必然就从根本上限定了"性"的性质——善。由天而降的性，只能是善的，否则，天何以谓之天？由于有了由天而性的源头，所以，人之性情的归宿也就由此而得以确立——"反善复始"。仅仅依据"反善复始"，就说《性自命出》具有性善论的思想，是明显错误的；但是，从整个先秦儒家的思想发展轨迹来看，我们却也不能不说，这里面隐含了性善论的萌芽。笔者在《郭店儒家论略》中有《从〈尚书〉中走出来的哲学流派》一节，就是想揭示这种发展的轨迹。① "身以为主心"，有学者以为是字句顺序抄写有误，应该为"君子身以心为主"。② 根据《性自命出》与此句相关的上下文意，笔者以为，这是一个以身正心，最后又身心互正的判断。郭齐勇师曾撰文指出："所谓'身以为主心'是强调以端正身形来端正吾人之心，或者说'以身正心'。居恭色庄是用以涵养心性，端正内心的。修内与修外，正心与正身，于此达到完满的统一。"③把问题已经阐释得相当清楚。需要附带说明的是，与"反善复始"一样，"君子身以为主心"的思想背景仍然是天，没有天，身心的统一就没有任何意义。而有了天，身心的统一，就有了超越提升的可能，后来孟子说得很直接："形色，天性也；惟圣人，然后可以践形。"（《尽心上》）只有圣人才能真正达到身心的合一，也就是天与人的合一。

《礼记·礼运》有"何谓人情？喜、怒、哀、惧、爱、恶、欲，七者弗学而能"的表述，"情"，已经发展成了能够概括喜怒哀惧恶欲等各种具体情感的范畴。笔者认为，郭店简的《语丛·二》中"情、欲、爱、慈、恶、喜、愠、智、瞿、强、弱"等概念与"性"的关系，以及欲、爱、慈、恶、喜、愠、智、瞿、强、弱，这些有关情感的字，都是指的具体的情感。有关它们的叙述都统领在"情生于性"这样一个总纲之下，这是显而易见的。可见，在先秦时期，"情"，在很长的一段时间里可

① 欧阳祯人著：《郭店儒简论略》，台湾古籍出版有限公司2003年版，第169—188页。
② 刘钊：《读郭店楚简字词札记》，见武汉大学中国文化研究院编：《郭店楚简国际学术研讨会论文集》，湖北人民出版社2000年版，第89页。
③ 郭齐勇：《郭店楚简身心观发微》，见武汉大学中国文化研究院编：《郭店楚简国际学术研讨会论文集》，湖北人民出版社2000年版，第201页。

— 217 —

能都写作"青",为"情"之抽象言之者(因而它不需要心字旁);而其他的具体情感则为具体的"情"目,有即时性的心志活动的参与。李天虹博士在《郭店竹简〈性自命出〉研究》一书中,对郭店楚简之《性自命出》与上博简《性情论》中"心"字旁、或"心"字底的字进行过统计,她认为上博简之"《性情论》从'心'之字特别多。像《性自命出》中的'青(情)'、'萬(厉)'、'諄'、'舀'、'亙(恆)'、'猷'、'筜(笃)'、'采'、'叟(矜)',《性情论》分别作'情'(简二、二一)、'蕙'(简四、五)、'悴'(简一五)、'愠'(简一九)、'恒'(简二三、三七)、'懃'(简二六)、'簹'(简二三)、'悉'(简三七)、'罳'(简三九)……,另外也有少量《性自命出》从'心',而《性情论》不从'心'的字。……,但总起来看,《性情论》从'心'之字明显多于《性自命出》。"①这是否是先秦儒家性情思想,通过儒家的教化对社会的渗透加强,而反映在文字上的变化呢? 这显然值得将来进一步的研究。

通过上面的论述,笔者似乎可以从三个方面对《性自命出》中"情"的思想内涵及其存有形态作出以下的总结:

第一,简文曰:"凡人情为可悦也。苟以其情,虽过不恶;不以其情,虽难不贵。苟有其情,虽未之为,斯人信之矣。未言而信,有美情者也。未教而民恒,性善者也。未赏而民劝,含福者也。未型(刑)而民畏,有心畏者也。贱而民贵之,有德者也。贫而民聚焉,有道者也。"(第50—53简)因为"情"直接依托于由天命贯注而成的"性"("情生于性"),所以,在《性自命出》中它始终是一个正面的、具有积极、肯定意义的范畴。这在中国思想史上,可以说具有石破天惊的人学意义,因为它把人之"情"推崇到了极端。庞朴先生指出:"情的价值得到如此高扬,情的领域达到如此宽广,都是别处很少见到的。特别是,有德与有道,在这里竟也都被拉来当做有情,当做有情的某种境界,这种唯情主义的味道,提醒我们注意:真情流露是儒家精神的重要内容。真情流露就是率性。'率性之谓道',后来《中庸》开篇的这第二句话,大概是应该以楚简的思想来解释,方才可以捉住要领的。"②"唯情主义"的提法未必能让所有的人

① 李天虹著:《郭店竹简〈性自命出〉研究》,湖北教育出版社2002年版,第202—203页。
② 庞朴著:《孔孟之间——郭店楚简中的儒家心性说》,见《郭店楚简研究》(《中国哲学》第二十辑),辽宁教育出版社1999年版,第31页。

接受,但是,这个"情"字,诚如上文所言,其内涵比现代汉语之"情感"的"情"宽广得多,寓意深刻,因此,我们可以将这个"情"字视为先秦儒家对有志之士的信念以及精神状态上的要求,它一方面来自天的至真至纯;另一方面又要求道德的践履者以此为范本,并且回证天命。

所以,这种"唯情主义"的真正价值,在于把"天"的纯洁性、神圣性,纳入了人性的世界里面来,使人之"情"也纯洁起来、神圣起来了。为此,人的自身价值着实得到了提高。吕大吉先生说:"一切宗教中神的神性就是人的人性,神的本质就是人的本质。神灵观念之所以产生,是人通过想象力把人的人性和本质异化或对象化为一个神圣对象的结果。""本质上是人自己的创造,是幻想的产物。不是神创造人,而是人创造神。"①所以我们可以把这种"唯情主义"视为人的主体性自我界定、自我崛起并且自我扩充的象征。

另一方面,"道始于情","礼作于情"的命题,实际上说的是"信,情之方也"(第40简),"唯人道为可道也"(第14—15简)。"情"具有天赋的、理所当然的诚信、资质之美。因此,"信,情之方也",明显是对"道"与"礼"的一种规定,道为人道,礼为人道之极(荀子言曰:"礼者,人道之极也"),所以,人道与礼乐本来相通,而礼乐的本质在于信,在于诚,没有诚信,礼乐人道,将不复存有。所以"圣人比其类而论会之,观其先后而逆训之,体其义而节度之,理其情而出入之,然后复以教"的《诗》、《书》、《礼》、《乐》,"其始出皆生于人"之"情",是天道通过人之情性而显发出来的"道",它"始者近情,终者近义",所以,可以"生德于中者也"(第18简)。其根本的原因在于,"凡声,其出于情也信,然后其入拨人之心也厚"(第23简),触及了人之最深沉的灵魂,内外进出,都引起了连锁性的反应:"闻道反上,上交者也。闻道反下,下交者也。闻道反己,修身者也。上交近事君,下交得众近从政,修身近至仁。"(第55—57简)从社会伦理到个人修身,全面磨砺自己,不过从《性自命出》行文的层次划分上来看,简文作者的意见是个人的修身属于更高深的学问,因为它最终是"反善复始",是"君子身以为主心",因此也就更加重要,其理路与"君者,民之原也;原清则流清,原浊则流浊"(《荀子·君道》)是一样的。孔子曰:"二三

---

① 吕大吉著:《宗教学通论新编》(上),中国社会科学出版社1998年版,第157页。

子以我为隐乎？吾无隐乎尔，吾无行而不与二三子者，是丘也。"(《述而》)孟子亦曰："至诚而不动者，未之有也；不诚，未有能动者也。"(《离娄上》)朴素、质实的话语中，隐含了儒家教育思想的深刻内容，这是笔者在研读《性自命出》之前不曾料到的。

　　值得注意的是，"凡人伪为可恶也"（第48简）的"伪"与"凡人情为可悦也"（第50简）的"情"，相对而出，简文作者明显是在对比之中阐述二者之间鲜明的差别。如果诚如上文所言，"情"是实、是真，是情实、质实义，那么，我们在阅读《性自命出》时，这个词就使我们看到了两方面的互动：一方面是宇宙精神的真诚，它是性命之源、性情之基；另一方面是人之所以为人者的自强不息之磨砺、奋斗的精神。这个"情"字，既是言天，亦是言人，天与人都隐括其中了。与"情"相反，"伪"，在简文作者看来，是一种可耻的行为，《集韵·莫韵》云："恶，耻也。"领略整个《性自命出》的文本，我们深刻地体会到，作者对"情"的推崇有多高，对"伪"的贬抑就有多深。作者对虚伪、做作、矫情的各种行为是深恶痛绝的，对他人来讲，"伪斯吝矣，吝斯虑矣，虑斯莫与之结矣"（第48—49简），避之唯恐不及。这个"伪"字是一个贬义词，与荀子之"伪"的"人为"义，大不相同，这说明在《性自命出》中，"伪"是一种宇宙精神以及人之性情的反动，它从反面昭示了先秦儒家所极力提倡和追求的是一种什么样的精神境界，而由此促使我们加深了对孔、孟、荀的理解。

　　第二，关于"凡人情为可悦也。苟以其情，虽过不恶；不以其情，虽难不贵。苟有其情，虽未之为，斯人信之矣。未言而信，有美情者也。未教而民恒，性善者也。未赏而民劝，含福者也。未型（刑）而民畏，有心畏者也。贱而民贵之，有德者也。贫而民聚焉，有道者也"（第50—53简）这段话，陈来先生的演绎是："一个治民者，如果与人民有感情上的沟通，虽有过失，人民也不会嫌恶他。他若对人民有情，即使他没有做事，人民也相信他。为许诺而得到民的信赖，这是有美情的人；未施教化而使民有常心，这是性善的人；未行赏赐而民勉力，这是有福的人。他不做官，而民尊敬他，这是有德的人；他没有财富，而民聚集其周围，这是有道的人。这样的人，不喜欢他的人说不出他的过失，批评他的过失的人又不嫌恶他。这样的人就是修身近仁的人。总之，强调治民者内在情性的修养。"①陈先生引《国语·楚语上》指出,《性自命出》的内容都是"使明其德,而知先王之务用明德于民也。"抓住了先秦儒家人学思想的根本。

刘乐贤先生对《性自命出》与《淮南子·缪称》进行了比较研究,②认为《性自命出》的思想与《缪称》中的某些语句在思想上是一致的,为《子思子》佚文。刘先生所引用的片断中,有一段佚文十分醒目:"故舜不降席而天下治,桀不下陛而天下乱,盖情甚乎叫呼也。无诸己,求诸人,古今未之闻也。同言而民信,信在言前也;同令而民化,诚在令外也。圣人在上,民迁而化,情以先之也,动于上,不应于下者,情与令殊也。"③统治天下并不仅仅只是大呼小叫地发号施令,"无诸己,求诸人",将会什么事情都做不了,因此"信在言前","诚在令外",透彻地展示了《性自命出》重情、重信、重敬的秘密。

"未言而信,有美情者也。未教而民恒,性善者也。未赏而民劝,含福者也。未型(刑)而民畏,有心畏者也。贱而民贵之,有德者也。贫而民聚焉,有道者也"这一句群紧承上文,其本质理路与孟子的"君子所性,仁义礼智根于心。其生色也睟然,见于面,盎于背,施于四体,四体不言而喻"(《尽心上》)是一致的。为什么这么说呢?"未言而信,有美情者也",纯朴真挚的"情",植根于性,咏涵于心,显发于视听言动,与天道为一,因此,"四体不言而喻"。"四体不言而喻",就是"未言而信"更加圆润的说法。"未教而民恒,性善者也",《大学》曰:"自天子以至于庶人,壹是皆以修身为本",君子修身,身教重于言教,以"善"的内涵润身而生辉,"其生色也睟然,见于面,盎于背,施于四体",一举一动,一言一行,无不在感化着周围的群众,所以,就可以达到"未教而民恒"的理想效果。"恒"在这里,笔者以为,就是孟子笔下的"恒心"之恒,这是一个表示德性之持久与专一的特殊名词。"未教而民恒,性善者也"一句,让我们不能不想到孟子的理论渊源,是不是与《性自命出》有什么关系。正是由于有了"未言而信,有美情者也。未教而民恒,性善者也",这种德性的、善的力量,所以"未赏而民劝,含福者也。未型(刑)而民畏,有心畏者也。贱而民

---

① 陈来著:《荆门竹简之〈性自命出〉篇初探》,见《郭店楚简研究》(《中国哲学》第二十辑),辽宁教育出版社 1999 年版,第 302 页。

② 刘乐贤:《〈性自命出〉与〈淮南子·缪称〉论"情"》,《中国哲学史》2000 年第 4 期。

③ 何宁撰:《淮南子集释》,中华书局 1998 年版,第 717—718 页。

贵之,有德者也。贫而民聚焉,有道者也",君子、贤人的德性修养,最终将以与群体的完美统一为最高的理想。由此可见,《性自命出》的"美情"论,与孟子的"性善论"一样,最终都成了现实政治的基础。《礼记·乐记》云:"礼以道其志,乐以和其声,政以一其行,刑以防其奸。礼乐刑政,其极一也。"又云:"礼节民心,乐和民声,政以行之,刑以防之。礼乐刑政,四达而不悖,则王道备矣。"受陈来先生、刘乐贤先生的启发,笔者以为,《性自命出》虽然舒畅性情之论,但是其骨子里并没有脱离"礼乐刑政"的总纲,其"赏"、"刑"、"德"、"道"的思想系统与《乐记》明显有深刻的联系。这种理路,在孔子那里被喻之为"圣",①在孟子那里,被发展成为"与民同乐"(《梁惠王下》)的仁政思想,因此,君子的"情"只有最终与广大人民的"美情、性善、有德"合而为一的时候,他的修养才能算得上真正的圆满。

第三,简文曰:"喜怒哀悲之气,性也。"(第2简)直接将"气"指定为"性",气依着于精血,成了生命的一部分,似乎是人的性情含中未发的一种状态,但是,性由心取而出以后,心之所之,情之所至也。因此,"节情",成了《性自命出》的一个重大的主题。节情,在《性自命出》中实际上表现为一放、一收,或者说,放中有收,收中有放。

所谓"放",就是顺乎人之情,用《唐虞之道》的话来说,就是"夫唯顺乎肌肤血气之情,养性命之正"(第10—11简)。先秦儒者已经看得很清楚,如果不"顺乎肌肤血气之情",就不能"养性命之正",这种认识无疑是相当人性化的,反映了原始儒家的真诚。《性自命出》的出发点,始终是建立在性情的"出之"、"内之"之上的,其"动性、逆性、交性、厉性、出性、养性、长性"的基础,正是把人当人看,就是"夫天生百物,人为贵"(《语丛·一》第18简)。因此,简文写道:"喜斯陶,陶斯奋,奋斯咏,咏斯犹,犹斯作。作,喜之终也。愠斯忧,忧斯戚,戚斯叹,叹斯辟,辟斯踊。踊,愠之终也。"(第34—35简)孙希旦在对《礼记·檀弓下》的相关文献下注时云:"愚谓喜者,外境顺心而喜也。陶者,喜心鼓荡于内而欲发也。咏者,喜发于外而为咏歌也。咏歌不已,则至于身体

---

① 《论语·雍也》载:子贡曰:"如有博施于民而能济众,何如? 可谓仁乎?"子曰:"何事于仁,必也圣乎! 尧舜其犹病诸! 夫仁者,己欲立而立人,己欲达而达人。能近取譬,可谓仁之方也已。"

动摇;动摇不已,则至于起舞也。愠,怒意也。乐极则哀,故舞而随至于愠也。愠怒不已,则至于悲戚,悲戚不已,则发为叹息;叹息不已,则至于拊心;拊心不已,则起而跳踊。盖哀乐之情,其由微而至著者若此。"内在之情在与外物交接之后引起的喜悦之情,失去亲友之后的悲戚之情,逐步表现出来的过程,也就是"顺乎肌肤血气之情"的过程,此人之所以为人者。但是,孙希旦紧接着又说:"然情不可以径行,故先王因人情而立制,为之品而使之有等级,为之节而使之有裁限,故情得其所止而不过,是乃所谓礼也。此节言哀乐,各四句,一一相对:喜与愠对,哀乐之初感也。陶与戚对,哀乐之盛于中也。咏与叹对,哀乐之发于声音也。摇与辟对,舞与踊对,哀乐之动于四体也。"①这就是笔者在上文所说的"收"。节情,就是调节、调和情的"出之、内之",既不使之闭塞血气之情,又不纵其放荡,径行失礼。因此,简文云:"君子美其情,贵其义,善其节,好其容,乐其道,悦其教,是以敬焉。"(第20—21简)以恒久的礼乐修养,练就自己俯仰屈伸皆合于天地之性的视、听、言、动,来纠正、调节内在之心性、情志,这就是"君子身以为主心"(第67简)。

第三节　帛书《易传》的性情思想研究

从总体上来讲,帛书《易传》与通行本《易传》在思想上没有大的区别。但是,《帛书》中的有些内容对我们全面、深入理解通行本《易传》中的许多问题提供了珍贵的资料和思路,也为我们更加准确地把握《易》在先秦时期的发展脉络提供了契机。与通行木《易传》一样,帛书《易传》所涉及的思想也是多方面的,本节只是就性情思想这一个方面,进行一些初步的探讨,以就教于方家。

一

长沙马王堆帛书中的《要》篇把《周易》的作用看得非常大,它写道:"文王仁,不得其志,以成其虑。纣乃无道,文王作,讳而辟咎,然后《易》始兴也。"

---

① 孙希旦撰:《礼记集解》(上),中华书局1989年版,第271—272页。

(第 15—16 行)①"不得其志,以成其虑"是第一个作用;②为了"作","讳而辟咎"是第二个作用。③ 但是兴《易》的前提必须是"仁",也就是《要》篇第 8 行所说的"巫之师□□□□□□无德则不能知《易》"。《要》篇的一个核心问题是在探讨《易》,我后其祝卜矣! 我观其德义耳也",(第 17 行)在讲我与巫、史在运用《易》时的区别。因此,第 8 行虽然掉了六个字,但是其上下文意大致还是猜得出来的,是在说"巫之师"与探求《易》之义理的人是不同的。"无德则不能知《易》"的说法,也就是张载说的"《易》为君子谋,不为小人谋"④的意思。《要》篇第 7 行有"行其义,长其虑,修其□□□□□□□□□□□□□易矣。若夫祝巫卜筮龟……"又是将祝巫与哲学家相对而言,在比较之中来讲如何从义理上使用《易》。所以根据上引 15、16 行的内容,再根据"若夫祝巫"云云者,可以推测得出来,"行其义,长其虑,修其……"的后面,紧接着的应该是一个"德"字。⑤ 诚如是,则"义、虑、德"之间,还有一种不断递进的推动关系,无"行义"之举则无真正的"长虑","行义"是为了"长虑";无"长虑"则无真正的"修德",这是从"行"上讲;反过来说,无德则无虑,无虑则无行,这是从"知"上讲。由于文本的行文顺序本身是前者,故强调的是"行"高于"知"。众所周知,孔子是一个奉行实践理性的人,所以,从文本思想的内在脉络上来讲,《要》篇确实是记载了孔子本人的思想,这算是一个佐证,⑥同样性质的文句在

---

① 本书所引《要》篇释文,基本上全部采用廖名春先生的《帛书〈要〉释文》(见朱伯崑主编:《国际易学研究》第一辑,华夏出版社 1995 年版)因为,此前由陈松长、廖名春共同署名的释文发表于 1993 年版的《道家文化研究》(第三辑),前者明显吸收了后者的得失,而更加完善,故引用之。但个别地方还是参考了《道家文化研究》(第三辑)释文中的内容而有所调整。

② 此谓《周易》涵括了经天纬地之数。《左传·昭公二年》载:"二年春,晋侯使韩宣子来聘,且告为政而来见,礼也。观书于大史氏,见《易》、《象》与《鲁春秋》,曰:'周礼尽在鲁矣。吾乃今知周公之德,与周之所以王也。'"实际上就是说的这个意思。

③ "三陈九德"的根本主题就是"讳而避咎",困中取胜,以兑应乾,一阳来复。

④ 张载:《横渠易说》,见氏著:《张载集》,中华书局 1978 年版,第 229 页。

⑤ "修德"一词,在先秦文献中据不完全统计:《左传》中凡 7 见,《周礼》、《周易》、《礼记》各 1 见。

⑥ 廖名春云:"从《要》篇'不可以水火金土木尽称也'一语来看,其材料来源肯定早于战国末年。因为先秦秦汉时,五行的排列主要有两种方式:一种是水火木金土,一种是以土居五行之中。……"廖名青:《帛书〈要〉简说》,见陈鼓应主编:《道家文化研究》第三辑,上海古籍出版社 1993 年版,第 203 页。

《要》篇中还有："危者安其立（位）者也，亡者保其存者也。是故君子安不忘危，存不忘亡，治不忘乱。是以身安而国家可保也。"（第9行）"逊正行义，则人不惑。"（第14行）为人而"不惑"是《论语·为政》中的一个著名话题（四十而不惑）和人生境界。

从性情思想的角度来考察《要》篇，剔除通行本《易传》中已经具有的成分，笔者以为至少有两个方面值得注意：

第一，"故易刚者使知瞿，柔者使知刚，愚人为而不忘，渐人为而去诈。"（第15行）瞿为惧；忘为妄；根据上下文意，愚，并非愚蠢，而是愚妄、倔强。①这段文字的首要贡献在于用"刚"、"柔"这两个概念直接、明确地描述、形容或界定人的性情。通行本《易传》以刚柔形容性情的地方不是没有，但并不是太直接，在那里，刚与柔主要是指万事万物之中存在着阴与阳、刚与柔两种对立统一的互动力量，其中包含了性情，但并不仅仅是性情。而《要》篇中的"刚"与"柔"语义十分明确，"刚者"与"柔者"指的是在性情上表现方式不同的人。因此，这对我们理解通行本《易传》的人学思想，具有极为重要的作用，因为在《要》篇看来，《易》的作用在"行其义，长其虑，修其（德）"，因此，在真正的原始儒家那里，《易传》主要是一门关于德性的学问，是人学，而不是所谓的"宇宙规律"之学，于是《易传》中的"刚与柔"，本来一开始就是从人的性情出发，逐步扩展，推而广之到其他领域的。如果不认识到这种根源性的思想，我们就无法深入地理解《易传》。

当然，第15行的这一组判断之中心思想，是要用六十四卦的卦爻体系来矫正人的性情之偏，走中和的道路。刚者使知惧，是去其莽撞；柔者使知刚，是去其怯懦；愚人为而不妄，是使人增长智慧，不走极端；渐人为而去诈，是使人去掉奸诈之心。刚者知惧，谓不滥用其锋，自存而致命；柔者知刚，谓培护心志，养君子之大勇大仁，奋进以邃志也。与愚而不妄，渐而去诈一样，都必须"修其德"，修德是这四者的根本。"无德则不能知《易》"（第8行），此之谓也。孔子在过去已经向弟子们传授了"德行无者，神灵之趋；知谋远者，卜筮

① 陈松长、廖名春著：《帛书〈二三子问〉、〈易之义〉、〈要〉释文》，见陈鼓应主编：《道家文化研究》（第三辑），上海古籍出版社1993年版，第435页。

之繇"(第13行)的思想,是反对占卜问吉凶,遇事求神灵的做法的,也就是《论语·述而》"子不语怪、力、乱、神"的意思,认定只要"逊正而行义,则人不惑矣"。所以,现在研究《易》的目的,也是与巫史之人大不相同的:

> 《易》我后其祝卜矣!我观其德义耳也。幽赞而达乎数,名数而达乎德,又(有)仁(守)者而义行之耳。赞而不达于数,则其为之巫;数而不达于德,则其为之史。史巫之筮,向之而未也,好之而非也。后事之士疑丘者,或以《易》乎?吾求其德而已,吾与史巫同涂而殊归者。君子德行焉求福,故祭祀而寡也;仁义焉求吉,故卜筮而希也。(第17—18行)

赞而不达于数,谓之巫;数而不达于德,谓之史。史与巫都不能真正理解《易经》卦爻的玄机,"向之而未也,好之而非也"。我与他们"同涂而殊归",德行以求福,仁义以求吉,"幽赞而达乎数,明数而达乎德",守仁、行义,自然不迷不惑,大吉大利。

然而,"夫《易》,刚者使知瞿,柔者使知刚,愚人为而不忘,镳人为而去欺"的正面意义,主要还是在于用六十四卦之阴阳相推、刚柔相荡的模态来矫正人的性情。所以,笔者以为,《易传》的根本精神还是在于与《论语》一致的尚"礼"精神。"非礼勿视,非礼勿听,非礼勿言,非礼勿动"(《论语·颜渊》)仍然是《易传》最根本的本质。《礼记》云:"孔子恶野哭者。"(《檀弓上》)说的是要用中和之道来节制丧礼之中的悲情。当然,《要》篇的这一组判断还有更为深远、广泛的意义。章太炎云:"人情所至,惟淫泆搏杀最奋,而圣王为之立中制节。"①也就是说,《易》的中和、中庸精神,对刚者、柔者、愚者、渐者都有指导作用。

既然《易经》之卦爻体系对刚者、柔者、愚者、渐者,都有指导作用,换句话来讲,孔子认为,世界上所有的人都需要进行中庸之道、中和之礼的训练,因为,人出生之后,并不是天生的"性善",而是"可以善,可以为不善"。这里面有两个层面:第一,孔子"性相近也,习相远也"中,本来包含着性善、性恶两种走向,它强调的是后天教育的重要性;第二,孔子极为重视每一个人,作为每一

---

① 章太炎著:《易论》,见傅杰编校:《章太炎学术史论集》,中国社会科学出版社1997年版,第94页。

个特殊个体的独立性。《论语·子罕》之"三军可夺帅也,匹夫不可夺志也"的判断,可以与此互相发明。不论是重视教育还是重视人的独立性,都蕴含了丰富的现代人学资源,值得我们认真吸取、学习。

《要》篇在性情思想上的第二大贡献,在于站在天道、地道、人道上下一体的角度论损益之道。孔子云:"损益之道,是以观天地之变而君者之事已。是以察于损益之变者,不可动以忧意。故明君不时不宿,不日不月,不卜不筮,而知吉与凶,顺于天地之心,此胃《易》道。"(第20—21行)如果我们对《论语》和通行本《易传》的内容十分熟悉,再反复咀嚼《要》篇的思想,我们会发现,《要》篇"孔子繇《易》至于损益一卦,未尚不废书而叹,戒门弟子曰:'二三子!夫损益之道,不可不审察也。吉凶之门也。'"(第17—18行)的表述,是从天道、地道、人道之阴阳、柔刚、上下、八卦的宏大背景下发出的,与"乐天知命故不忧"的思维定式是完全一致的。"明君不时不宿,不日不月,不卜不筮,而知吉与凶"是说天道有常,阴阳、柔刚往来反复,有其自身不可抗拒的规律,因此,审察损益之道,足观天地之变的人,就不会轻易地得之喜,失之忧,他会以平易、舒坦的胸怀,来面对春夏秋冬的更替,吉凶悔吝的冲击。

对这种含弘天道的胸怀,《要》篇的表述非常全面,而且深刻:

> 故《易》又(有)天道焉,而不可以日月生(星)辰尽称也,故为之以阴阳;又(有)地道焉,不可以水火金土木尽称焉,故律之以柔刚;又(有)人道焉,不可以父子君臣夫妇先后尽称也,故为之以上下;又(有)四时之变焉,不可以万物尽称也,故为之以八卦。故《易》之为书也,一类不足以亟(极)之,变以备其请(情)者也。故谓之《易》。(第21—23行)

所谓天道,并不仅仅只是挂在天上的日月星辰,其精神在于以阴阳为动力推动下的生生不息,大化流行;所谓地道,也并不仅仅只是水火金土木,其精神在于以柔与刚为动力推动下的彼此依持、相反相成的协和;所谓人道,并不仅仅只有父子、君臣、夫妇之先后,其精神在于以上下、尊卑为义的"礼"的规约互动;所谓四时之变,也并不仅仅只有"万物"存在,其精神在于地坤、山艮、水坎、风巽、雷震、火离、泽兑、天乾的彼此摩荡。《易》的精神不在于一成不变的存有,吉与凶、悔与吝、忧与意,都不是一成不变的,它是在周流六虚,变动不居的状态下来界定世界的本质、人的本质,关键在于人之"德"、人之"志"。

所以,人的主观能动性是至关重要的事。"君子安其身而后动,易其心而后評,定位而后求……此之谓也"(第 11 行)都是基于人之常情,从现实的经验出发,讲人自己的"行其义,长其虑,修其德"的方法。但是,"安其身"、"易其心"、"定其位"都是指我自己的德性修养(或者自我的心理调整),它们是"后动"、"后評"、"后求"的必要前提。只要前面的三条都做到了家,那后面的三条也就都会顺理成章地达到它们应有的目的而稳操胜券了。与此相反,如果人心中无"中孚"之实,无感人之"诚","危以动,则人弗与也;无立而求,则人弗予也;莫之予,则伤之者必至矣"。(《缪和》第 12 行)这是交际心理学,但更重要的是以人学为中心的性情思想,是孔子"忠恕"思想的具体化。

这就同样达到了"逊正而行义,则人不惑"的人生境界。达到了"不惑"境界的根本原因,是审"察于损益之变,"所以不轻易感动于意料之内与之外的忧伤与欣喜,"顺于天地之心",了悉于变化之"情",坦坦荡荡面对命运的赐予。这就又回到了《论语》"隐居以求其志、行义以达其道"(《季氏》)俟命论的主题上去了。但是,从上面的表述,我们已经清楚地看到了,由损益之道而来的俟命论,实际上是从更为阔大的背景下来探讨君子大人的性情,是一种更为深厚的性情思想。

<h2 style="text-align:center">二</h2>

《缪和》解《易》有三种体例。第一种是以师生问答解《易》;第二种是以"子曰"、"孔子曰"的形式直接解《易》;第三种是以历史故事解《易》。据廖名春先生统计,《缪和》"共五千零七十字左右,其行数约七十,每行平均字数也是七十左右。"[①]所以,如果它成书于先秦,那么它实为鸿篇巨制。

《缪和》解《易》有以下几个大的特点,令人耳目一新:

第一,文本作者不仅谙熟六十四卦,而且对三百八十四爻的卦爻辞义也烂熟于心,信手拈来,其慧眼识珠的能力,几乎达到了一叶以知秋、滴水见光辉的程度。仅仅做到这一点,那只是巫、史而已,真正令人叹服的是,《缪和》的作

---

① 廖名春:《帛书〈要〉简说》,见陈鼓应主编:《道家文化研究》第三辑,上海古籍出版社 1993 年版,第 207 页。

者是一位真正心怀中正刚毅之德的儒家斗士,他的儒家哲学的思想和人学目标非常明确,并且能把儒家的理念完全融入各种卦爻的情景之中去,在具体的吉凶悔吝之中阐述儒家的人学哲理。此人如果不是先秦儒学的大师,是不可能达到这样的人学境界的。从行文的古朴,理念的刚毅,以及在思想上与《论语》的深层次联系来看,《缪和》一文肯定是先秦之物,而且一定是孔子《易》学的直接传人亲自操刀而成的一篇杰作。

第二,《缪和》一文与《昭力》在行文风格和思想内容上完全不同,虽然文章体例分为三种,但贯穿始终的却只有至大至刚的"德"之精神。与《论语》中有关"德"的理念完全一致:既注重个人之德,亦注重治理国家的"君人之德",尤其是注重由个人之德开发出君人之德,追求的是由内圣向外王的转换。《缪和》的作者认为,《易》是"圣君之所尊也"(第28行)的教科书,他梦寐以求的事情就是为"帝王师",字里行间把这一点突出得非常显明,但值得注意的是,由于在他身上只有"博施于民而能济众"(《论语·雍也》)的仁慈,而没有荀子"一天下"、"一制度"、"一四海"的霸气,其君臣之间的关系描述,与郭店简《缁衣》如出一辙,他所追求的是一种"夫明君之畜其臣也,不虚忠臣之事,其君也有实,上下同实,此所以长有令名于天下也"(第44—45行)的境界,在"欢心交同"(第30行)、上下一心的状态下实现自己的政治抱负。他认为只有这样,才能真正建立性情祥和的社会、忠恕交织的社群,否则"群臣虚立,皆有外志,君无赏罚以劝之。其于小人也,赋敛无根,嗜欲无厌,征求无时,财尽而人力屈,不朕上求"(第43—44行),则国无日矣! 其中包蕴了深度的忧患意识。

第三,《缪和》在《易》学史上之最大的贡献在于以史实解析《易》理。这在先秦的其他著作中虽然并非完全没有,但是,《缪和》的作者如此系统地以史实诠释《易经》,并且在主题思想上始终都围绕一个"德"字而次第展开,实在是一个创举。于豪亮先生在《文物》1984年第3期上发表《帛书〈周易〉》一文指出,《缪和》所载"太子辰"的史实与《史记》《左传》不合,夫差这时并非为吴王。于先生的研究是严谨的,但笔者以为,以史解《易》的目的并不是在讲史,而是在解《易》,它的理论指向是通过历史人物和历史故事的吉凶得失,发掘隐含在卦爻之中的人生哲理,因此,以史解《易》的基本思路,就是根据卦爻推移的义理脉络,借用或编选一些人物和故事来证明它的思想,帛书易传《要》篇云:"《尚书》多于矣,《周易》未失也,且有古之遗言焉。"(第 14 行)现在看来有其特殊的意涵:读《易》学方面的书与读《尚书》之类的史书在思想方法上当有本质的不同,前者为义理,讲的是精义入神;后者为史书,讲的是史料真实、客观,此其一。《周易》通过六十四卦、三百八十四爻的各种卦爻之象,概括了天道、地道、人道的一切道理而无丝毫的偏失,在义理的概括上与史书的思想方法也是大不一样的,此其二。更为重要的是,"且有古之遗言",说的是在孔子之前,已经有了以史解《易》的先例,只是因为各种原因,我们目前暂时还没有看到而已。因此,《缪和》以史解《易》的做法,并非"开了以史证《易》派的先河",①此其三。将以史解《易》之"史",真的当成"历史"事实来读,实际上是说不通的。

关于《缪和》的性情思想,笔者从以下三个方面作出梳理:

《缪和》通过涣卦九二爻云:"古之君子时福至则进取,时亡则让。夫时至而能既焉,散走其时,唯恐失之。故当其时而弗能用也,至于其失之也。唯欲为人用,动可得也哉!"(第 2—3 行)《周易·涣卦》九二爻辞云:"涣奔其机,悔亡。"王弼注云:"机,承物者也,谓初也。二俱无应,与初相得,而初得散道,离散而奔,得其所安,故'悔亡'也。"《缪和》亦云:"赍,几也;时也。"(第 2 行)"圣人知福之难得而赍也,是以有矣。"(第 4 行)可见,王弼是吸取了《缪和》等先儒的相关思想资源的。由于先秦儒家奉行的是"天下有道则见,无道则隐。邦有道,贫且贱焉,耻也;邦无道,富且贵焉,耻也"(《论语·泰伯》)的原则,故在时势艰难的情况下,君子往往采取的是"隐居以求其志,行义以达其道"(《论语·季氏》)的生活方针,奉行"遇不遇,天也"(郭店楚简《穷达以时》第 11 简)的天人观,把"时"看得非常重要:"有天有人,天人有分。察天人之分,而知所行矣。有其人,无其世,虽贤弗行矣。"(《穷达以时》第 1—2 简)但是,人的主观努力,对于先秦儒家来讲,从来就没有丝毫地懈怠过,人与天的步伐永远是相协调的,终日乾乾,无一息之停。《艮象》就云:"时止则止,时行则行。动静不失其时,其道光明。"这毫无疑问是对先秦原始儒家思想的继承。

---

① 廖名春:《帛书〈要〉简说》,见陈鼓应主编:《道家文化研究》第三辑,上海古籍出版社1993 年版,第 208 页。

《孟子·万章下》云："伯夷,圣之清者也;伊尹,圣之任者也;柳下惠,圣之和者也;孔子,圣之时者也。孔子之谓集大成。集大成也者,金声而玉振之也。"因为孔子是"可以仕则仕,可以止则止,可以久则久,可以速则速"的"圣之时者"(《孟子·万章下》)更是从根本上体现了这种思想的精髓。

但是,值得注意的是,帛书《易传》有一篇题为《二三子》的文字,讲的是"一阴一阳之谓道":

> 二三子问曰:《易》屡称于龙,龙之德何如? 孔子曰:"龙大矣。龙形迁遐,宾于帝,侃神圣之德也。高尚齐乎星辰日月而不眺,能阳也;下纶穷深渊之渊而不沫,能阴也。上则风雨奉之,下纶则有天□□方。穷 1 行乎深渊则鱼鲛先后之,水流之物莫不隋(随)从。陵处则雷神养之,风雨辟(避)乡(嚮),鸟守(兽)弗干。曰:龙大矣。龙既能云变,有(又)能蛇变,有(又)能鱼变。鹥鸟蚰虫,唯所欲化,而不失本形,神能之至也。□□□□□2 行□□□□□□焉,有弗能察也。知者不能察其变,辩者不能察其义,至巧不能赢其文,□□[不]能察□也。□□焉,化蚰虫,神贵之容也,天下之贵物也。曰:龙大矣。龙之刚德也,曰□□□□□3 行易□□□,爵之曰君子。戒事敬合,精白柔和,而不讳贤,爵之曰夫子。或大或小,其方一也,至用也,而名之曰君子。"①

以"龙之德"形容"圣之时者"的风采,其行文上天入地,有天地人上下"一本"的色彩。此文讲"龙之德"的"能阳"是一种时势下的状态;"能阴"是另一种时势下的状态。阳,则能"高尚齐乎星辰日月";阴,则能"下纶穷深渊之渊"。但不论高、下,"风雨避嚮,鸟兽弗干","既能云变,又能蛇变,又能鱼变,鹥鸟蚰虫,唯所欲化,而不失本形,神能之至也",这实际上就是《缪和》第2—3行"古之君子时福至则进取,时无则以让"之文学性、艺术性、夸张性的描述。

由《周易·涣卦》之九二爻推出"时福至则进取,时亡则以让"的思想在《缪和》中是开篇第一个问答中的内容;而在《二三子》中,畅言"龙之德,"也

---

① 转引自廖名春:《帛书〈二三子〉释文》,见朱伯崑主编:《国际易学研究》No.1,华夏出版社 1995 年版,第 7 页。此文在陈鼓应主编:《道家文化研究》(第三辑)中,此文的题目为《二三子问》(陈松长、廖名春释文),上海古籍出版社 1993 年版。引文中的个别地方也参考了后者的释文。为了便于读者阅读,能够采用简体汉字的地方尽量用了简体汉字。

是开门见山,一下笔就来。这说明了什么问题呢？笔者以为,在先秦儒家看来,整个《周易》的卦爻体系都是不同时势下不断向前推进,给人们制造的各种吉凶悔吝的人生机遇、厄运或境界,在这些无止无尽的、不同的人生境况下,人们就因时势的不同而采取不同的人生选择,当然在情感上自然就会激发起跌宕起伏的波澜。从这个角度上来讲,整个三百八十四爻的卦爻体系,实际上就是一部人与人、人与物、人与世界彼此摩荡的心理、性灵、情绪不断推进的历史。所以,在儒家看来,全部的六十四卦,三百八十四爻,都是"时"的产物,卦爻之消息盈虚、因革损益的走势在很多情况下都是非人力能够左右的。因此,郭店楚简《穷达以时》云:"遇不遇,天也。"(第 11 简)这里的"天",就是天道流行而下贯到人身上的一种外在的力量,是之谓"命"。

这种"命",或"时"的外在规定,虽然极为重要,但它并不是"穷"与"达"的全部原因,它只能是一部分原因,而且是外在的原因。它真正强调的是人的德性修养和人格境界的提升,并且最后又将这种"命"与"时"化解为我的"性"与"情"。帛书《二三子》讲的是"龙之德",其主题是龙的"神圣之德"。上文我们已经说了,贯穿《缪和》始终的,只有一个"德"字,就是这个意思。因此,《穷达以时》云:"有天有人,天人有分,察天人之分,而知所行矣。"(第 1 简)"动非为达也,故穷而不怨,隐非为名也,故莫之知而不吝。芝兰生于幽谷,非以无人嗅而不芳。无茖堇,逾宝山,石不为开,非以其善负也。穷达以时,德行一也。"(第 11—14 简)由此可见,真正能够促使《缪和》"古之君子时福至则进取,时亡则以让"的动力是他心中的"德";真正能够使《二三子》中的龙,因时而动,"高尚齐乎星辰日月而不眺,能阳也;下纶穷深渊之渊而不沫,能阴也"的真正原因,也是"龙"本身的道德的力量,是道德的力量和鼓荡于心中的志向随时在改变人之所以为人的性情存有方式(因为时势变了,故"龙"不得不变)。它们的迁移轨迹是,由道德境界的高下,产生了心志情趣的高低,心志的驱使,就产生了迥然不同的性情方式。因此,帛书《易传·要》篇云:"无德则不能知易。"此之谓也。进一步来讲,《二三子》中的"龙",或"高尚齐乎星辰日月而不眺",或"下纶穷深渊之渊而不沫","风雨辟(避)鄉(鄉),鸟守(兽)弗干",具有强大的道义精神,所向披靡,能云变、蛇变、鱼变,"鸷鸟蚰虫,唯所欲化,而不失本形,神能之至也",应该说,这是一种典型的唯意志论观点,而且天马行空,是超人式的英雄主义:"知者不能察其变,辩者不能察其义,至巧不能赢其文",这与孔子之天生人成、孟子之充塞宇宙、至大至刚的自由人格是有内在联系的,深得通行本《易传》"贞下起元"之要义,因为通行本《易传·象传》之"唯君子为能通天下之志"所弘扬的正是这样一种贯通天人的人学理想。在这样的情形下,"命"不仅不是宰制人的至上规定,而且是磨砺人格、打造性情、提升境界的工具。

《缪和》在性情思想上的另一个突出点,是在对蒙卦卦辞思想的超拔中,依据先秦儒家人学,提出了基于卦爻体系的"成人"学说:"夫内之不咎,外之不逆,昔昔然能立志于天下,若此者,成人也。"(第23—24行)关于"成人"的理论,《论语》中曾经有过多方面的探讨:

> 子曰:"兴于《诗》,立于礼,成于乐。"(《泰伯》)

> 子路问成人。子曰:"若臧武仲之知,公绰之不欲,卞庄子之勇,冉求之艺,文之以礼乐,亦可以为成人矣。"曰:"今之成人者何必然?见利思义,见危授命,久要不忘平生之言,亦可以为成人矣。"(《宪问》)

兴于《诗》、立于礼、成于乐,是一个从现实之鸟兽草木到慎终追远,再到"大乐与天地同和"的迈进。《宪问》的表述,是在知、不欲、勇、艺的基础之上"文之以礼乐"就"可以为成人"。这是一种高远的"成人"的标准。当今之世,只要做到"见利思义,见危授命,久要不忘平生之言"就行了,其中,第一句讲的是在顺境中要"思义",第二句讲的是在逆境中要挺身而出。"要",按杨遇夫先生的解释,为"约"的借字,"约",为穷困之意(参见氏著《积微居小学述林》)。实际上这正是《系辞传》中"三陈九德"中层层展开的"德性"境界。不同的是,孔子的表述理论性较强,而《周易》之六十四卦之卦爻体系所展现出来得更加直观、细密、具体罢了。

由于《缪和》中关于"成人"的思想是基于卦爻辞对先儒的思想进一步的整合,因此富于特色。依托于《易经》的卦爻体系,主张成人之路在"日夜不休,终身不倦,日日载载必成而后止"(第26—27行)是《缪和》"成人"思想的第一层意思,明确地贯彻了《论语》中"发愤忘食,乐以忘忧,不知老之将至云尔"(《后而》)、努力学习的理念。从《易经》的思想体系来讲,就是"君子终日乾乾",也就是《缪和》所云:"'恒其德,贞,妇人吉'。□男德不刚,□□又

(有)祸。”“日夜不休,终身不倦,日日载载必成而后止”,学习的内容是《书》、《春秋》、《诗》等经典传承的“仁义之道”(第26行),只有努力学习,才能做到心中有实,“物未梦頫而先知之者,圣人之志也,三代所以治其国也”(第18行),这是心中有德,而且充满智慧的结果。否则,“无实而承之,无血(恤)而卦之,不亦不知乎?且夫求无又(有)者,此凶之所产也,善乎胃(谓)无所利也”(第45—46行)。心中无实,情中无诚,无恤而卦,此大凶之象也。

《缪和》之“日夜不休,终身不倦”的学习内容,还在于可以上达于天的德性,最后的结果是可以“闻其始而知其冬(终),见其本而知其(末)”(第25行),这样的人才能称之为“圣人”。商“汤之德及禽兽鱼鳖矣。故共皮敝以进者蚓又余国”(第57—58行)“吴王夫差攻,当夏,太子辰归冰八管。君问左右冰□□□□□□□□注冰江中上流,与士饮其下流。江水未加清,而士人大说。斯垒为三队,而出系荆人,大败之,袭其郢,居其君室,徙其祭器。察之,则从八管之冰始也”(第61—62行),这就是“闻其始而知其终”的真正含义。以心中之德感人,以性情之诚动天,通过主观的努力,下学而上达,“其思虑举错也,内得于心,外度于义。外内和同,上顺天道,下中地理,中适人心”(第22行),就把天道之阴阳、地道之柔刚、人道之仁义,上下“一本”,熔铸于一身,“与天地合其德,与日月合其明,与四时合其序,与鬼神合其吉凶。先天而天弗违,后天而奉天时。天且弗违,而况于人乎,况于鬼神乎”(《周易·乾·文言》),“昔昔然能立志于天下”。(《缪和》第23行)就是通行本《易传》“唯君子为能通天下之志”的另一种表述,都是“男德”之“刚”的表现,也正是“成人”之所以为“成人”者。

《缪和》在性情思想上的第三大贡献在于:“明焉不以□,圣也不自尊,□□世□。谦之初六,谦之明夷也,圣人不敢又(有)立(位)也,以有知为无知也,以有能为无能也,以有见为无见也。动焉无取直也,以使其下,所以治人请(情),枝群臣之伪也。”(第33—34行)①根据《史记·孔子世家》,我们知道孔子曾问礼于老子,孔子的思想中有一定的道家成分,这里的引述中也包含了一

① 枝,《说文》云:“木别生条也。”《管子·度地》云:“水别于他水,入于大水及海者,命曰枝。”《庄子·骈拇》有“枝指”之谓。阮元《经籍籑诂》云:支“与枝同。”“支者,取支条之义。”《说文》云:“支,去竹之枝也,从手持半竹。”关于“枝”字,遍查各种字书,似无进一步的解释。整合各家之说,此“枝”字似为分流、化解、消融之意。

定的道家思想。但是,治人之"情"、"伪"的思想,是原始儒家的核心思想之一,自古有之,这是先秦儒家"礼学"的本质:

> 人有礼则安,无礼则危。故曰:礼者,不可不学也。夫礼者,自卑而尊人,虽负贩者,必有尊也,而况富贵乎!(《礼记·曲礼》)

> 孔子曰:"夫礼,先王以承天之道,以治人情,故失之者死,得之者生。《诗》曰:'相鼠有体,人而无礼。人而无礼,胡不遄死?'是故夫礼必本于天,效于地,列于鬼神,达于丧、祭、射、御、冠、昏、朝、聘。故圣人以礼示之,故天下国家可得而正也。"(《礼记·礼运》)

自卑而尊人,表面上看是为了保位、安身,但是从整个儒家思想体系来讲,这只是第一步,它的真正目的是承天之道,不滥用其锋,引而不发,在整个社会倡导一种好的民风,以"治人请(情),枝群臣之伪"。孙希旦解曰:"礼所以治人情,修仁义。尚辞让,去争夺。故人必有礼,然后身安而国家可保也。自天子至于庶人未有无礼而不危者。"[1]《礼记集解》又引应镛云:"礼之大原出于天,故推其所自出而本之。效法之谓地,故因其成法而效之。列于鬼神,充塞乾坤,昭布森列而不可遗。达于丧、祭、射、御、冠、昏、朝、聘,人道交际,周流上下而无不通。法于天地鬼神者,所以承天之道;达于天下国家者,所以治人之情。"[2]承天之道而治人之情,其中有了更为高深的超拔。

> 孔子曰:"我欲观夏道,是故之杞,而不足徵也,吾得《夏时》焉。我欲观殷道,是故之宋,而不足徵也,吾得《坤乾》焉。《坤乾》之义,《夏时》之等,吾以是观之。"(《礼记·礼运》)

这里所说的殷道之《坤乾》,就是指殷代的《归藏》,[3]其书以坤领乾,以柔为尊。饶宗颐先生云:《归藏》卦名大体与《周易》相同,只有少数差别,足见殷人'阴阳之书'之坤乾,基本上已用六十四卦,因人损益之,改首坤为首乾。"[4]所以,根据《周易》的成书过程,我们发现,《缪和》"以有知为无知也,以有能为

① 孙希旦撰:《礼记集解》,中华书局 1989 年版,第 12 页。
② 孙希旦撰:《礼记集解》,中华书局 1989 年版,第 585 页。
③ 湖北荆州王家台已经出土了《归藏》,目前正在整理之中。2000 年 8 月,北京大学文博院主办的"达园会议"上,荆州市博物馆王明钦先生已经提交了一篇题为《王家台秦墓竹简概述》的文章,摹写了《归藏》的卦爻体系和卦辞。
④ 饶宗颐:《殷代易卦及有关占卜诸问题》,见《文史》第二十辑。

无能也,以有见为无见也"的思想,以及第36行之"聪明睿知守以愚,[博]闻强识守[以浅,尊禄]贵官守以卑。若此,故能君人。非舜,其孰能当之"等从谦卦延伸出来的思想,早在孔子的思想体系中就潜伏着,①很难说一定是吸收了黄老哲学才形成的东西。②

上引《缪和》第33—34行的内容可以绅绎出以下几条:第一,"以有知为无知,以有能为无能,以有见为无见"的前提,是"君人者"自己必须"惩忿窒欲",多方面地克制自己,"奢侈广大,游乐之乡不敢渝其身焉"。第二,《缪和》云:"'用涉大川,吉'者,大明夷离下而川(坤)上。川(坤)者,顺也。君子之所以折其身者,明察所以□□。是以能既到天下之人而又(有)之。且夫川(坤)者,下之为也。故曰:'用涉大川,吉。'子曰:能下人若此,其吉也,不亦宜乎?舜取天下也,当此卦也。"(第34—36行)折其身、下之为的目的是为了"明察"人情,进而治理人情,这就与早期的道家思想有了根本的区别。第三,内刚而外柔是其最大的特点。不论是自卑以尊人的"礼",还是阴阳相推、柔刚相济的《易》,充塞于先秦儒家心中的,始终是贯通天道、地道、人道的道义精神,"唯君子为能通天下之志"才是整个《易传》的根本。《缪和》以历史故事解释《周易》的卦象,领冠各个故事的主线,无不是"德"。它以一种无形的力量左右着天地间一切吉凶祸福的走势。"男人不刚则凶"的思想,正是儒者之所以为儒者的根本。

第四节 "为己之学"与"反己之学"

《论语·宪问》曰:"古人之学为己,今人之学为人。"《论语注疏》曰:"古

---

① 《论语·卫灵公》载:孔子曰:"无为而治者,其舜也与!夫何为哉?恭己正南面而已矣。"根据司马迁的《史记·孔子世家》,我们知道,孔子从小就深究"礼"学,而礼学的出发点正在于"自卑以尊人",这与《坤乾》有没有什么关系,这是很难说的。根据现代人类学理论,"三易"的传统应该比先秦儒家、道家的传统久远得多,儒、道两家也许都从"三易"的传统中吸取了理论上的资源呢?史影迷茫,这还有待于进一步的证据的出现。

② 陈鼓应先生云:"《缪和》、《昭力》这两篇古佚易说,就出现了相当浓厚的黄老思想成分。"(陈鼓应著:《帛书〈缪和〉、〈昭力〉中的老学与黄老思想之关系》,见陈鼓应主编:《道家文化研究》第三辑,上海古籍出版社1993年版,第216页)

人之学,则履而行之,是为己也。今人之学,空能为人言说之,己不能行,是为人也。范晔云:'为人者冯誉以显物,为己者因心以会道也。'"其意为,古人学习修养的目的是做人,是为了道德的切身践履,修心正形,全身心地去体会仁义礼智信圣的德性;而今人学习、修养的目的则是为了卖弄学问,沽名钓誉,给别人看的。与此相关而有别,在郭店楚简中,又出现了许多"反己"之学的说法。"故君子敦于反己。"(《穷达以时》第 15 简)"闻道反己,修身者也。"(《性自命出》第 56 简)"求之于己为恒。"(《成之闻之》第 1 简)"君子求诸己也深。"(《成之闻之》第 10 简)"反诸己而可以知人。"(《成之闻之》第 19、20 简)"慎求于己,而可以至顺天常矣。"(《成之闻之》第 38 简)如果以先秦儒家整个的哲学框架作为背景,笔者以为,孔子的"为己之学"与郭店楚简的"反己之学"都是儒家人学的出发点,但是,虽然二者同属于一个理路上的概念,可一字之差,却显示了理论的指向区别:前者重实践,重道德的生活践履,后者不能说不重实践,但它突出的是内心性情的反躬求索,它依据的是天命论,在理论上有重大的飞跃。这两个概念的变化,反映了从孔子之"为"己,到思孟之"反"己的发展,是一种哲学的纯化过程。探讨这种纯化的过程,对我们认识先秦儒家哲学的理论来源,孔子与思孟的联系与区别,特别是思孟学派的哲学本质是大有帮助的。

一

孔子曰:"君子无终食之间违仁,造次必于是,颠沛必于是。"又曰:"有能一日用其力于仁矣乎?我未见力不足者。"(《里仁》)把"仁"置于思想的中心地位来构建哲学的框架,并且提出了"慎终、追远"(《学而》)的天命思想,主张"朝闻道,夕死可矣。"(《里仁》)其精神生活之重要、内心世界之丰富,是不言而喻的。也就是说,孔子十分注重人的内心世界的追求,把精神的高尚、充实看得比什么都重要,这是本书立论的一个基本前提。在其"为己之学"中,他主要强调的是现实生活中的道德践履,目的是为了做一个自我提升、自我修养、具有独立人格的、"会道"的人。对此《荀子·劝学》的解释最为透彻:"君子之学也,入乎耳,著乎心,布乎四体,形乎动静,端而言,蝡而动,一可以为法则。小人之学,入乎耳,出乎口,口耳之间,则四寸耳,曷足以美七尺之躯哉?"

道出了孔子"为己之学"的本质。

虽然孔子也强调"内自省"(《里仁》有"见贤思齐焉,见不贤而内自省也"),但是,从《论语》的整个哲学结构来看,孔子始终是脚踏实地,在现实生活中树立自己的道德理念的。"吾十有五而志于学,三十而立,四十而不惑,五十而知天命,六十而耳顺,七十而从心所欲,不逾矩。"(《为政》)很明显,这是一条基于实践,并不游离于现实生活之外的求贤、求圣的人生路径。它强调"心"之所"欲",但落脚在现实生活和社会规范的"不逾矩"之上,人生的每一步前进,都是随着现实时空的推移而发生变化的。

这种学问的指向,被李泽厚称为"实践理性"。这种理性精神"不是用某种神秘的热狂而是用冷静的、现实的合理的态度来解说和对待事物和传统;不是禁欲或纵欲式的扼杀或放任情感欲望,而是用理智来引导、满足、节制情欲;不是对人对己的虚无主义或利己主义,而是在人道和人格的追求中取得某种均衡。"①孔子云:"巧言令色,鲜矣仁!"(《学而》)又云:"弟子,入则孝,出则悌,谨而信,泛爱众,而亲仁。行有余力,则以学文。"(《学而》)又云:"君子欲讷于言,而敏于行。"(《里仁》)又云:"听其言而观其行。"(《公冶长》)又云:"君子耻其言而过其行。"(《宪问》)又云:"古者言之不出,耻躬之不逮也。"(《里仁》)又云:"其身正,不令而行;其身不正,虽令不从。"(《子路》)又云:"夫仁者,己欲立而立人,己欲达而达人。能近取譬,可谓仁之方也已。"(《雍也》)诸如此类,连篇累牍,强调的不是言论,不是思辨,而是道德践履的行动本身。

但是,"反己之学"从一开始就是建立在天命论的基础之上的,它的源头似乎应该追溯到《尚书》的传统之中去。《尚书·汤诰》曰:"惟皇上帝降衷于民。""衷",善也。《尚书正义》诠释道:"天生烝民,与之五常之性,使有仁义礼智信,是天降善于下民也。"人之善性,是上帝赋予人的与生俱来的禀性,因此,每一个人都应该"惟新厥德,终始惟一,时乃日新。""德无常师,主善为师;善无常主,协于克一。"(《尚书·咸有一德》)"主善为师"的路向,最终只能是指向自我的天生之性、内在的天赋之德。因为,"天生烝民",本具上帝灌注的

---

① 李泽厚著:《中国古代思想史论》,人民出版社1985年版,第29页。

"衷"(善),具有"无常之性",这正是"反己之学"的理论前提,因为如果失去了人天生具有的恻隐之心、善恶之心、羞耻之心和是非之心,人就失去了"反己"的目标。

"反己"与"内自省"或"反省"是不一样的。"内自省"与"反省"是一种自查,自问,自我反省。曾子的"吾日三省吾身"就是一种典型的德行追问,《论语》说得很清楚,"三省"的具体内容是"为人谋而不忠乎?与朋友交而不信乎?传不习乎?"完全是现实生活中的道德修习,没有任何超越的内涵。但是,"反己"就不同了,它的前提是天赋的性善论,否则"反己"的精神追求就失去了内索的根据。《孟子·离娄上》曰:"爱人不亲反其仁,治人不治反其智,礼人不答反其敬。行有不得者,皆反求诸己,其身正而天下归之。《诗》云:'永言配命,自求多福'。"孟子的意思是说,我的心是无穷无尽的善之源泉,万物皆备于我,反身而诚,就可以开发天赋予我的善端,施之于四体,形之于动静,过化存神,上下与天地同流,则"乐莫大焉"。(《尽心上》)

很显然,孟子的"反身而诚"在理论上虽然是对孔子"为己之学"的发展,但是,它给这个概念的肌体中注入了一剂宗教性的质素。它的理路是:人的性情、才质是直接来自于天命的,反求于自己的"性命之情",就是以天为范本,锤炼自己的心志、提升自己的性情境界,从而找到自己安身立命的归宿,这个追求归宿的过程也就是人的自我价值最终得以实现的过程。

这种"反己"、"反身"式的论述并不仅仅限于郭店楚简和《孟子》,在先秦,很多重要的文献中都有展示:《易经·蹇卦》:"象曰:山上有水。蹇:君子反身修德。"《礼记·学记》:"是故学然后知不足,教然后知困。知不足,然后能自反也,知困,然后能自强也。"《礼记·射义》:"射者,仁之道也。射求正诸己。己正而后发,发而不中,则不怨胜己者,反求诸己而已矣。"《管子·戒》:"博学而不自反,必有邪。孝弟者,仁之祖也;忠信者,交之度也。内不考孝弟,外不正忠信,泽其四经而诵学者,是亡其身者也。"《庄子·徐无鬼》:"知大备者,无求,无失,无弃,不以物易己也。反己而不穷,循古而不摩,大人之诚。"《孔子家语·贤君》:"爱人者则人爱之,恶人者则人恶之,知得之己者则知得之,人所谓不出环堵之室而知天下者,知反己之谓也。"如果把这些相关的文献与先秦时期学术发展的脉络联系在一起来思考,笔者以为,它们的最终源头都应该是在《老子》那里："不出户,知天下;不窥牖,见天道。其出弥远,其知弥少。是以圣人不行而知,不见而名,不为而成。"(第 47 章)①蒋锡昌《老子校诂》说得很清楚:"上有为,下亦有为;上无为,下亦无为;是天下趋向如何,人主可反求而知,故不出户知天下也。"亦即,《老子》第四十七章的本质就是反己。那么,老子的"不出户,知天下;不窥牖,见天道"是从哪里来的?郭店楚简与孟子的"反己之学"又是何以与老子及其道家扯上了关系的呢?

二

尤其是,作为一部哲学著作,我们不能不予以进一步的追问:"不出户",为什么可以"知天下"?"反己"为什么就可以挖掘出仁义礼智信的美德?"反己"为什么可以养心、正身,内考孝弟、外正忠信,德业双修? 这些问题的出现到底与"反己之学"的出现过程是何以搅到一起去的?

在思孟学派的作品中是找不到这些答案的。郭店楚简中的相关文献也都是点到为止,即便是在《老子》中,也并无基本的逻辑阐述。然而,笔者在《管子》四篇(《枢言》、《心术》、《白心》、《内业》),特别是《内业》中,最终找到了先秦儒家"反己之学"的一些背景秘密。笔者认为,孟子建立在"夜气"、"平旦之气"之上的"浩然之气"实际上借鉴了《内业》的思想精髓,我们现在应该而且可以从《内业》中挖掘《孟子》"反身而诚"的理论来源和深层次的思想底蕴。

《内业》认为,在物为精,在天为气,在人为道、为德。在天人合一的视角点上,精、气、道、德,实际上是一回事。"夫道者,所以充形也,而人不能固。

---

① 《老子》是一部奇书,这是毫无疑问的。在过去与当今的学术界大家关于它的作者问题,时代问题,版本问题,内容问题,诸如此类,聚讼不已,莫衷一是。笔者认为,关于《老子》的成书时代,有一个天大的事实是大家忽视了的,这就是《老子》中问题的提出与探讨始终都是针对儒家的仁义礼智提出的反思,或者说是对儒家学说的不同意见。也就是说,只有在儒家哲学在社会上已经相对普及,并且已经深入人心的前提下,这种思维方式更为成熟、提出和探讨的问题更为深刻的著作才有可能问世。《史记》记载说,孔子向老聃请教,实际上正好说明了儒家学说在孔子的时代如日中天的状况,也说明了老子(老聃)提出了令孔子无法回避,而且从内心里非常钦佩的问题,使之不得不去老子那里请教,以示自己的大度和谦虚,同时也打开了先秦儒家学说兼收并蓄、博采众收的发展局面。孔子之后,儒分为八,《荀子·法行》借南郭惠子的口说过:"夫子之门,何其杂也?"就说明了这种发展趋向。

其往不复,其来不舍,谋乎莫闻其音,卒乎乃在于心;冥冥乎不见其形,淫淫乎与我俱生。不见其形,不闻其声,而序启程,谓之道。凡道无所,善心安爱。心静气理,道乃可止。彼道不远,民得以产;彼道不离,民因以知。是故卒乎其如可与索,眇眇乎其如穷无所。彼道之情,恶音与声,修心静意,道乃可得。道也者,口之所不能言也,目之所不能视也,耳之所不能听也;所以修心而正形也;人之所失以死,所得以生也。事之所失以败,所得以成也。民道无根无茎,无叶无荣,万物以生,万物以成,命之曰道。"很显然,这段文字在精气说的基础之上,内在地化解并提升了《老子》第二十五章:"有物混成,先天地生,寂兮寥兮,独立不改,周行而不殆,可以为天下母,吾不知其名,字之曰道。强为之名曰大,大曰逝,逝曰远,远曰反。"不同的是,《内业》是从修身养性的基点上分析"道"的范畴的,说"道"是一种"淫淫乎与我俱生"的基本素质,因此"人之所失以死,所得以生也;事之所以败,所得以成也。"人的职责就是要修身养性,养心正形,以"固道",把《老子》的自然宇宙之规律的道,内化为人的主体之道。

孟子说:"其为气也,至大至刚,以直养而无害,则塞于天地之间。其为气也,配义与道;无是,馁也。是集义所生者,非义袭而取之也。"(《公孙丑上》)至大至刚,塞于天地之间的"气",只能是一种与"道"相通的东西,孟子的"气"本来就是"配义与道"而成的一种精神物质。而且《孟子》还说:"仁也者,人也。合而言之,道也。"(《尽心下》)孟子在这里把人之所以为人的根本,称之为道。这种"道"的形成过程,在《孟子·告子上》中,也就是由"存""夜气","存""平旦之气"的过程,用孟子引孔子的话说就是:"操则存,舍则亡。"(《告子上》)这与《内业》的养道、培道、"固道"功夫是一样的理路。

《内业》又曰:"人能正静,皮肤裕宽,耳目聪明,筋信而骨强。乃能戴大圆,而履大方,鉴于大清,视于大明。敬慎无忒,日新其德,遍知天下,穷于四极。敬发其充,是谓内得。""心气之形,明于日月,察于父母。赏不足以劝善,刑不足以惩过,气意得而天下服,心意定而天下听。"这段话与儒家思孟学派到底有多大的区别,恐怕是谁也说不清楚的,因为《孟子》的有关论述简直如出一辙:"行色,天性也;惟圣人然后可以践形。""夫君子所过者化,所存者神,上下与天地同流,岂曰小补之哉?""广土众民,君子欲之,所乐不存焉。中天下而立,定四海之民,君子乐之,所性不存焉。君子所性,虽大行不加焉,虽穷居不损焉,分定故也。君子所性,仁义礼智根于心。其生色也,睟然见于面,盎于背,施于四体,四体不言而喻。"(《尽心上》)通过修身养性,开发我内在的善质,尽心、知性、进而知天,最终与天地融为一体。

据郭沫若的考证,《管子》四篇应该是先秦时期宋钘的遗著。① 也就是说,宋钘的"精气说"实际上是吸收了自《老子》以来就一直为道家注重的中国原始气功的功夫,这在《内业》中本来是有根据的:"凡物之精,比则为生。下生五谷,上为列星。流于天地之间,谓之鬼神;藏于胸中,谓之圣人。是故此气,杲乎如登于天,杳乎如入于渊,淖乎如在于海,卒乎如在于己。是故此气业,不可以止以力,而可安以德;不可呼以声,而可迎以意。敬守勿失,是谓成德,德成而智出,万物毕德。"这是一种由养气而形成的"道"或"德",或者说,气中有德有道,本为一体。又曰:"精存自生,其外安荣,内藏以为泉原,浩然和平,以为气渊。渊之不涸,四体乃固;泉之不竭,九窍遂通。乃能穷天地,被四海。中无惑意,外无邪灾。心全于中,形全于外,不逢天灾,不遇人害,谓之圣人。"只有气功相当好的人才有这种特殊的感觉,《老子》的"不出户,知天下;不窥牖,见天道。其出弥远,其知弥少。是以圣人不行而知,不见而名,不为而成"只能是建立在上述气功的基础之上,才有可能达到它所声称的境界。

宋钘在《孟子·告子下》中出现过,笔锋犀利的孟子,在说到宋钘的时候,语气相当客气,充满了尊重、恭敬的意味。"先生"一词,在《孟子》中完全是褒义的,全书只有三个场合用到,一是对曾子的学生对曾子,二是对孟子的学生对孟子,三是孟子称宋钘。所以,据此我们可以判断,宋钘与孟子之间,可能有师生之谊,虽然他们之间有学派性质的不同。孟子的"浩然之气"在宋钘的《内业》中吸取了很多理论的滋养,这是肯定的。

尤其值得注意的是,《内业》并不仅仅只是注重纯自然的气,与《老子》等

---

① 参见郭沫若:《青铜时代·宋钘尹文遗著考》。不过,班固在其《汉书·艺文志》中说,他看到过《内业》十五篇,并且把它归属于儒家。班固是一位在诸子学方面很有修养的大学者,以他的学问之深,见闻之广,笔者以为,他把《内业》归属于儒家,肯定有他的道理。关于《内业》的学派归属问题已经超出了本书的讨论范围,但我们至少可以看到,《内业》与儒家的关系是很不简单的,值得我们深究。

道家著作不同,它是不排除仁义礼乐的:"凡人之生也,必以平正。所以失之,必以喜怒忧患。是故止怒莫若诗,去忧莫若乐,节乐莫若礼,守礼莫若敬,守敬莫若静,能反其性,性将大定。""大心而敢,宽气而广,其形安而不移,能守一而弃万苛,见利不诱,见害不惧,宽舒而仁,独乐其身,是谓云气,意行似天。"我们且来看一看《孟子》是怎么说的:"养心莫善于寡欲。其为人也寡欲,虽有不存焉者,寡矣;其为人也多欲,虽有存焉者,寡矣。"(《尽心下》)"求则得之,舍则失之,是求有益于得也,求在我者也。""万物皆备于我矣。反身而诚,乐莫大焉。强恕而行,求仁莫近焉。"(《尽心上》)寡欲则可以静养,不为外物所诱引,诚挚的自我存养,就可以领略到人生尽善尽美的境界。原来,"反己之学"就是《内业》的"反性"、"定性",《孟子》的"反身而诚"。程子说:"性之反之,古未有此语,盖自孟子发之。"(《四书章句集注》)原来是一句没有经过考究的话。

第五节 《恒先》之"气"与《孟子》之 "气"的比较研究

"气"在先秦时期的中国哲学史上是一个重要的概念。它起源于中国古人对大自然的一种朴素的认识,当它作为一种自然哲学的概念被引进到中国医学,并且同时进入人文哲学领域之后,就被提升为宇宙观、人生观以及天人合一理论的重要范畴。相对于《管子》、《庄子》等相关文献,新出简帛文献《恒先》在"气"的问题上提出了我们在传世文献中前所未见的内容,不仅对我们认识"气"本身在先秦时期的发展提供了新的材料,而且对我们研究孟子的"养气"学说具有重要的启示作用。把《恒先》与《孟子》的"气"进行比较研究,不仅可以更加鲜明地认识到先秦儒家的"气"与道家的"气"的区别,而且对于我们深入了解孟子的哲学性质具有重大的作用。

一

笔者以为,《恒先》一文的关键,在于提出了"恒气"的概念。恒,就是常、就是道,在老子、庄子笔下,道本来就是最本原的存在。《老子》云:"道冲而用之或不盈,渊兮似万物之宗。"(第4章)《庄子》亦云:"夫道,有情有信,无为无形;可传而不可受,可得而不可见。自本自根,未有天地,自古以固存;神鬼神帝,生天生地;在太极之先而不为高,在六极之下而不为深,先天地生而不为久,长于上古而不为老。"(《大宗师》)本来,《恒先》开宗明义,就说过"恒先无有,朴、静、虚。朴,大朴。静,大静。虚,大虚。"(第1简)可见,在《恒先》中"恒气"像"道"一样,是本原性的存在。但是,《恒先》并没有把这个问题简单化,而是为"恒气"的存在寻找依托的条件:"有域焉有气,有气焉有有,有有焉有始,有始焉有往者。"(第1简)我们应该注意到,《恒先》的这段表述具有由空间向时间转化的一个过程,其中的"域"、"气"、"有"、"始"是一组互有关联,由形而上到形而下不断下贯的宇宙发生学概念,它们潜在的话语是"恒气"具有无穷的创生性。

很显然,《恒先》将世界的初期描述成了一种混混沌沌的状态,用它的话来讲就是"为一若寂,梦梦静同","一"也就是"未有天地",或者说天地浑然一体,整个世界还处于"寂"的状态,它有三个特点,第一是"梦"①,第二是"静",第三是"同"。应该说,这与老子"惚兮恍兮,其中有象。恍兮惚兮,其中有物。窈兮冥兮,其中有精"(第21章)是有相同之处的,这应该是当时该学派的一个共识。这既是一种原始天地未分的状态,也是天道人道冥合的状态。这种状态大约就是"域",《恒先》说"有出于域",可见它有创生性,从上文"有域焉有气,有气焉有有,有有焉有始,有始焉有往者"的表述方式来看,虽然"气"是"自生",但是,从中国人传统的叙述方式来讲,"域"在"气"先,诚如朱渊清先生所言,"域"具有"形上学"的意义。② 这是正确的。但是,笔者始终有一种感觉,亦即,正是由于有了"域"之后,我们才能够感觉得到的"气→有→始→往"的运化过程才有可能产生。现代天文科学已经证实,时间与空间实际上是不能够分开的,它们是统一的,而《恒先》的表述方式因为有了"域",而显示了《恒先》的思想具有与现代科学技术相同的某些朴素的认识。诚如

---

① 董珊先生在《楚简〈恒先〉初探》一文读作"萌",简帛研究网,2004年5月12日。
② 朱渊清:《"域"的形上学意义》,见刘大均主编:《简帛考论》,上海古籍出版社2007年版。

郭齐勇师所言：

> "域"是一个"场"或"场有"，不仅是空间，而且是时间。这里说的意思是："道"自圆自足，不辨不动，同时也可以发作、自己运动，"道"之发动即为"域"，亦是"域"之作兴。"域"在这里是"不自忍"、初发动的"道"……，有了"域"就有了时间、空间，有了时空就有弥沦无涯的气充盈其间，有了作为物质与精神之一般的"气"，就有了作为现象世界的一般之"有"即总有、大有，这就标志着宇宙的开始，有了开始就有了周而复始、循环往复的运动。[1]

囿于文献的局限，我们现在还是第一次看到了"域"，作为一个宇宙生成概念的用法，传世文献中的相关资料相当缺乏，但是，《恒先》中的表述已经基本显示道家在宇宙发生的认识过程中，细致的观察已经达到了令人钦佩的深度。

从《恒先》的理论构架上来讲，从无形的世界到有形的世界，"气"是一个重要的临界点。正是有了"气"，这世界才具有了生成的可能，这种创生性的根本性转化，在《恒先》看来，就是"气"起到了推动的作用。不论在《老子》、《庄子》还是在《管子》中，"气"都是一个形而下的概念，它是一种看得见、摸得着具体存在，虽然与"道"有关，但是毕竟不是"道"。《老子》云："万物负阴而抱阳，冲气以为和。"（第42章）《庄子》云："天地者，形之大者也；阴阳者，气之大者也；道者为之公。"（《则阳》）《管子》云："精也者，气之精者也。"但是，在《恒先》中，"气"却是一种形而上性质的存在。《恒先》说："气是自生，恒莫生气。气是自生、自作。恒气之生，不独有与也"（第1—2简）它的意思是，"气"是独立于"恒先"之外的一种自本自根的存在，它不是由"恒"产生的孳生物，而是"自生"、"自作"，是一种特别的"恒气"，但是它与"恒"、"域"、"有"、"始"具有彼此依持、转化的关系。

"气是自生、自作"一句，十分重要。为什么呢？笔者认为，不论是从自然哲学的角度上来讲，还是从中国医学的理论基础来说，"气"都是一个极端重

---

[1]　郭齐勇：《上播楚简〈恒先〉的道法家形名思想》，见氏著：《中国哲学智慧的探索》，中华书局2008年版，第95页。

要的概念。在《恒先》中,气的生发,既不依赖于"恒",也不依赖于"有",它是"自生、自作",甚至是"浊气生地,清气生天",当然也是生成我们一切人之所以为人的物质与精神的基础。表面上看,这个命题只是限于自然哲学,但是把它置放于《恒先》的整体框架之中,我们则可以知道,它并不仅仅只是在说自然的生成与演变。所以,根据《恒先》,或者说,在《恒先》的启发下,我们对《老子》的思想就可能有了新的拓展,例如,"道常无名。朴虽小,天下莫能臣也。侯王若能守之,万物将自宾。天地相合,以降甘露;民莫之令而自均",(第 32 章)说的是"道"也是自生自作的,就像天下万事万物都是自生自作的一样,以此类推,每一个单独的人,就是一个自生自作的个体,他们本来上承于天道而自足圆满,不需要所谓的"君主"去教化他们,骚扰他们:"不欲以静,天下将自定。"(第 37 章)"故以智治国,国之贼;不以智治国,国之福。"(第 58 章)如此等等表述都是以人之所以为人的主体性、独立性作为前提和条件的。

应该特别指出的是,《恒先》的"气""自生自作"的本质属性,昭示了人置身于纷繁复杂的社会关系之中的主体性和独立性。说它具有主体性,是因为它依托于天道,"气信神哉,云云相生",氤氲飘动,大化流行而富有创造的动力;说它具有独立性,却并不是说它是孤立的,而是"不独有与",与恒、域、有、始、往等各种运化因素相通相连,融会贯通。

《庄子》也认为万事万物"气变而有形,形变而有生",(《至乐》)"人之生,气之聚也;聚则为生,散则为死",(《知北游》)所以人本来就是由"气"聚合而成,因此人的本性就是自由的,就是"游乎天地之一气"。(《大宗师》)可以肯定地说,道家关于"气"的生成理论,具有真正的人格独立意识和自由意识,是中国文化走向世界的一种珍贵的精神资源。为什么这么说呢?我们知道,我们的宇宙是一个无边无际、无始无终的一个巨大的空间,在我们的宇宙世界里,有无数个太阳系,更有无数的、更多的银河系,所以宇宙间肯定还有类似于人类一样的高级动物,如果要用某一种道德对人类进行规范的话,那么实际上,这是一种非常短视的做法,因为任何一种道德都是具有地域与时间限制的,它既有阶级性、民族性、地域性,也有时代性。所以,要说普适性、正义性,道家哲学具有最高、最大的普适性、正义性,因为它不仅可以超越时代,超越民族、阶级,而且可以超越地球,超越太阳系银河系,而进入无法预知的光年级世界。

<h1 style="text-align:center">二</h1>

站在这样的哲学立场上,庄子对儒家仁义礼智的批判毫无疑问是尖锐的:"夫至德之世,同与禽兽居,族与万物并,恶乎知君子小人哉!同乎无知,其德不离;同乎无欲,是谓素朴;素朴而民性得矣。及至圣人,蹩躠为仁,踶跂为义,而天下始疑矣;澶漫为乐,摘僻为礼,而天下始分矣。故纯朴不残,孰为牺樽!白玉不毁,孰为珪璋!道德不废,安取仁义!性情不离,安用礼乐!五色不乱,孰为文采!五声不乱,孰应六律!夫残朴以为器,工匠之罪也;毁道德以为仁义,圣人之过也。"(《庄子·马蹄》)换言之,完整的树木不被雕琢,怎么会有漂亮的酒器呢?洁白的原始碧玉如果不毁坏,怎么会有佩戴在人们身上的珪璋呢?人类的天生道德不被废弛,怎么会有仁义的推行呢?真性不被践踏,怎么会有礼乐文明?五色不被散乱,怎么会有文采?五声不被错乱,六律就不会产生。坚决捍卫人之所以为人的原始真性和纯朴自我,是庄子理论的基本出发点。

但是,其中也显示了人类前进历史的一种两难的处境。费希特在批评卢梭的相关观点的时候就曾有过深入的论述:"在卢梭的自然状态中,人的特殊天资还不可能得到发展,还不可能一下预示出来。人除了自己的动物性需求,不可能有任何别的需求;他应当像动物那样,同动物一起生活在草地上。毋庸置疑,在这种状态下不会发生任何引起卢梭那样愤懑的罪恶;人饿的时候就要吃,渴的时候就要喝,这就是摆在他眼前的首要事情;当他吃饱的时候,他就没有兴趣从别人的手里掠取他自己不能再吃下去的食物。当他吃饱的时候,每个人都可以在他面前安静地吃喝东西,想吃想喝什么就吃喝什么,想吃想喝多少就吃喝多少,因为他现在恰恰需要安静,没有时间去打扰别人。人类的真正特点是在于对未来的希望;这种对未来的希望同时也是一切人类罪恶的根源。排除这个根源,就不再会有罪恶;卢梭确实是借助自己的自然状态来排除这类罪恶的。但是,人确实是人,而不是动物,他一定不会停留于这个状态中,这一点也同样是毫无疑问的。自然状态诚然会消除罪恶,但同时也会消除德行和整个理性。这样,人就会变成没有理性的动物,就会出现一个新的动物物种;于是,人就根本不再存在了。"①这确实是点到了道家哲学的软肋。

正是从这个特点的角度上来讲,孔子、孟子上承三代以来的"仁义礼智"等道德观念,提倡"道德教化",就有了它的合理性。正是从整个社会分工合作的角度,从整个社会和谐相处的角度,从有别于动物的掠夺本性而追求人之所以为人的理性来讲,孔子的"为政以德"和孟子建立在"性善论"基础之上的"仁政"学说,就成了我们人类社会不可能超越的一段必由之路。

在关于"气"的问题上,孟子对道家的"气"实际上是有批评的。

> (公孙丑问)曰:"敢问夫子之不动心与告子之不动心,可得闻与?"告子曰:'不得于言,勿求于心;不得于心,勿求于气。'不得于心,勿求于气,可;不得于言,勿求于心,不可。夫志,气之帅也;气,体之充也。夫志至焉,气次焉;故曰:'持其志,无暴其气。'""既曰'志至焉,气次焉。'又曰'持其志,无暴其气'者,何也?"曰:"志壹则动气;气壹则动志也。今夫蹶者趋者,是气也,而反动其心。""敢问夫子恶乎长?"曰:"我知言,我善养吾浩然之气。"敢问何谓浩然之气?"曰:"难言也。其为气也,至大至刚,以直养而无害,则塞于天地之间。其为气也,配义与道;无是,馁也。是集义所生者,非义袭而取之也。"(《孟子·公孙丑上》)

在中国国学研究界,这段话是一段著名的论断。孟子的意思是,"没有内在本心作基础,气就没有着落,表现出来的就只能是鲁夫之勇。"②所以"夫志,气之帅也;气,体之充也。夫志至焉,气次焉",没有在道德精神指引下的"气",就是无主的"气",所以,"志"是关键性的精神基础,没有"志"也就不可能有真正的"勇"。正是在这样的理路之下,有志于君子道的人就应该养"浩然之气":"其为气也,配义与道;无是,馁也",毫无疑问是对道家"气"论的批评。孟子认为,完全依托于自然,发挥自己的天性,就会在欲望的牵引下走向禽兽式的流、连、荒、亡而你争我夺。因此,"气"一定不能脱离道德的精神而独立存在。显然,孟子与道家的观点可谓针锋相对。

---

① 费希特著:《论学者的使命》,梁志学、沈真译,商务印书馆1984年版,第52—53页。
② 郭齐勇主编:《中国古典哲学名著选读》,人民出版社2006年版,第138页。

　　孔子、孟子的道德观念是承上古三代以来，中华民族由来已久的道德传统而形成的，它的孝道观念、祭祀观念、礼仪观念等都莫不如此。所以，原始儒家的道德观念，在很大程度上就是一种习俗。而习俗在很多情况下是比法律更具有约束力的。比方说，古代的贞操观念、孝道观念、祭祀观念等是不能有任何越雷池半步的行为的，否则，任何人的物质生命和精神生命都将进入十分痛苦的境地。所以，《礼记·中庸》说："道也者，不可须臾离也，可离非道也。是故君子戒慎乎其所不睹，恐惧乎其所不闻。莫见乎隐，莫显乎微。故君子慎其独也。"整个社会对道德的依持，或者说，孔子、孟子的哲学伦理思想，对人性的宰制，实际上已经达到了无以复加的地步。

　　但是，与上古三代的道德观念不同的是，孔子是新时代人文主义的倡导者，他提倡"仁"，实际上就是相对于三代以来上下垂直的"礼"提出来的。它的"仁"不仅讲"爱人"，而且有对"礼"的牵制，那就是"和"。所谓"和"，就是在"礼"的实施过程中讲究双方的互动，说到底就是人与人之间，超越上下关系，超越君臣关系，超越亲疏关系，彼此尊重。

　　孟子的道德观念是孔子道德观念的发展，他提倡"仁政"的真正目的就是以人民为国家的根本，天视自我民视，天听自我民听，人民是一切政治活动的出发点和归宿。但是，孟子发展了孔子的思想，提出了"富贵不能淫，贫贱不能移，威武不能屈"的人格修养论，提出了善、信、美、大、圣、神的精神境界论，加强了人的主体精神和精神的独立性。所以从根本上来讲，孟子依然在进一步加强孔子的"和"。从这个角度上来讲，庄子"蹩躠为仁，踶跂为义"，"澶漫为乐，摘僻为礼"的批评是有些偏激的。

　　现在的问题还不仅如此，关键问题是，如果我们按照庄子的理论把孔子、孟子的哲学弃而不用，结果将是一个什么样的社会状况？完全进入老子"小国寡民：使有什伯之器而不用，使民重死而不远徙，虽有舟舆，无所乘之；虽有甲兵，无所陈之；使民复结绳而用之。甘其食，美其服，安其居，乐其俗。邻国相望，鸡犬之声相闻，民至老死不相往来"（第80章）的境界，在现实的生活中是否能够真实的可行？如果不可能实行，那我们就不能不再次回到孔子孟子的道德体系上来。至少，孔子、孟子有关社会管理的思路仍然是有可取之处的。

正是从这个角度上来讲，孟子在上文"夫志，气之帅也"，在"志"与"气"的主次关系之中提出了"其为气也，配义与道；无是，馁也"的观点，并且号召大家不可有须臾的松懈："是集义所生者，非义袭而取之也"，也就是《中庸》的"道也者，不可须臾离也"。这样说来好像孔子、孟子的道德观点和视角是无可奈何、唯一能够硬着头皮走下去的道路了。

但是，这并不是笔者的意思。笔者的写作目的是，没有道德规范的约束，我们作为"血气心知"的个体确实有可能走上流、连、荒、亡的境地，没有道德约束，维系君臣、父子、夫妇关系的大纲就将断裂，社会的劳动与分配制度就完全崩溃。可是，当这种道德制度深入人心，已经剥夺了人之所以为人的一切个体性、独立性之后，也就是荀子反复倡导的"一天下"、"一四海"的状态出现之后，在这种道德笼罩下的"人"还是人吗？从这个角度上来讲，庄子"蹩躠为仁，踶跂为义"，"澶漫为乐，摘僻为礼"的批评又毫无疑问具有重要的现实意义，并且对我们当今的政治哲学理论建设都具有启示作用。

余　论

为什么呢？关键问题在于我们要抓住问题的关键。第一，社会的建设和历史的前进，没有道德的规约，诚如上文所言，肯定是不行的。但是，道德的过分宰制，尤其是它依仗于某种绝对专制的国家权力之后，就有可能成为一种个体性独立、自由发展的禁锢，因而成为社会发展的阻碍。正是从这一角度上来讲，庄子的哲学是伟大的，因为他看到了的道德的阴暗面，看到了道德因为政治权力的绝对化之后走向人们初衷反面的可能性。第二，道德的原初状态应该是来自民间的习俗，约定俗成之后上升为道德，虽然这种道德可能被统治者所利用，但是社会的长治久安不可能没有道德的精神支撑。没有道德，社会的一切政治与经济的活动就失去了交往的依托，人类历史的发展也就不可能真正走向不断进取的历程。第三，道德是有阶级性和时代性的，我们现在学习孔子、孟子、庄子，是要学习他们的治学精神，是要学习他们与时俱进的思维方式，是要学习他们满怀慈悲的人文主义情怀，他们的思想就是在对三代的传统道德改造的基础之上形成的，换言之，我们现在不仅要综合学习孔子、孟子、庄子理论的各个侧面,把他们整合起来进行诠释、理解,而且要坚定地认识到,两千多年后的今天,我们如果依然死守孔子、孟子、庄子的原始理论,就是守株待兔、刻舟求剑。

第六章　人性的现实锤炼与修养

第一节　在摩荡中弘扬主体

《性自命出》的认识论与它的人学是糅合、互渗在一起的,其相互摩荡、互为其根的理论形态,与《周易》、《易传》、《中庸》、《孟子》以及《乐记》都有深刻的理论照应,在心志物我的内外磨砺之中突出了人的性情,弘扬了人的主体性,是中国哲学史上一笔宝贵的遗产,值得我们认真发掘。

一

不论《性自命出》是否出于公孙尼子之手,①都不妨碍我们确认它的确与《乐记》有深刻的联系,虽然《乐记》的理论趋向是"隆礼",而《性自命出》则侧重于性情的引导、心性的修养。不难发现,《乐记》在思想的渊源上也是传承了《周易》,特别是《易传》的精神的,②但是,由于它的理论趋向是"隆礼",因

---

① 陈来先生称《性自命出》当属《公孙尼子》,见陈来:《郭店楚简之〈性自命出〉篇初探》,《孔子研究》1998 年第 3 期。

② 《乐记》与《周易》、《易传》的传承关系是十分明显:证一,"天尊地卑,君臣定矣。卑高已陈,贵贱位易。动静有常,小大殊矣。方以类聚,物以群分,则性命不同矣。在天成象,在地成形;如此,则礼者天地之别也。地气上齐,天气下降,阴阳相摩,天地相荡,鼓之以雷霆,奋之以风雨,动之以四时,暖之以日月,而百化兴焉。如此,则乐者天地之和也。"借用、化解《易传》之处几乎比比皆是。证二,"大乐与天地同和"、"流而不息,合同而化,而乐兴焉。""君子之听音,非听其铿锵而已也,彼亦有所和之也",都与《周易》、《易传》辩证法阴阳消长,循环往复之中突出统一,突出和合的思想路径是一致的。证三,"土敝则草木不长,水烦则鱼鳖不大,气衰则生物不遂,世乱则礼慝而乐淫。是故其声哀而不庄,乐而不安,慢易以犯节,流湎以忘本。广则容奸,狭则思欲,感条畅之气,灭平和之德。是以君子贱之。"排斥中庸、中和思想以外的一切倾向。

此，就绝对不能把它与《中庸》、《孟子》混为一谈，更不可能与《性自命出》相提并论。①《性自命出》只能归属于思孟学派，其根本原因并不仅仅在于它是否谈论了性情，而是在于它导向心学、注重个人的心性修养。

《荀子·非十二子》斥思孟一派曰："案往旧造说，谓之五行。甚避违而无类，幽隐而无说，闭约而无解。"如果郭店楚简《五行》一文诚如整理者所说，就是荀子所指斥的"子思唱之，孟轲和之"的五行学说，那么，笔者认真推敲之后，诚以为，斥《五行》一文"避违而无类，幽隐而无说，闭约而无解"的说法，至少与《五行》文本不符！②

郭沫若先生在《十批判书·荀子的批判》中指出"《荀子》的思想却是相当驳杂"，"论证太薄弱，而且每每自相矛盾"。③笔者以为确论。上面指斥思孟的话，就是一显例。如果说《五行》一文"案往旧造说"还稍微有一点点道理的话，"避违而无类，幽隐而无说，闭约而无解"之论，则完全不能与《五行》沾边。那么，我们是否就可以说，荀子是在胡说八道呢？这就要从思想体系上来分析这个问题了。笔者以为，《荀子》一书的灵魂在"隆礼"，人世间的一切，在荀子的笔下都纳入了礼制，那么，从国家集权高于一切的角度来看，"避违而无类，幽隐而无说，闭约而无解"就只能针对思孟思想如下两个方面了：第一，《中庸》说："唯天下之至诚，为能尽其性；能尽其性，则能尽人之性，能尽人之性，则能尽物之性；能尽物之性，则可以参天地之化育；可以参天地之化育，则可以与天地参矣。"《孟子》说："君子所性，虽大行不加焉，虽穷居不损焉，分定故

---

① 李泽厚、刘纲纪主编：《中国美学史·第一卷·〈乐记〉的美学思想》说："不论《乐记》的作者为谁，从它的基本思想来看，属于荀子学派。它的成书，不会在荀子之前，而应在荀子之后。"见李泽厚、刘纲纪主编：《中国美学史》，中国社会科学出版社1984年版，第340页。关于《乐记》对《荀子》的依托，刘纲纪先生在书中进行了系统的论证。

② 郭店楚简《五行》一文通篇都只是在论述儒家"仁义礼智圣"德性的修养，全文简明通畅，论述平实，毫无乖异之处。所以，要么是整理者的推论错了，要么就是荀子在胡说。任继愈先生主编的《中国哲学发展史》（先秦卷）也说："这段文字有许多费解之处，但可看出其抨击甚为激烈。"见任继愈主编：《中国哲学发展史》先秦卷，人民出版社1983年版，第722页。

③ 郭沫若：《十批判书·荀子的批判》，人民出版社1954年版，第186、191页。郭沫若先生从宇宙观、人性论、社会理想、政治理想四个方面论述了《荀子》深厚、驳杂，而又充满矛盾的思想。《荀子》有的文章给人的印象是论证严密、气势逼人的，但是郭沫若先生为什么又会这么说呢？笔者以为，可能是古代竹简的顺序难以整理，历代文人又相继丢失、错误理解并妄加编排等原因导致的。

也。君子所性,仁义礼智根于心,其生色也睟然,见于面,盎于背,施于四体,四体不言而喻。""说大人,则藐之,勿视其巍巍然。堂高数仞,榱题数尺,我得志,弗为也。食前方丈,侍妾数百人,我得志,弗为也。般乐饮酒,驱骋田猎,后车千乘,我得志,弗为也。在彼者,皆我所不为也;在我者,皆古之制也,吾何畏彼哉。"(《尽心下》)诸如此类的论述,都是"材剧志大","不知其统",(《非十二子》)倡导个人的独立意志,当然是荀子所不能容忍的。第二,《中庸》又说:"天命之谓性,率性之谓道,修道之谓教","至诚之道,可以前知。国家将兴,必有祯祥;国家将亡,必又妖孽;见乎蓍龟,动乎四体。祸福将至:善,必先知之;不善,必先知之。故至诚如神。""至诚无息","维天之命,于穆不已。"以及《孟子》的"莫之为而为者,天也;莫之致而至者,命也。"(《万章上》)"尽其心者,知其性也。知其性,则知天矣。"(《尽心上》)本来都是从本质上继承和发展了《易传》"《易》与天地准,故能弥纶天地之道。仰以观于天文,俯以察于地理。是故知幽明之故"的思想。孔子当初深研《周易》,"韦编三绝",(《史记·孔子世家》)亲自撰写了《易传》之后,①《易》学之热便骤然而起,同时也把"五行"(金木水火土)与《周易》的关系更加密切化。②《周易》研究的分寸是最难以把握的,数千年来都在占卜、蓍龟与哲学研究之间摇来摆去,孔子早就有先见之明,说:"后世之士疑丘者,或以《易》乎?"③不幸言中!但是,承担罪过的却是子思、孟子。

荀子的指斥,反映了战国时代社会发展、思想潮流的趋向,但同时也说明了荀子并没有同情地理解孔子、子思以及孟子思想的深刻性、传承性,当然,更为重要的是,这种指斥体现了儒家哲学中不可避免的个体与整体的对立,性情与礼制的矛盾,这是我们把握《性自命出》思想的关键之一。当然,荀子的指

① 金景芳、李学勤先生均持是说。
② 金景芳先生说:《易传》"在天成象,在地成形,变化见矣"一句中,"象",就是日月星三辰;"在地成形"的"形"就是指"五行",金木水火土。(参见金景芳:《〈周易·系辞传〉新编详解》,辽海出版社1998年版,第6页)笔者以为,《易传》的"刚柔相摩,八卦相荡。鼓之以雷霆,润之以风雨"已经包括了"五行"(金木水火土)的内容。《周易》与五行学说的密切化,从《礼记》的诸多篇章中可以窥见。
③ 语见长沙马王堆帛书《易传》的一部分《要篇》,转引自李学勤:《失落的文明》,上海文艺出版社1997年版,第294页。

斥,使我们更清楚地看到了《性自命出》与思孟学派不可割舍的关系,①对此,笔者提出的证据是:

第一,《性自命出》说:"性自命出,命自天降,道始于情,情生于性。"(第2、3简)"道者,群物之道。凡道,心术为主。道四术,唯人道为可道也。"(第14、15简)"君子美其情,贯其义,善其节,好其容,乐其道,悦其教,是以敬安焉。"(第20、21简)这里的三段引文,可以超拔为著名的三句话:"天命之谓性,率性之谓道,修道之谓教。"(《中庸》)"性自命出,命自天降"当然是说"性"来自天命,是点明"性命"对"天"的终极依托,此其一。"道生于情,情生于性,""凡人伪为可恶也。"(第48简)"凡人情为可悦也。"(第50简)这就是"率性",只有情感率性而出,才是真实可靠的,才能体现"道"的"诚",此其二。"凡道,心术为主,"君子通达天命,率直性情,以义节容,乐道为教,这完全是子思的思路,此其三。

第二,既然人的性命由天而降,那么人的一切就都具有了一种先天的性命规定。这就是《易传》"一阴一阳之谓道,继之者善也,成之者性也"、"与天地准"理论的终极目的,也是"性善论"的最终源头,孔子的"贵其不已",②子思的"维天之命,於穆不已"和孟子的"反身而诚",追本溯源,都始于斯。《性自命出》开门见山,表明了与这种"与天地准"思想的紧密联系,因此,把人的"心志"、"性情"的锤炼修养,都纳入了"中"与"和"的定势之中。《性自命出》从第42简到48简,从第62简到65简,③都是讲"中和"思想的,通过"中和"之道,对"性情"的锤炼、洗涤、陶冶,最后达到"君子身以为主心"(第67简)的心

---

①　此前,李学勤先生似乎认为《性自命出》属于《子思子》,请参见李学勤:《荆门郭店楚简中的〈子思子〉》,《文物天地》1998年第2期。陈来先生在他的文章中据此而断定李学勤先生持《性自命出》属于《子思子》说。但是,李学勤先生在其《郭店简与〈乐记〉》一文中,又同意了陈来先生《性自命出》当出于《公孙尼子》的观点。见北京大学哲学系编:《中国哲学的诠释与发展》(张岱年先生九十寿庆纪念论文集),北京大学出版社1999年版。

②　见《礼记正义》卷五十,《十三经注疏》本,中华书局1980年版,第384页。

③　"有其为人节节如也,不有夫束束之心则采。有其为人之束束如也,不有夫恒始之志则缦。人之巧言利辞者,不有夫诎诎之心则流。人之悦然可与和安者,不有夫奋作之情则侮。有其为人之快如也,弗牧不可。有其为人? 如也,弗辅不足。"(第42—48简)"身欲静而勿? 虑欲渊而毋伪,行欲勇而必至,貌欲庄而毋伐,[心]欲柔齐而毋泊,喜欲智而无末,乐欲怿而有志,忧欲敛而毋昏,怒欲盈而毋希,进欲逊而毋巧,退欲寻而毋轻,欲皆度而毋伪。"(第62—65简)

学目的(中、和之道的本质是天命论,而天命论的本质又显示了"性"的独立性、不可替代性;是性善论的理论前提,更是"民为贵"的思想源泉。儒家的理论路径是通过凡俗的修养"下学上达",复归天命),这与《中庸》的"喜怒哀乐之未发,谓之中;发而皆中节,谓之和。中也者,天下之大本也;和也者,天下之达道也,"然后"与天地参"、"至诚而化"是完全一致的。所不同的是,《性自命出》的心学,偏重于对性情的分析、锤炼的过程论述;而子思的《中庸》却把心学进一步超拔到了"诚"的境界,理论视点更高,运思措意更深而已,但都是为了"德由中出"。

第三,《性自命出》属于思孟学派的最有力的证据,是它已经间接地提出了"性善论",孟子的"善端说"在这里已经开始萌芽。"善"字在《性自命出》中凡七见,除四处动词外,其他三处为名词,而且都与"性善论"有关:"义也者,群善之蕝也。习也者,有以习其性也"。(第13简)"咏思而动心,胃如也,其居次也久,其反善复始也慎,其出入也顺,始其德也。"(第26、27简)"未言而信,有美情者也。未教而民恒,性善者也。未赏而民劝,含福者也"。(第51、52简)其中"义也者,群善之蕝也"一句,把"义",归为"群善"之列,由此我们可以推断出,"群善"的内容,就是儒家一整套德性修养的标准,精练地讲,就是郭店楚简《五行》中的"仁义礼智圣"。更为重要的是,它提出了"反善复始"(第26、27简)的重要命题,把自天而降的"性"规定成了"善"。"反""复"连用,来自《周易》,有循环往复之意,于是在这个命题中,"善"就具有了"始"的性质,"始"也具有了"善"的趋向。

《中庸》的"诚"充塞宇宙,与天地互参,至诚而化,与《孟子》的"我善养吾浩然之气",(《公孙丑上》)"所过者化,所存者神,上下与天地同流","万物皆备于我"(《尽心上》)的主体意识,从本质上都依托于孔子《易传》"与天地准"的思想轴心,①他们都从"自强不息"、"贵其不已"的阴阳大化中发现了生命的真谛,由此才形成了《孟子》"民为贵,社稷次之,君为轻"实行"仁政"的重

---

① 金景芳先生说:"'《易》与天地准'句,我最近有了新的认识,认为这句话对于学《易》来说,至为重要,甚至可以说了解不了解它,是了解不了解《周易》的试金石。"并且对此进行了系统的论证。语见金景芳:《〈周易·系辞传〉新编详解·金景芳自序》,辽海出版社1998年版,第14页。

要思想。荆门郭店楚简中的"天生百物,人为贵"(《语丛·一》第20简)、"命与度与"①(《语丛·三》第71简上)、"有性有生"②(《语丛·三》第71简下)、"爱类七,唯性爱为近仁"(《性自命出》第40简)等极为深刻、超前的哲学命题,与思孟的人学思想是完全一致的。认识这种理论上的渊源,是我们准确地把握《性自命出》认识论思想的必要前提。

二

从儒家思想的整体结构来说,《性自命出》的目的在于论述心性的修养、心志的持定;从儒家人学理论的构建来讲,《性自命出》对于性情的分析有独到之处;但是,笔者以为,《性自命出》最大的贡献,却在于它卓越的认识论思想。

《性自命出》的认识论是深刻地依托于《周易》与《易传》的,虽然在这方面《性自命出》所占篇幅并不多。笔者持有这样的认识,是从《性自命出》流行的年代(或此前),儒家的相关著作(主要是依据《十三经》)之传承的内在逻辑上来说的,也是根据《性自命出》一文本身所显示的思想实际来说的。在《性自命出》之中,"性自命出,命自天降"的命题,当然是非常重要的,以至于郭店楚简的整理者采撷了其中半句作为篇名,来突出其思想。但是,《性自命出》的作者自始至终都没有对这一命题进行正面论述,为什么呢?道理很简单,因为在当时,这个命题可能是非常流行的公理,也许在作者的思想体系中是一条基础性的定理,是不证自明的。就像《性自命出》提出"反善复始"的命题,轻描淡写,一笔带过,根本不用花费过多的笔墨一样。笔者以为,《易传》中的"命"实际上就是宇宙万物的发展规律,就是"道",具有赫拉克利特 logos 的特质,《周易》给予了孔子以理论背景上的支持,也在认识论上给孔子及其后学带来了重要的启示。《礼记·礼运》有一段话是值得我们注意的:"故人

---

① "命与度与",是说生命是与天道的运行相一致的,中和的法则是宇宙万物的根本法则,也是生命的至高境界。因此君子养心就应该知天命而致中和。这一思想当然来自《周易》,特别是《易传》。

② "有性有生",显然已经将"性"与"生"区分开来。这个命题的字面的意义应该是,人没有性情的精神境界,就谈不上人之所以为人者。它已经把人的精神看得比身体本身更加重要了。这无论如何都是一个重大的飞跃。

者,其天地之德,阴阳之交,鬼神之会,五行之秀气也。故天秉阳,垂日星;地秉阴,窍于山川。播五行于四时,和而后月生也。是以三五而盈,三五而阙。五行之动,迭相竭也;五行四时十二月,还相为本也。五声六律十二管,还相为宫也。五味六和十二食,还相为质也。故人者,天地之心也,五行之端也,食味、别声、被色而生者也。"天人合一的思想在这里更为深刻地渗透于人的认知方式、思维方式之中去了,主体必然是通过性情与外在世界多角度、多方位的摩荡、磨合的过程之中得以存有、得以超升,这种理论的形态与《性自命出》的内在联系是显而易见的。

《性自命出》开门见山地写道:"凡人虽有性,心无定志,待物而后作,待悦而后行,待习而后定。喜怒哀悲之气,性也。及其见于外,则物取之也。性自命出,命自天降。道始于情,情生于性。始者近情,终者近义。"(第1—3简)这几句话实际上是全文的总纲,其认识论的意义也是深远的。"性"与"心志"是一组互为表里的概念,前者来自天命,后者"待物而后作","作"者,起也,生也。"四海之内其性一也,其用心各异,教使然也。"(第10简)因此,在儒家的理论中,教育就被提到了极为重要的高度。"圣人比其类而论会之,观其先后而逢训之,体其义而节度之,理其情而出入之,然后复以教。教,所以生德于中者也。"(第16—18简)教育的目的就是要固定心志,以免外物滋扰,迷惑心志。从"作"到"悦"还有一段心理的路程,只有引起了主体愉悦之情的事物,才能唤起主体的行动;正是在这种不断"作"与"悦"的反复训练之中("习"),心志才能固定下来。很明显,作者在这里已经提出了知与行,习与定的关系问题。那么,在人的心性中是什么东西"作"于"物"呢? 是"情"。作者认为,"情"是"性"的表现形式,在"物"的激荡下外发出来,从而形成了性情与外物的摩荡。由天生的真情为出发点,经过审美的、现实的磨炼与陶冶,人的性情就可以上升到一个随心所欲而不逾矩、"身以为心主",身心高度统一的境界。可以说,《性自命出》通篇的思想布局,都是试图涵盖在这样一个总纲下来构思的。

笔者认为《性自命出》最为精彩的地方,并不仅仅在于对性情本身的刻画,而在于对性情与外物互为摩荡的过程的论述,精微、深刻,富有生命的动感,具有穿越时空的超前性格。《性自命出》写道:"凡见者之谓物,快于己者之谓悦,物之势者之谓势,有为也者之谓故。"(第 12—13 简)作者在这里给"物"下了一个令人瞠目结舌的定义:对"我"来说,看得见的就是"物"(存在),看不见的就不是"物"(不存在)。"快于己者之谓悦"是一个被动式,翻译成现代汉语就是"被我所认定为具有意义的事物,才能够引起我的愉悦。"总的来讲,这一组句子应该解释为,只有被我的灵性感悟、捕捉到了的事物,才能够被我所认知;只有与我发生了关系的事物,才能够找到我与它之间互为摩荡的基础。这种具有超前性格的命题在《性自命出》中是很多的,①其内涵之深刻,往往令人耳目一新。例如,"好恶,性也;所好所恶,物也。"(第 4 简)这一命题超越了作者自己设定的"性自命出,命自天降"的前提,受到了自然、激越的情感的左右,也受到笔势、文气惯性的驱使,于是,超越既成概念的思想之流就不绝如缕、层出不穷而来:喜欢什么还是不喜欢什么,这是由人主观的"性"决定的,也就是说,不同的"性"是有不同的价值取舍的[超越了"四海之内其性一也",作者承认"性"是因人而异的。所以《性自命出》"凡物,无不异也"(第 8 简)的命题也包括了人本身];万事万物的性质不是独立存有的,而是由我的所"好"所"恶"所决定的。这就使我们不由自主地想起了古希腊普罗太戈拉命题:"人是万物的尺度,是存在的事物存在的尺度,也是不存在的事物不存在的尺度。"②东西方哲学相去山高水远,但是在它们的初创时期居然有如此令人惊异的相似之处,实在是不可思议!

但是,笔者的用意在这里并不是试图比附普罗太戈拉,而是要从理论形态上指出,《性自命出》的主体性学说(Subjektivität),③要比前者彻底得多、宽泛得多、优美的多。原因就在于它从本体上依托于《周易》的天道观,依托于《易传》认知世界的思维模式,上面《礼运》的那段引文已经充分地证明了这一点。直到这个时候,我们似乎才真正领悟到子思子、孟子"大哉圣人之道! 洋洋乎! 发育万物,峻极于天"、"上下与天地同流"、"万物皆备于我"那无处不在、

---

① "所善所不善,势也。"(第 5 简)"凡性为主,物取之也。"(第 5 简)"凡道,心术为主。"(第 14 简)等。

② 全增嘏主编:《西方哲学史》,上海人民出版社 1983 年版,第 113 页。

③ 德语 Subjektivität 翻译成中文,主要指有独立自主、自我意识、个人的特殊性和发挥个人的聪明才智、以个人的意志自由为根据、主观主义等。它的哲学背景是主体与客体的对立、分离。

充塞宇宙的主体精神的壮丽之美！它始终是一种把人放在重要的位置,却又与万事万物融为一体的"情"的宇宙观；它始终是处于本体论与认识论互为渗透的一种感性的、直觉的状态；它始终是一种流动不息,在阴阳大化、风雷相激、彼此消长的运动之中生生不已的追求！

《性自命出》这种性情与外物互为摩荡的主题,并不仅仅停留在认识的层面。它最可宝贵之处,在于把这种认知的感性体悟推广、延伸到了生活的实践、道德的践履之中:"凡性或动之,或逢之,或交之,或厉之,或出之,或养之,或长之。凡动性者,物也；逢性者,悦也；交性者,故也；厉性者,义也；出性者,势也；养性者,习也；长性者,道也。"(第9—12简)由于这种动性、逢性、交性、厉性、出性、养性、长性都是以"天地之德,阴阳之交,鬼神之会"为其根本的准则,因而,它们的动与静,皆中于节,与天地万物合而为一。用《中庸》的话来说,就是"喜怒哀乐之未发,谓之中；发而皆中节,谓之和。中也者,天下之大本也；和也者,天下之达道也。致中和,天地位焉,万物育焉。"在《性自命出》中,最终目的就是达到"其居次也旧,其反善复始也慎,其出入也顺,司其德也"(第26—27简)的境界。

在中国哲学史上,知与行互为结合的理论模式并不是《性自命出》首先提出来的,但是,《性自命出》却能从完善主体之"性"、固定"心志"的各个层面、各个角度,在认识与实践的摩荡、磨砺之中,在认识活动的运动之中来摹写它的存有与发展,把儒家哲学的理想人格在本体论与认识论相辅相成、循环往复的渗透中进行多层面的道德践履的状态书写得铺张扬厉、淋漓尽致,实在是一个创举！

三

与众不同的是,在磨砺性情、固定心志的过程中,作者从性情出发,正面论述了艺术创作与审美活动对人的主体性之完善、提高的巨大作用。由于它的出发点不带任何偏见,以性情的真诚为最基本的出发点,还由于对美的本质、功能有深刻的理解,因此,作者把美学有效地纳入了认识论的范畴,丰富了儒家认识论思想的宝库,同时也为儒家美学思想何以提高、丰富人的主体性的理论建设作出了不可忽视的贡献。

《语丛·三》中有一个耐人寻味的命题,是一把解读《性自命出》美学思想的钥匙,这个命题就是"忠则会。"(第63简)所谓"忠"在《性自命出》中,就是"凡声,其出于情也信。然后其入拨人之心也厚。"(第23简)"凡人伪为可恶也。"(第48简)"凡人情为可悦也。苟以其情,虽过不恶;不以其情,虽难不贵。苟有其情,虽未之为,斯人信之矣。未言而信,有美情者也。"(第50—51简)与《中庸》的"诚"、"一"之道,"不勉而中,不思而得,"具有一样的品质,情真意切、拳拳服膺,是《性自命出》美学思想的出发点。在《性自命出》的性情论中,始终贯穿全文的一个重要命题是:"情出于性"。(第40简)"情出于性"的走向是双层双向,而且循环往复、互为磨砺的。亦即,性是情的本原、依托,是生命的天命之原;情是性的激发、摇荡,是性命飞动的灵采:"喜怒哀悲之气,性也。"(第2简)"凡至乐必悲,哭亦悲,皆至其情也。哀、乐,其性相近也,是故其心不远。"(第29简)挖掘出了人之所以为人的根本特征,在儒家哲学史上,《性自命出》在我们目前可以看得见的文献中似乎是第一次深入、具体,而且是系统地正视了人的情感世界;在中国美学发展史上也似乎是第一次从理论上开拓了一片新的天地,因此其意义之重要,可想而知。更为重要的是,"情出于性"不仅是双层面的,而且是互为激发、依持的关系。人的喜怒哀乐之情,是"性"摇荡于外物的结果,而情感的激荡、升华,却又是锤炼"心性"、固定"心志"的重要手段:"其声变则其心变,其心变则其声亦然。"(第32简)"闻笑声,则鲜如也斯喜。闻歌谣,则蹈如也斯奋。听琴瑟之声,则□如也斯叹。观《赉》、《武》,则齐如也斯作。观《韶》、《夏》,则勉如也斯俭。"(第23、24、25、26简)这种内外的摩荡只有在真情至性的基础上才有可能进行,而人的真情至性也只有在这种摩荡中才能得以超升。所以,"忠,信之方也。信,情之方也。"(第39简)情的基本质素是"忠",是"信"。美学史家刘纲纪先生指出:"情感的表现是中国古代艺术哲学的核心。"[1]应该说,《性自命出》的作者对艺术本质的把握是相当准确的,对人性的基本特征之描述也是客观的、不带任何理论偏见的。

所谓"会",就是领会、交感、神化的意思。这与《乐记》的"君子之听音,非

---

[1]　刘纲纪著:《艺术哲学》,湖北人民出版社1986年版,第586页。

听其铿锵而已也,彼亦有所和之也"有同样的底蕴。"和"与"会"的美学上的意义是一样的,它们有两个趋向,一个是审美对象作用于主体所唤起的美感,另一个则是主体对审美对象的价值取舍。二者交合,就出现了"融合"、"神会"的境界。这种论述,在《性自命出》中是尤其生动的:"喜斯陶,陶斯奋,奋斯咏,咏斯摇,摇斯舞。舞,喜之终也。愠斯忧,忧斯戚,戚斯叹,叹斯抚,抚斯踊。踊,愠之终也。"(第33—35简)①与许多后儒不一样的是,它的情与性不仅不是对立的,而且情感的自然迸发,审美意识的摇曳多姿,本来就是一条完善主体性的必由之路。虽然在儒家许多经典中都有以乐养心的论述,但是,《性自命出》更注重真情的自然流露、真性的保持,尤其是审美活动的进行始终都依持在这种真情的磨合、默契之上,因此具有较大的理论价值。这是《性自命出》本身认识论的深化、延展和飞跃,因为它并不是为了审美而审美,为了艺术而艺术来立论的。

作者之所以重视审美在认识活动中的作用,主要是他已经认识到一般的教育手段非常难以打入人的心灵,达到教化的目的,同时他又充分认识到,在审美体悟与性情不可分割的内在联系之中,有一条最为直截、深入地触及人的灵魂,直达仁、义的捷径——这就是审美体悟:"《诗》,有为为之也;《书》,有为言之也。《礼》、《乐》,有为举之也。圣人比其类而论会之,观其先后而逢训之,体其义而节度之,理其情而出入之,然后复以教。教,所以生德于中者也。"(第16、17、18简)"凡学者求其心为难,从其所为,近得之矣,不如以乐之速也。"(第36简)作者的手法是,利用人们在审美活动中真情至性完全放开的时候,用"与天地同和"的"大乐",就是把儒家的"道义"、"仁义"灌注到其中去了的"礼乐",来净化人的心灵:"吟游哀也,噪游乐也,啾游声[也],嚱游心也。"(第33简)通过审美的活动,把一切"情"、一切"爱"都纳入"仁"的范围之中;把一切认知的活动、一切智慧的激发都纳入"义道"的轨道之上:"爱类七,为性爱为近仁。智类五,唯义道为尽忠。恶类三,唯恶不仁为近义。"(第40—41简)这就彻底地与孔子、孟子"居仁由义"的思想融为一体了。②

---

① 此段引文又见于《礼记·檀弓下》,但那是讲的丧葬之踊,而这里是地道的美学之论。

② 《荀子》的"故知而不仁,不可;仁而不知,不可;既知且仁,是人主之宝也,而王霸之佐也"(《君道》)的"仁知"之论,与孔、孟、《性自命出》的认识论观点是一致的。

　　然而,《性自命出》的美学思想并没有仅仅停留在这个层面上,它的背后还有一种深层次的天命观照,从而拥有了一种深沉的性命导向。这表现在两个方面:第一,"凡用心之躁者,思为甚。用智之疾者,患为甚。用情之至者,哀乐为甚。用身之弁者,悦为甚。用力之尽者,利为甚。目之好色,耳之乐声,郁陶之气也,人不难为之死。"(第42—44简)与第44、45、46、47、48简,62、63、64、65简正面、大篇幅地论述了中和之道的为人标准,形成鲜明对照。在上文我们已经提到,儒家的"中和"思想是《周易》思想的本质,是"与天地准"(《易传》)的最高法则,是"天下之大本"、"天下之达道",是人的性命之中不可须臾失去的东西。第二,《性自命出》的思想依托,是"性自命出,命自天降",这是儒家"心志"之学的渊源,也是《性自命出》的归宿。通过下面一段引文,我们可从行文的上下关系中看到,作者的美学思想是相当深刻的:

　　　　观《赉》、《武》,则齐如也斯作。观《韶》、《夏》,则䚃如也斯敛。咏思而动心,喟如也。其居次也久,其反善复始也慎,其出入也顺,司其德也。郑、卫之乐,则非其声而纵之也。凡古乐龙心,益乐龙指,皆教其人者也。《赉》、《武》乐取;《韶》、《夏》乐情。(第25—28简)

这段文字完全是讲音乐审美的,其中最为引人注目的就是"反善复始"的哲学命题。具有这种特殊组词方式的命题,在先秦的各种著作中是很多的:《系辞上传》有"原始反终,故知生死之说";《礼记·礼器》有"反本修古,不忘其初者也;"《礼记·郊特牲》有"万物本乎天,人本乎祖,此所以配上帝也。郊之祭也,大报本反始也。"《老子》还有"万物并作,吾以观其复。夫物芸芸,各复归其根。归根曰静,是谓复命,复命曰常。"(《上篇》)似乎都应该与"反善复始"有一些联系。但是,"原始反终",乃生死之说;"反本修古"是宗法之论;"报本反始"为礼仪之德;"归根复命"则属虚无之思。

　　唯独"反善复始"在结构上"反"与"复"连用,说明它吸纳了《周易》的思维方法;而且又由于"反"与"复"之间本来就具有一种天然的联系,具有循环往复的内在规定性,因此,"善"就具有"始"的质素,"始"也具有"善"的趋向。如果把这个命题置放到《性自命出》的整个篇章结构中去,我们就会立刻发现,这是一个关于"天命观"的命题,是对"性自命出,命自天降"的照应。(应该说,这种照应在《性自命出》最后的62、63、64、65、66、67简体现得更为明显、丰富、彻底)也就是说,作者认为"性"自"命"出,而"情生于性",在"乐"的审美中,通过情感的洗涤、陶冶、净化,人又可以复归到"性",并且最终将上升到最原初的"天命",去感受、去拥抱最真实、最原初的你——善。这就全面地构建起了由"天命"→"性"→"心志"→"情"→"物"→"道义",再由"道义"复归到"物"→"情"→"心志"→"性"→"天命",这样一个认识论的螺旋式圆圈。在后来的儒家哲学中,这种认识论与人学互为渗透的理论模式就被孟子超拔成为"尽心"、"知性"、"知天"。(《尽心上》)

第二节 从《鲁穆公问子思》到《孟子》

荆门郭店楚简《鲁穆公问子思》一文,与《孟子》具有深刻的照应。相对于《孟子》来说,此文显得单薄、短小,但是,《孟子》博大的思想体系却可以从这里揣摩到端倪。因此,挖掘这种照应,以荆门郭店楚简的有关篇章为背景支持,结合《孟子》的相关论述,进行综合的分析、研究,互为诠释,对于我们进一步把握儒家思想的逻辑发展,特别是理解思孟学派的哲学要义,是有启发作用的。从哲学上来讲,《鲁穆公问子思》一文主要是展示了自由知识分子的人格如何建立的问题,因此,《鲁穆公问子思》与《孟子》的比较研究,就是锁定在这个范围之内来进行的。

一

《鲁穆公问子思》全文只有 150 字,但是,却内在地展示了哲学家子思子"帝王之师"的风采。其至大至刚的凛然之气、直言不讳的孤傲性格、独立自由的旷世人格以及以天下为己任的担当情怀,都跃然纸上,使人油然而生钦佩、敬仰之情。为了行文方便,笔者将《鲁穆公问子思》全文转录于此:

> 鲁穆公问于子思曰:"何如可谓忠臣?"子思曰:"恒称其君之恶者,可谓忠臣矣。"公不悦,揖而退之。成孙弋见,公曰:"向者吾问忠臣于子思,子思曰:'恒称其君之恶者,可谓忠臣矣。'寡人惑焉,而未之得也。"成孙弋曰:"噫,善哉,言乎!夫为其君之故杀其身者,尝有之矣。恒称其君之

　　恶者,未之有也。夫为其君之故杀其身者,交禄爵者也。恒称其君之恶

　　者,远禄爵者也。为义而远禄爵,非子思,吾恶闻之矣。"(郭店楚墓竹简

　　《鲁穆公问子思》)

根据这段文字的行文风格和表现的内容,我们可以确信,荀子把子思与孟子归为一个哲学流派,①是完全正确的。因为不仅《鲁穆公问子思》与《孟子》的思想是一致的,而且即便是在行文的风格上,也都与《孟子》一致。② 读《鲁穆公问子思》所唤起的理论力量,与读《孟子》也是完全一样的。在《滕文公上》中,孟子指斥陈良的学生陈相,说他师事"悦周公、仲尼之道,北学于中国"的"豪杰之士"陈良"数十年",但是,老师一死就背叛了他("师死而遂倍之"),投靠了"南蛮𫗧舌之人"许行,从反面说明了孟子对自己的祖师爷子思子持久的继承,以及他们之间在思想上的连续性、一致性。因此,本书就是要借助荆门郭店楚简《鲁穆公问子思》给予我们的启示,结合《孟子》中的相关论述,对思孟学派理想人格的哲学要义,作一些粗浅的探讨。

　　《鲁穆公问子思》一文的灵魂,首先在于"恒称其君之恶者,远禄爵者也。""远禄爵"之谓,在《鲁穆公问子思》一文中是与"交禄爵"相对应而提出来的,就是指知识分子(士)在人格上的独立性,自由性。不自由,就无独立可言;不独立,就更不可能有自由的思想(在《鲁穆公问子思》中就是指坚持"义"的理念)。"交禄爵"的结果,是为"禄爵"所累;而为"禄爵"和无限的欲望所牵制的人,就谈不上什么"心性"的修养,谈不上人格的独立和自由,更谈不上客观、公正地为天下苍生继开绝学,并在政治黑暗时期,对昏庸的君主提出中肯的批评,为人民的幸福、社会的前进、国家的昌盛提出建设性的理论指导。《孟子》对此有系统的论证:

　　　　居天下之广居,立天下之正位,行天下之大道;得志,与民由之;不得

　　志,独行其道。富贵不能淫,贫贱不能移,威武不能屈,此之谓大丈夫。

---

　　①　过去由于文献不足,有些学者否认思孟学派的存在。现在荆门郭店楚简的出版,说明《荀子·非十二子》指斥的《五行》一文确实存在,"子思唱之,孟轲和之"的记载是历史事实。然而,笔者以为,思孟学派的最终确立,其意义是极为巨大的,因为它不仅促使我们加深了对儒家哲学的认识,而且也为中国传统文化的现代转型提供了特殊的视点和基点。

　　②　《孟子》在描述到孟子与各位国王谈话的场面时,其内在的精神气质与《鲁穆公问子思》是完全一致的,这主要是因为子思与孟子在人格的追求上、价值的取向上有一致性的缘故。

（《滕文公下》）

　　故士穷不失义，达不离道。穷不失义，故士得己焉；达不离道，故民不失望焉。古之人，得志，泽加于民；不得志，修身见于世。穷则独善其身，达则兼养天下。（《尽心上》）

　　人之有德慧术知者，恒存乎疢疾。独孤臣孽子，其操心也危，其虑患也深，故达。（《尽心上》）

　　舜视弃天下犹弃敝屣也。窃负而逃，遵海滨而处，终身欣然，乐而忘天下。（《尽心上》）

　　可欲之谓善，有诸己之谓信，充实之谓美，充实而有光辉之谓大，大而化之之谓圣，圣而不可知之之谓神。（《尽心下》）

　　养心莫善于寡欲。其为人也寡欲，虽有不存焉者，寡矣；其为人也多欲，虽有存焉者，寡矣。（《尽心下》）

人之所以为人，就在于不断奋进，在善→信→美→大→圣→神的道路上，居广居、立正位、行大道，自我修炼、提高、超拔和飞跃。"穷不失义，达不离道"，"富贵不能淫，贫贱不能移，威武不能屈"，才能做到：得志，不忘人民的疾苦，"与民由之"；不得志，却不丧失自己的本心，"独善其身"。"正己而物正者也。"（《尽心上》）只有远离权势斗争的漩涡，远离物欲横流的泥沼，才能"上下与天地同流"（《尽心上》），养育我至大至刚的"浩然之气"（《公孙丑上》），真正维护"道"的至真至纯、至尊至贵。因此，孟子进而指出："天下有道，以道殉身；天下无道，以身殉道；未闻以道殉乎人者也。"（《尽心上》）以真理为归依的牺牲精神和不畏强权、不同流合污的高洁品德，真是回响千古，与日月争辉！朱熹在《孟子集注》中的注释最为来神："道屈则身在必退，以死相从而不离也。"道出了儒家"舍生而取义"的崇高气节！独立性，是与人格之中巨大的精神力量相互鼓荡，相互依持的，这正是思孟学派理想人格中最为精到、最为深刻、最为本质的地方。

　　对于"道"的守护来说，人格的独立性，绝不是可有可无的东西，而是自我存有、发展的前提和基础。《孟子》提出了"所就三，所去三"（《告子下》）的原则，其中心思想就是绝不改变自己独立的立场，绝不牺牲自己的"道"去迁就、逢迎昏暴的君主。不论是《鲁穆公问子思》，还是《中庸》、《孟子》，都极为深

刻地体现了这种人本位、性本位、道本位，而不是官本位的思想，应该说，这是
对孔子思想的深化，或者更为确切地说，这是为孔子的人学思想奠定了个体的
哲学支持。在思孟学派的论著中，这种哲学的本原性论述是不乏其例的："凡
人虽有性，心无定志，待物而后作，待悦而后行，待习而后定。喜怒哀悲之气，
性也。及其见于外，则物取之也。"（郭店楚简《性自命出》第1—2简）"凡人"
都有性，并无君子小人之分，因此，每个人都有一种天赋的精神权利。"待物
而后作"之谓，是说人的"性"，虽然"四海之内其性一也。"（第9简），但是，唤
起性情的"物"，却是五光十色、应接不暇的。"其用心各异，教使然也。"（第9
简）一是人的机缘不同，二是人生努力的方向不同，三是生长的环境、所受的
教育不同，这就导致了不同的人，必然具有不同的"性"。"喜怒哀悲之气，性
也。"人之所以是人，其存有的个体基础在这种以"气"论"性"哲学命题中完全
被凸显了出来。"民皆有性，而圣人不可莫也。"（荆门郭店楚简《成之闻之》第
28简）"天命之谓性，率性之谓道，修道以为教。"（子思《中庸》）"唯天下之至
诚，为能尽其性；能尽其性，则能尽人之性；能尽人之性，则能尽物之性，能尽物
之性，则可以赞天地之化育；可以赞天地之化育，则可以与天地参矣。"（子思
《中庸》）实质上，都是在讲一个什么是"性"和如何弘扬个体之"性"的问题。
鲁穆公在听了子思子"恒称其君之恶者，可谓忠臣也"的话后，《鲁穆公问子
思》写道："公不悦，揖而退之。"在思孟学派的笔下，鲁穆公是一位贤明的君
主，贤明的君主当然知道人的"性""情"不同，世界观也不相同的基本道理。
因此，他对子思子的言论即便是一时的不高兴，不理解，但也能够尊重子思子
言论自由的权利，他们在天赋人权上是平等的，因此，"揖而退之"。《孟子》的
有关论述当然更为深刻：

　　广土众民，君子欲之，所乐不存焉；中天下而立，定四海之民，君子乐
之，所性不存焉。君子所性，虽大行不加焉，虽穷居不损焉，分定故也。君
子所性，仁义礼智根于心，其生色也睟然，见于面，盎于背，施于四体，四体
不言而喻。（《尽心上》）

真正的君子之志趣所在，"性""分"所在，亦即终极的追求，既不是广土众民的
风光，也不是中天而立、定于四海的权势，而是"仁义理智根于心"，睟然生色，
施于四体，"万物皆备于我矣，反身而诚，乐莫大焉"（《尽心上》）的独立精神、

心涵"善端"的超迈气质以及"仁人无敌于天下"(《尽心下》),足以为"百世师表"(《尽心下》)的风采。

二

《鲁穆公问子思》最突出的地方,是表现了鲜明的民主思想,虽然我们在此只是看到了冰山的一角。这种古老的中国式民主思想,并不仅仅体现在鲁穆公与子思子人格平等的描述上,更为重要的是展示了子思子大无畏的批判精神。不为高官厚禄,不为逢迎溜须,而"恒称其君之恶",其目的就是为了捍卫"义"("为义而远禄爵")的至大至刚、至圣至神。正是具有了这种"义"的生命内涵和原动力(这种原动力体现在子思与人民、与鲁国、与鲁穆公的关系上,就是一个"忠"字。这是对"义"的践履,对至高无上的"道"的执着追求),子思子才能在人生的追求上,在实践的道德践履中,表现出高昂的战斗热情和勇气,"恒称其君之恶"!一个"恒"字,把子思子的斗争风采、顽强意志和人格力量都淋漓尽致地展现了出来。

中国的先秦时期有没有民主思想,一直是学术界争论不休的一个问题。绝大多数学者认为,先秦时期只有民本思想,没有民主思想,民主思想完全是近代社会开始以后,从西方传进来的新概念。笔者认为,先秦时期不仅有民本思想,也有民主思想,只是相对西方社会而言,有其特殊的表现形态而已。民本者,按先秦时期的概念,就是重民、恤民、保民、息民、养民、得民,"水能载舟,亦能覆舟。"民为君本,民为国本,君对民如父母,民对君如儿女。上慈下孝,君君臣臣,自然天下太平,一片祥和。民主一词,来自古代希腊,它表示人民是国家的主人,君主只是人民选拔出来的代表、公仆,如果他胡作非为,人民就有权批评他,有权罢免他,有权推翻他所组阁的政府,它是一种政治行政的体制,更是一种社会结构的形式。然而实质上,任何一个繁荣昌盛的社会,都必须是具有一定的民主精神的社会,不论它是否形成了一种社会制度。换句话说,中华文明五千年,创造了辉煌灿烂的文化,如果其传统文化中没有某种程度的民主精神的支撑(有时候也许十分微弱,有时候甚至出现极度的反民主思潮),就是不可想象的。

笔者以为,民主思想,是一开始就潜伏于中国古老而又早熟的政治体制之中的,先秦史书中关于子产"不毁乡校"①,晏婴"和同之论"②以及墨子"天志"、"明鬼"等许多记载,都不同程度地反映了早期中国政治家们有关的思考、要求和努力。中国早期的民主思想,主要是通过对君主权力的制衡表现出来的,"天人感应"(天谴、瑞兆)、"阴阳五行"(阴阳消长、综合互动的思维方式)③[第243页]和忠臣节士勇敢的"诤谏"(批评君主的失德)④基本上组成了它主要的三个方面。由于中国历史文化的特殊性,中国式的民主思想及其表现方式也具有与众不同的特色:第一,它有一种混沌的性质,亦即始终没有形成明晰的民主政体。第二,以"道德"作为制衡的核心标准,作为社会的调节轴心。第三,与民本思想紧紧地裹挟在一起。

在先秦思想史上,把民本思想推向高峰,推向极致的是《孟子》。《孟子》具有强烈的民本思想,这是毋庸置疑的:

> 桀纣之失天下也,失其民也;失其民者,失其心也。得天下有道:得其民,斯得天下矣;得其民有道:得其心,斯得民也。(《离娄上》)

> 如有不嗜杀人者,则天下之民皆引领而望之矣。诚如是也,民归之,由水之就下,沛然谁能御之?(《梁惠王上》)

但是,笔者在此要着力陈述的,是孟子对民本思想的发展,并且终究超拔为一种富有我们民族特色的民主思想。笔者经过认真思考,坚定地认为,孟子已经具备了完备、系统的民主思想,而且十分深刻,以深厚的人学思想作为依托,虽然从

---

① 《左传·襄公三十一年》载:郑人游于乡校,以论执政。然明谓子产曰:"毁乡校何如?"子产曰:"何为?夫人朝夕退而游焉,以议执政之善否。其所善者,吾则行之;其所恶者,吾则改之:是吾师也。若之何毁之?我闻忠善以损怨,不闻作威以防怨。岂不遽止,然犹防川,大决所犯,伤人必多,吾不克救也。不如小决使道,不如吾闻而药之也。"

② 《左传·昭公二十年》载,晏婴对齐君说:"和如羹焉,水火醯醢盐梅以烹鱼肉,燀之以薪,宰夫和之,齐之以味,济其不及,以泄其过,君子食之,以平其心。君臣亦然:君所谓可,而有否焉;臣献其否,以成其可。君所谓否,而有可焉;臣献其可,以去其否。是以政平而不干,民无争心……"

③ 萧汉明:《五行学说的近代遭遇及现代诠释》,见《人文论丛》(1998年卷),武汉大学出版社1998年版。

④ 杜维明先生在武汉大学的演讲中不止一次地提到,中国古代贤臣的"诤谏",是在一种捍卫"道"的基础上的批评,有巨大的精神力量作为底蕴,并不仅仅是愚忠。在《一阳来复》中,杜先生把这种抗议、批判精神概括为"以德抗位。"(见杜维明著:《一阳来复》,上海文艺出版社1997年版,第121页)

现代政治学的角度上讲,它还处于朴素的阶段,从实践的角度上讲,也并没有真正提出民主政府的行政构架,在上文中,我们已经论述到了思孟学派关于"凡人皆有性"、"喜怒哀悲之气,性也"、"君子所性,仁义礼智根于心"等重要命题。

张岱年先生说,孟子的性善论在事实上是民主思想的理论基础①,这句话说得有点过头,因为"民主"与"民本"毫无疑问有霄壤之别,但是,此论具有非常深刻的意味。也就是说,孟子是从人的性命关照的角度,论述了人之所以为人的依据,并进而提出了人赖以存有的权利是天赋平等的,这样一个深刻的思想,为其民主思想的建立奠定了理论基础。孟子的民主思想是其性善论思想的逻辑归宿,其性善论思想也必然会突破传统的民本思想而进入到民主思想的天地,这是由性善论的本质决定了的、没有任何其他选择的哲学价值走向。《孟子》写道:

> 舜,人也;我,亦人也。(《离娄下》)
>
> 尧、舜,与人同耳。(《离娄下》)
>
> 圣人与我同类也。(《告子上》)
>
> 人皆可以为尧舜。(《告子下》)
>
> 圣人之于民,亦类也。出于其类,拔乎其萃。(《公孙丑上》)

每个人都有天生的"根于心"的善端,只要努力修炼、学习,就可以出类拔萃,成为尧、舜式的人物,达到美、大、圣、神的境界,《论语》中君子与小人的先天性鸿沟["惟上智与下愚不移。""君子学道则爱人,小人学道则易使也。"(《阳货》)]在这里已经被消除了。② 由于有了这种先天性的人性平等,于是在政治权利、社会地位和人格尊严上也进而提出了平等的观点:

> 有天爵者,有人爵者。仁义忠信,乐善不倦,此天爵也;公卿大夫,此

---

① 张岱年著:《中国伦理思想研究》,上海人民出版社 1989 年版,第 95 页。

② 作为早期的儒家思想家,孟子当然也有小人与君子的概念区分,例如,他说:"上有好者,下必有甚焉者矣。君子之德,风也;小人之德,草也。草上之风,必偃。"(《滕文公上》)但是,从整个的思想体系上来说,孟子是认为任何"小人"都可以通过德行的修养达到"君子"的境界的。因此,他又说:"夫仁,天之尊爵也,人之安宅也。莫之御而不仁,是不智也。不仁、不智,无礼、无义,人役也。人役而耻为役,由弓人而耻为弓,矢人而耻为矢也。如耻之,莫如为仁。仁者如射:射者正己而后发;发而不中,不怨胜己者,反求诸己而已矣。"(《公孙丑上》)两者的关系,在孟子的笔下不是先天性的规定,而是可以通过后天的努力互相转化的。

人爵也。古之人修其天爵，而人爵从之。今之人修其天爵，以要人爵；既得人爵，而弃其天爵，则惑之甚者也，终亦必亡而已矣。(《告子上》)

说大人，则藐之，勿视其巍巍然。堂高数仞，榱题数尺，我得志，弗为也。食前方丈，侍妾数百人，我得志，弗为也。般乐饮酒，驱骋田猎，后车千乘，我得志，弗为也。在彼者，皆我所不为也；在我者，皆古之制也，吾何畏彼哉？(《尽心下》)

别人有"人爵"，"堂高数仞，榱题数尺"，我有"仁义忠信，乐善不倦"的"天爵"在我的主体性中"其生色也睟然"，熠熠生辉，"见于面，盎于背，施于四体，四体不言而喻。"(《尽心上》)别人"妻妾百人"，"后车千乘"，醉生梦死，我却有至高至美的"道"，有"闻一善言，见一善行，若决江河，沛然莫之能御"、"无敌于天下"(《尽心下》)的精神力量。"所过者化，所存者神"(《尽心上》)的巨大张力以及"登东山而小鲁，登泰山而小天下"(《尽心上》)的阔大胸怀。这种"天爵"与"人爵"的对立，在中国特殊的历史文化背景之下，由于经济利益的巨大差异，价值取向的巨大鸿沟，人生追求的霄壤之别，最终往往导致了有骨气的自由知识分子与黑暗时期的权势集团的根本对立：

君之视臣如手足，则臣视君如腹心；君之视臣如犬马，则臣视君如国人；君之视臣如土芥，则臣视君如寇仇。(《离娄下》)

无罪而杀士，则大夫可以去；无罪而戮民，则士可以徙。(《离娄下》)

孟子谓齐宣王曰："王之臣有托其妻子于其友而之楚游者，比其反也，则冻馁其妻子，则如之何？"王曰："弃之。"曰："士师不能治士，则如之何？"王曰："已之。"曰："四境之内不治，则如之何？"王顾左右而言他。(《梁惠王下》)

民为贵，社稷次之，君为轻。是故得乎丘民而为天子，得乎天子为诸侯，得乎诸侯为大夫。诸侯危社稷，则变置。牺牲既成，粢盛既洁，祭祀以时，然而旱干水溢，则变置社稷。(《尽心下》)

在孟子的心中，君与臣的关系是平等、对等的关系，因此，士(知识分子)对君主就有监督的权利、批评的权利，如果屡教不改，就有"易位"(《万章下》)"变置"的权利。这与《鲁穆公问子思》之"恒称其君之恶"在思想上是完全一致的。

总之,思孟学派的独立人格与其民主思想之间,具有必然的逻辑依持关系。哲学上的自由、独立人格,只能以政治上的民主思想为最后归宿;而民主思想又最终会以深厚的性善论为基础,二者互为唇齿、互为表里、互为因果。在中国传统文化的现代转型过程中,思孟学派的人学和相应的民主思想是一笔内蕴极为丰富的宝贵遗产,是值得我们认真研究、开发和利用的。

第三节 从"反古复始"到"反善复始"

"反古复始"出自《礼记·祭义》。《祭义》的主旨用《祭义》中的原话来说,就是"天下之礼,致反始也,致鬼神也,致和用也,致义也,致让也。致反始,以厚其本也。致鬼神,以尊上也。致物用,以立民纪也。致义,则上下不悖逆矣。致让,以去争也。合此五者以致天下之礼也,虽有奇邪,而不治者则微矣。"孔子广招天下门徒的目的,就是要对学生进行"礼"的训练,以便于使他们适应当时的政治形势。所以,这里的"反古复始"就是要通过祭祀达到治"礼"的目的:"筑为宫室,设为宗祧,以别亲疏远迩。教民反古复始,不忘其所由生也。""君子反古复始,不忘其所由生也,是以致其敬,发其情,竭力从事,以报其亲,不敢弗尽也。"非常明显,通过祭祀,以别亲疏远近,崇天法祖,维系宗法纲常,应该是"反古复始"的本质。"反善复始"出自郭店楚简《性自命出》。《性自命出》主要是谈性情的,"反善复始"一词精当、深刻,有"性善论"、"复性论"、"天命论"三个层面,三者互为依持,从中国哲学史发展的规律来说,是对"反古复始"的发展。在这种发展中,既有哲学史发展规律的内在涌动,也有时代思潮本身的发展在哲学进程中留下的烙印。在从"反古复始"到"反善复始",从《礼记·祭义》到《性自命出》的飞跃之中,先秦儒家的学说峰回路转,柳暗花明,值得我们对其内在逻辑的发展进行追踪,对其理论价值进行有效的诠释,从而为我们进一步认识先秦儒家的本质提供借鉴。

一

为了便于叙述,笔者先将与"反古复始"、"反善复始"这两个命题有关联

的原典片断转录于次,以供参阅:

宰我曰:"吾闻鬼神之名,不知其所谓。"子曰:"气也者,神之盛也。魄也者,鬼之盛也。合鬼与神,教之至也。众生必死,死必归土,此之谓鬼。骨肉毙于下,阴为野土。其气发扬于上,为昭明,焄蒿,凄怆,此百物之精也,神之著也。因物之精,制为之极,明命鬼神,以为黔首则,百众以畏,万民以服。圣人以是为未足也,筑为宫室,设为宗祧,以别亲疏远迩,教民反古复始,不忘其所由生也。众之服自此,故听且速也。

二端既立,报以二礼:建设朝事,燔燎膻芗,见以萧光,以报气也。此教众反始也。荐黍稷,羞肝肺首心,见间以侠甒,加以郁鬯,以报魄也。教民相爱,上下用情,礼之至也。君子反古复始,不忘其所由生也。是以致其敬,发其情,竭力从事,以报其亲,不敢弗尽也。是故昔者天子为藉千亩,冕而朱纮,躬秉耒。诸侯为藉百亩,冕而青纮,躬秉耒,以事天地、山川、社稷、先古,以为醴酪齐盛,于是乎取之,敬之至也。(《礼记·祭义》)

笑,礼之浅泽也;乐,礼之深泽也。凡声,其出于情也信,然后其入拨人之心也厚。闻笑声,则鲜如也斯喜。闻歌谣,则陶如也斯奋。听琴瑟之声,则悸如也斯叹。观《赉》、《武》,则齐如也斯作。观《韶》、《夏》,则觋如也斯敛。咏思而动心,喟如也。其居次也久,其反善复始也慎,其出入也顺,司其德也。郑、卫之乐,则非其声而纵之也。凡古乐龙心,益乐龙指,皆教其人者也。《赉》、《武》乐取;《韶》、《夏》乐情。(《性自命出》第22—28篇)①

从第一段引文的上下文,我们可以非常清楚地看到,"反古复始"典型地代表了儒家早期先哲的思想。我们知道,在甲骨文中,儒,是像人沐浴的样子。在殷商时代,儒是一种宗教职业人员,由于在主持祭祀以前需要斋戒沐浴,所以才有了"儒"字的造型。在周朝,"儒"的工作主要是相礼服丧,而且即便是孔子本人,似乎在他的早期也保留着他的职业。因为他说过"出则事公卿,入则事父兄,丧事不敢不勉,不为酒困,何有于我哉?"(《论语·子罕》)这样的职

---

① 本段文字根据根据刘钊著:《郭店楚简校释》(福建人民出版社 2005 年版,第 89—99 页)而定。

业经历,致使孔子非常重视"礼",对"礼"的本质与社会作用也有深刻的认识。孔子还是小孩的时候,就善于模仿社会生活中的礼仪,以后就因此而闻名于天下。孔子曾经说过:"夫礼,生死存亡之体!"(《孔子家语·辨物第二十六》)足见他对礼的重视。

对于"反古复始"的理解,关键在"古"与"始"两个字上。《礼记正义》曰:"古,谓先祖,追而祭之,是反古也;始谓初始,父母始生于己,今追祭祀,是复始也。"①孙希旦说:"古、始皆谓祖考也。以其以往则谓古,以其为身之所自始则曰始。反古复始,谓设为祭祀之礼,以追而事之也。"②不过笔者以为,根据先秦与汉代的一些文献,这里的"古"与"始"与"天"还有更深层次的联系,因为古则久,久则天。③ 由此可见,"反古复始"的命题,明显渗透了先秦早期儒家尊奉祖先的思想。对往昔的追忆,对历史的总结,对祖先的崇拜,就是对自己的提升,就是对天道的体认,就是对自我命运的终极把握。由此说来,"反古复始"作为一种思想体系的归属,就与《周易·系辞上》的"原始反终"、《礼记·礼器》的"反本修古"、《礼记·郊特牲》的"报本反始"具有了同样的思想内核和理论归宿,它们都是在对历史、对祖先和对上天尊奉的心态下,拥抱人生终极理念的命题。

但是,这个理念并不在"我"的身心之中,而是在冥冥之中的祖先身上,在遥远无际的天宇之上,它的理论渊源和社会背景是宗法制。从"反古复始"到"反善复始",虽然只有一字之差,但是,它却代表了儒学发展的两个时代。前者通过对祖先的祭祀,对上天的崇拜,对历史经验的总结,来反观人生的终极命运;而后者则是对音乐的欣赏、体悟,对善端的开拓和对自我主体的弘扬,来尽心、知性、知天。前者注重从祭祀中体认祖宗血缘传承而来的命脉,后者则注重心性的培养,在心性的回归中拥抱自我。前者的"古"字后面,映衬着一

---

① 《十三经注疏·礼记正义·祭义第二十四》,中华书局 1980 年版,第 1595—1596 页。
② 孙希旦:《礼记集解·祭义第二十四》(下),中华书局 1989 年版,第 1220 页。
③ 《乐记》说:"久则天。"在注释《尚书·尧典》的第一句话"曰若稽古帝尧,曰放勋"时,郑康成写道:"稽古,同天。"往古之事,就是祖宗之事,就是我们每一个人的出生源头。因此,古就是天了。《春秋繁露·楚庄王第一》说:《春秋》之道,奉天而法古。故圣者法天,贤者法圣。"《后汉书·范升传》又有"臣闻主不稽古,无以承天。"可见,在儒家的语境中,在这个时候天就是古,古就是天。

片肃穆、一股宗法的神秘气息和一种礼治的威严;后者的"善"字后面,却凸显了个体价值的崇高、人格的尊严以及由人的心性修养而来的性情超越。

在《论语》中,"善"字凡36见,但是没有一处是从本体论的高度来概括人性的。在《性自命出》中,"善"字凡7见,其最大的特点就是往往把"善"作为一种哲学的概念来运用:

第一,"善"是与"恶"相对而出的一个概念:"好恶,性也。所好所恶,物也。善,不善□也,所善所不善,势也。"(第4—5简)

第二,"善",作为一种价值取舍的标准,其内涵是对仁、义、礼、智、圣的囊括:"义也者,群善之蕝也。习也者,有以习其性也。"(第13简)

第三,直接用"善"来概括人性:"未言而信,有美情者也。未教而民恒,性善者也。未赏而民劝,含福者也。"(第51—52简)

如果说以上三例都还并不显得非常到位的话,那么"反善复始"的"善",则把"善"的理念直接安置在了可以与"古"、"始"、"天"等量齐观的重要位置上,使之成为人之所以为人,带有终极性特征的理念。在表达方式上,从"反古复始"到"反善复始"本来就只有一步之遥,但是,子思子依山点石、借海扬波的手段真可谓高明至极! 一字之差就把先秦儒家心性学说、性情学说,提升到了一个新的时代、新的境界。

《礼记·祭义》中的"致反始,以厚其本也"的"本",与《礼记·礼器》的"反本修古"、《礼记·郊特牲》的"报本反始"的"本"是明显相通的。我们可以确信,"反善复始"之"善"已经涵盖或包括了上述三个命题中"本"字所具有的内容。"本"者,根也,指的是祖先,指的是自己的性命源头,就是"古",就是"始",就是"天",并非自己本身。也就是说,"反善复始"的"善"字,完全扭转了这种以宗法祭祀为内核的理论导向,而走向了人的内心、德性,它的侧重点在于德性的内在超升,是对人自我最原初本体的体认。因此,这是一个十足的主体性命题。在一篇全面讨论人的性情的文章中,①"善"就是对人性的全面概括,也就是以后孟子"性善论"的初始形态。如果熟悉孟子性善论之"善"

① 陈来:《郭店楚简之〈性自命出〉篇初探》(《孔子研究》1998年第3期)明确指出《性自命出》是专门讲性情的。

的理论背景和内涵,那么,相对于先前的"修本反始"、"报本反始"、"反古复始"来说,我们自然就会看到,"反善复始"的首要贡献就在于它给予了人自身以丰富的内涵和主体性的地位。因为这一命题的出发点是承认人天生地具有善端,每一个人都具有可供开发的德性资源,因此,任何人就具有了天赋的尊严和权利,这一点,我们可以在《孟子》的大量论述中找到支持。在任何一个国度的哲学史上,还有比这更为重大的历史性转折吗?

二

然而,"反古复始"与"反善复始"还有更为深广的哲学思想背景。从构词方式来看,它们是连动式的动宾、联合词组,在先秦的经典著作中,这种词组结构出现得最多的地方是《周易》。由于《周易》最基本的思维方式是阴阳消长、互为依持的辩证法,因此,为了概念运用的方便,抓住推理运思的内在逻辑,《周易》的作者广泛地使用了这种特殊的构词方式:"厚德载物"(坤卦)、"果行育德"(蒙卦)、"容民畜众"(师卦)、"舍逆取顺"(比卦)、"俭德辟难"(否卦)、"类族辨物"(同人卦)、"遏恶扬善"、"顺天休命"(大有卦)、"裒多益寡"(谦卦)、"作乐崇德"(豫卦)、"振民育德"(蛊卦)、"明罚敕法"(噬嗑卦)、"赦过宥罪"(解卦)、"惩忿窒欲"(损卦)、"损上益下"(益卦)、"致命遂志"(困卦)、"劳民劝相"(井卦)、"正位凝命"(鼎卦)、"永终知敝"(归妹卦)、"明慎用刑"(旅卦)、"申命行事"(巽卦)、"辨物居方"(未既卦)等。它们分为前后两个部分,往往前者是条件,后者是结果,或者有其他什么微妙的联系。亦即,只有"厚德"才能"载物";只有"果行",才能"育德";等等,不一而足。这种构词方式深刻地影响了先秦的哲学著作中许多命题的表述方式。"反古复始"与"反善复始"就是一例。其中,"反古"、"反善"是途径,是手段,是形而下的人生追求,是随时随地地对自我的德性修炼;"复始"则是目的,是皈依,是形而上的性命超升,是"下学上达",对天命的回应。

哲学史的经验告诉我们,任何一种新的思想的出现,必然都是受到了与它息息相关、上下左右各个方面的影响而导致的结果,哲学史的进步和发展从来都不是空穴来风,"反古复始"与"反善复始"就是如此。从上文的叙述中,我们已经明显地感到,这两个命题在表述方式上受到了《周易》的影响。事实上，还并不仅仅限于形式方面。《周易》"家人卦"的《象》有"威如之吉，反身之谓也。""蹇卦"的《象》有"山上有水，蹇，君子以反身修德"。"反"者，返也；"反身"，就是扪心自问，随时反省自己的意思。孔子的"内省"、曾子的"自省"、子思的"反求诸身"和孟子的"反身而诚"，都是这一理论路径的延展。在郭店简中也有："穷达以时，幽明不再，故君子惇于反己"，(《穷达以时》第 15 简)"闻道反己，修身者也。"(《性自命出》第 56 简)很显然，"反古复始"、"反善复始"与这种自《周易》以来，德性的反躬自省传统是分不开的，它的本质是性善论。因为，如果人的本性中没有初始之善，没有天赋的"善端"，那么，德性的反躬自省就没有搭挂之处了。

所以，"反古"、"反善"之谓，与"反己"具有紧密的联系。或者说，"反躬自省"的超拔路径由上文可知，是非常明确的。但是，与"复始"一交接，就激发起了丰富的思想激流，与更为广阔的背景互渗在一起。《周易》"复卦"有"休复，吉。""敦复，无悔。""中行，独复。"其《象》曰："反复其道，七日来复，天行也。利有攸往，刚长也。复其见天地之心乎？""休复之吉，以下仁也。"《系辞下传》曰："复，德之本也。"也就是说，复，是道德的根本。《杂卦传》曰："复者，反也。"可见，"反"与"复"连用，本来就是《周易》基于对天体宇宙（天道）之缜密的观察，而对事物之运动规律的一种特殊的概括方式。因此，在"反古复始"与"反善复始"的背后，就透露出了对《周易》天道观的背景衬托，深邃，遥远而带有几分神秘的质素。这也从一个特殊的角度说明了先秦儒家从一开始就与《周易》天道观是紧密联系在一起的事实。

"天行"之道，在于至刚至健，循环往复，贵在"不已"，"如日月东西相从而不已也。"(《礼记·哀公问》)有道德修养的仁人君子，就是要"与天地合其德，与日月合其明，与四时合其序，与鬼神合其吉凶，"(《乾卦》)在"天地之心"的激励之下自我超升。"天地之心"者，诚也。"君子终日乾乾"，"修辞立其诚"，"庸言之信，庸行之谨，闲邪存其诚"。(《乾卦》)"性与天道合一，存乎诚。"(《正蒙·诚明》)天道的根本法则，本来就是人的性命之源，郭店楚简《性自命出》也充分地表达了这一思想。所以，"中孚以利贞，乃应乎天。"(《中孚卦》)孚(在《周易》中出现 42 次，是《周易》最重要的概念之一)者，诚也。是故君子反身而诚。诚，作为一个极为重要的哲学范畴，后来在《中庸》、

《孟子》、《荀子》等著述中都得到了淋漓尽致的发挥：

> 唯天下之至诚，为能尽其性；能尽其性，则能尽人之性；能尽人之性，则能尽物之性。能尽物之性，则可以赞天地之化育；可以赞天地之化育，则可以与天地参矣。（《中庸》）

> 诚者天之道也，思诚者人之道也。至诚而不动者，未之有也；不诚未有能动者也。（《离娄》）

> 君子养心莫善于诚，至诚则无它事矣。唯仁之为守，唯义之为行。诚心守仁则形，形则神，神则能化矣；诚心行义则理，理则明，明则变矣。变化代兴，谓之天德。（《不苟》）

诚，是心之本体，是守仁行义，尽心、知性、知天的必由之路；更是天玄地黄，正位居体，与天地互参，大化流行，天人合一的本体。周敦颐说："诚者，圣人之本。大哉乾元，万物资始，诚之源也；乾道变化，各正性命，诚斯立焉。"（《通书》）原来，诚，就是"反古"、"反善"通向"复始"的桥梁、基础，是天人遥契的精神源泉。"反古"、"反善"以修德者，就是在通向"至诚"的道路上永不止息的跋涉，跋涉的终极目的就是"复始"。"始"者，本也，天地也，性命也，人性初始之善也，宇宙万物之堂奥也。只有抓住了"反古复始"与"反善复始"的理论来源和依托，我们才有可能真正感受到它的思想深度。

《系辞上传》有"原始反终，故知生死之说。"《礼记·礼器》有"反本修古，不忘其初者也。"《礼记·郊特牲》有"万物本乎天，人本乎祖，此所以配上帝也。郊之祭也，大报本反始也。"《大戴礼记·保傅第四十八》有"皆慎始敬终云尔。"《老子》还有"万物并作，吾以观其复。夫物芸芸，各复归其根。归根曰静，是谓复命，复命曰常。"似乎都应该给予"反古复始"与"反善复始"以启发，或者说与二者之间有什么关系。但是，"原始反终"，乃生死之说；"反本修古"是宗法之论；"报本反始"为祭祀之德；"慎始敬终"言婚嫁之慎；"归根复命"则属虚无之思。唯独"反古复始"与"反善复始"，上承《周易》，下开思孟，磨炼性情，扩充主体，刚健来复，天人合一，人文主义的精神更强，形而上的哲学视点更高，显示了儒家人学的深层转进。

在本书的第一部分里，笔者已经将"反善复始"归入了性善论。关于性善论，过去我们的理解都有些偏颇，仿佛必须具有"性善论"的字眼，才是性善论的明证。实际上,在笔者看来,儒家的性善论,并不仅仅属于孟子。孔子晚年喜好《周易》,据李学勤先生讲,孔子还亲自撰写了《易传》(至少是其中的一部分),①而《易传》的核心,据金景芳先生的说法,是"与天地为准",这句话"对于学《易》来说,至关重要,甚至可以说了解不了解它,是了不了解《周易》的试金石。"②而在《周易》思想的体系中,只有圣人,才能够真正与天地为准。关于天的各种刚健不息、厚德载物等众多的品德,孔子、孟子在《论语》、《孟子》早就有了大量的论述,也就是说,在早期先秦儒家哲学的体系中,就已经埋藏了性善论的伏笔,因为孔子认为人的性命之源是"天"。《性自命出》也明确地说"性自命出,命自天降",只不过没有像思孟那样全面论述罢了。

需要进一步说明的是,本书把"反善复始"归属于"性善论",笔者以为,在《性自命出》中,是有大量支持的。此文开篇就写道"凡人虽有性",(第 1 简)也就是说,在作者看来,人人都是有"性"的。性是什么呢?《性自命出》写得很明确,"喜怒哀悲之气,性也。"(第 2 简)实际上就是指人天赋的、与生俱来的自然之性、自然之情,因此,"性自命出,命自天降。道始于情,情生于性。"(第 2、3 简)在《性自命出》作者人性思想的构架中,性情明显带有本原性。因此,外在的万事万物必须要引起心灵的反应之后,它们才称得上存在;只有得到心灵的认可之后,它们才会具有价值。用《性自命出》的原话说,就是"凡见者之谓物,快于己者之谓悦。"(第 12 简)正因为高度重视人的主观能动性,所以《性自命出》才写道:"《诗》、《书》、《礼》、《乐》其始出皆生于人。"(第 15、16 简)它们都是人的心灵创造出来的,因为心灵本来就是世界的全部,取之不尽,用之不竭,涵盖天地万物。把人的真情至性,看成高于一切的人学价值:"凡人情为可悦也。苟以其情,虽过不恶,不以其情,虽难不贵。"(第 50 简)在此基础之上,把人为地一切学习、努力、开发,都看成只不过是发明善端,扩充主体,把本来属于"我"的天生禀赋唤醒起来而已。因此,《性自命出》说:"教,所以生德于中者也。"(第 18 简)就是利用人的天生善端,进行道德教化,进行性情的磨砺。应该说,这是《性自命出》的精髓,也是先秦儒家性情论的过人之处。

---

① 李学勤:《失落的文明·孔子与〈周易〉的关系》,上海文艺出版社 1997 年版,第 279 页。

② 金景芳:《〈周易·系辞传〉新编详解·金景芳自序》,辽海出版社 1998 年版,第 14 页。

第四节　郭店儒简的礼乐思想研究

在郭店儒简中，真正正面论述礼乐的文献并不多，但是，笔者以为，它们所表现出来的思想却无不与礼乐有深刻的联系，或者说，无不以礼乐为行文达意的背景。礼乐的精神在郭店儒简中，主要表现在性情修养的层面和宗教超越的层面，隐微而深奥，"极乎天而蟠于地，行乎阴阳而通乎鬼神"，涉及先秦儒家哲学中最为玄妙的东西，是值得我们深究的。

一

王国维先生说，古代的"礼"字像"盛玉以奉神人之器。"（《观堂集林·卷一·释礼》）《说文解字·示部》说，礼，"履也，所以事神致福也。"因此，"礼"的理解首先应该从宗教的层面来进行挖掘，因为"礼"直接来源于宗教，植根于宗教。对此，荀子说得十分透彻："礼有三本：天地者，生之本也；先祖者，类之本也；君师者，治之本也。无天地，恶生？无先祖，恶出？无君师，恶治？三者偏亡，焉无安人。故礼，上事天，下事地，尊先祖而隆君师。是礼之三本也。"（《荀子·礼论》）荀子的论述，解析起来，可以划分为宗教的形而上的层面和政治伦理的形而下的层面。宗教化，使礼崇高起来，庄重起来，严肃起来；政治伦理化，则使礼繁密起来，现实起来，实用起来。

在先秦儒家的文献中，最普遍的观点是：礼，产生于男女之别，肇始于婚礼之中。《礼记·昏义》说："男女有别而后夫妇有义，夫妇有义而后父子有亲，父子有亲而后君臣有正。故曰，婚礼者，礼之本也。"《周易·序卦》说："有天地然后有万物，有万物然后有男女，有男女然后有夫妇，有夫妇然后有父子，有父子然后有君臣，有君臣然后有上下，有上下然后礼义有所错。"礼造端于夫妇的论述似乎与礼的宗教起源有相左之处，但是，先秦儒家还以为，夫妇是天尊地卑、阴阳大化的表征，而且婚礼直接上承于天地神明的交合，"上以事宗庙，而下以继后世也。"（《礼记·昏义》）由此看来，礼造端于夫妇与礼起源于宗教的说法，实际上具有一致性。

《尚书·尧典》载,伯夷典三礼;《礼记·礼运》又说,礼义以为纪。可见,有史以来,中国的统治者们从来都没有忽视过礼的重要性,从来都是把礼视为家国天下生死存亡的大纲:"夫礼者,所以定亲疏,决嫌疑,别同异,明是非也。"(《礼记·曲礼上》)这主要是因为"夫两贵之不能相事,两贱之不能相使,是天数也。势位齐而欲恶同,物不能赡则必争,争则必乱,乱则穷矣。先王恶其乱也,故制礼义以分之,使有贫富贵贱之等,足以相监临者,是养天下之本也。"(《荀子·王制》)从社会学、政治学、经济学的角度,深刻地阐述了礼之所以在古代中国根深蒂固的原因。

但是,礼的宗教性在先秦儒家思想的体系中,并不根本性地取决于它的起源,而是取决于它的思想本质和哲学形态。儒家哲学的本质,或者说,它的哲学形态是以一种天人冥合的形式表现出来的,这就从灵魂的深处规定了礼的本质和样态:"先王之立礼也,有本有文。忠信,礼之本也;义理,礼之文也。无本不立,无文不行。礼也者,合于天时,设于地财,顺于鬼神,合于人心,理万物者也。"上以顺天地鬼神,下以合人情人心。因此,礼的神韵在"时为大,顺次之,体次之,宜次之,称次之。"(《礼记·礼器》)《论语·学而》也说得很清楚:"礼之用,和为贵,先王之道斯为美。"一个"和"字,把礼的内涵点描得淋漓尽致、入木三分了。

先秦儒家哲学概括性地讲,可以称之为人学。先秦人学的基本形式就是孔子的"为己之学"(《论语·宪问》:"古之学者为己,今之学者为人"),在郭店儒简中,这种学问体现在《五行》、《穷达以时》、《成之闻之》、《性自命出》、《尊德义》中。为己之学的关键,在于现实的道德践履,必须"忠"而且"会"(《语丛·三》第63简),由"颠沛必于是,造次必于是"(《论语·里仁》),由繁而"独",由多而"一",由偏而"集大成",最后"舍体"超升,上达于神明,与天道冥合。这种由现实的践履上达神明的中介,从一个重要的方面来讲,就是通过"礼"的"祭"来实现的:"凡治人之道,莫急于礼;礼之五经,莫重于祭。"(《礼记·祭统》)"是故夫礼必本于大一,分而为天地,转而为阴阳,变而为四时,列而为鬼神。其降曰命,其官于天也。夫礼必本于天,动而之地,列而只是,变而从时,协于分艺,其居人也曰养,其行之以货力、次让、饮食、冠、昏、丧、祭、射、御、朝、聘。故礼义也者,人之大端也。所以讲信修睦,而固人之肌肤之会、筋骸之束也；所以养生、送死，事鬼神之大端也；所以达天道、顺人情之大窦也。"（《礼记·礼运》）这样一来，"祭"就成了"为己之学"的修炼过程中的一种上达于天的主体心态："祭不欲数，数则烦，烦则不敬。祭不欲疏，疏则怠，怠则忘。是故君子合诸天道，春禘、秋尝。霜露既降，君子履之，必有凄怆之心，非其寒之谓也。春，雨露既濡，君子履之，必有怵惕之心，如将见之。乐以迎来，哀以送往。故禘有乐而尝无乐。"（《礼记·祭义》）怀着凄怆之心、怵惕之心，合诸天道，"乐以迎来，哀以送往"，实际上就是对"我"的主体性的宗教性超越。

浏览先秦儒家经典，我们初步的印象是，字里行间充满了仁、义、礼、智、信、圣的道德规约，君臣、父子、夫妇，六位、六职、六德的清规戒律，似乎有一种伦理的厚重感。但是，如果我们潜心研究，探幽表微地深入挖掘，就会清晰地发现，先秦原始儒家的"礼"，完全是为了提升人的境界的学问，是人通向天道的必由之路。在郭店楚简《五行》中的礼，就是"仁之思、智之思、圣之思"的保障；《忠信之道》中的礼，是"至忠如土"、"至信如时"的预设；《成之闻之》中的礼，是"欲人之爱己也，则必先爱人；欲人之敬己也，则必先敬人"的前提；在《性自命出》中，礼更是与乐交相作用，融化于人的身心，消解于人的灵魂的一种精神力量："有其为人之节节如也，不有夫简简之心则采。有其为人之简简如也，不有夫恒怡之志则慢。人之巧言利词者，不有夫拙拙之心则流。人之悦然可与和安者，不有夫奋作之情则侮。有其为人之快如也，弗牧不可。有其为人之愿如也，弗辅不足。"（第42—48简）"身欲静而毋憾，虑欲渊而毋伪，行欲勇而必至，貌欲庄而毋拔，欲务齐而泊，喜欲智而无末，乐欲释而有持，忧欲敛而毋闷，怒欲盈而毋盖，进欲逊而毋巧，退欲慎而毋轻。欲皆文而毋伪。"（第62—65简）（此两段据廖名春先生《郭店楚简〈性自命出〉篇校释》有所变动）从礼的角度上来讲，真可谓"不着一字，尽得风流"，在身心修炼的过程中，礼的功夫已经炉火纯青。

二

然而，"礼乐，共也。"（郭店儒简《六德》第26简）礼与乐是儒家性情论、心性论的一体两面，礼是离不开乐的。乐，在先秦时期同样具有深厚、高远的宗教性。《礼记·郊特牲》载："殷人尚声,臭味未成,涤荡其声,乐三阕,然后出迎牲。声音之号,所以诏告于天地之间也。"可见三代以降,"乐"一直都是祭祀活动的重要组成部分,也是上达于天地神明的重要途径。之所以如此,主要是"其清明象天,其广大象地,其俯仰周旋有似于四时。""故乐者,天下之大齐也,中和之大纪也。"(《荀子·乐论》)"极乎天而蟠乎地,行乎阴阳而通乎鬼神,穷高极远而测深厚。"因此,"乐著大始"(《礼记·乐记》),展现了天地宇宙、宗教神明、心志性情中最为隐微、高深的东西。"鼓之以雷霆,奋之以风雨,动之以四时,暖之以日月,而百化兴焉。"(《礼记·乐记》)这种惊天动地、上天入地的艺术效果为儒家"为己之学"的内在超越创造了良好的途径:"乐也者,情之不可变者也。礼也者,理之不可易者也。乐统同,礼辨异,礼乐之说,管乎人情矣。穷本知变,乐之情也;著诚去伪,礼之经也。礼乐偩天地之情,达神明之德,降兴上下之神,而凝是精粗之体,领父子君臣之节。是故大人举礼乐,则天地将为昭焉。天地欣合,阴阳相得,煦妪覆育万物,然后莫木茂,区萌达,羽翼奋,角觡生,蛰虫昭苏,羽者妪伏,毛者孕鬻,胎生者不殰,而卵生者不殈,则乐之道归焉耳。""乐也者,动于内者也;礼也者,动于外者也。故礼主其减,乐主其盈。礼减而进,以进为文;乐盈而反,以反为文。礼减而不进则销,乐盈而不反则放;故礼有报而乐有反。礼得其报则乐,乐得其反则安;礼之报,乐之反,其义一也。"(《礼记·乐记》)这里展现出来的是一幅天地玄黄、阴阳大化、生生不息、万象更新,礼乐官乎天地、性情与天道冥合的神灵境界。在这种神灵的境界中,乐,虽然与礼互为表里,但是,在本质上比礼更为深远,更为高妙,在参透阴阳玄奥、天道性情的隐微之机的时候,乐更加显得高深莫测。因此,郭店简《尊德义》说:"有知己而不知命者,无知命而不知己者。有知礼而不知乐者,无知乐而不知礼者。"(第10—11简)礼是乐的前哨,乐是礼的归宿;礼是乐的基础,乐是礼的超越;礼只有在乐的涵盖之下才能展现出"和"的精神,乐也只有在礼的保障之下才能真正进入"思无邪"的领域。因此,《尊德义》的论述是典型的"大人之学"。我们在这的理解应该是,不知性命之学,就不可能知道礼乐;不知道礼乐就不可能上达神明,体认天道、回归天道。

　　先秦儒家的性情论是礼乐的基础。对此,《礼记·乐记》的表述是:"凡音之起,由人心生也。""情动于中,故形于声。声成文,谓之音。""大乐与天地同和,大礼与天地同节。和故百物不失,节故祀天祭地。明则有礼乐,幽则有鬼神。如此,则四海之内,合敬同爱矣。""夫民有血气心知之性,而无哀乐喜怒之常,应感起物而动,然后心术形焉。是故志微、噍杀之音作,而民思忧。啴谐、慢易、繁文、简节之音作,而民康乐。粗厉、猛起、奋末、广贲之音作,而民刚毅、廉直、劲正、庄诚之音作,而民肃敬、宽裕、肉好、顺成、和动之音作,而民慈爱,流辟、邪散、狄成、涤滥之音作,而民淫乱。是故先王本之情性,稽之度数,制之礼义,合生气之和,道五常之行,使之阳而不散,阴而不密,刚气不怒,柔气不慑,四畅交于中,而发作于外,皆安其位而不相夺也,然后立之学等,广其节奏,省其文采,以绳德厚,律小大之称,比终始之序,以象事行,使亲疏、贵贱、长幼、男女之理,皆形见于乐。故曰:乐观其深矣。"音乐完全是人的血气心知、喜怒哀乐在外物的诱发之下自然迸发,由中而出的性情之声。由于它与天地同和、同节,"阳而不散,阴而不密,刚气不怒,柔气不慑,四畅交于中,而发作于外",因而成为个体身心修养中心灵感应之最重要的天地。它的外发是与"心知"相感通的,因此它是主体性的凸显;它的外发是与天地融为一体的,因此,它又是与宇宙阴阳相互激荡的,是儒家人学上下与天地同流的绝妙之境。

《性自命出》的作者看到了乐与人的这种特殊关系,因此准确地指出:"凡学者,求其心为难。从其所为,近得之矣。不如以乐之速也。"(第36简)养性命之正的手段在于"生德于中"(第18简),而生德于中的捷径就是"乐教":"笑,礼之浅泽也。乐,礼之深泽也。凡声,其出于情也信,然后其入拨人之心也厚。闻笑声,则鲜如也斯喜。闻歌谣,则陶如也斯奋。听琴瑟之声,则悸如也斯叹。观《赉》、《武》,则齐如也斯作。观《韶》、《夏》,则勉如也斯俭。咏思而动心,喟如也,其居次也久,其反善复始也慎,其出入也顺,司其德也。郑卫之乐,则非其听而从之也。凡古乐龙心,益乐龙指,皆教其人者也。《赉》、《武》乐取,《韶》、《夏》乐情。凡至乐必悲,哭亦悲,皆至其情也。哀、乐,其性情相近也,是故其心不远。哭之动心也,浸杀,其烈恋恋如也,戚然以终。乐之动心也,濬深郁陶,其烈则流如也悲,悠然以思。凡忧思而后悲,凡乐思而后忻。凡思之用心为甚。叹,思之方也。其声变则[心从之矣。]其心变,则其声亦然。吟游哀也,噪游乐也,啾游声[也],嚯游心也。喜斯陶,陶斯奋,奋斯咏,咏斯摇,摇斯舞,舞,喜之终也。愠斯忧,忧斯戚,戚斯叹,叹斯辟,辟斯踊。

踊,惕之终也。"(第22—35简)这里不仅把乐视为现实的修身手段,而且把它视为内心超越,以达到本始之我的途径("反善复始")。这就不仅仅是内与外、主体与客体、心与身的统一,而且是形而上与形而下、天道与人道的统一,说到底就是乐与礼的统一。郭代儒简《语丛·一》"礼齐乐灵则戚。礼繁乐灵则戚,乐繁礼灵则谩"(第34、35简),说的就是这种高度的和谐,身与心的统一。

总之,在郭店儒简中,礼乐思想是作为一种背景的渗透融入文献之中的。虽然郭店儒简中最为突出的是思孟学派的主体性学说,但是,礼乐思想是修身养性的重要手段和终极的性命回归的必由之路。因此,对这一领域进行必要的思考和挖掘,就不是没有启发意义的了。

第五节　《乐记》的"践形"思想研究

"践形"的思想在儒家哲学的研究领域已经是一个古老的课题,相关的学术成果已经很多了。但是,自从郭店楚简出来之后,这一话题再一次成为人们关注的焦点之一,因为郭店简中有《五行》、《性自命出》、《语丛》等篇章中都涉及了这一神秘的话题。"践形",在儒家哲学的体系中,既是"内圣",更是"外王",是个人内在修养显发出来的一种人性境界,更是在以道德为准绳的社会里维系天道与人道的纽带。所以,无论如何,这都是一个重要的话题。

据现有传世文献,初步的"践形"观念,早在《尚书》中就已经有了。《康诰》云:"弘于天,若德,裕乃身。"按杨倞的说法就是"弘覆如天,又顺于德,是乃所以宽裕汝身"。① 《论语》云:"夫子温、良、恭、俭、让以得之。"(《学而》)实际上也是一种践形的思想。孟子云:"形色,天性也;惟圣人,然后可以践形。"(《孟子·尽心上》)所谓践形,就是指人之内在的德性通过身体、容貌、行止显发出来一种境界性的精神状态。针对《乐记》的文本,笔者以为,"践形"在这里有以下三个层面的意蕴:第一,身与心的互正、统一。它有由内到外和

---

① 王先谦撰:《荀子集解》,中华书局1988年版,第178页。

由外到内两个路向的相互作用,亦即,一方面是"和顺于中,而英华发外"(《乐记》);另一方面,则是"身以为主心"(《性自命出》)。① 第二,天与人的统一。蒙文通先生云:命即"践形之极,命之必傅于血气之质,故君子不谓之命也。形上、形下不可二。"②此之谓也。第三,对周围的人文世界有感化的作用,用《乐记》的话来讲,就是"百化兴焉"。相对于思孟的践形思想而言,《乐记》的践形思想孳乳于孔子"成于乐"的人学构架,而且由于与艺术的形象思维交融在一起,彼此烘托,因而形成了不同的特色,值得我们深究。

一

先秦儒家的践形思想有一个基本的思维前提,这就是天道之"德"的终始之极。换言之,践形之旅的始点是"天",践形之旅的终点也是"天"。其始点是天,是说天的生生之德的性命源头,是践形过程十全十美的范本;其终点也是天,是说天之博、厚、高、明、悠、久,显发于人之身体容貌,天人冥合,又回归到了天。这当然是通过一种十分漫长的修炼过程才能抵达的境界,由于践形思想把人的身体容貌视为一个德性化的过程,因此,践形的始点与终点,虽然同处于一个圆周的视点上,但并不处于同一个层面,它是一个螺旋式上升的径路。《易·乾》卦辞("元、亨、利、贞")之贞下起元,成终成始,《乾象》之"乾道变化,各正性命。保合大和,乃利贞"的思想,似为先秦儒家"践形"思想的天人依据。

关于"践形",郭店楚简《五行》曰:"金声,善也;玉音,圣也。善,人道也;德,天道也。唯有德者,然后能金声而玉振之。"(第19—20简)"金声而玉振"就是"践形"的理想状态,此之谓"圣":"仁之思也精,精则察,察则安,安则温,

---

① 《性自命出》云:"君子执志必有夫广广之心,出言必有夫柬柬之信。宾客之礼必有夫齐齐之容,祭祀之礼必有夫齐齐之敬,居丧必有夫恋恋之哀。君子身以为主心。"(第65—67简)李学勤先生曾发表了一篇题为《郭店简与〈乐记〉》(北京大学哲学系编:《中国哲学的诠释与发展》,北京大学出版社1999年版,第23—28页)的文章,认为《性自命出》的第一到三十五号简的中心思想是论乐;第三十六至六十七号简的中心思想是论性情。李先生还认为,在其"论乐"的部分里,有关音乐的起始问题、气性问题、心与物相感而"心术形焉"的问题、"郑卫之乐"的问题等,很多表达都与《乐记》的基本观点是相通的。

② 蒙文通:《儒学五论》,见刘梦溪主编:《中国现代学术经典·廖平 蒙文通卷》,河北教育出版社1996年版,第517页。

温则悦,悦则戚,戚则亲,亲则爱,爱则玉色,玉色则形,形则仁。智之思也长,长则得,得则不忘,不忘则明,明则见贤人,见贤人则玉色,玉色则形,形则智。圣之思也轻,轻则形,形则不忘,不忘则聪,聪则闻君子道,闻君子道则玉音,玉音则形,形则圣。"(第12—16简)故孟子云:"孔子之谓集大成。集大成也者,金声而玉振之也。金声也者,始条理也;玉振之也者,终条理也。"(《孟子·万章下》)"金声而玉振"从思孟的表述中,我们已经明确地看到,这是一个从音乐术语中直接提拔上来的表述,换言之,先秦儒家的践形思想也许直接受到了"乐"的启发,才得以形成。因此,《乐记》以"乐"践形的思想就显得十分珍贵了。

《庄子·人间世》借孔子之口释"心斋"曰:"若一志,无听之以耳,而听之以心;无听之以心,而听之以气。听止于耳,心止于符。气也者,虚而待物者也。唯道集虚。虚者,心斋也。"《文子·道德》亦云:"上学以神听,中学以心听,下学以耳听。"由耳而心,由心而神,从《庄子》、《文子》来看,都是"气化"的结果。据《说文》,"圣","通也。从耳,呈声。"《艺文类聚》引《风俗通》云:"圣者,声也,通也,言其闻声知情,通于天地,调畅万物。"这样看来,仅仅通过音乐是难以达到"金声而玉振"的。

《太平御览》第467卷有《公孙尼子》的佚文"君子怒则自说以和,喜则收之以政"两句,正好与董仲舒的《春秋繁露》所引用"公孙之养气"中的话相符合,所以我们知道董仲舒所引用的正是公孙尼子的思想:

> 公孙之养气曰:"里藏泰实则气不通,泰虚则气不足,热胜则气□,寒胜则气□,泰劳则气不入,泰佚则气宛至,怒则气高,喜则气散,忧则气狂,惧则气慑。凡此十者,气之害也,而皆生于不中和。故君子怒则反中而自说以和,喜则反中而收之以正,忧则反中而舒之以意,惧则反中而实之以精。夫中和之不可不反如此。故君子道至,气则华而上。凡气从心。心,气之君也,何为而气不随也。"(《循天之道》)①

---

① 目前较为权威的《春秋繁露》点校本,似乎是苏舆撰《春秋繁露义证》(中华书局1992年版),但是,关于这段文字的断句、标点诸家不同。苏舆本把公孙尼子的话只断到"惧则反中而实之以精"处(第447—448页),而笔者以为,蒙文通先生的断句更为准确一些,故从之。(蒙文通:《儒学五论》,见刘梦溪主编:《中国现代学术经典·廖平　蒙文通卷》,河北教育出版社1996年版,第519页)

"泰实、泰虚、热胜、寒胜、泰劳、泰佚、怒高、喜散、忧狂、惧慑"均会导致"气"的失衡,有失于"中和之德",只有对过分、害气的怒、喜、忧、惧,"自说以和"、"收之以正"、"舒之以意"、"实之以精",才能反中复情,抵达"君子道",并且"气则华而上"。由此可见,先秦时期似乎应该有一个通过"养气"以成终成始的人文思潮,而作为七十子弟子的公孙尼子也完全被卷了进去,而且还有并不一般的修养。通过《乐记》的文本我们可以清楚地看到,《乐记》正是公孙尼子把孔子"成于乐"的思想与养气理论融会贯通的结果。明确了公孙尼子这样的一个思想前提,我们似乎才能够准确地把握《乐记》之践形思想的内在脉络:

> 夫民有血气心知之性,而无哀乐喜怒之常。应感起物而动,然后心术形焉。(《乐言》)

以"血气心知"来界定性,似乎与《乐本》"人生而静,天之性也。感于物而动,性之欲也"的判断是相左的,但是,《乐言》在这里表述得很清楚,"无哀乐喜怒之常"的原因是因为人们都有"血气心知之性"。"血气心知之性"是就人基于现实的感性来说的,而"人生而静,天之性也",则是就人的先天性命而言的,二者互为映衬才能构成人之所以为人者。"人生而静,天之性也"、"德者,性之端也"(《乐象》),只是一种人之所以为人的可能性,是一种先验的灵明之萌,它必须通过自己的不懈努力,才能在自我价值的实现过程中去感知、呈现"天之性"。因此"应感起物而动,然后心术形焉"至少有了两种可能:奋发向上,就可以提升自己的境界,以实现自己的人学价值;放任自流,纵"悖逆伪诈之心",为"淫泆作乱之事"(《乐本》),则流连荒亡、万劫不复。

在《乐记》中"血气心知"的排序实际上是有讲究的:后者的存在,都是以前者的存在为条件的,亦即,没有血,就没有气;没有气,就没有心志;没有心志,也就不可能有知。更为重要的是,没有正确的知,人就不可能下学上达,最终实现"践形"。血气心知,说到底,正是中和之道、是先秦儒家古典理性主义得以实现的物质基础,所以,血气心知之性,一方面有它"好恶无节于内"而流失无收的潜在危险,另一方面又是圣人之乐教通达"天之德"的桥梁。所以,《乐记》强调"乐"的"度数"、"礼义",谓其"立之学等,广其节奏,省其文采,以绳德厚,律小大之称,比终始之序,以象事行。使亲疏、贵贱、长幼、男女之理皆形见于乐"(《乐言》),以礼制乐,充分强调"知"的作用,正在于公孙氏已经透彻地看到,每一个生命个体的感性都有可能导致"无哀乐喜怒之常"的结果;强调"知"就是强调理性的精神,以理性精神融通感性(《乐象》:"气盛而化神")并且最终实现下学上达、以"天之性"提扬"血气心知之性"的理想。

单从践形之推进路向上来讲,"血气心知之性"并非可有可无的东西,因为没有这种生命的承担者,"心术"是不可能"形"的。关于"感性的直观"与先验、"纯粹智性"之间的关系,康德曾有很深入的思考,笔者以为可以借以解析先秦儒家之"践形"理路何以可能。康德认为,纯粹知性概念"不仅仅是先验的,而且甚至纯粹只是智性的",它要获得"客观实在性,即获得了对能够在直观中给予我们的那些对象的应用",就必须"通过单纯知性而与一般直观对象发生关系的,并不确定这种直观是我们的直观还是某种别的,但毕竟是感性的直观"。没有感性的直观,就不可能有纯粹知性的概念,这二者之间之所以能够相通,是"由于在我们心中有某种感性直观的先天形式作基础,它是立足于表象能力的接受性(感性)之上的,所以知性作为自发性就能够按照统觉的综合统一、通过给予表象的杂多来规定内感官,这样就能把对先天的感性直观的杂多的统觉的综合统一,思考为我们(人类的)直观的一切对象不能不必然从属于其下的条件,这样一来,作为单纯思维形式的范畴就获得了客观实在性"。

在《乐记》中,"血气心知之性",就是"感性的直观"。在抵达纯粹知性的过程中,"感性的直观"是不可或缺的,"因为我们只对于现象才具有先天直观能力"。① 但是,"感性的直观"具有不稳定性、片面性,"而无哀乐喜怒之常",它以"表象的杂多"形式表现出来。颜师古注《汉书·礼乐志》"应感起物而动,然后心术形焉"云:"言人之性感物则动也。术,道径也。心术,心之所由也。形,见也。"②仔细体味,我们发现,在天人之际的话语背景下,这里的"心术"之"形",与康德之"内感官"的"统觉"过程甚为相似。

---

① 本书所引康德的语句,均摘自康德著,邓晓芒译、杨祖陶校:《纯粹理性批判》,人民出版社 2004 年版,第 100 页。

② 班固撰,颜师古注:《汉书》,中华书局 1962 年版,第 1037 页。

<h1 style="text-align:center">二</h1>

正是由于有了这种基于现实生命的"血气心知",及其与"人生而静,天之性也"(《乐本篇》)彼此互动、映衬的天人结构,《乐记》之"反躬"、"反始"、"以反为文",才能最终成为可能:

> 乐也者,动于内者也。礼也者,动于外者也。故礼主其减,乐主其盈。礼减而进,以进为文;乐盈而反,以反为文。礼减而不进则销,乐盈而不反则放。故礼有报而乐有反,礼得其报则乐,乐得其反则安。礼之报,乐之反,其义一也。(《乐化篇》)

郑玄注此云:"俱趋立于中,不销不放也。"孔颖达疏云:"言礼能自进,乐能自反,其义于中和之义一也。"①《乐记》论乐的特点在于礼乐相随,礼乐相须,用它自己的话来讲就是"乐者为同,礼者为异。同则相亲,异则相敬。乐胜则流,礼胜则离"。(《乐论篇》)乐虽相亲,但过则流;礼虽相敬,但过则离;礼乐相须,不销不放,则君子之道备矣。然而,如果我们将这一段文本的解读只是停留在这一点上,那将是远远不够的。笔者以为,《乐记》的作者将"乐"的目的是定位于"反"上的:"将以教民平好恶而反人道之正。"(《乐本篇》)也就是说,"血气心知"在理性的驱动之下,首先能认识到"反"的必要,过分的好恶之情不仅伤害身体("害气"),而且也伤害中和之德;其次,理性在"血气心知""感于物"的过程中,能够将"杂多""审一以定和,比物以饰节,节奏合以成文"(《乐化篇》),通过感性的直观,在不断地鉴别、提升中统觉、证悟"性之端"的原初性;再次,血气心知一旦"定志",就会为了摆脱自身牵绊而不断地以礼为"报",以乐为"反",在"报"与"反"交错、综合的互动中,将"性之端"扩充为"性之体",其目的是要将"血气心知之性"与"天之性"、"性之端"融为一体,以达到形上、形下不二,天道、人道冥合的境界。这是先秦儒家践形思想的精髓,也是《乐记》之践形思想的实质:

> 德者,性之端也。乐者,德之华也。金石丝竹,乐之器也。诗,言其志

---

① 《礼记正义》(卷三十九),见阮元校刻《十三经注疏》,中华书局1980年版(影印本),第1544页。

也。歌,咏其声也。舞,动其容也。三者本于心,然后乐器从之。是故情深而文明,气盛而化神,和顺积中,而英华发外,唯乐不可以为伪。(《乐记·乐象篇》)

在公孙氏看来,相对于杂多世界的偶然来讲,"性之端"代表了天道的永恒性;相对于血气心知的"感性"来讲,"性之端"代表了认知上的真实性;相对于"践形"的过程来讲,"性之端"代表了人生境界的终极性。所以,没有"性之端"的预设,整个"践形"的活动过程将变得毫无意义。

"德之华"只有通过"金石丝竹""比音"而"乐",才能淋漓尽致地显发出来。"诗,言其志也。歌,咏其声也。舞,动其容也",是在说人何以通过"乐"得以践形的三个层面。志为心之所之,是人生价值选择的结果,根据郭店楚简《性自命出》之"凡人虽有性,心无定志,待物而后作,待悦而后行,待习而后定"(第1—2简)的表述方式来看,"志"毕竟是仅次于"性"的人学内核。蒙文通先生云:"孟子所谓'志至焉,气次焉',即公孙尼子之说。"①所以,"志"是一种统帅性的原初存在,相对于"歌"、"舞"而言,是更为内在的东西。"声"是从属于情"气"范围之中的一种表现,而"容"则是"声"更加外在化的推进。这种三级式逐步推进的显发理路在《师乙篇》中表述得更为明显:"故歌之为言也,长言之也。说之,故言之;言之不足,故长言之;长言之不足,故嗟叹之;嗟叹之不足,故不知手之舞之,足之蹈之也。"②这是《乐记》将孔子"成于乐"的思想发挥到极致的一段人学性的表述;也是《乐记》对以"乐"践形的最佳状态极为精彩的艺术性概括。

很多当代的文艺理论、美学史著作都只是说,这是"肯定了思想情感"对艺术的作用。③但是笔者以为,《乐记》并不仅仅只是在讲情感借助艺术的形

---

① 蒙文通:《儒学五论》,见刘梦溪主编:《中国现代学术经典·廖平　蒙文通卷》,河北教育出版社1996年版,第519页。

② 《孟子》云:"仁之实,事亲是也;义之实,从兄是也;智之实,知斯二者弗去是也;礼之实,节文斯二者是也;乐之实,乐斯二者,乐则生矣;生则恶可已也,恶可已,则不知足之蹈之、手之舞之。"(《离娄上》)《诗大传》中表述得更为清楚:"诗者,志之所之也,在心为志,发言为诗。情动于中而形于言,言之不足,故嗟叹之,嗟叹之不足,故永歌之,永歌之不足,不知手之舞之,足之蹈之也。"根据周秦之际学术发展的内在脉络来看,二者均步武《乐记》,但其理路则是一致的。

③ 王运熙、顾易生主编:《中国文学批评史》,上海古籍出版社1981年版,第41页。

式何以表达的问题,更重要的是在讲人之所以为人的内在德性,以其巨大的原创力,从人的心中("三者本于心")显发出来而不可遏止的状态。这固然是一种情感的推动作用,但是,准确的表达应该是道德情感的推动作用。用《孟子》的话来表达,就是"闻一善言,见一善行,若决江河,沛然莫之能御也"(《尽心上》)。正是在道德力量的鼓舞下,诗、歌、舞,一方面要疏导、释放经验层面的"血气心知"之"性"给人的牵绊与阻隔,另一方面又要存养、涵咏天、地、人互参的天地之性,以一种超越血气心知的热忱,穿越感性杂多的凡俗世界而抵达"天"的博厚、高明、悠久,以完成对人性的重铸。

因此,"情深而文明,气盛而化神。和顺积中,而英华发外,唯乐不可以为伪"这一组判断的根基在于"情深"。没有情之深,就没有文之明;没有文之明,就没有气之盛;没有气之盛,就没有化之神。化之神,正是情之深的根本追求。"和顺积中,而英华发外,唯乐不可以为伪",是说,诗言其志,歌咏其声,舞动其容,"阳而不散,阴而不密,刚气不怒,柔气不慑,四畅交于中而发作于外"(《乐言》)风雨周还,和顺之至,积发于中的根本原因,只是在于"乐"率直、本真,天人冥合地表达了"情之深",也下学上达地超拔了"情之深"。至此,我们已经看到,作为养气大师的公孙尼子,何以完成"气则华而上"向"德之华"的转型,成为儒家践形思想大师的发展轨迹。

没有"性之端","德之华"就不可能有呈现的力量;没有"德之华","性之端"就不可能显发出它博厚高明的深邃与高远。"性之端"的深邃与高远之所以在《乐记》中能够扩充为现实中活生生的"性",其中还有一个重要的原因,那就是"乐"的内容具有历史的厚重感:

> "宽而静,柔而正者,宜歌《颂》。广大而静,疏达而信者,宜歌《大雅》。恭俭而好礼者,宜歌《小雅》。正直而静,廉而谦者,宜歌《风》。肆直而慈爱者,宜歌《商》。温良而能断者,宜歌《齐》。"(《师乙》)

《乐记》正是要通过《风》、《雅》、《颂》、《齐》、《商》,艺术与历史的交融来达到"乐则安,安则久,久则天,天则神","致乐以治心"(《乐化》)的目的。一方面是历史的积淀与深邃,另一方面是艺术的流畅与空灵;二者交互作用,才能真正使"践形"之"上如抗,下如队,曲如折,止如槁木,倨中矩,句中钩,累累乎端如贯珠",(《师乙》)行云流水般的境界中充满礼与乐互补,理性与自由共存的内涵。

　　牟宗三先生认为,先秦诸子兴起于周文疲弊。[1] 儒家与道家、墨家、法家不同,以克己复礼为仁而孜孜以求,但是,从解释学的角度来看,孔子及其先秦儒家的作为都永远不可能真正回归到周代的礼乐繁盛,只能是一种地地道道的精神价值的重构。以孔子为首的先秦儒家对这一理论的实质是有深入了解的,所以才有"温故而知新"(《论语·为政》)、"苟日新,日日新,又日新"(《礼记·大学》引汤之《盘铭》)的思想。因此,《师乙篇》给我们表达的真正含义则是,《乐记》要将"天之性"、"性之端"在"血气心知之性"的基础上扩充为宽而静、柔而正,疏达而信、恭俭而礼,正直而廉谦、肆直而慈爱,广大而高远的人学世界,在人的音容笑貌之中,显发出"郁郁乎文哉"(《论语·八佾》)的精神。

---

　　[1]　转引自王葫著:《〈礼记·乐记〉之道德形上学》,台湾文史哲出版社 2002 年版,第13 页。

第七章　儒家的军事思想研究

上博简《曹沫之阵》的出版已经引起了学界的广泛关注,这不仅仅因为该书作为一部兵书出现于传承周公礼乐文明的鲁国,是一种特殊的现象,更因为该书的出现唤起了人们对先秦兵书源流的重新认识。因此,《曹沫之阵》的出版,不但有利于我们了解先秦原始儒学的发展状态,而且还有利于我们在进一步鉴别传世先秦兵书真伪的基础上,进而确定《曹沫之阵》的学术价值和地位。

第一节　齐国的兵学思想与《曹沫之阵》的关系

先秦时期的齐国是军事思想最为丰富的国度。它不但拥有司马穰苴、孙武、孙膑等著名军事理论家,而且还出现了像《司马法》、《六韬》、《孙子兵法》、《孙膑兵法》、《管子》等兵学名著,形成了比较完备的理论体系。之所以如此,关键在于分封到齐国的姜太公本来就是辅佐周文王、周武王攻占防守、开辟疆域的首要谋士。司马迁说姜太公"阴谋修德以倾商政,其事多兵权与奇计,故后世之言兵及周之阴权皆宗太公为本谋"。(《史记·齐太公世家》)常年的征战生涯和重要地位,姜太公的身边,理所当然地应该凝聚了一批高超的军事专家,在他有生之年或之后把他的军事思想整理、总结、并且形诸笔墨,代代相传,成为治军治国的方略,这是情理之中的事情,此其一。齐国地大物博,疆域辽阔,各方诸侯国的虎视眈眈以及北方骑马射箭之游牧民族的不断侵扰,都迫使齐国不得不在忧患和危机之中强大自己,在丰富的战争经验中不断总结、提升富有特色的军事思想,这可能是齐国军事思想不断提升,蔚为大观的根本原因,此其二。务实求真的姜太公传统和因循自然的治国方略,使春秋战国时期各种各样的思想流派融会于齐国,从姜太公时代、桓管时代到威宣时代,齐国整体国力上升的同时也是其学术思想不断开出新的境界的时代。取长补短,去粗取精,儒、法、道、墨等各种资源为齐国众多兵书的产生奠定了丰厚的思想基础,此其三。

从思想的体系与根源来看,《司马法》比《六韬》的成书要早得多。按李零先生的推断,它们二者属于不同的体系,但是,笔者以为,它们更属于不同的时代。《司马法》一书在民本思想、政治观念和相关的治军思想等方面都与西周的礼乐文明有深刻的联系,其中的一些在战国时期的人看来迂阔、迂腐的军事制度和作战原则是它比《六韬》要早得多的有力证据。本来,《庄子·徐无鬼》早就有关于《六韬》的记载:"吾所以说吾君者,横说之则以《诗》、《书》、《礼》、《乐》,从说之则以《金板》、《六弢》,奉事而大有功者不可为数,而吾君未尝启齿。"近年来定州西汉中山怀王墓与银雀山汉墓都出土了《六韬》的竹简,又进一步证明了先秦时期确有《六韬》一书的存在。根据目前所见传世本《六韬》的状态,我们可以推测《六韬》的流变过程具有多种可能性。不过笔者确信,传世本《六韬》虽然也许具有十分久远的思想源头,或者干脆说,其思想的原质来源于姜太公,但该书绝是战国时期的作品,则是不容置疑的。至少经过了战国时期军事学家们的修改与润色。

笔者提出这样的理由,有以下五个方面的原因:第一,传世本《六韬》在思想体系上与《司马法》有根本的不同。《司马法》的思想根源是原始儒家,而《六韬》的思想根源却与《老子》道家具有深刻的联系,与黄老之术更是水乳交融。第二,全书笼罩着为达目的而不择手段的反道德倾向,与《孙子兵法》、《孙膑兵法》十分接近,而与《司马法》已经大不相同。这是该著成书于战国时期而非春秋时期的有力证据。第三,《六韬》大量描写了有关铁器的战争手段,这是该书出现于战国时期的铁证。第四,该书描写的各种战争阵势、战争方式和战争策略极端细密、周详,商周之际是不可能出现如此细密的思想的。第五,全书三次提及"天下非一人之天下,乃天下之天下也。同天下之利者则得天下,擅天下之利者则失天下"(《文韬》)的相关思想,这绝对是在东周之后的思想。

先秦军事思想有一个分水岭,那就是宋襄公在春秋中期的泓之战(公元前638年)。据《左传·僖公二十二年》载,商王后裔宋襄公坚持"不鼓不成列"的古代军法,不肯趁楚国军队半渡未济,抓住机会发动进攻而打了败仗。《司马法》实际上是属于宋襄公以前的作品,与《曹沫之阵》是一个体系;而《六韬》则大力提倡"兵不厌诈"的理念,完全把兵法归之于"诡道",与《孙子兵法》、《孙膑兵法》以及《管子》(《兵法》、《制分》、《地图》、《九变》、《幼官》、《七法》、《参患》等篇)、《墨子》(《备城门》等11篇)中的兵法著作是一个体系。

在先秦时期,齐国与鲁国的关系是比较特殊的。齐国是姜太公的封地,鲁国是周公的封地,在开国伊始两国的治国方略就不大一样。司马迁写道:

> 鲁公伯禽之初受封之鲁,三年而后报政周公。周公曰:"何迟也?"伯禽曰:"变其俗,革其礼,丧三年然后除之,故迟。"太公亦封于齐,五月而报政周公。周公曰:"何疾也?"曰:"吾简其君臣礼,从其俗为也。"及后闻伯禽报政迟,乃叹曰:"呜呼,鲁后世其北面事齐矣!夫政不简不易,民不有近;平易近民,民必归之。"(《史记·鲁周公世家》)

这段话虽然明显带有太史公自己的思想倾向,但是,他把齐国为什么强大,鲁国为什么弱小的原因抓得很准。齐国姜太公简君臣之礼、从东夷之俗与鲁国伯禽"变其俗,革其礼,丧三年然后除之"的效果大不相同。但是,齐国与鲁国的各种交流是非常复杂的。两国的国君及民间互通婚姻,互相学习的程度比其他国家之间要频繁得多。仅从国家大事来讲,不仅有"鲁庄公如齐观社"(《国语·鲁语上》),也有齐景公"入鲁问礼"(《史记·鲁周公世家》);不仅齐国多次"伐鲁"而"鲁师败绩"(《史记·齐太公世家》),也有鲁庄公在曹刿(即曹沫)的协助下击败齐师的记载(《左传·庄公十年》)。

《曹沫之阵》虽然以大量篇幅谈论政治,但是终究是一部兵书。它的中心人物是鲁国的曹沫,也就是《左传·庄公十年》中的曹刿。曹沫在先秦时期是一位特殊人物。他的名字见于《左传·庄公十年》、《谷梁传·庄公十三年》、《国语·鲁语上》、《管子·达匡》、《吕氏春秋·贵信》、《战国策·齐策》、《燕策》、《史记·鲁周公世家》、《孙子兵法·九地》等古籍。在先秦历史上,他以刺客而著称于世。但是,《曹沫之阵》的出土问世,不仅说明了《左传·庄公十年》中《曹刿论战》故事的真实性,而且因为《曹刿论战》的故事的存在,也说明了《曹沫之阵》所描述的内容是历史事实。换言之,曹刿不仅是一位勇敢的斗士,而且是一位对兵法有深入研究的军事家。根据《史记·齐太公世家》关于曹沫以匕首劫持齐桓公索要"鲁之侵地"的故事来看,曹沫是一位有勇有谋、胆魄心性都很高的人。

　　按照常理来说,曹沫对姜太公以来的齐国历史不可能没有足够的了解,对桓、管时代之前已经成书的《六韬》、《司马法》等军事著作更不可能没有研究。所以,没有三代以来连年征战的历史背景,没有齐国发达的军事思想作为资源,《曹沫之阵》的出现是不可能的。当然,作为兵书,《曹沫之阵》是不能与《司马法》、《六韬》相提并论的。原因有三:其一,虽然在形式上《曹沫之阵》明显模仿《六韬》的对话体,但是针对战争的主题并不集中,从体例上来讲,随意性比较大。它最多只是一篇告诫鲁庄公何以为政,何以正确处理战争与政治关系的文章,严格地说来,还不能够百分之百说它是一部地地道道的兵书。其二,从思想体系上来讲,《曹沫之阵》比较杂乱。既有来自齐国的道、法兼容,又有来自墨家的非命、兼爱,但其主流又是先秦儒家的理念。这多少反映了曹沫作为一位实干家而非理论家的融合能力。其三,从军事学的角度上来讲,置身于桓、管时代的曹沫实际上还停留在《司马法》的水平上,而同一时期,"稷下学宫"实际上已经开始,齐国已经进入一个新的时代。没有齐国的兵法,曹沫的军事思想不可能出现;但是,曹沫却并没有真正追赶上时代的步伐,真正进入到"兵者,诡道也"(《孙子兵法·计篇》)的领域。鲁国只是步齐国的后尘。也许正是这三个方面的原因,导致了《曹沫之阵》的佚失。

第二节　《曹沫之阵》中的墨家思想

　　但是,对《曹沫之阵》产生影响的不仅仅只是齐国的兵家,充斥其中的还有大量的墨家思想。《吕氏春秋》高诱注云:"墨子名翟,鲁人。"孙诒让在《墨子后语》的上卷也考订墨子是鲁国人。从学术思想上来讲,墨家学派与儒家更有天然的联系。《吕氏春秋·博志》云:"孔丘、墨翟昼日讽诵。"《淮南子》载:"孔丘、墨翟修先圣之术,通六艺之论"又说:"墨子学儒者之业,受孔子之术。以为其礼烦扰而不悦,厚葬靡财而贫民,久服伤生而害事。故背周道而用夏政。"(《要略》)一方面继承儒家的一些优点,另一方面又反其道而用之,提倡尚俭、节用,兼爱、非攻,非命、尊禹等特别的思想。面对鲁国的统治者醉生梦死的状态,曹沫借用墨家的政治理念来教育鲁庄公,这也是情理之中的事情。《曹沫之阵》吸纳墨家学派的思想至少有以下几个方面:

第一,《曹沫之阵》提出了标准的君主应该"不昼寝,不饮酒,不听乐。居不设席,食不贰味。"(第10、11简)儒家是讲君主要以身作则的,尤其是要在德性方面做出表率。郭店简《缁衣》就引孔子的话说:"上好仁,则下之为仁也争先。故长民者,章志以昭百姓,则百姓致行己以说其上。"(第10—11简)由此可见,墨家在君主的行为规范上,是将儒家的理念推向了极端。把君主塑造成没有任何嗜欲、没有任何贪求、完全为他人而活、与广大黎民百姓完全一样的人物,这反映了墨子学派的平民意识、平等意识。但同时我们也可以看到,《曹沫之阵》的作者也许已经看到,战国时期畸形的君民关系,形同天渊的贫富差别,可以利用墨家的学说来矫正。不过,这种想法,在古往今来的任何时代、任何社会形态的笼罩下,都只是一种空想。在第12简中,《曹沫之阵》还有"兼爱万民,而无有私也"的说法。"兼爱万民",本来就是儒家的终极理想,但是孔子认为这是一种"圣境",非常人能够企及(《论语·雍也》)。所以,"无有私也"的思想也只是一种空想而已,在现实的政治生活中无论如何也是不可能实现的,因为它已经违背了基本人性的"血气心知"之常。当然,这不能说它完全没有价值,特别是在当时连年征战、民不聊生、统治者嗜欲横流的战国时代,它的批判作用是显而易见的。这也许是《曹沫之阵》借鉴墨家君主思想的重要原因之一。

第二,《曹沫之阵》明确站在墨家"非命"的立场上,激励君主积极向上的治国态度:

> 庄公曰:"昔施伯语寡人曰:'君子得之、失之,天命。'今异于尔言。"
> 曹沫曰:"[是]不同矣。臣是故不敢以古答。然而古亦有大道焉,必恭俭以得之,而骄泰以失之。君言无以异于臣之言。君弗尽,臣闻之曰:君子

以贤称而失之,天命;以无道称而没身就死,亦天命。不然君子以贤称,曷
有弗得? 以无道称曷有弗失?"(第6—8简)

据史书记载,施伯是鲁国与曹沫同时而稍早的一位谋士,是一位知人善任、积
极进取的人。① 鲁庄公用施伯的话来搪塞曹沫,正反映了鲁庄公对国家事务
的态度。这是原始儒家著作刻画昏庸君主嘴脸的一贯手法。

当然,这段话最重要的内容是曹沫从正反两个方面否定了"命定论":"君
子以贤称而失之,天命;以无道称而没身就死,亦天命。不然君子以贤称,曷有
弗得? 以无道称曷有弗失"的意思是不能根据"命定论"来判定成功与失败的
一切结果。更不能以"命定论"为借口为自己的好逸恶劳、醉生梦死寻找理
由。"必恭俭以得之,而骄泰以失之",语出《论语·子路》,也见于《礼记·大
学》,是"古之大道",②只有踏踏实实,勤于政事,才能把国家治理好。这种思
路与《墨子》是完全一致的:

今用执有命者之言,则上不听治,下不从事。上不听治,则刑政乱;下
不从事,则财用不足。上无以供粢盛酒醴,祭祀上帝鬼神,下无以降绥天
下贤可之士,外无以应待诸侯之宾客,内无以食饥衣寒,将养老弱。故命
上不利于天,中不利于鬼,下不利于人,而强执此者,此特凶言之所自生,
而暴人之道也。是故子墨子言曰:"今天下之士君子,忠实欲天下之富而
恶其贫,欲天下之治而恶其乱,执有命者之言,不可不非,此天下之大害
也!"(《非命上》)③

子墨子的这段表达毫无疑问在那个特殊的历史阶段具有积极的意义。但是,

———————————

① 过去笔者在阅读历史演义小说《东周列国志》第十六回《释槛囚鲍叔荐仲　战长勺曹刿
败齐》时,对其中说曹刿是鲁庄公时大臣施伯推荐的奇才,将信将疑。现在我们把《国语》、《管
子》以及《曹沫之阵》等著作的相关表述整合起来,就可以知道,施伯确实是与曹刿同时代的人,
鲁庄公拿施伯来回敬曹沫(曹刿),说明曹沫与施伯彼此之间确实比较了解,而且施伯比曹沫年
纪大、资历高。这也证明《东周列国志》的作者没有瞎写,或许他还有什么更有说服力的证据。

② "必恭俭以得之,而骄泰以失之"的话是脱胎于《论语·学而》"温良恭俭让以得之"以及
《论语·子路》"君子泰而不骄,小人骄而不泰"。这样的表述还见于《礼记·大学》:"忠信以得
之,骄泰以失之"。

③ 笔者认为,墨子的这段论述相当偏激,把"命"的诠释推向了极端,仿佛社会的一切祸害
都来自人们对"命"的依赖,这是片面的。"命"作为一个宗教学的概念,它在维系社会的稳定、纯
洁人们的信仰方面也有特殊的作用。

千百年来,中国学界公认在这方面取得了卓越成就的是荀子。《荀子》"大天而思之,孰与物畜而制之! 从天而颂之,孰与制天命而用之! 望时而待之,孰与应时而使之! 因物而多之,孰与骋能而化之! 思物而物之,孰与理物而勿失之也! 愿于物之所以生,孰与有物之所以成! 故错人而思天,则失万物之情"(《天论》)的论述已经远远超越了《墨子》,这里就毋庸赘述了。只是这种吸收、转变的工作,至少在《曹沫之阵》的作者那里就已经开始了。不过,孟子并不以为然。孟子并没有彻底反对"命定论",而是继承了孔子"俟命论"以来的传统,将它改造成了"尽其心者,知其性也。知其性,则知天矣。存其心,养其性,所以事天也。殀寿不贰,修身以俟之,所以立命也"(《孟子·尽心上》)的"立命论""俟命论"。这是否可以理解为孟子对《曹沫之阵》等相关论述的扬弃呢?

人类思想的发展轨迹已经反复证明墨子的观点似是而非。作为科学家的培根(Francis Bacon,1561—1626)说得很清楚:"否认有神的人是毁灭人类底尊贵的;因为人类在肉体方面的确是与禽兽相近的;如果人类在精神方面再不与神相类的话,那么人就是一种卑污下贱的动物了。同样,无神论也毁灭英雄气概与人性底提高。……,因此,无神论在一切方面可恨,在这一方面也如此,就是它削夺了人性所赖以自拔于人类底弱点的助力。这在个人如此,在民族亦如此。"[①]中国文化的主流也始终没有完全抛弃"天命"思想,它在中国文化史的发展过程中是发挥了积极作用的。这也许是墨子最终湮没无闻的原因之一。

第三,《曹沫之阵》吸收了墨家在战争的状态下奖励和惩罚方面的经验。在《曹沫之阵》中多次提到,正确的奖励与惩罚是战争取得胜利的决定性因素之一:

> 庄公曰:"为和于邦如之何?"曹沫答曰:"毋获民时,毋夺民利。申功而食,刑罚有辠,而赏爵有德。"(第20—21简)禄爵有常,忌莫之当。(第50简)

刑法思想并非儒家所固有。先秦原始儒家既是反战的,又是反对刑罚的。他

---

① 培根著,水天同译:《培根论说文集》,商务印书馆 1958 年版,第59—60 页。

们主张的是"必也使无讼"(《论语·颜渊》)式的德政。墨子本来与儒家有千丝万缕的联系,是提倡"非攻"、"兼爱"、"尚贤"的,但是,他却同时与法家也具有十分亲密的关系。《墨子》写道:

> 子墨子曰:"天下从事者不可以无法仪。无法仪而其事能成者无有也。虽至士之为将相者,皆有法;虽至百工从事者,亦皆有法,百工为方以矩,为圆以规,直以绳,正以县。无巧工不巧工,皆以此五者为法。巧者能中之,不巧者虽不能中,放依以从事,犹逾已。故百工从事,皆有法所度。今大者治天下,其次治大国,而无法所度,此不若百工,辩也。然则奚以为治法而可? 当皆法其父母奚若? 天下之为父母者众,而仁者寡,若皆法其父母,此法不仁也。法不仁,不可以为法。当皆法其学奚若? 天下之为学者众,而仁者寡,若皆法其学,此法不仁也。法不仁,不可以为法。当皆法其君奚若? 天下之为君者众,而仁者寡,若皆法其君,此法不仁也。法不仁不可以为法。故父母、学、君三者,莫可以为治法。然则奚以为治法而可? 故曰莫若法天。天之行广而无私,其施厚而不德,其明久而不衰,故圣王法之。"(《法仪》)

《墨子》一书,折中于儒、道、法之间的状态,在此可见一斑。在这里,墨子借助法家的"法",从颠覆儒家开始,否定了父母、学、君三者,而依赖于法治。但是"法"皆"不仁",于是绕了一个大弯子,最终又从表述的方式与内容上回到了"天"。这证明了墨子理论体系的矛盾。这里的引文进一步说明,《墨子·备城门》等十一篇军事文献确实是墨家的文献,虽然它大量汲取了法家思想。所以,如果说《曹沫之阵》正在为儒家寻找出路,那么,它既吸收了墨家的思想成分,也吸收了法家的思想中行之有效的东西。

第三节　《曹沫之阵》的思想主体是儒家

但是,《曹沫之阵》从哲学思想的归属上来讲,它应该属于先秦儒家。之所以这样来定位,笔者有如下三个方面的理由:

第一,本书在结构上完全借用了《左传·庄公十年·曹刿论战》的论说模

式,说话的口气、神态以及曹沫与庄公的关系,甚至其中的某些对话思路、价值取向都是从中绅绎出来的:①

> (曹沫曰:)"使人不亲则不敦,不和则不辑,不义则不服。"庄公曰:"为亲如何?"答曰:"君勿惮劳,以观上下之情伪。匹夫寡妇之讼狱,君必身听之。有知不足,亡所不中,则民亲之。"(第33简)

应该说,这里不仅对答的结构是对《曹刿论战》的模仿,不仅对答的内容还有《曹刿论战》的痕迹和影响,而且其中的核心概念和价值观都是地地道道的儒家。"不亲"、"不和"、"不义",这是儒家建立在孝道之上的"老吾老以及人之老,幼吾幼以及人之幼"(《孟子·梁惠王上》),由亲亲而尊贤,逐步外推,内圣外王的理路。《左传》的全名是《春秋左氏传》,是孔子亲自整理、撰写的史书《春秋》的"传"。《曹沫之阵》的文章结构与思想承续意味着什么,是不言而喻的。更为重要的是,不论是《论语》还是《孟子》都不厌其烦地展现了公众知识分子与各种当权者的互动关系。原始儒家经典著作中的知识分子一方面具有强烈的独立性,另一方面又具有十分明显的依附性,他们在独立性与依附性相互交织的张力中积极入世,实现自我生命价值的理想。简文《曹沫之阵》正是具有这种由来已久的儒家品质。

第二,《曹沫之阵》一文在政治上的最高理想是非常明确的:

> 昔周室之邦鲁,东西七百,南北五百。非山非泽,无有不民。今邦弥小而钟愈大,君其图之。昔尧之飨舜也,饭干土增,欲于土铏,而抚有天下,此不贫于美而富于德与?昔周室……(第1—3简)②

可惜第三简是一支残简,否则下文又将是一支关于"昔周室"的表述。孔子曾经说过:"周监于二代,郁郁乎文哉,吾从周。"(《论语·八佾》)因此,以周代的政治作为理想的范本,是原始儒家遣词造句、传情达意的基本习惯,因为先

---

① 《春秋左氏传·庄公十年》写道:十年春,齐师伐我。公将战,曹刿请见。其乡人曰:"肉食者谋之,又何间焉。"刿曰:"肉食者鄙,未能远谋。"乃入见。问何以战。公曰:"衣食所安,弗敢专也,必以分人。"对曰:"小惠未遍,民弗从也。"公曰:"牺牲玉帛,弗敢加也,必以信。"对曰:"小信未孚,神弗福也。"公曰:"小大之狱,虽不能察,必以情。"对曰:"忠之属也,可以一战,战则请从。"

② 第三简最后一个字,廖名春、陈剑补读为"室"。

秦儒家始终不会忘记西周与鲁国血浓于水的文化传承。① 我们在解读这一段文字的时候，可以隐约地看到，它的思想资源与行文范式与《尚书·尧典》有一定的关系：

> 曰若稽古，帝尧曰放勋，钦明文思安安，允恭克让，光被四表，格于上下。克明俊德，以亲九族；九族既睦，平章百姓。百姓昭明，协和万邦。黎民于变时雍。

二者之间只有语言风格的区别、理论水平的差异而没有思想上的实质差距。在《曹沫之阵》的作者看来，西周的王道之政之所以能够达到"非山非泽，无有不民"的状态，仅仅是因为统治者以身作则，专心于"德"的建设，感化、教化、归化了天下的人民。"德政"是这一政治理想的中心。二者之间的根本区别只是在于，《尧典》偏重于理论的、玄想的描述，而《曹沫之阵》追求的是现实政治的效果。

第三，《曹沫之阵》的主体思想是"有克政而无克阵。三代之阵皆存，或以克，或以亡"。（第14简）这是在说，只有战无不胜的政治，没有战无不胜的阵势。夏、商、周三代传承下来的兵法（"阵"），硕果累累，深入人心；但是，历代的统治者有的靠"阵"打了胜仗，有的靠"阵"打了败仗。这是为什么呢？关键问题在于德政。也就是"为政以德"（《论语·为政》），才能"莫之能御"（《孟子·梁惠王上》）。换言之，只有"仁"者才能无敌于天下。纵观竹书《曹沫之阵》，笔者以为，它所倡导的"克政"，从战争的角度放射出去，有如下几个层面的要求：

其一，"勿获民时，勿夺民利"（获：误也）。（第20简）也就是孟子所说的"鸡豚狗彘之畜，无失其时，七十者可以食肉矣。百亩之田，勿夺其时，八口之家可以无饥矣"（《孟子·梁惠王上》）。本来，先秦时期没有哪个哲学流派是不谈论"时"的，但是，原始儒家是真正从民生疾苦出发，将"时"与战争挂钩来

---

① 《左传·昭公二年》曰："周礼尽在鲁矣。"《论语·雍也》曰："齐一变，至于鲁；鲁一变，至于道。"是说鲁国的文化完全继承了周文王的精华。杨向奎先生指出："以德、礼为主的周公之道，世代相传，春秋末期遂有孔子以仁、礼为内容的儒家思想。宗周→春秋，周公→孔子，构成三千年来儒家思想之完整体系。"（杨向奎著：《宗周社会与礼乐文明》，人民出版社1997年版，第285页）

论述问题的学派："彼夺其民时,使不得耕耨以养其父母。父母冻饿,兄弟妻子离散。彼陷溺其民,王往而征之,夫谁与王敌? 故曰'仁者无敌'"。(《孟子·梁惠王上》)战争本身不能在经济上给人民制造灾难,这是《曹沫之阵》提出的一个重要的战争原则,与孟子之"杀行一不义,杀一不辜,而得天下,皆不为也"(《孟子·公孙丑上》)的观点是一致的。

其二,"禄爵有常,忌莫之当"。(第50简)要维护"禄爵有常",最好的办法就是倡导儒家的"礼";况且,要"禄爵有常",就不可能没有厚薄、等级、高下之分,就不可能没有政府官员之间的亲疏远近,这与墨子倡导的人人平等的"尚同"、"兼爱"思想是不相符的。《墨子·非儒》一开头就说:"儒者曰:亲亲有术,尊贤有等,言亲疏尊卑之异也。"是墨家反对的思想。所以笔者以为,简文"禄爵有常,忌莫之当"的命题,来自孔子"举直错诸枉,则民服;举枉错诸直,则民不服"(《论语·为政》)的原创思想。它是从孔子的相关思想中绎出来的一个军事命题,意谓,只要在进行德政建设时,"举直错诸枉",按功行赏,在政治上形成了稳定的局面,就会激发起强大的政治力量,就会从根本上增加战争的胜算。

其三,"战有显道,勿兵以克"。(第38简)释文的整理者在注释这个命题的时候认为,这个命题与《孙子兵法·谋攻》有直接联系,"似是'不战而屈人之兵'的意思"。① 这是注释者望文生义、太过草率产生的错误。笔者以为,简文的这个命题,不仅仅是一个军事技术上的判断,更是一个政治学上的命题。"战有显道"之谓,很明显,从表达的分量上不是指孙子"不战而屈人之兵",而是有更加重要的思想层面。那么,战争的"显道"是什么呢? 这要根据竹书的上下文来理解,才能把握这个判断的真正思想。刚好,第38简前后的第37、39、40简都是完整的简,为我们正确理解这个判断创造了很好的条件。在第39、40简中,简文直接回答了什么是"显道":"人之兵不砥砺,我兵必砥砺;人之甲不坚,我甲必坚。人使士,我使大夫;人使大夫,我使将军;人使将军,我君身进。此战之显道。"这当然是儒家吸收了法家坚甲利兵的思想。但是与法家不同的是,它崇尚的是政治清明、催人奋进、积极向上的政治,更是君主自己

---

① 马承源主编:《上海博物馆藏战国楚竹书》(四),上海古籍出版社2004年版,第268页。

要身先士卒、以身作则的政治。也就是孔子"政者，正也。子帅以正，孰敢不正"（《论语·颜渊》）的另一种表述方式。从这个层面上来讲，这个命题可以解释为：战争最根本、最著名的原则（"显道"）是，不要只是把战争胜利的希望寄托在战争之上。众所周知，在先秦诸子中，孟子在这方面的论述最为耳熟能详，最具有深远的影响力：

> 七八月之间旱，则苗槁矣。天油然作云，沛然下雨，则苗浡然兴之矣。其如是，孰能御之？今夫天下之人牧，未有不嗜杀人者也。如有不嗜杀人者，则天下之民皆引领而望之矣。诚如是也，民归之，由水之就下，沛然谁能御之？（《孟子·梁惠王上》）

"天时不如地利，地利不如人和"，只有全国人民团结一心，才是战争胜利的根本保障。诚然，政治清明，全国人民团结一心，未必就一定能够打胜仗。但是，先秦儒家却是在思想体系的框架之中讨论政治哲学的理想。这也正是《曹沫之阵》的思想追求。由此可见，《曹沫之阵》一文，不仅汲取了墨家的资源，而且也借鉴了法家的思想，但是，这丝毫不影响这篇文章在思想主体上是一篇儒家著作，因为它始终坚持着它的政治理想——德政。换句话来说，从思想史发展的规律来讲，孟子的仁政思想不可能是空穴来风。孟子的"仁政"理想只有在这种思潮的涌动或启发下，在丰富的思想积淀之中，才有可能诞生，才有可能那么圆熟、那么富有深刻的哲理。没有类似《司马法》、《曹沫之阵》这样的著作的启迪，《孟子》的出现是不可能的。

这样一来，我们就发现，《曹沫之阵》为我们研究先秦时期其他的传世兵书提供了一个可资借鉴的范本。自宋代以来，先秦时期的兵书，被疑古派在不同程度上提出了质疑。比方，过去有人说《墨子·备城门》等十一篇有关守城之术的著作不是墨家所为，其中有些内容完全是法家的思想。就事论事，他们也未必没有道理：

> 因城内里为八部，部一吏，吏各从四人，以行冲术及里中。里中父老不与守之事及会计者，分里以为四部，部一长以苛往来，不以时行，行而有他异者以得其奸。（吏从卒四人以上。）有分守者大将必与为信符，大将使人行守，操信符，信符不合及号不相应者，伯长以上辄止之，以闻大将。当止不止及从吏卒纵之，皆斩。诸有罪自死罪以上，皆逮父母、妻子、

同产。

> 诸男子有守于城上者,什六弩、四兵。丁女子、老少,人一矛。卒有惊事,中军疾击鼓者三,城上道路、里中巷街,皆无得行,行者斩。女子到大军,令行者男子行左,女子行右,无并行。皆就其守,不从令者斩。离守者三日而一徇,而所以备奸也。里正与父老皆守宿里门,吏行其部,至里门,正与开门内吏,与行父老之守及穷巷闲无人之处。奸民之所谋为外心,罪车裂。正与父老及吏主部者不得,皆斩。得之,除,又赏之黄金人二镒。大将使信人行守,长夜五循行,短夜三循行。四面之吏亦皆自行其守,如大将之行,不从令者斩。(《墨子·号令第七十》)①

提倡非攻、兼爱、尚同的墨子一处于战争的状态下就变得如此杀气腾腾。长期以来,比较直接、简单的解释就是文章不是出于墨子之手。例如,苏时学、吴汝纶等就认为,《墨子·备城门》这十一篇文字是汉人作品,非《墨子》原有的文字。② 岑仲勉先生在解释上文"诸有罪自死罪以上,皆逮父母、妻子、同产"一句时也说:"自斩罪以上皆逮捕其父母、妻子、兄弟(同产即兄弟),此即秦代夷三族之法。"③但是,笔者的理解却不是这样的。笔者认为,墨子一派提倡节用、节葬,非乐、非命,在现实的政治军事斗争中就必然会采取非常实际,有时甚至是雷厉风行的措施。而且事实上墨家学派一开始就形成了一个以墨子为教主的宗教化、军事化,管理极端严密的团体。《墨子》一书在开篇第一章中就有"虽有贤君,不爱无功之臣;虽有慈父,不爱无益之子。是故不胜其任而处其位,非此位之人也;不胜其爵而处其禄,非此禄之主也"(《亲士》)的论述。像这样的话,以功利压倒亲情,以实用压倒友情,是先秦原始儒家无论如何也说不出来的话。《庄子·天下》曾把墨家一派描述为:"以裘褐为衣,以跂蹻为服,日夜不休,以自苦为极。"在生活上严于律己的人,对别人也往往会有苛刻的倾向。况且,法家虽然有许多缺点,但是,在奖励耕战、攻城略地方面确实有雷厉风行、立竿见影的效果。而且法家的思想根源就是秦国艰苦的地理、气候等自然条件,其中与墨家在某些方面有相通之处,致使后期许

---

① 这里的引文出自岑仲勉撰:《墨子城守各篇简注》,中华书局 1958 年版。
② 岑仲勉撰:《墨子城守各篇简注》,中华书局 1958 年版,第 6 页。
③ 岑仲勉撰:《墨子城守各篇简注》,中华书局 1958 年版,第 100 页。

多墨家信徒直接跑到秦国去,与法家同声相求。所以墨家在讲兼爱、非攻的时候,可以与法家针锋相对,但是在追求战争效果的时候,就自然而然地采取了法家的残酷手段。但是,我们从上面的各种引文中可以看到,《曹沫之阵》一文汲取了墨家的精华,扩大了自己的理论论域,借鉴了法家的思想,提高了自己战争的胜算,而墨家学者采取了法家的手段,不仅玷污了他们自己崇高的目标,而且使其思想体系中充满了矛盾。这是一个值得我们认真吸取的理论教训。

之所以要提出墨家的这个例子,笔者的目的不仅仅要把《墨子》的战争思想与《曹沫之阵》的战争思想进行必要的比较,而且还要证明,即便是先秦时期的著作,也不可能在思想上纯洁得一丝丝杂质都没有。换言之,先秦时期的兵法著作传播于后世,在语言上、在表述的方式上都不同程度地染上了后世各种因情势不同、因整理者的个性、目的不同而导致的不同色彩。这是中国古代经书传播的一种特殊方式,更是中国秦汉之际特殊的历史现实决定了的特殊情况(各家各派彼此取长补短)。既然是特殊情况,就应该特殊对待。绝不能脱离中国特殊的历史情势而闭门造车;更不能脱离中国经书传播的模式,滑向历史虚无主义。《墨子·备城门》等十一篇兵法文献如此,《六韬》、《孙子兵法》、《吴子》、《《司马法》、《尉缭子》等其他兵法书籍亦复如此。

第四节 《曹沫之阵》的战争思想

仔细耙梳《曹沫之阵》的战争思想,笔者认为可以从以下三个方面进行总结:

第一,这篇文章最重要、最核心的思想是:"有固谋而无固城,有克政而无克阵。三代之阵皆存,或以克,或以亡"。(第14简)也就是说,在古往今来的战争中,只有坚不可摧的谋略,没有坚不可摧的城池;只有战无不胜的政治,没有战无不胜的阵势。政治是战争胜利与否的决定因素。德国军事学家克劳塞维茨(Carl von Clausewitz 1780—1831)说:"社会共同体(整个民族)的战争,特别是文明民族的战争,总是在某种政治形势下产生的,而且只能是某种政治动机引起的。因此,战争是一种政治行为。"①夏、商、周三代各种各样的战争故事充分地说明了这一点。由于充满了历史的反思精神,曹沫的这一表述相当精辟、直截,充满了历史的沧桑感。这使人马上想起孟子非常有名的一段表述:

> 地方百里而可以王。王如施仁政于民,省刑罚,薄税敛,深耕易耨;壮者以暇日修其孝悌忠信,入以事其父兄,出以事其长上,可使制梃以挞秦楚之坚甲利兵矣。(《孟子·梁惠王上》)

曹沫的话归根到底是要归结到孟子这里来的。因为"固谋"和"克政"的最高境界,就是孟子的"仁政"。因为只有彻底的实现"仁政"的理想,才是最完美的"固谋"和"克政"。孟子在这里总结了三点:全国人民共同"修其孝悌忠信",在政治信仰上拧成了一股绳,共同的政治理想,是取得一切战争胜利的根本保障,此其一;在行政管理上,政府"施仁政于民,省刑罚,薄税敛,深耕易耨",各种社会问题得到了解决,各种社会保障系统完备,广大人民在物质与精神上都有了根本的依靠,此其二;整个国民已经养成了"入以事其父兄,出以事其长上"的民风,诚信、和谐,是这个社会最基本的特征,此其三。

"有克政而无克阵"的潜台词是,参与战争的成员都是因为共同的理想投入战斗的,因此在战争的纪律方面具有高度的自觉,因为那是参与者主体精神的自我抉择。而《墨子》的相关表达,却是令人吃惊的:

> 围城之重禁,敌人卒而至,严令吏民无敢讙嚣、三冣、并行、相视坐泣、流涕若视、举手相探、相指、相呼、相麾、相踵、相投、相击、相靡(以身及衣)、讼驳言语、及非令也而视敌动移者,斩;伍人不得,斩;得之,除。伍人踰城归敌,伍人不得,斩;与伯归敌,队吏斩;与吏归敌,队将斩。归敌者父母、妻子、同产皆车裂。先觉之,除。当术需敌,离地,斩。伍人不得,斩;得之,除。(《号令》)

《墨子》把战争的管理过程描述成了一个完全没有人性的惨状。在《墨子》中这种表达不是孤立的。在它的各篇章中都有一种内在的联系。现在看来,孟子说墨家学派"无君无父",可谓证据确凿。因此,只要认真地读一读这一段

---

① 克劳塞维茨著:《战争论》,商务印书馆1978年版,第42页。

文字,我们就会毫不犹豫地认定《曹沫之阵》属于儒家作品,绝非墨家文献。因为只有墨家才与法家这种"以刑去刑"的残暴政治具有千丝万缕的联系,而先秦儒家在这一点上从来都是与法家的思想势不两立的。

第二,具体到战争的每一个步骤,在《曹沫之阵》的作者看来,都有一个逐步向前推进的逻辑:"不和于邦,不可以出豫。不和于豫,不可以出阵。不和于阵,不可以出战。是故夫阵者,三教之末。"(第18—19简)"和于邦"是"和于豫"的前提;"和于豫"是"和于阵"的前提;"和于阵"是"出战"的前提。没有"和于邦"也就没有"和于豫";没有"和于豫"也就没有"和于阵";没有"和于阵"也就不可能"出战",并且最终取得战争的胜利。这里说得很清楚,"和于邦"是最终能够取得胜利的最重要、最基本的因素。没有"和于邦"作为最基本的出发点,也就不可能有"和于豫"、"和于阵"、"出战"等各个逐步向前推进的环节,那就更不要奢望取得战争的最后胜利了。因此,作为一本兵书,《曹沫之阵》以此类推,提出了"是故夫阵者,三教之末"的重要判断,出乎预料之外,而又坚决地否定了兵书自身的根本价值。[①] 它的意义并不仅仅在于否定了《六韬》、《孙子兵法》以来"兵不厌诈"的黄老传统,揭示了传统兵法丧德败性的负面影响,而且启迪了孟子伟大的"仁政"思想。这不能不说是《曹沫之阵》中重要的战争思想,也是《曹沫之阵》一文的理论制高点。由此,我们发现了《孟子》思想的来源:

> 今王发政施仁,使天下仕者皆欲立于王之朝,耕者皆欲耕于王之野,商贾皆欲藏于王之市,行旅皆欲出于王之涂,天下之欲疾其君者,皆欲赴愬于王。其若是,孰能御之?(《孟子·梁惠王上》)

笔者肯定没有任何实物上的证据,可以论证《曹沫之阵》与《孟子》之间具有直接的关系。但是,《曹沫之阵》能够流传到楚国,就不可能不流传到齐国;既然

---

① 克劳塞维茨说过:政治的目的并不是"可以任意地决定一切,它必须适应手段的性质。"但是尽管如此,"政治贯穿在整个战争行为中,在战争中起作用的各种力量所允许的范围内对战争不断发生影响。"(克劳塞维茨著:《战争论》,商务印书馆1978年版,第43页)克氏只是一个军事家,所以他在论述问题的时候完全没有看到人民在战争中的巨大力量以及战争本身对全社会在精神上的破坏力,更没有看到,战争的手段,有的时候是一种丧德败性的泥沼,往往具有毁灭政治目的的一面(如墨子的《备城门》等十一篇文献)。而且,他大约永远也无法体会出《曹沫之阵》和孟子为什么尽量避免讨论战争手段的原因。

它能够流传到楚国，就说明它在当时是一篇重要的文献。作为一代思想大家的孟子，就不可能不吸收相关的思想营养。

第三，认真玩味《曹沫之阵》全文，下面的这一段对话对我们理解孟子具有深远的意义，是我们打开孟子"仁政"宝库的钥匙。它实际上是把笔者在上面所引《孟子·梁惠王上》的两段高度精神化的表述文字物质化了。如果换位思考，我们似乎可以肯定，孟子的"仁政"理想就应该是从在他之前的、类似这样的表述中汲取了思想的源泉：

> 曹沫曰："使人不亲则不敦，不和则不辑，不义则不服。"庄公曰："为亲如何？"答曰："君勿惮劳，以观上下之情伪。匹夫寡妇之讼狱，君必身听之。有知不足，亡所不中，则民亲之。"庄公又问："为和如何？"答曰："毋嬖于便嬖，毋长于父兄，赏均听中，则民和之。"庄公又问曰："为义如何？"答曰："申功尚贤，能治百人，使长百人；能治三军，思帅受⋯⋯"（第33—36简）

整合全文，我们在字里行间接受到的真正的信息是，只要国家自上而下彻底地实现了"仁政"的政治理想，全国人民真正团结在"仁政"的道德理想之下，一旦处于战争状况，举国上下就会同仇敌忾，男女老少都会在一夜之间转化为无坚不摧的军队，以大无畏的精神克敌制胜。换言之，虽然孟子扬弃了墨子学派半宗教化、半军事化的特性，自上而下在全社会倡导全民参与的"仁政"，似乎是反对战争的，但实际上，其理论的内核中蕴含着一种巨大的富国强兵的力量，它不仅避免了在墨子的笔下，在战争中父母妻子"相视坐泣、流涕"的恐惧场面，也避免了因为"诸有罪自死罪以上，皆逮父母、妻子、同产"而丧德败性的恶果。

综上所述，没有《六韬》、《司马法》的传统，就不可能出现《曹沫之阵》。没有在《司马法》影响下的《曹沫之阵》，就不可能有《孟子》完备的仁政思想和与之水乳交融的战争观念。《曹沫之阵》作为一部兵书，之所以消亡、佚失的原因在于，在它之前有完备、细密的《司马法》蔚为大观；在它之后又有《孟子》的仁政思想登峰造极。从这个角度上来讲，我们完全可以说，《曹沫之阵》是《六韬》、《司马法》到《孟子》的一个发展环节，它的理论成果实际上已经被《孟子》所吸收、消化，并且对中国文化产生过深远的影响。

第五节　从《司马法》到《孟子》

春秋时期的齐国兵书《司马法》虽然是一部真正的兵书,但其根本的政治理想却是反对战争的。它不仅表达了无求不争、反对等差、推崇无善无恶、无赏无罚的道家理想,而且对原始儒家"材技不相掩,勇力不相犯","诸侯说怀,海外来服"、"上贵不伐之士"(《仁本第一》)的政治境界也是情有独钟。在《司马法》看来,战争是通过非正常途径达到仁义教化目的的一种特殊手段,是一种不得已而采取的最后措施。其政治理想、民本思想和军事辩证法对儒家"亚圣"孟子的战争观念明显产生了深远的影响,是值得我们认真探讨的一个问题。

《司马法》的原创思想来源于司马穰苴。然而,司马穰苴虽然得意于齐景公(公元前 547—前 488)之世,但其兵法却很有可能一直到齐威王(公元前356—前 320)的时代才最终行诸笔墨,形成庞大的规模,产生巨大的影响。司马迁说得很明白:"齐威王使大夫追论古者《司马兵法》而附穰苴于其中,因号曰《司马穰苴兵法》。"①据《史记》记载,穰苴被鲍氏、高子、国子逼退之后,郁郁寡欢,很快就"发疾而死",②是后来政治形势发生了根本的变化之后,田齐威王运用手中的权力,召集、命令("使")有学识的人记载、整理、反思、总结、提升("追论")司马穰苴的兵法,才最终形成了司马迁所看到的"闳廓深远,虽三代征伐,未能竟其义"③的《司马兵法》"百五十五篇"。④ 也就是说,司马迁认为,这是一部超越历史时代、地域、国度、阶级、集团,具有非常深远的政治哲学思想的鸿篇巨制。在当时的历史条件,尤其是在书写、传播条件十分困难的前提下,仅凭司马穰苴的个人或家族力量,是很难达到这样的规模的。

齐威王之后,接下来的就是齐宣王。威、宣时期,是齐国政治昌明、学术发

---

① 司马迁著:《史记》,中华书局 1959 年版,第 2168 页。
② 司马迁著:《史记》,中华书局 1959 年版,第 2169 页。
③ 司马迁著:《史记》,中华书局 1959 年版,第 2160 页。
④ 班固著:《汉书》,中华书局 1962 年版,第 1709 页。

达的一个时期,也应该是《司马法》在齐国如日中天的时期。因为,"当是之时,秦用商君,富国强兵,楚魏用吴起,战胜弱敌。齐威王、宣王用孙子、田忌之徒,而诸侯东面朝齐"。① 这正是《司马法》之所以产生的一个特殊的历史环境。作为一代思想大家的孟子,生于斯、长于斯,耳濡目染,不可能不对齐威王、宣王时期的主流思想及"天下方务于合纵连横,以攻伐为贤"②的世界大势有深入的了解。对此我们似乎可以从孟子与齐宣王之间难分难舍的关系中体会到这种深层次的影响何以可能(见《孟子·梁惠王上》、《孟子·万章下》等篇)。孟子在"私淑"孔子,发展孔子,提出了一套"仁政"学说的同时,也相应地提出了一套别具一格的战争思想。笔者在深究文本之后以为,《司马法》与《孟子》之间有一种提升与被提升的内在机制,其中的关系是我们不能忽视的。

大凡有影响的兵书,都不仅仅是会打仗的将军就一定能够写出来的。德国的克劳塞维茨虽然具有丰富的战争经验,但是,如果不是早年学过康德的哲学,他就写不出战争圣典《战争论》。司马迁也有同感。他在其《史记·孙子吴起列传》中说:"能行之者未必能言,能言之者未必能行。"③《司马法》一书如果不是齐威王召集当时齐国的有识之士"追论"穰苴的兵法,恐怕也就不可能形成如此"闳廓深远"的规模。笔者仔细阅读、揣摩《司马法》一书的哲学思想,深以为,如果司马迁、班固所见到的《司马法》155篇是实,那它就只能产生于齐威王时期。因为,即便是在目前短短的五篇之中,我们不仅会被其中深刻的哲理和思想所吸引,而且还会被精致凝练的字词、精心营构的篇章所触动。所以,笔者深信,这部宏大著作的形成,有非常的高手直接参与,是很多专家反复"追论"、切磋、磨砺、整理、提高而成的一个集大成式的精品,其中至少有以下几个方面对孟子的战争观念是有启发作用的:

第一,《司马法》的根本思想是民本思想。《司马法》的作者认为,治理国家,"以仁为本以义治之为正",而战争则是"正不获意则权"(《仁本第一》)的

---

① 司马迁著:《史记》,中华书局1959年版,第2343页。
② 司马迁著:《史记》,中华书局1959年版,第2343页。
③ 司马迁著:《史记》,中华书局1959年版,第2168页。

结果,是仁义为本,治国安民的一种非常的权变措施。战争杀人的目的在于安人,攻打敌国的前提是爱护那个国家的人民。正义战争的唯一目的,在于制止战争("杀人安人,杀之可也;攻其国爱其民,攻之可也;以战止战,虽战可也")。因此,战争的根本原则是"不违时,不历民病,兼爱民也。不加丧,不因凶,所以爱夫其民也;冬夏不兴师,所以兼爱其民也"。(《仁本第一》)也就是说,战争不能在农忙的时候进行,不能给广大的黎民百姓制造灾难,不能趁敌国有国葬或自然灾害的时候发动战争。这不能不使人想起孟子的相关论述:"行一不义,杀一不辜,而得天下,皆不为也。"(《孟子·公孙丑上》)二者在根本上有相通之处。不同的是,孟子把《司马法》的观点推向了政治理想的极端。

正是在这种民本思想的指导下,《司马法》认为,一切战争,对广大的黎民百姓来讲,任何时候都是一场灾难,因此,对一个真正以民为本的政府来说,虽然"天下虽安,忘战必危",但是,"国虽大,好战必亡"。(《仁本第一》)也就是《孙子兵法》说的"不尽知用兵之害者,则不能尽知用兵之利也"。(《孙子·作战》)我们现在能够看到的《司马法》原文已经被压缩,①它的观点都只是点到为止,根据司马迁和班固对他们所见到的《司马法》原作的描述,想必比孙子的论述更为全面、详细。然而,在民本思想上,《司马法》比《孙子兵法》更进一步,这当然是时代使然:②

> 古者戍兵三年不典,睹民之劳也。上下相报,若此,和之至也。得意则恺歌,示喜也。偃伯灵台,答民之劳,示休也。(《天子之义第二》)

《司马法》的思路是,在不得已的前提下爆发的、为民请命的战争才是正义的

---

① 李零先生云:"《司马法》是大大压缩的节选本和改编本。"(参见李零著:《简帛古书与学术源流》,三联书店2004年版,第388页)

② 据《左传·僖公二十二年》载,公元前638年,春秋时期的宋襄公在泓之役中,由于要坚持贵族的礼仪,不肯趁楚国军队半渡未济未抓住有利时机发起进攻,结果打了败仗。李零先生说:"宋襄公以后,中国的兵法,以《孙子兵法》为代表,都是讲'兵不厌诈'。……,这种'兵法'和《司马法》讲究'军法'正好相反。"(参见李零著:《简帛古书与学术源流》,三联书店2004年版,第380页)问题在于得意于齐景公之世的司马穰苴也是生活在宋襄公之后的,这是李零先生忽视了的一个重大问题。但是,中国先秦时期的兵法书,确实经历了一个由"军礼"、"军法"到"兵不厌诈"的过程。所以,如果李零先生的推测如有效的话,那么,《司马法》的诞生时间恐怕就要继续往前推。因为它不应该属于公元前638年之后。

战争。但是,由于战争本身是以杀人为基本的方式,对社会与自然的破坏是巨大的,因此它给广大人民带来的灾难也是不可避免的,所以,战争期间国家没有任何庆典活动,因为"睹民之劳也",战争胜利之日,与民同乐;战争结束之日,答民之劳,与民休息。《孟子》之中是有同样思想的:

> 为民上而不与民同乐者,亦非也。乐民之乐者,民亦乐其乐;忧民之忧者,民亦忧其忧。乐以天下,忧以天下,然而不王者,未之有也。(《孟子·梁惠王下》)

孟子的观点当然是上承孔子、"私淑"孔子的结果,但是,如果没有类似《司马法》这样的兵书或思想在当时的影响,孟子想要将其民本思想、仁政理想与战争观念融会得那么水乳交融,恐怕是很难的。

第二,政治的正义性、权力的合法性,始终是《司马法》秉持的战争前提和底线。《司马法》认为,清明的政治必须"顺天之道;设地之宜;官民之德;而正名治物;立国辨职,以爵分禄。诸侯说怀,海外来服"(《仁本第一》),而且也只有具有了这样的政治条件,才有发动正义战争的真正资格和权力。

但是,在遭遇到重大的国际矛盾,在战争爆发之前,作为一个正义、合法的强大国家来说,首先要做的绝不是发动战争,而是要在各个方面从根本上做出表率,从道德的力量和军事实力等各个方面造成一种迫使敌国就范的态势:

> 以土地形诸侯;以政令平诸侯;以礼信亲诸侯;以材力说诸侯;以谋人维诸侯;以兵革服诸侯。同患同利以合诸侯,比小事大以和诸侯。

也就是说,解决国际争端的主体途径主要是政治的影响力,战争始终是最后的选择。所有通过和平的道路都已经完全走到尽头之后,依然不能解决问题,才最终诉诸战争。用《孙子兵法》的话来讲,就是"国之大事,死生之地,存亡之道,不可不察也"。(《计篇》)

《司马法》的作者认为,只有政治的正义性和权力的合法性,才能最终使战争具有正义性和合法性,才能最终代表最广大人民群众的根本利益,代表历史文化发展的方向。因此,战争必须要有"取法天地"、"奉于父母",人神共愤、替天行道的根本理据:

> 贤王制礼乐法度,乃作五刑,兴甲兵,以讨不义。巡狩省方,会诸侯,

考不同。其有失命乱常，背德逆天之时，而危有功之君，遍告于诸侯，彰明有罪。乃告于皇天上帝，日月星辰，祷于后土四海神祇，山川冢社，乃造于先王。然后冢宰征师于诸侯曰："某国为不道，征之。以某年月日，师至于某国会天子正刑。"（《仁本第一》）

通过以上的两段引文，我们知道《司马法》的作者是把齐国自视为高于其他诸侯国之上的，俨然以道德裁判者自居，对"失命乱常"的诸侯要"遍告于诸侯，彰明有罪。乃告于皇天上帝，日月星辰，祷于后土四海神祇，山川冢社，乃造于先王"，然后，征师于诸侯。从政治上来讲，这是在寻求战争的合法性；从军事上来讲，则是"三军一人胜"（《司马法·严位第四》）的有效手段。作为一部正规的兵书，《司马法》还依据战争的正义性和合法性，提出了不同的战争层次和相应的目的：

> 凭弱犯寡则眚之；贼贤害民则伐之；暴内陵外则坛之；野荒民散则削之；负固不服则侵之；贼杀其亲则正之；放弑其君则残之；犯令陵政则绝之；外内乱、禽兽行，则灭之。（《仁本第一》）

但是任何正义的战争都不是巧取豪夺，更不是滥杀无辜，它必须以民本思想为正义战争行为的唯一标准，它必须以广布仁义思想、有助于道德建设为基本前提，也不能因为战争的原因摧毁敌国的经济财富，因为这一切都是置身敌国的黎民百姓物质与精神生活不可或缺的多重条件。不仅如此，正义战争的目的更是要为敌国的人民拨乱反正，举贤立明，创造一个清明的社会人文环境：

> 入罪人之地，无暴神祇，无行田猎，无毁土功，无燔墙屋，无伐林木，无取六畜、禾黍、器械。见其老幼，奉归勿伤。虽遇壮者，不校勿敌。敌若伤之，医药归之。既诛有罪，王及诸侯修正其国，举贤立明，正复厥职。（《仁本第一》）

仔细体味，笔者以为，这开启了孟子的"天吏"思想（《孟子·公孙丑上》）。但是，二者之间具有很大的区别：所谓"天吏"，就是根本上不承认春秋战国时期各国诸侯列强的政治权力及其战争的正义性与合法性，此其一；孟子并不相信"告于皇天上帝，日月星辰，祷于后土四海神祇，山川冢社"这些装神弄鬼、神道设教的东西，而是提倡"一怒而安天下之民"，此其二；"天视自我民视，天听自我民听"，(《孟子·万章上》)人民的意愿就是真实的"皇天上帝"，此其三。从政治哲学的本质来讲，孟子确实是比《司马法》跨了一大步。①

第三，《司马法》认为，导致战争成败的关键在于人。因此，"士不先教，不可用也"。(《天子之义第二》)《孙子兵法》在对待军人的态度上与《司马法》大相径庭。孙子认为："兵者，诡道也。"(《计篇》)所以，在执行军事任务的时候，将军应该"静以幽，正以治。能愚士卒之耳目，使之无知。易其事，革其谋，使人无识；易其居，迂其途，使人不得虑；帅与之期，如登高而去其梯；帅与之深入诸侯之地，而发其机，焚舟破釜；若驱群羊，驱而往，驱而来，莫知所之"。(《孙子·九地篇》)而司马穰苴则认为，既然战争的关键是人，那么，"既作其气，因发其政"则成为战争的起点。首先要推行"七政"："一曰人；二曰正；三曰辞；四曰巧；五曰火；六曰水；七曰兵"，然后在广大士兵的心中要强调"四守"，在"荣，利，耻，死"四个方面支撑起全军上下每一位将军和士兵的精神力量。通过"人人，正正，辞辞，火火"长时间多方面的教化提升，军队的整体素质才能得到根本提高。否则"唯仁有亲，有仁无信，反败厥身"(《司马法·定爵第三》)，后果不堪设想。所以，《司马法》深有感触地写道：

> 凡战：非阵之难，使人可阵难；非使可阵难，使人可用难；非知之难，行
> 之难。人方有性，性州异，教成俗，俗州异，道化俗。(《严位第四》)

人，是一种最难以捉摸的东西，他的主观能动性、实践性、统一性，都是最终决定战争成败的重要因素。《孙子兵法》与《孙膑兵法》也同样强调"故善用兵者，携手若使一人，不得已也"(《孙子兵法·九地篇》)，与《司马法》强调"三军一人胜"的军事思想是一样的。但是，通过什么途径到达这样的状态，二者

---

① 孟子曰："汤居亳，与葛为邻。葛伯放而不祀。汤使人问之曰：'何为不祀？'曰：'无以供牺牲也。'汤使遗之牛羊。葛伯食之，又以祀。汤又使人问之曰：'何为不祀？'曰：'无以供粢盛也。'汤使亳众往为之耕，老弱馈食。葛伯率其民，要其有酒食黍稻者夺之，不授者杀之。有童子以黍肉饷，杀而夺之。《书》曰：'葛伯仇饷。'此之谓也。为其杀是童子而征之，四海之内皆曰：'非富天下也，为匹夫匹妇复雠也。''汤始征，自葛载'，十一征而无敌于天下。东面而征，西夷怨；南面而征，北狄怨，曰：'奚为后我？'民之望之，若大旱之望雨也。归市者弗止，芸者不变，诛其君，吊其民，如时雨降。民大悦。"(《孟子·滕文公下》)

之间却有形同天渊的区别。吴孙子与齐孙子都是采取严刑峻法来达到这一目的,①而《司马法》却在治军的理念上与之有根本的不同:

> 逐奔不过百步,纵绥不过三舍,是以明其礼也;不穷不能而哀怜伤病,是以明其仁也;成列而鼓,是以明其信也;争义不争利,是以明其义也;又能舍服,是以明其勇也;知终知始,是以明其智。六德以时合教,以为民纪之道也。(《仁本第一》)

战争进行的过程也就是"明其礼"、"明其仁"、"明其信"、"明其义"、"明其勇"、"明其智"的不断推进与宣布的过程,是因为这支军队本身就是仁义的化身。这同样对孟子产生了至深至远的影响。

孟子认为,任何军事行为,都开始于仁政。如果国家的领导人"发政施仁,使天下仕者皆欲立于王之朝,耕者皆欲耕于王之野,商贾皆欲藏于王之市,行旅皆欲出于王之涂,天下之欲疾其君者,皆欲赴愬于王"就自然是"仁者无敌"了。孟子甚至说国家的领导者只要"施仁政于民,省刑罚,薄税敛,深耕易耨;壮者以暇日修其孝悌忠信,入以事其父兄,出以事其长上,可使制梃以挞秦楚之坚甲利兵矣。"(《孟子·梁惠王上》)

毫无疑问,不论是《司马法》的教化思想,还是孟子的"仁政"兵法,从今天国际形势看来,都是相当迂阔的。但是,这种思想建立在春秋时期自给自足的自然经济之上,广大的人民"乡田同井,出入相友,守望相助,疾病相扶持,则百姓亲睦"(《孟子·滕文公上》),有它们思想形成的历史原因。当然,我们应

---

① 司马迁《史记·孙子吴起列传》载:"孙子武者,齐人也。以兵法见于吴王阖庐。阖庐曰:'子之十三篇,吾尽观之矣,可以小试勒兵乎?'对曰:'可。'阖庐曰:'可试以妇人乎?'曰:'可。'于是许之,出宫中美女,得百八十人。孙子分为二队,以王之宠姬二人各为队长,皆令持戟。令之曰:'汝知而心与左右手背乎?'妇人曰:'知之。'孙子曰:'前,则视心;左,视左手;右,视右手;后,即视背。'妇人曰:'诺。'约束既布,乃设鈇钺,即三令五申之。于是鼓之右,妇人大笑。孙子曰:'约束不明,申令不熟,将之罪也。'复三令五申而鼓之左,妇人复大笑。孙子曰:'约束不明,申令不熟,将之罪也;既已明而不如法者,吏士之罪也。'乃欲斩左右队长。吴王从台上观,见且斩爱姬,大骇。趣使使下令曰:'寡人已知将军能用兵矣。寡人非此二姬,食不甘味,愿勿斩也。'孙子曰:'臣既已受命为将,将在军,君命有所不受。'遂斩队长二人以徇。用其次为队长,于是复鼓之。妇人左右前后跪起皆中规矩绳墨,无敢出声。于是孙子使使报王曰:'兵既整齐,王可试下观之,唯王所欲用之,虽赴水火犹可也。'吴王曰:'将军罢休就舍,寡人不愿下观。'孙子曰:'王徒好其言,不能用其实。'于是阖闾知孙子能用兵,卒以为将。西破强楚,入郢,北威齐晋,显名诸侯,孙子与有力焉。"

该更加深远地从政治哲学的角度看到其中的人文价值。这正是本书的第二部分讨论的重点。

本来,鲁国是周公的封地,在执行周礼、改造东夷地方习俗方面从一开始就比齐国彻底、扎实,其礼乐文化是周礼的正宗,是没有任何问题的。但是,它的问题是太教条,执礼而不化,乐教而无功,礼乐交错,不离不流,既难于实现其修养的境界,也很难取得现实的政治效果。而齐国自姜太公一开始就与鲁国有不同的举措。"太公至国,修政,因其俗,简其礼,通商工之业,便鱼盐之利,而人民多归齐,齐为大国。"(《史记·齐太公世家》)加上"管仲相桓公,霸诸侯,一匡天下民到于今受其赐。"(《论语·宪问》)受到了孔子的赞扬。战国时,田齐威王效法桓公,励精图治,使齐国"威行三十六年",成为战国七雄之一。

作为齐国人,孟子没有钟情于姜太公的务实传统,而是"私淑"孔子,选择儒家,不是偶然的。他之所以要"道性善,言必称尧舜",(《孟子·滕文公上》)关键原因是他所面临的那个时代的诸侯及其帮凶们实在太贪婪,太残暴,人民遭受的颠沛流离之苦实在是触目惊心。① 司马迁说孟子"受业子思之门人。道既通,游事齐宣王,宣王不能用。适梁,梁惠王不果所言,则见以为迂远而阔于事情。"(《史记·孟子荀卿列传》)历史地看,这并不是孟子的缺点,而是孟子的理论有超越时代的高远追求,远远不是齐宣王、梁惠王这些利欲熏心之人能够望其项背的。

孟子的义利之辨、善恶之辨、王霸之辨,实际上都是针对当时各国诸侯"争地以战,杀人盈野;争城以战,杀人盈城"(《孟子·离娄上》),人民有"倒悬"之苦而提出来的。打开《孟子》一书,首先跳入我们眼帘的是孟子与"好战"的梁惠王关于"何必曰利"的那段有名的对话。所以,整个孟子哲学的理论体系的出发点,都是从关于"利"字的讨论申发开去的。

孟子的思路是,春秋以来之所以诸侯之间战争连年,都是因为人们在感官之欲的牵引下,"物交物"而引起的对"利"的疯狂追求,是诸侯们心中强烈的

---

① 据《春秋》记载,发生于春秋时期的战争,言"侵"者 60 次,言"伐"者 212 次,言"围"者 40 次,言"师灭"者 3 次,言"战"者 23 次,言"入"者 27 次,言"进"者 2 次,言"袭"者 1 次,言"取"言"灭"者,不可胜数。请参见翦伯赞著:《先秦史》,北京大学出版社 1988 年版,第 292 页。

贪婪和永不满足的欲望促使他们无视人民的痛苦而年年发动的对各种物质财富的疯狂掠夺。为了解决这一最基本的也是最现实的问题，孟子从人的心性出发，认真探讨了什么是人这一最根本的问题。这就是所谓的"善恶之辨"。善恶之辨要解决的一个首要问题，就是要区分什么是人？什么是兽？在孟子看来，为了物质利益，一方面以他人为沟壑，巧取豪夺，另一方面又流连荒亡，醉生梦死，而忘记了人之所以为人的基本道德，那就是"兽"。只有存养善端，修养性情，亲亲尊贤，追求仁、义、礼、智、圣，不断提升精神境界的人，才能称得上是真正意义上的人。人之所以为人者，就是要超越耳目感官、超越"蔽于物"的局限，进入到大人的境界：

> 耳目之官不思，而蔽于物。物交物，则引之而已矣。心之官则思；思则得之，不思则不得也。此天之所与我者，先立乎其大者，则其小者不能夺也。此为大人而已矣。（《孟子·告子上》）

在此基础之上，"得志，泽加于民；不得志，修身见于世。穷则独善其身，达则兼善天下"（《孟子·尽心上》）然后，"老吾老以及人之老，幼吾幼，以及人之幼。天下可运于掌"（《孟子·梁惠王上》）。在一个人人向善、和睦相处的世界里，实现王道乐土的理想：

> 五亩之宅，树以之桑，五十者可以衣帛矣。鸡豚狗彘之畜，无失其时，七十者可以食肉矣。百亩之田，勿夺其时，八口之家可以无饥矣。谨庠序之教，申之以孝悌之义，颁白者不负戴于道路矣。老者衣帛食肉，黎民不饥不寒，然而不王者，未之有也。（《孟子·梁惠王上》）

孟子认为："夫仁政，必自经界始。经界不正，井地不均，谷禄不平，是故暴君污吏必慢其经界。经界既正，分田制禄可坐而定也。"（《孟子·滕文公上》）这种以自然经济为基础的诚信和谐社会，就是井田制导致的结果。完全是从人之所以为人的心性深处扩展而出，不是外在的权力，尤其不是武力胁迫的结果。

孟子为什么要提倡井田制呢？笔者以为，主要目的在于反对战争和各种利欲熏心的掠夺。原始儒家的礼乐文明理想，大约是非要井田制作为基础才能实现的。井田制与礼乐文明实际上是相辅相成的。从《孟子》的文本以及原始儒家的整体思想来看，孟子之所以要提倡井田制，可能有以下三个方面的考虑:第一,井田制可以限制人的自然欲望和外界刺激。最终把战争发生的可能性减少到最低限度。第二,加强人与人之间的父子之义、夫妇之情和君臣之责,从而保证亲情的纯洁性。第三,"王道"是这种社会政治经济关系的结果,也是井田制和自然人伦关系的有力保障。

孟子的"王道"思想之最根本点在于"谨庠序之教,申之以孝悌之义",建立一种从人心、性情出发到天下百姓和睦相处的教化社会。这种王道思想确立之日,也就是战争的掠夺彻底消除之时。所以,在《孟子》之中,虽然孟子并不反对"一怒而安天下之民"的"天吏"为惩罚桀、纣等独夫民贼所发动的战争,但是,从其整体的思想理论来讲,在孟子自己看来,只要他的政治理想得以实现,战争就可以彻底消除。

《司马法》与《孟子》的根本不同在于,《司马法》在表达了作者对政治的系统看法之后,就详细而系统地讨论了具体战争中的制度问题、兵器问题、阵势问题和具体的战略、战术等各个方面的问题,而《孟子》只是讨论了作为"天吏"发动的除暴安良的战争的正义性之后,就完全不讨论具体的战争问题。孟子说:

> 地方百里而可以王。王如施仁政于民,省刑罚,薄税敛,深耕易耨;壮者以暇日修其孝悌忠信,入以事其父兄,出以事其长上,可使制梃以挞秦楚之坚甲利兵矣。(《孟子·梁惠王上》)

毫无疑问,从世界军事史的实际情况来看,即便是正义的战争,也必须居安思危、扎扎实实地抓军备。所以,孟子的这种理想,或者说是梦想,实际上是行不通的。春秋战国时期的战争历史说明了这一点,现当代的战争历史更说明了这一点。

《司马法》说得很直接:"国虽大,好战必亡;天下虽安,忘战必危。"(《仁本第一》)上博竹简《曹沫之阵》也说:"人之兵不砥砺,我兵必砥砺;人之甲不坚,我甲必坚。人使士,我使大夫;人使大夫,我使将军;人使将军,我君身进。此战之显道。"(第38—40简)应该说,司马穰苴与曹沫的这些论述都是在"争地以战,杀人盈野;争城以战,杀人盈城"(《孟子·离娄上》)的春秋战国时期无数血的教训面前的思想结晶。但是,孟子认为:"故善战者服上刑,连诸侯者次之,辟草莱、任土地者次之。"(《孟子·离娄上》)这在春秋战国现实的政治斗争中,孟子的观点毫无疑问是极端迂腐的浅见,因为他没有从根本上看到人之所以为人的欲壑难填的贪欲,在各种声色犬马的诱惑下,是不可能根除的;但是,从政治哲学和人性的理论上,又不能不说孟子的思想中潜藏着一种对人之所以为人的深切期望。换言之,他认为,贪欲无穷而引发各种争夺的战争是不应该属于人的,彼此的掠夺与屠杀,把人变成了非人,把我们生活的世界也变成了非人的世界。所以,孟子的理论,归根到底是彻底否定战争的理论,是对人类给予了美好希望的理论。任何时候对我们每一个人都有感召作用,对你争我夺的人类历史始终都拥有一种强烈的批判精神。

反对战争,古往今来,是我们每一个人的梦想。孟子为了反对战争,在经济上设置了"井田制"作为仁政的"经界"之始,可是谁有这个权威来给每一位黎民百姓划分这个至关重要的"经界"呢? 在《孟子》的文本中当然是尧舜、周文王、周武王这种"圣王"才有这个资格。尧舜权力的"合法性"在哪里? 周文王、周武王的合法性又在哪里? 孟子的回答虽然已经过去了两千多年,但笔者以为,至今仍然对我们有着重大的启发作用。

> 万章曰:"尧以天下与舜,有诸?"孟子曰:"否;天子不能以天下与人。""然则舜有天下也,孰与之?"曰:"天与之。""天与之者,谆谆然命之乎?"曰:"否;天不言,以行与事示之而已矣。"曰:"以行与事示之者,如之何?"曰:"天子能荐人于天,不能使天与之天下;诸侯能荐人于天子,不能使天子与之诸侯;大夫能荐人于诸侯,不能使诸侯与之大夫。昔者,尧荐舜于天,而天受之;暴之于民,而民受之;故曰,天不言,以行与事示之而已矣。"
>
> ……
>
> 万章问曰:"人有言:'至于禹而德衰,不传于贤,而传于子。'有诸?"孟子曰:"否,不然也;天与贤,则与贤;天与子,则与子。昔者,舜荐禹于天,十有七年,舜崩,三年之丧毕,禹避舜之子于阳城,天下之民从之,若尧崩之后不从尧之子而从舜也。禹荐益于天,七年,禹崩,三年之丧毕,益避禹子于箕山之阴。朝觐讼狱者不之益而之启,曰:'吾君之子也。'讴歌者不讴歌益而讴歌启,曰:'吾君之子也。'丹朱之不肖,舜之子亦不肖。舜之相尧、禹之相舜也,历年多,施泽于民久。启贤,能敬承继禹之道。益之

相禹也,历年少,施泽于民未久。舜、禹、益相去久远,其子之贤不肖,皆天也,非人之所能为也。莫之为而为者,天也;莫之致而至者,命也。匹夫而有天下者,德必若舜禹,而又有天子荐之者,故仲尼不有天下。继世而有天下,天之所废,必若桀纣者也,故益、伊尹、周公不有天下。伊尹相汤以王于天下,汤崩,太丁未立,外丙二年,仲壬四年,太甲颠覆汤之典刑,伊尹放之于桐,三年,太甲悔过,自怨自艾,于桐处仁迁义,三年,以听伊尹之训己也,复归于亳。周公之不有天下,犹益之于夏、伊尹之于殷也。孔子曰:'唐虞禅,夏后殷周继,其义一也。'"(《孟子·万章上》)

孟子承认了"天与贤,则与贤;天与子,则与子"的现实。孟子这段话的根本思想在于,这里的"天",就是人民。孟子引《尚书·泰誓》说:"天视自我民视,天听自我民听。"(《孟子·万章上》)人民的意志最终要代表"天"的意志。用我们现在的话语来讲,就是,只有人民才是国家的主人,国家政府的权力只有居住在那个国家的人民才有最终赋予权。换言之,孟子的意思是,得民心者得天下,不论是"天与贤"还是"父传子"。从战争思想的角度来讲,孟子认为,如果掌握了国家的权力之后,你要为非作歹,就会众叛亲离。在这样的情况下,生活在水深火热之中,深受"倒悬"之苦的人民就会起来反抗。孟子在解决这个问题的时候,是寄希望于周文王、周武王这种"圣王","一怒而安天下之民"。所以孟子实际上是一位主张正义战争的理论家。而且我们甚至还可以说,孟子是中国历代农民起义战争的始祖。是孟子的战争理论导致了中国历史一治一乱、不断循环向前推进的模式。

毫无疑问,在君主权力的公正性上,孟子的论述只是一种主观上的希望,孟子既无法凭空地提出一种设置精密的选举制度,也不可能强迫贪婪的统治者改变他们的掠夺本性。当孟子的这种道德戒律被由农民运动的领袖蜕变为欺压人民的统治者们改造成为披在狼身上的羊皮的时候,千百年来,孔子、孟子的"天",就逐渐被打着道德旗号的统治者所利用,均声称自己是合法的真龙天子,借以达到自欺欺人、欺压百姓、疯狂掠夺的目的。

问题在于,中国风起云涌的农民革命,使一个又一个的专制集权朝代被推翻了,但是建立起来的却又是一个新的专制主义集权国家政权。成者王败者寇的历史循环,已经在中国持续了几千年,独夫民贼,由于人民的义愤而一次次被推翻,但是,问题的实质却始终没有被解决。追根求源,孟子的这个"天",是一种没有实证的"梦想"。它是一种既可以说有,也可说无的虚无范畴;它既可以是存在于人们的心中的神灵,也可以是狐假虎威的尚方宝剑。它曾经在中国人的精神生活、政治生活中,确实在很大程度上呵护了广大人民道德良知的纯洁性和高尚情操,但是同时它也确实充当了无数窃国大盗欺骗人民以满足自己私欲的"皇帝新装"。所以,中国人民如果真的要将孟子反对不义战争的理想变成现实,那就必须从根本上解决国家权力的正义性问题。而通向国家权力正义性的唯一途径,就是从根本上实现科学、民主、自由、法制、平等、博爱的理想。事实证明,只有走现代科学实证的道路,国家的权力才有可能逐步走向公正、公开、公平。而且也只有国家的权力真正走向了公正、公开、公平,社会的不平等才能逐步从根本上消除。在此前提之下,引发战争的可能性也才有可能降低到最低程度。

即便如此,我们依然可以说,孟子是中国文化的"亚圣",他是我们历史文化长河上一面不倒的旗帜。因为孟子提倡人之所以为人的精神境界,提出了反对掠夺性战争的社会政治理想。而且他借助于"天"来说明、论证国家权力的合法性,在他所面临的那个时代来说,是最高明的做法,也是唯一能够行得通的做法,并且在中国的历史上发挥了积极的历史作用。但是,社会在前进,历史在发展,孟子的理论已经无法解决中国现当代以来我们所碰到的许多问题,"天"已经作为一种失去的文明标志而正在急剧地丧失其民众的神圣性基础。中国的政治哲学和战争哲学还有待来哲掀开新的一页。

第六节　《孟子》的战争思想

在《孟子》中,有关战争的内容占了相当的篇幅。置身于连年征战、民不聊生的时代,孟子作为一代伟大的思想家不可能不对每天充塞于耳目之间的重大事件置之不理,不可能不对"争地以战,杀人盈野;争城以战,杀人盈城"(《离娄上》)的现实作出回应。深入考虑孟子的战争观念,笔者发现了孟子战争观的三个基点:第一个,是人民的基点。第二个,是性善论基础之上的天人合一精神。第三个,是一种强国理论,更是一种走向孔子"大同"的理论。《孟子》一出,不仅使先秦时期所有其他的军事著作相形见绌,而且即便是德国克劳塞维茨的军事经典《战争论》也有无法企及之处。当然,笔者不是说先秦时期的《孙子兵法》、《孙膑兵法》等无数的兵书在战略战术上没有达到孟子的高度,更不是说克劳塞维茨的《战争论》在对军事斗争艺术的研究上没有达到孟子的水平,而是说,楼外有楼,天外有天,孟子,作为一代圣人,具有包括克劳塞维茨在内的许多军事学家完全无法望其项背的政治境界。

一

孟子的战争论最突出、最醒目的一点是,他在任何时候、面对任何对象的谈话中,都激烈地抨击了战争生灵涂炭、践踏国计民生的严重后果。他认为,刚刚过去的春秋时代,没有一场战争是正义的。他有一句经典性的表述:"春秋无义战。"(《尽心下》)在孟子看来,春秋战国时期的诸侯们发动战争的动机都是不正义的,其真正的目的只是为了满足他们永远没有穷尽的贪欲。因此,那些为国君出谋划策、攻城略地的"谋士"是一批丧尽天良的人,应该受到最严厉的惩罚:

> 孟子曰:"求也为季氏宰,无能改于其德,而赋粟倍他日。孔子曰:'求非我徒也,小子鸣鼓而攻之可也。'由此观之,君不行仁政而富之,皆弃于孔子者也。况于为之强战?争地以战,杀人盈野;争城以战,杀人盈城。此所谓率土地而食人肉,罪不容于死。故善战者服上刑,连诸侯者次之,辟草莱、任土地者次之。"(《离娄上》)

> 孟子曰:"今之事君者曰:'我能为君辟土地,充府库。'今之所谓良臣,古之所谓民贼也。君不乡道,不志于仁,而求富之,是富桀也。'我能为君约与国,战必克。'今之所谓良臣,古之所谓民贼也。君不乡道,不志于仁,而求为之强战,是辅桀也。由今之道,无变今之俗,虽与之天下,不能一朝居也。"(《告子下》)

这些人完全不考虑在他从政的国家里实现仁政理想,率土地而食人肉,为了满足国君的贪欲不惜连年发动战争,把人民和国家都推向灾难的深渊,这种人不仅不是"良臣",而且是"罪不容于死"的"民贼"。

　　孟子不仅态度极为鲜明地批判了这些不引导他的国君"志于仁"的"民贼"是"富桀"、"辅桀",而且还进一步辛辣地讽刺、揭露了无才无德却又贪欲无穷的国君嘴脸:

　　　　孟子见梁襄王,出,语人曰:"望之不似人君,就之而不见所畏焉。卒然问曰:'天下恶乎定?'吾对曰:'定于一。''孰能一之?'对曰:'不嗜杀人者能一之。'"(《梁惠王上》)

孟子从内心里对梁襄王是十分鄙弃的,但是孟子没有直接斥责对方,而是采取形象思维的手法,从梁襄王的外貌入手,来刻画他内心世界的贫乏与无能、无知,然后将他的超常贪欲通过他的言语夸大地、突兀地展现出来,从而形成了认知上的鲜明对比,达到了绝佳的讽刺效果。在孟子的笔下,梁襄王的父亲梁惠王也是一位"弃甲曳兵而走"、"以五十步笑百步"(《梁惠王上》)的昏君;"仓廪实,府库充"的邹穆公是一位在"凶年饥岁",数以千计的"老弱转乎沟壑,壮者散而之四方者"(《梁惠王下》),背井离乡,饿殍遍野的时候却完全不顾人民死活的"民贼";"四境之内不治"的齐宣王在公元前314年发动的对燕国的战争,因为要"杀其父兄,系累其子弟,毁其宗庙,迁其重器",因此,是使置身于水深火热的燕国人民"水益深"、"火益热"的不义战争,必将"动天下之兵",引起更大的灾难。(《梁惠王下》)

　　孟子反对诸侯之间不义战争的一个基本的出发点,在于对天下苍生、广大黎民百姓寄予了深刻的同情,这是孟子仁政学说的根本性立场。孟子认为,他置身的时代是广大人民深受"倒悬"之苦的时代,"王者之不作,未有疏于此时者也;民之憔悴于虐政,未有甚于此时者也"(《公孙丑上》),所以,孟子反对诸侯之间连年征战的观点是他不忍之心、恻隐之情的自然显发。显然,春秋战国时期尸横遍野、民不聊生的景象时时浮现在孟子的脑海,"一将成名万骨枯"的残酷事实、"乱世之民不如狗"的悲惨状况,孟子已经了然于心,对他的心灵产生了极大的冲击,并且融化在他的哲学思想中。因此,他对"庖有肥肉,厩有肥马;民有饥色,夜有饿殍,此率兽而食人"(《滕文公下》)的悲惨现实始终持有空前尖锐的、强烈的批判态度。笔者认为,在很大程度上,由于孟子始终坚持了这样一个基本的出发点,始终具有这种超越时代、超越国界、超越阶级的人道主义精神,而且坚信"圣人复起,不易吾言"(《滕文公下》),因而奠定了他千百年来赢得"亚圣"之誉的坚实基础。孟子的思想之所以经得起时间的考验,关键的原因之一就在于此。

二

孟子坚决地反对诸侯之间为了满足贪欲的战争,还有更加高深的理论作为支撑——这就是他的"性善论"。在孟子看来,世界上所有的人,都有一种天然的生存权利,他们是"天降"之民(《梁惠王下》),具有与生俱来的"赤子之心"(《离娄下》),因此具有任何人都不能剥夺的"天爵"之尊。他们的人生过程就是不断修养身心、涵养性情,保持"赤子之心"、维护"天爵"境界、天生人成的提升过程,他们不仅要"存夜气"、存"平旦之气"(《告子上》),而且还要"集义所生",坚持不懈,养"浩然之气"(《公孙丑上》),他们之所以是人之所以为人者,是因为在通向善、信、美、大、圣、神(《尽心下》)的提升道路上不断完善自己的同时,也在营造一个美好、诚信、和谐、公平、公正、催人奋进的社会环境。因此,他们是"天民"(《万章上》)。任何一个政府,不仅不能对他们造成任何伤害,真心实意地体恤他们,关心他们而"视民如伤"(《离娄下》),而且政府的一切活动都必须以满足他们的物质需求和精神需求为核心:"天视自我民视,天听自我民听"(《万章上》),因为人民本身就是"天",是国家真正的主人。所以,孟子明确指出:一切国家的领导人,在任何时候,在任何情况下,"行一不义,杀一不辜,而得天下,皆不为也。"(《公孙丑上》)。

作为一代圣人,孟子的伟大之处还表现在对梁惠王、梁襄王、邹穆公、齐宣王等等这些十分弱智、无能、利欲熏心,灵魂十分肮脏、卑贱的国君进行辛辣讽刺、严厉批判的同时,还能坚持孔子"有教无类"的原则对这些中国体制性的"异类"进行教育,对他们进行"知其不可为而为之"的最后挽救。他对"好战"而且"不仁"(《尽心下》)的梁惠王说:

五亩之宅,树之以桑,五十者可以衣帛矣。鸡豚狗彘之畜,无失其时,七十者可以食肉矣。百亩之田,勿夺其时,数口之家可以无饥矣。谨庠序之教,申之以孝悌之义,颁白者不负戴于道路矣。七十者衣帛食肉,黎民不饥不寒,然而不王者,未之有也。狗彘食人食而不知检,涂有饿莩而不知发;人死,则曰:"非我也,岁也。"是何异于刺人而杀之,曰"非我也,兵

也。"王无罪岁,斯天下之民至焉。(《梁惠王上》)

又对比梁惠王更加无能、贪婪的梁襄王说:

> 王知夫苗乎? 七八月之间旱,则苗槁矣。天油然作云,沛然下雨,则苗浡然兴之矣。其如是,孰能御之? 今夫天下之人牧,未有不嗜杀人者也。如有不嗜杀人者,则天下之民皆引领而望之矣。诚如是也,民归之,由水之就下,沛然谁能御之?(《梁惠王上》)

在这里,孟子采取了"因材施教"的方法,利用惠王、襄王急于独吞中国的贪欲,来推行自己的"仁政"思想。这一事实说明,在孟子看来,好战分子也是人,他们曾经也是具有"赤子之心"的"天民"。是春秋战国攻城略地的时尚异化了这些权贵的心灵,他们同样是战争的牺牲品。对这些人同样应该抱有恻隐之心、不忍之心,要在最大程度上教育他们、挽救他们,尽一切可能把他们从"流连荒亡"的"禽兽"泥潭中拯救出来。作为一个读书人,孟子"手无缚鸡之力",他所能够做的也只有如此了。真可谓用心良苦!

深究《孟子》的文本,孟子性善思想、自由思想、仁政思想的背后,始终洋溢、飘荡着一种宏大的宇宙意识,这是中国文化天人合一精神的必然结果。战国时期的孟子,已经融汇了先秦诸子各家各派的思想结晶,我们有理由认定,孟子的战争观念中具有深远的宇宙意识。孟子思想中"亲亲而仁民,仁民而爱物"(《尽心下》)的思想实际上是孔子的"仁学"最忠实的显发,得到了孔子"仁学"思想的真谛,并且同时还影响了孟子对战争的正确诠释:

> 广土众民,君子欲之,所乐不存焉;中天下而立,定四海之民,君子乐之,所性不存焉。君子所性,虽大行不加焉,虽穷居不损焉,分定故也。君子所性,仁义礼智根于心。其生色也睟然,见于面、盎于背。施于四体,四体不言而喻。(《尽心上》)

这段表面上看来是身心观、心性论的文字,在笔者看来,也同时极端深刻地表达了孟子对战争的终极看法。这是一段有关孟子战争观念的重要文献。首先,孟子的这段话说的身心观、心性论,是十分出色的性情思想,但是,按照孔子的表述,这段话也可以理解为先秦儒家的政治观。《论语》说得很清楚:

> 子禽问于子贡曰:"夫子至于是邦也,必闻其政。求之与? 抑与之与?"子贡曰:"夫子温、良、恭、俭、让以得之。夫子之求之也,其诸异乎人

之求之与!"(《学而》)

> 或谓孔子曰:"子奚不为政?"子曰:"《书》云:'孝乎惟孝,友于兄弟,施于有政。'是亦为政,奚其为为政?"(《为政》)

这里是在说,"孝乎惟孝"就是"施于有政",因为它是通过每一个人内在的德性修养,来达到"友于兄弟"、影响周围民众的一种教化途径。所以孔子的施政措施就是"温、良、恭、俭、让以得之"。正是从这个角度上来讲,孟子"君子所性,仁义礼智根于心。其生色也睟然,见于面、盎于背。施于四体,四体不言而喻"的表述,实质上就是政治观,与孔子的相关思想是一脉相承的。孟子的意思是,通过每一个人的身心修养,达成全社会的诚信与和谐,公平与公正,以此治家,家和万事兴;以此治国,人民心悦诚服:

> 孟子曰:"伯夷辟纣,居北海之滨,闻文王作,兴曰:'盍归乎来! 吾闻西伯善养老者。'太公辟纣,居东海之滨,闻文王作,兴曰:'盍归乎来! 吾闻西伯善养老者。'二老者,天下之大老也,而归之,是天下之父归之也。天下之父归之,其子焉往? 诸侯有行文王之政者,七年之内,必为政于天下矣。"(《离娄下》)

只要人丁兴旺,经济发达,国家就自然"广土众民"了,君主也就自然而然地达到了"定四海之民"的目的。这种途径的最大好处在于兵不血刃,不动一枪一刀,在充分满足广大黎民百姓世世代代期盼的同时,也实现了国家领导人"广土众民"的私人意愿。

但是,在笔者看来,孟子的这段表述中最核心的部分在于"君子所性,虽大行不加焉,虽穷居不损焉,分定故也","大行"就是实现了人生的政治理想,与"穷居"相对,当然说的是春风得意,升官发财。但是,不论"大行"也好,"穷居"也罢,原始儒家的人格境界都不会因此而发生动摇,为什么呢? 是因为"分定"的缘故。什么是"分定"? "分定"就是《礼记·中庸》的"天命之谓性"。如果我们承认先秦儒家确实有思孟学派的存在,那么就必须要将子思子的《中庸》与《孟子》联系起来、整合起来阅读。如此一来,孟子的这一段表述就笼罩在《中庸》文本"博厚、高明、悠久"的天道背景之中去了。因为《中庸》"诚者,天之道也;诚之者,人之道也。诚者不勉而中,不思而得,从容中道,圣人也。诚之者,择善而固执之者也"的表述曾经对孟子产生过很深的影响(见《离娄上》)。所以,孟子的这段话是在通过人道的体悟来印证天道,又用天道来整合人道。最后用天道与人道的融合化解了以"定四海之民"为目的,以杀人为基本手段的战争。在这样的层面上,我们来解读孟子"舜之居深山之中,与木石居,与鹿豕游,其所以异于深山之野人者几希;及其闻一善言,见一善行,若决江河,沛然莫之能御也"(《尽心上》)的论述时,就有了更加明确的理解。

显然,孟子的这段有关"君子所性"的著名表述,汲取了先秦道家的思想精华,继承了子思子的思想传统,既避免了以"骄奢淫逸"为出发点的战争生灵涂炭、兵不厌诈等众多缺点,而且也将伦理学、政治学与哲学糅为一体,提出了一个非常深刻的人学理论,具有深远博厚的宇宙意识。在2000多年后的今天,国际政治翻手为云,覆手为雨,在美国的引导下世界各地引发一轮高过一轮的军备竞赛,孟子的战争思想尤其难能可贵,具有非常可贵的批判价值。

三

至为重要的是,孟子的战争理论始终都是一种强国理论,更是一种努力向孔子"大同"理想不断进发的政治理论。换言之,孟子虽然反对诸侯之间的战争,但是他并不反对"天吏"替天行道、讨伐民贼的"征伐"。孟子反对诸侯之间的攻城略地,但是他从来没有反对商汤、周文王、周武王为广大黎民百姓征讨"独夫"、"民贼"的战争:

孟子对曰:"臣闻七十里为政于天下者,汤是也。未闻以千里畏人者也。《书》曰:'汤一征,自葛始。'天下信之,东面而征,西夷怨;南面而征,北狄怨,曰:'奚为后我?'民望之,若大旱之望云霓也。归市者不止,耕者不变,诛其君而吊其民,若时雨降,民大悦。《书》曰:'徯我后,后来其苏。'今燕虐其民,王往而征之,民以为将拯己于水火之中也,箪食壶浆以迎王师。若杀其父兄,系累其子弟,毁其宗庙,迁其重器,如之何其可也?天下固畏齐之强也,今又倍地而不行仁政,是动天下之兵也。王速出令,反其旄倪,止其重器,谋于燕众,置君而后去之,则犹可及止也。"(《梁惠王下》)

孟子曰:"有人曰:'我善为陈,我善为战。'大罪也。国君好仁,天下

> 无敌焉。南面而征，北夷怨；东面而征，西夷怨，曰：'奚为后我?'武王之伐殷也，革车三百两，虎贲三千人。王曰：'无畏！宁尔也，非敌百姓也。'若崩厥角稽首。征之为言正也，各欲正己也，焉用战?"(《尽心下》)

孟子认为，只有彻底实行了"仁政"的国君带领的"仁义之师"才有权力征讨暴虐的诸侯王，这种"仁义之师"就是孟子笔下的"王师"、"天吏"。身陷水深火热之中的人民深受他们的政府的敲剥压迫，所以他们无不时时刻刻在盼望着"天吏"的"征伐"："民望之，若大旱之望云霓也。归市者不止，耕者不变，诛其君而吊其民，若时雨降，民大悦。""南面而征，北夷怨；东面而征，西夷怨，曰：'奚为后我?'"所以"仁义之师"任何时候都会受到广大黎民百姓的热烈欢迎："箪食壶浆以迎王师"。

达到这样的境界，关键问题在于"仁义之师"是正义的象征，他们"为其杀是童子而征之"，是"为匹夫匹妇复雠也"(《滕文公下》)，是"一怒而安天下之民"(《梁惠王下》)的义举，因此深受人民的爱戴和欢迎。在这样的情况下，"天下仕者皆欲立于王之朝，耕者皆欲耕于王之野，商贾皆欲藏于王之市，行旅皆欲出于王之涂，天下之欲疾其君者，皆欲赴愬于王"(《梁惠王上》)，国家就自然变得强大了，也就是孟子一再说的"仁者无敌"的理想境界就出现了：

> 地方百里而可以王。王如施仁政于民，省刑罚，薄税敛，深耕易耨；壮者以暇日修其孝悌忠信，入以事其父兄，出以事其长上，可使制梃以挞秦楚之坚甲利兵矣。(《梁惠王上》)

只有彻底的实现"仁政"的理想，国家才能真正强大起来。孟子在这里总结了三点：全国人民共同"修其孝悌忠信"，在政治信仰上拧成了一股绳，共同的政治理想，是取得一切战争胜利的根本保障，此其一；在行政管理上，政府"施仁政于民，省刑罚，薄税敛，深耕易耨"，各种社会问题得到了解决，各种社会保障系统完备，广大人民在物质与精神上都有了根本的依靠，此其二；整个国民已经养成了"入以事其父兄，出以事其长上"的民风，诚信、和谐，是这个社会最基本的特征，此其三。是通过战争的烧杀淫掠来"广土众民"，还是通过"仁政"的途径来实现国君"定四海之民"的理想，这是孟子战争观念的根本出发点。孟子的战争观和强国观既是对当时社会现实的一种回应，也是他本人"舍我其谁"(《公孙丑下》)的政治理想。

克劳塞维茨说:"政治还是孕育战争的母体,战争的轮廓在政治中就已经隐隐形成,就好像生物的属性在胚胎中就已形成一样。"①换言之,战争不仅是政治的继续,而且也是政治的直接结果。因此,在克劳塞维茨的战争观念中,战争的目的就是要取得战场上的军事胜利,进而取得政治上的斗争胜利。表面来看,这是一套行之有效的思路,但问题是他并没有真正试图消除战争。一场战争结束之后,新的政治争夺又重新开始,这场新的政治争夺又必然地要以一场新的战争而告终。如此这般,周而复始,人类就不可能企望真正的和平。

但是,在孟子的观念中,战争是消除社会不公的一种手段,是制止战争、拯救人民于水火的一种最后途径,而且只有"天吏"才具有发动战争的资格。这一点对我们管理当今的国际事务尤其具有启发性的指导意义。所以,孟子最根本的措施是要把战争的可能性消除在未萌之际。也就是从培养人之所以为人的恻隐之心、羞恶之心、恭敬之心、是非之心做起,由此而导致全社会"乡田同井,出入相友,守望相助,疾病相扶持,则百姓亲睦"的良好环境,杜绝"经界不正,井地不均,谷禄不平"以及"暴君污吏"贪污腐败(《滕文公上》)而引发的社会不公正、不公平、不诚信、不和谐。只有从根本上消除社会的不公正、不公平、不诚信、不和谐,战争才能真正消除。这是克劳塞维茨与孟子的根本区别。

第七节　先秦儒学是中国历代农民起义的理论依据之一

在《十批判书》中,郭沫若先生对"孔子是袒护乱党,而墨子是反对乱党的人"的事实进行了系统的资料梳理,通过对各种文献的挖掘,披露了一系列孔子及其门徒"以下犯上"的蛛丝马迹。② 到了《孟子》一书,完全形成了一套富有内在机制的理论,提出了"君有大过则谏;反复之而不听,则易位"(《孟子·

---

① 克劳塞维茨著:《战争论》,商务印书馆1978年版,第135页。
② 郭沫若著:《十批判书》,东方出版社1996年版,第78页。

万章下》)的政治思想,这是众所周知的。孟子的理论是对孔子的继承和发展,从孔子到孟子,原始儒家都是反对不义战争的,但是,对于推翻独夫民贼的战争从来都是支持的。笔者认为,对这个问题的探究,不仅可以使我们进一步了解先秦儒家政治理论的实质,进一步认识中国历代农民起义的理论原动力,而且也可以为我们当今的政治理论建设提供重要的借鉴。

一

根据《论语》,我们知道,孔子是一位十分尊重"礼",强调"礼"的思想家。他对颜渊说:"一日克己复礼,天下归仁焉",并且强调"非礼勿视,非礼勿听,非礼勿言,非礼勿动"(《颜渊》)同样是在《颜渊》篇中,《论语》记载了齐景公问政于孔子,孔子的回答是:"君君、臣臣、父父、子子。"足见孔子是极端重视君臣父子的尊卑长幼秩序的,也是同样重视社会的和谐安定的。但是,孔子为什么又要袒护乱党呢? 这无论如何是一个饶有兴味的问题。

我们知道,孔子的政治哲学核心是"德政"。孔子说:"为政以德,譬如北辰,居其所而众星共之。"(《论语·为政》)他培养学生的理念就是要让学生当官,去管理国计民生,去做大人。他说得很清楚:"学而优则仕。"(《论语·子张》)孔子认为,国家的领导人在才能上,在德性上,都应该是全国人民的表率。因此,孔子讲:"举直错诸枉,则民服;举枉错诸直,则民不服。"(《论语·为政》)毫无疑问,在"举直"与"举枉"的这段表述中,在当时的历史环境下,实际上隐含着尖锐的矛盾对立。

也就是说,孔子所面对的时代,是"暴君代作,坏宫室以为污池,民无所安息;弃田以为园囿,使民不得衣食。邪说暴行又作,园囿、污地、沛泽多而禽兽至。及纣之身,天下又大乱"的时代,也是"世衰道微,邪说暴行有作,臣弑其君者有之,子弑其父者有之"(《孟子·滕文公下》)的时代,礼崩乐坏,君不君、臣不臣、父不父、子不子是这个时代最大的特征。各个国家的领导人,完全是依靠强权和武力,巧取豪夺,攻城略地,满足自己的私欲。国家的权力一旦据为己有,就会世代家传,永远都不会松手。不会松手的原因一般来说,不外有三个:

第一,国君的权力是通过武装暴行夺得的,在夺取权力的同时,国君已经树敌于异党。这种敌我矛盾是你死我活的,所以他在任何时候都不会放弃国家的权力,因为放弃权力就等于死亡。

第二,国家权力之所以值得国君及其帮凶冒着枪林弹雨拼命夺取,关键问题是国家的权力太大,太富诱惑力,画栋雕梁,珍珠玉宝,山珍海味,美女妻妾,骄奢淫逸,纸醉金迷,极大地满足了他们的私欲。

第三,正是处于上述原因,结党营私,朋比为奸,敲剥天下,与人民为敌,就构成了这种政治体制的本质。因此,家天下的绝对心态是这种专治政体派生出来的必然结果。

在这样的政治体制下,怎么可能做到"学而优则仕"? 怎么可能做到"举直错诸枉"? 面对这样的时代,我们可以试想一下孔子的心理。在学堂里,孔子每天面对自己的学生大讲"为政以德,譬如北辰,居其所而众星共之"的社会政治理想,走出校门,看到的却是广大的人民置身于"倒悬"之苦中遭受着各种煎熬。在自己的学生不断毕业,不断地走向政坛的过程中,反馈回来的各种现实政治信息,会对孔子产生什么样的影响呢?

众所周知,孔子是一位历史文化传承使命的承担者,但是,也更是一位极富政治抱负的思想家,当他的学生不断地走向政坛,拥有了一定的权位之后,孔子就有可能从书斋走向现实。因此,如果说《墨子》指责孔子"深虑同谋以奉贼,劳思尽知以行邪,劝下乱上,教臣杀君,非贤人之行也;入人之国而与人之贼,非义之类也;知人不忠,趣之为乱,非仁义之也"(《非儒下》),①带有学派偏见的话,下面《论语·阳货》中的记载却是铁证如山:

> 公山弗扰以费畔,召,子欲往。子路不说,曰:"末之也已,何必公山氏之之也?"子曰:"夫召我者而岂徒哉? 如有用我者,吾其为东周乎?"

> 佛肸召,子欲往。子路曰:"昔者由也闻诸夫子曰:'亲于其身为不善者,君子不入也。'佛肸以中牟畔,子之往也,如之何?"子曰:"然。有是言也。不曰坚乎,磨而不磷;不曰白乎,涅而不缁。吾岂匏瓜也哉? 焉能系

---

① 郭沫若先生在《十批判书》中认为《墨子·非儒下》"孔某所行,心术所至也。其徒属弟子皆效孔某。子贡、季路辅孔悝乱乎卫,阳货乱乎齐,佛肸以中牟叛,漆雕刑残,莫大焉! 夫为弟子后生,其师,必修其言,法其行,力不足,知弗及而后已。今孔某之行如此,儒士则可以疑矣"一段,是墨子揭示了孔子的真相。

而不食?"

"公山弗扰以费叛"这段记载是十分珍贵的。因为它不仅说明了孔子"从道不从君"的政治态度,而且说明了孔子相信,人之所以为人者都有趋善之心。因此,只要有国君敢于"用我",我就可以化腐朽为神奇!"吾其为东周乎"是一个反问句,意思是"言如有用我,则必兴起西周之盛,而肯复为东周之衰乎?"①这充分显示了孔子的人生追求就是要通过自己的政治实践实现西周礼乐交融、德礼相依的政治理想。

第二段记载就更重要了。《左传》载:"赵鞅伐卫,范氏之故也,遂围中牟。"也就是说,赵氏与范氏为敌,卫国帮助范氏,所以赵鞅讨伐卫国,并且因为中牟叛晋的原因包围了中牟。"佛肸"是晋国范氏的家臣。《左传》"中牟叛晋"的史实,就是《论语》"佛肸以中牟畔"的故事。在《论语》的这段话中,孔子急于参与现实政治的态度昭然若揭,以至于引起子路的反感。

我们都清楚,子路是孔子的学生,子路的反感态度实际上就是孔子在过去正常的讲学中教授给子路的思想。由此我们可以推测,在这两件事情发生的时候,子路的思想还停留在过去孔子讲学时候的讲义之中,而孔子本身的思想已经大为发展。在面对黑暗的现实面前,孔子与子路的态度已经很不相同,孔子的现实担当感要比子路强烈得多。在"佛肸召,子欲往"的这段话中,我们可以从两个方面解析孔子,第一个方面是,孔子坚信自己品德高尚,不仅不会被人污染,而且一定能够凭借自己的道德力量感化周围的人;第二个方面是,我们已经看到了孔子看到自己的政治理想非常难以实现,"吾岂匏瓜也哉?焉能系而不食"? 积极用世的态度简直迫不及待了。

但是,孔子是一个孤独者! 连贴身的及门弟子子路都不能理解,还能指望谁能够理解呢? 孔子的哀叹是相当凄婉的:"谁能出不由户? 何莫由斯道也?"(《论语·雍也》)这也许就是后来孟子瞧不起孔子身边的得意弟子的根本原因之一,因为孟子认为,只有他自己才真正继承了孔子的思想。不过,话要说回来,通过一些重要的事件,孔子最终是把子路争取过来了的。《论语》记载得十分明确:

---

① 程树德撰:《论语集释》,中华书局 1990 年版,第 1195 页。

　　子路问事君。子曰:"勿欺也,而犯之。"(《论语·宪问》)
对孔子的话,杨伯峻先生的翻译是:"不要阳奉阴违地欺骗他,却可以当面触
犯他。"①这是孔子明确教育子路抗议直言的明证。最后子路在卫国做官,却
参与了"孔悝乱乎卫"的重大政治事件。这件事情发生在孔子去世的前一年,
也就是鲁哀公十五年。《庄子》对此记载得很直截:"子路欲杀卫君而事不成,
身菹于卫东门之上。"(《庄子·盗跖》)消息传来孔子伤心至极,把正在炖的肉
都倒了,悲叹道:"噫! 天祝予!"(《公羊传·哀公十四年》)祝,就是砍断的意
思。这起政治事件对孔子的打击是非常大的,《史记·孔子世家》的记载非常
有意思:

　　子曰:"弗乎弗乎,君子病没世而名不称焉。吾道不行矣,吾何以自
见于后世哉?"乃因史记作《春秋》,上至隐公,下讫哀公十四年,十二公。
据鲁,亲周,故殷,运之三代。约其文辞而指博。故吴楚之君自称王,而
《春秋》贬之曰"子";践土之会实召周天子,而《春秋》讳之曰"天王狩于
河阳":推此类以绳当世。贬损之义,后有王者举而开之。《春秋》之义
行,则天下乱臣贼子惧焉。
　　孔子在位听讼,文辞有可与人共者,弗独有也。至于为《春秋》,笔则
笔,削则削,子夏之徒不能赞一辞。弟子受《春秋》,孔子曰:"后世知丘者
以《春秋》,而罪丘者亦以《春秋》。"
　　明岁,子路死于卫。孔子病,子贡请见。孔子方负杖逍遥于门,曰:
"赐,汝来何其晚也?"孔子因叹,歌曰:"太山坏乎! 梁柱摧乎! 哲人萎
乎!"因以涕下。谓子贡曰:"天下无道久矣,莫能宗予。夏人殡于东阶,
周人于西阶,殷人两柱间。昨暮予梦坐奠两柱之间,予始殷人也。"后七
日卒。②

这起政治事件发生在孔子去世的前夕,司马迁把孔子"弗乎弗乎,君子病没世
而名不称焉。吾道不行矣,吾何以自见于后世哉"的哀叹与"子路死于卫"联
系在一起,又将"没世而名不称"与《春秋》联系在一起,尤其是将"子路死于

卫"与"孔子病"直接挂钩,其中的关系是耐人寻味的。

孔子"支持乱党",毫无疑问是铁证如山的事情。不过,历史是以成败论英雄的。如果造反成功了,那就是商汤、文武,如果没有成功,就成了"乱党"。但究其实,其推翻"黑暗"政府的实质却是一样的。所以,我们应该从郭沫若先生称孔子"支持乱党"的史实中,体味到孔子的政治哲学中隐藏着革命的理论,在理论与实践相结合的尝试中,孔子也是竭尽全力了的。

二

最近出土的楚简文献揭示了先秦原始儒家对国家政权的合法性等问题都曾经进行深入思考的事实。郭店楚简的《唐虞之道》说:"唐虞之道,禅而不传。尧舜之王,利天下而弗利也。"(第1简)禅让制产生的国君心中只有天下的黎民百姓,而没有怀抱他自己的私利。又说:"禅也者上德授贤之谓也。上德则天下有君而世明,授贤则民兴效而化乎道。不禅而能化民者,自生民未之有也。"(第20—21简)把禅让制与人民的精神状态联系起来,把国家权力的平稳移交与广大人民的诚信和谐联系起来,阐述了国家权力的公正性问题是国计民生的根本保障,更是整个国家的人文精神赖以建立的根本保障。

在上博简中,同样性质的问题在《子羔》、《容成氏》、《民之父母》等篇章中都有系统的讨论。《民之父母》提出了"何如斯可为民之父母"的问题,《子羔》直接提出了"何故以得为帝"? 问题就更加尖锐,《容成氏》也通过由禅而传的历史演变表达了国家权力"不授其子而授其贤,其德酋清,而上爱下,而一其志,而寝其兵,而官其才"(第1—2简)的政治理想。不过,在攻城略地、杀人盈野的战国时期,这当然只是一种梦想。

《容成氏》最为可贵的并不是寄托了这样一种梦想,而是给我们描述了人类社会不得不采取汤武革命的形式推翻桀纣残暴统治的历史进程。儒家清醒地看到,"食色,性也",是人之所以为人的一种天性。当这种原初的欲望被推向极端,表现在对国家权力的争夺的时候,人就会把他的欲望展现得淋漓尽致。"启"攻"益"是这样,桀纣暴行也是这样。汤武革命是中国历史前进过程中必然的,也是无可奈何的选择。

笔者以为,不论是郭店楚墓竹简中的《唐虞之道》,还是上博简中的《子羔》、《容成氏》、《民之父母》，都是孔子"为政以德"的思想继续。它们从某种程度上反映了孔子与孟子之间儒家政治哲学思想的发展走向。我们完全可以相信，没有孔子，就不可能有《唐虞之道》、《容成氏》之类的文章，没有《唐虞之道》、《容成氏》等文章承前启后的推动、启发，也就不可能有孟子等相关思想家对孔子的根本性超拔和提升。

孟子通过善恶之辨、义利之辨和王霸之辨的三个论题多层面地讨论了他的性善论、自由论、民本思想和仁政学说等重大问题，为中国古代的人文价值、社会结构和政治模式奠定了重要的理论基础，对中国文化的主流产生了重大的影响。但是，笔者认为，与此同时，孟子还配套地设置了一套社会调节机制，把生活在水深火热之中的人民起义战争视为推翻残暴统治的唯一手段。由于专制君权从根本上来讲并没有真正经得起实际验证的合法性，更没有能够落到实处的分权机制、监督机制和司法机制，所以，孟子关于以均贫富为中心的"变置"暴政的理论也就自然而然地成为中国历代农民起义的理论依据，孟子本人也由此而成为中国历代农民起义理论的奠基人。

于是，孟子对国家权力的移交问题进行了更进一步的探讨。孟子在《孟子·万章上》中详细讨论了君权的来源和合法性问题。他认为，传说中的禅让制和现实中的父传子都是"天命"的结果："天与贤，则与贤；天与子，则与子"，"皆天也，非人之所能为也"。因此，尧舜禹之有天下，与益、伊尹、周公、孔子之不有天下，都是天意。"莫之为而为者，天也；莫之致而至者，命也"，"唐虞禅，夏后殷周继，其义一也"。猛一看，这些表述似乎都落入了天命观的窠臼，但是，从《孟子》一书的整体思想来看，他的"天命"实际上是指的民心向背："天视自我民视，天听自我民听"。人民的意志最终要代表"天"的意志。用我们现在的话语来讲，就是只有人民才是国家的主人，政府的权力只有居住在那个国家的人民才有最终赋予权。换言之，孟子的意思是，得民心者得天下，不论是"天与贤"还是"父传子"。

这种一切权力皆归于天的说法，是孟子针对当时春秋战国的政治现实所作出的一个不得已的解释，也受到了当时生产力发展水平的局限。为了这样的一个勉强的解释，孟子实际上还有两个重要的补救措施。第一，他十分强调君主的心性、道德修养。他认为"匹夫而有天下者，德必若尧舜"。(《万章上》）也就是希望君主们在没有获得国家的权力和已经掌握国家的权力之后，都要勤勤恳恳为全国的官员和民众做出道德上的表率。"得道者多助，失道者寡助。寡助之至，亲戚畔之；多助之至，天下顺之"，（《公孙丑下》）在《孟子》中用大量篇幅告诫君主们要恪尽职守，视民如伤。第二，如果这些君主或者贪得无厌，连年发动掠夺性战争，草菅人命，或者流连荒亡，醉生梦死，不关心人民的苦难，最终都会导致人神共愤、天诛地灭的下场。当此之际，周文王、周武王式的圣主，就会为民请命，"一怒而安天下之民"："南面而征，北夷怨；东面而征，西夷怨，曰：'奚为后我？'"（《尽心下》）

所以，孟子的所谓"天命"，实际上涵盖了两个方面，一方面是君主在没有获得君权之前，有一个民意的积聚过程；另一方面，获得君权之后，也同样是受到人民的监督："民为贵，社稷次之，君为轻。是故得乎丘民而为天子，得乎天子为诸侯，得乎诸侯为大夫。诸侯危社稷，则变置。牺牲既成，粢盛既絜，祭祀以时，然而旱干水溢，则变置社稷。"（《尽心下》）变置诸侯、变置社稷的思路中实际上隐含着变置"天子"的指向。人民的利益高于一切，是《孟子》最深沉的主题。只要一翻开《孟子》，我们就会发现孟子整个的理论都是想要改变春秋战国时期各国诸侯在无穷的贪欲诱导下"争地以战，杀人盈野；争城以战，杀人盈城"（《离娄上》）的混乱局面，他主张性善论、倡导与民同乐、为仁政的理想到处奔走呼号，都莫不是为了解决这一极端突出的问题。在孟子看来，当君主昏聩无能或草菅人命，并与人民的利益发生尖锐冲突的时候，"变置"的对象只能是君主。

本来，古往今来，没有哪位仁人志士是不反对以杀人为手段的战争的。孟子为了反对战争，在经济上设置了"井田制"作为仁政的"经界"之始，就是想在平等、和睦的社会环境下，限制人们的贪欲。可是谁有这个权威来给每一位黎民百姓划分这个至关重要的"经界"并充当大众的裁判呢？在《孟子》的文本中当然是尧舜、商汤、周文王、周武王这种"圣王"才有这个资格。但是，不论是先秦时期商汤、文武的后代，还是后世刘邦、朱元璋的后代，最终都因为统治者的逐步堕落而走向了人民的反面，成为敲剥人民血汗的"民贼"！在这样的情况下，生活在水深火热之中，深受"倒悬"之苦的人民，在饿殍遍野、投告无门的困境中就会起来反抗。孟子并不认为这种反抗的斗争与叛逆有关，

"闻诛一夫纣矣,未闻弑君也"。(《梁惠王下》)这是孟子通过经济和道德教化的途径之后,号召人民推翻暴君的统治,解除黎民百姓"倒悬"之苦的最后手段。在独夫民贼面前,战争是不可避免的。

但是问题还在于,孟子将"天与贤"和"父传子"而得到的君权都视为合法的观点,在中国此后的专制集权社会里,就合二为一,成了一件事:开国皇帝窃取农民起义的胜利果实之后,往往通过各种欺骗手段制造了大量"真命天子"的征兆,使刚刚脱离苦海的人民误以为生逢盛世而一片欢歌笑语;开国皇帝的子子孙孙凭借着祖宗的余威,故意无视所谓开国皇帝的江山同样是广大人民用累累尸骨换来的事实,而偷梁换柱、坐享其成。众所周知,篡夺农民起义成果的刘邦除了武功以外,其合法性很成问题,在司马迁的笔下他本来是一个流氓;真正是农民起义首领出身的朱元璋在起义成功之后实际上建立了中国古代最专制、最黑暗的朝代。所以,凭借武力篡夺了君权的开国皇帝到底有多大程度的合法性,这本身就是一件靠不住的事情;开国皇帝的子孙大多腐化堕落,窃取国家的权力而作威作福,就更不可能有丝毫的合法性。所以,历代君主在中国统治的事实早就已经证明了孟子关于"天与贤"和"父传子"的观点苍白无力。倒是中国历代风起云涌的农民起义,却一次又一次地证明了孟子提出的"变置"理论在民不聊生、哀鸿遍野的时候往往会产生重大的作用。

孟子有关"变置"君权的理论是多层面的。第一,孟子认为所有的人都是"天降下民",因而每一个人都有"赤子之心",都内在地拥有上承于天的"善端"根源和精神背景,具有任何人都不能蔑视的生命权利和"天爵"(《告子上》)尊严,因此,人民有"变置"、起义的权利。第二,诸侯之间、国家之间的战争全部都是为了土地的兼并、财物的掠夺而爆发的不义战争。为了阻止这种灾难性的战争,孟子设置了"井田制"的构想,试图通过土地均分的形式来达到经济上的均贫富和政治权利上的平等,从而限制人们的天生贪欲。这应该是后来历代农民起义领袖们提出的"均贫富"理论的出发点。第三,任何一个国家的主人始终都是广大的黎民百姓,任何一个政府的基本责任就是要让这个国家的人民过上幸福的生活,并且受到良好的教育。为此孟子提出了"民为贵,社稷次之,君为轻"的重要思想。这是农民起义运动在中国前仆后继、可歌可泣的理论动力。第四,孟子反对的是春秋以来诸侯之间的掠夺战争,而对于正义的战争却从来是不反对的。尤其是对反抗桀纣残暴统治的战争,孟子则完全是大力支持的。对正义的战争,对推翻独夫民贼的战争,中国人民从来都是歌颂的。第五,孟子多次提出了"尧舜与人同耳"(《离娄下》)、"人皆可以为尧舜"(《告子下》)等重要的思想,为历代农民的反抗精神激起了"舍得一身剐,敢把皇帝拉下马"的坚强决心和意志。笔者深以为,"王侯将相宁有种乎"等农民起义军领袖的号召,深层次地来自孟子的人性思想、人格修养论,显示了孟子思想的深远影响。

第八章　先秦学术的来龙去脉及互相渗透

第一节　从《尚书》中走出来的哲学流派

笔者以为,《尚书》与思孟学派有异乎寻常的关系。本书试图以文本为基础,以事实为根据,将《尚书》与思孟学派的思想进行比较研究,力求追寻出其中的发展脉络,弄清思孟学派何以在《尚书》的基础上脱颖而出的事实。

一

龚自珍《六经正名》曰:"孔子之未生,天下有《六经》久矣。"这是一个值得我们认真思考的判断。举《尧典》、《皋陶谟》、《禹贡》三篇而言,其哲学思想是相当高深的,与翦伯赞在《先秦史》中将尧舜禹时代称为"野蛮中期"[①]的生产水平是不相符的。但是,中国的"野蛮中期"有一个根本的特征,亦即《淮南子·氾论训》所言:"尧无百尺之廊,舜无植锥之地","禹无十人之众。"《尉缭子·治本》所言:"无私织私耕,共寒其寒,共饥其饥。"天下为公,是其最根本的特质。

顾颉刚把《今文尚书》分为三组,认为《尧典》、《皋陶谟》、《禹贡》"决是战国至秦汉间的伪作,与那时诸子学说有相连的关系。"[②]但笔者根据尧舜禹时代的特质,窃以为,即便此三篇"决是战国至秦汉间的伪作",也并非完全子虚

---

① 翦伯赞著:《先秦史》,北京大学出版社 1988 年版,第 81 页。
② 顾颉刚编著:《古史辨》第一册,上海古籍出版社 1982 年版,第 202 页。

乌有,它们有历史的影子。正是这一点"影子",使我们看到,"战国至秦汉间"的儒家学者依山点石、借海扬波的手法透露了他们作为哲学流派的终极理想、理论本质到底是什么。当然,并不仅仅只是一点"历史的影子"是真的。

据刘起釪考证,今文《尧典》在先秦各种经典中被引 14 次,《皋陶谟》3 次,《禹贡》7 次。《论语》引用逸《书》7 次,《国语》17 次,《左传》54 次,《墨子》28 次,《孟子》15 次。① 我们知道,孔子的时代,《尚书》只是"雅言"之一,其地位并不如《易》、《诗》、《礼》、《乐》;且孔子引《书》均无篇名,而孟子引《书》却均有篇名。陈梦家云:"孔子雅言《诗》、《书》,孟子用《书》授徒,或者是最大的区别。"②可见,《尚书》早在孔子之前就已经存在了(包括《尧》、《皋》、《禹》三篇),但是,文本可能并没有定型。既然孔子与孟子引《书》的内容都有区别,那么,孔孟与《墨子》引《书》内容的区别就更大了。也就是说,《尚书》的文本在先秦时代有一个不断改写、提升、完善的过程,而这种改写、提升、完善,可能有历史的依据和共同文本的基础,但大体上都是根据各家各派理论的需要而刻意进行的。由于竹简书写不易保存,再加上春秋战国时期师徒之间口耳相传的学术风气等原因,所以,儒家的《尚书》最后因儒家的显达而流布天下,墨家的《尚书》却因墨家的衰落而消亡了。

从先秦儒家各个学派的发展来说,思孟学派是很注重道统的。领冠《尚书》的三篇宏文《尧典》、《皋陶谟》、《禹贡》,根本目的在于制造一条"神乎其道"的传承血脉。《尚书》中有两种层次的道统,一种是由尧至舜、再至禹的传统,这就是孟子所说的"性之者",此为得之于天,天生就是圣人的圣之至者。另一种就是由周太王、王季到文王、武王、周公、成王等共同组成的以血缘为基础的"圣王"之链,这就是孟子所说的"反之者"(《尽心下》),此为复其性,反其德,而至于圣人者。前者是由禅让构成的圣王之链,后者是由父传子继构成的血缘之链,在孟子看来,由于他们都承受于天,因此孟子引孔子语曰:"唐虞禅,夏后殷周继,其义一也。"(《万章上》)《孟子》的相关思想是:"由尧舜至于汤,五百有余岁,若禹、皋陶,则见而知之;若汤,则闻而知之。由汤至于文王,

---

① 刘起釪著:《尚书学史》,中华书局 1989 年版,第 14—16、47—48 页。
② 陈梦家著:《尚书通论》,河北教育出版社 2000 年版,第 13 页。

五百有余岁,若伊尹、莱朱则见而知之;若文王,则闻而知之。由文王至于孔子,五百有余岁,若太公望、散宜生,则见而知之;若孔子,则闻而知之。由孔子而来至于今,百有余岁,去圣人之世,若此其未远也;近圣人之居,若此其甚也,然而无有乎尔,则亦无有乎尔。"(《尽心下》)其表述以《尚书》为背景,是显而易见的。

思孟学派从骨子里渴望禅让制。《尧典》、《皋陶谟》、《禹贡》三篇,不论从哪个方面来讲,都不能不说展现了儒家的理想:圣明的帝尧"钦明文思安安,允恭克让"以修身,自然就会"光被四表,格于上下",首先"以亲九族",然后"平章百姓",天人合一,"协和万邦"。修、齐、治、平,只是没有写出这几个字来了。由于帝舜是天生的"圣王",因此,"直而温,宽而栗,刚而无虐,简而无傲","慎徽五典,五典克从;纳于百揆,百揆时叙;宾于四门,四门穆穆;纳于大麓,烈风雷雨弗迷"(《尧典》),修养高到了这种地步,自然就不得不把君王的位子禅让给他了。

郭店楚简中有一篇称为《唐虞之道》的文章,专门讨论禅让制:"禅也者,上德授贤之谓也。上德则天下有君而世明。授贤则民兴教而化乎道。不禅而能化民者,自生民未之有也。"(第20、21简)这完全是思孟的思想。[①]《孟子》经常借子思的经历和德行来鼓吹禅让制:

> 曰:"敢问国君欲养君子,如何斯可谓养矣?"曰:"以君命将之,再拜稽首而受。其后廪人继粟,庖人继肉,不以君命将之。子思以为鼎肉使己仆仆尔亟拜也,非养君子之道也。尧之于舜也,使其子九男事之,二女女焉,百官牛羊仓廪备,以养舜于畎亩之中,后举而加诸上位,故曰,王公之尊贤者也。"(《万章下》)

孟子希望杀人掠地、见利忘义的诸侯们像帝尧把国家的权力禅让给帝舜一样地禅让给他,虽然显得迂阔,但其坚持"天爵"与"人爵"相抗衡的理论勇气,却与子思子的"大德必得其位,必得其禄,必得其名,必得其寿"(《中庸》)的观点相表里,是有浩然之气支持的,也未必全是迂阔,只不过孟子太具超前的圣

---

① 李学勤先生说,郭店楚简中的某些儒家文献就是《子思子》。请参见李学勤:《荆门郭店楚简中的〈子思子〉》,《文物天地》1998年第2期。

人情怀罢了。

郭沫若在《先秦天道观之进展》一文中通过文字字形和文献思想的综合考证,得出了"舜与喾分明是一人"的结论。但是,《尚书》却标新立异得出奇:

> 帝曰:"咨!四岳。朕在位七十载,汝能庸命巽朕位?"岳曰:"否德忝帝位。"曰:"明明扬侧陋。"师锡帝曰:"有鳏在下,曰虞舜。"帝曰:"俞!予闻,如何?"岳曰:"瞽子,父顽,母嚚,象傲;克谐,以孝烝烝,乂不格奸。"帝曰:"我其试哉!"女于时,观厥刑于二女。厘降二女于妫汭,嫔于虞。帝曰:"钦哉!"(《尧典》)

以上内容,《孟子·万章上》中还有更为具体的描述。在一个极为强调忠孝节义、家庭和谐的宗法制国度里,先秦儒家学者却制造了一个不容于父,也不容于兄弟的单身汉作为道德的典型形象,这不是很奇怪吗?可笔者以为,先秦儒家的用意在于,个人先天的性情特征和家庭的出身环境是不由个人选择的,但是居仁由义、迁善修德的人生选择却是人本身上承于天的使命。用《孟子》的话来说就是:"口之于味也,目之于色也,耳之于声也,鼻之于臭也,四肢之于安佚也,性也,有命焉,君子不谓性也。仁之于父子也,义之于君臣也,礼之于宾主也,知之于贤者也,圣之于天道也,命也,有性焉,君子不谓命也。"(《尽心下》)只要具有大德,不论是什么人,就可以"配天"。这种不入于世俗的"异端"文字,正好深刻地体现了思孟学派"大德者必受命"的主题。

二

思孟学派最大的特征在于性善论。思孟性善论的根源在天。《中庸》说得好,"天命之谓性"。在《尚书》中,宗教性的天命思想非常浓厚:"都,帝德广运,乃圣乃神,乃武乃文。皇天眷命,奄有四海为天下君。"(《大禹谟》)"天佑下民,作之君,作之师,惟其克相上帝,宠绥四方。"(《泰誓上》)《汤诰》说得更为直截:"惟皇上帝降衷于民,若有恒性,克绥厥猷惟后。"伟大的上帝给天下民众降下了"善"的美德(在《立政》中人民被称为"受民",受之于天之谓也),顺其自然,葆养"恒性"(《汤诰》),固其常性,是君王德政的主要使命。

在《多方》中还有这样一个命题:"惟圣罔念作狂,惟狂克念作圣。"它讲的是圣、狂、念三个概念的互动:圣者,通也,兼而四明,然须"念";念者,敬天之心也,指宗教性的虔诚、恭敬,念念于怀的拳拳服膺之心;狂者,狂乱不恭,倨慢无礼之貌也。这个命题的意思是,圣者不念则狂,狂者有念亦可成圣。这明显地突破了孔子"惟上智与下愚不移"(《阳货》)的观念,进入到了孟子"人皆可以为尧舜"的理论天地。"人皆可以为尧舜"的理论依据就是性善论,就是人的心性中本身具有天赋的可资开发的性命资源。

《君陈》曰:"惟民生厚,因物有迁,违上所命,从厥攸好。尔克敬典在德,时乃罔不变,允升于大猷。"生,通性。这里是在讲,人民的性情本来是纯厚至善,端正诚悫,但是往往因为外物的诱惑而不能固守其常,发生变化;性情一旦放纵无收,天下就要大乱了。因此人主须要注重教化,正确引导,慎重地指导人民的接物之道。很明显,这是一段以性善论为前提的论述,只不过理论还处于比较朴素的阶段,实用性很强,不像孟子的性善论那么富有哲理的思辨和精致的形式而已。其中还有一个命题:"允升于大猷。"意思是,诚信自持,自我充扩,就可以下学上达,感动于天,与大道融为一体。运用到具体的政治文化生活中,用《益稷》的表述方式就是:"俞哉!帝光天之下,至于海隅苍生。"德泽天下,教化黎民,无所不至。个人的善性、德性,最终推己及人,给广大的人民带来了德性的恩泽:"惟尔令德孝恭,惟孝友于兄弟,克施有政。"于是"至治馨香,感于神明;黍稷非馨,明德惟馨。"(《君陈》)其理论的思维路向与思孟已经相去不远:"仲尼祖述尧舜,宪章文武;上律天时,下袭水土。辟如天地之无不持载,无不覆帱,辟如四时之错行,如日月之代明。万物并育而不相害,道并行而不相悖,小德川流,大德敦化,此天地之所以为大也。"(《中庸》)

在思孟哲学体系中,性善论是民本思想的基础,民本思想是性善论的必然结果,其中有深刻的理论支持。民本思想不论在《尚书》还是《孟子》中都极为突出,虽然二者的历史背景可能不尽相同。《五子之歌》的第一首歌就写得惊心触目:"皇祖有训,民可近,不可下,民惟邦本,本固邦宁。予视天下愚夫愚妇一能胜予,一人三失,怨岂在明,不见是图。予临兆民,懔乎若朽索之驭六马,为人上者,奈何不敬?"虽然这里把人民比作拉车的马,而把统治者说成驭马者,但是,字里行间,充满了对人民的恐惧,人民的地位由于自己用生命的抗争显示出来的力量而得到了统治者不得不承认的提高。

王国维指出:"中国政治与文化之变革,莫剧于殷周之际。""殷周间之大变革,自其表言之,不过一姓一家之兴亡与都邑之移转;自其里言之,则旧制度废而新制度兴,旧文化废而新文化兴;又自其表言之,则古圣人之所以取天下及所以守之者,若无以异于后世之帝王;而自其里言之,则其制度文物与立制之本意,乃出于万世治安之大计,其心术与规模迥非后世帝王所能梦见也。”(《殷周制度论》)由于桀纣误以为自己享有万世天命的眷顾而不以人民为恤,致使自己招来了灭顶之灾。继任的统治者由是而准确地看到了人民的巨大力量:“予视天下愚夫愚妇一能胜予”的深刻道理以及“流血漂杵”,“一戎衣,天下大定”(《武成》)的事实。于是他们由恐惧而冷静,由冷静而思索,得出了“天不可信”的划时代结论,认识到了“我道惟宁王德延,天不庸释于文王受命”(《君奭》),“皇天无亲,惟德是辅;民心无常,惟惠是怀”(《蔡仲之命》)的真理,从而不得不把殷墟甲骨文中所崇敬的天帝权威,转移到人民的身上:“天聪明,自我民聪明。天明畏,自我民明威。”(《皋陶谟》)人民就是无处不在的天,人民的喜怒哀乐就是天的喜怒哀乐。因此,只有关心民生疾苦,“使民如承大祭”的君主才能“永祁天命”:“厥图帝之命,不克开于民之丽,乃大降罚,崇乱有下,因甲于内乱,不克灵承于旅,罔丕惟进之恭,洪舒于民。亦惟有夏之民叨懫日钦。劓割夏邑。天惟时求民主,乃大降显休命于成汤,刑殄有夏。惟天不畀纯,乃惟以尔多方之义民,不克永于多享惟夏之恭,多士大不克明保享于民,乃胥惟虐于民,至于百为,大不克开。”只知道残暴地搜刮民财,大肆荼毒民众的夏桀,只能受到天帝的惩罚。于是,人民实际上成了政治生活的中心:“若保赤子,惟民其康。”(《康诰》)“欲至于万年,惟王子子孙孙永保民。”(《梓材》)“呜呼!厥亦惟我周太王、王季,克自抑畏。文王卑服,即康功田功。徽柔懿恭,怀保小民,惠鲜鳏寡。自朝至于日中昃,不遑暇食,用咸和万民。”(《无逸》)这种思想的论述在《尚书》中可谓俯拾即是,因此,敬天保民、恤民爱民,成了《尚书》中最大的主题,虽然其目的是“祁天永命”。

《孟子》的民本思想继承了《尚书》的传统:“不违农时,谷不可胜食也;数罟不入洿池,鱼鳖不可胜食也;斧斤以时入山林,材木不可胜用也。谷与鱼鳖不可胜食,材木不可胜用,是使民养生丧死无憾也。”“庖有肥肉,厩有肥马,民有饥色,野有饿莩,此率兽而食人也。兽相食,且人恶之。为民父母,行政不免于率兽而食人。恶在其为民父母也?仲尼曰:‘始作俑者,其无后乎!’为其象人而用之也。如之何其使斯民饥而死也?"(《梁惠王上》)人文主义的精神在孟子的笔下空前地高涨起来;并且最后超拔出"民为贵,社稷次之,君为轻"的命题,它与性善论在思想深处有一种内在的张力,互为激发,"民为贵"在《孟子》那里实际上是以"圣人与我同类也"的"天爵"(《告子上》)理论为基础的。显然,《尚书》虽然有性善论的萌芽,也有极为强烈的民本思想,但是,把这两者结合在一起,并且使它们形成一种互为激发、推动的机制,而交相辉映的,是孟子。

<h1 style="text-align:center">三</h1>

《尚书·旅獒》提出了"尽心"、"尽力"、"不役耳目,乃度惟贞"的概念和命题;《毕命》有"收放心"之说;《冏命》有"格其非心"之论;《康诰》视民如"赤子";《咸有一德》追求"纯一之德";等等,虽然与思孟心性论中的系统概念相去甚远,但是毫无疑问,给思孟以理论的启发却是肯定的。

其实,《尚书》并不仅仅只是提出了一些概念和命题,虽然其理论只是构筑在历史事实上,并非纯理论的表达方式,用章学诚多少有些歧视哲学的话来说,就是:"《尚书》无一空言,有言必错诸事也。"[1]由于经历了历史的巨大变故,殷周的统治者逐步地认识到了上天"惟德是辅"的本质,看到了"惟敬五刑,以成三德。一人有庆,兆民赖之"统治者,特别是君主修身养性的重要性。因此,喊出了"敬哉! 天畏斐忱"(《康诰》)口号,恭谨勤勉,真诚无欺,取信于民,取信于天,成了周代统治者的基本准则:"惟予弗克于德,嗣先人宅丕后,怵惕惟厉,中夜以兴,思免厥愆。"以便"匡其不及,绳愆纠谬,格其非心,俾克绍先烈。"(《冏命》)这正是先秦儒家心性论产生的社会历史根源。

《尚书》的心性论提倡"厥德允修"(《毕命》),意思是说,通过修习内心之"允"(诚),来提高"德"的涵养,从而直接为现实服务。天是最大的真实。它对我们人类也是真诚的:"惟天地万物父母;惟人万物之灵。"(《泰誓上》)所以,我们对天也必须是真诚的、虔敬的,"惟曰孜孜,不敢逸豫"(《君陈》)才能感动神明:"丕显文武,克慎明德,昭升于上,敷闻在下;惟时上帝,集厥命于文

---

[1]　章学诚著,叶瑛校注:《文史通义校注》(上),中华书局 1994 年版,第 41 页。

王。"(《文侯之命》)只有以端正诚悫之心,修养感召神明之德,昭发于外,上升于天,泽及百姓,天命才会眷顾。

《尧典》的表述尤其圆熟:"曰若稽古帝尧,曰放勋,钦明文思安安,允恭克让,光被四表,格于上下。克明俊德,以亲九族。九族既睦,平章百姓。百姓昭明,协和万邦。黎民于变时雍。"马融云:"威仪表备谓之亲,照临四方谓之明,经纬天地谓之文,道德纯备谓之思。"郑康成又云:"敬事节用谓之钦,昭临四方谓之明,经纬天地谓之文,虑深通敏谓之思。"都是在说,自我心性的修养,最后都要感召于天。诚,最终是要发见于体外的,是为"光被四表,格于上下"。"安安"即晏晏,《尔雅·释训》云:"晏晏,柔也。"指的是内在之"诚",昭发于外,与"天"之"气"融为一体的身心状态。由内而外,由心性的德性修养,布施于举止言行,上达于天,流布于地,以亲九族,以和万民,最后"协和万邦,黎民于变时雍",完全进入到天人合一的至高境界。

思孟学派的著作在思路上是与此完全一致的:"自诚明,谓之性。自明诚,谓之教。诚则明矣,明则诚矣。唯天下至诚为能尽其性。能尽其性,则能尽人之性。能尽人之性,则能尽物之性。能尽物之性,则可以赞天地之化育。可以赞天地之化育,则可以与天地参矣。""大哉!圣人之道。洋洋乎,发育万物,峻极于天。"(《中庸》)"夫君子所过者化,所存者神,上下与天地同流。"(《孟子·尽心上》)理论更抽象,更圆润,更完美,更神乎其道。认真考察《尚书》的文献,我们发现它在心性论方面已经做出了相当精致的成就。例如,它吸收了阴阳五行的思想精髓:

> 帝曰:"夔!命汝典乐,教胄子,直而温,宽而栗,刚而无虐,简而无傲。诗言志,歌永言,声依永,律和声。八音克谐,无相夺伦,神人以和。"夔曰:"于!予击石拊石,百兽率舞。"(《尧典》)

> 五事:一曰貌,二曰言,三曰视,四曰听,五曰思。貌曰恭,言曰从,视曰明,听曰聪,思曰睿。恭作肃,从作乂,明作哲,聪作谋,睿作圣。(《洪范》)

> 三德:一曰正直,二曰刚克,三曰柔克。平康,正直;强弗友,刚克;燮友,柔克。沈潜,刚克;高明,柔克。(《洪范》)

从引文一看可知,《尧典》与《洪范》在性情的标准上,是相通的。"直而温,宽而栗,刚而无虐,简而无傲"互为依持,彼此渗透的中和之美,就是"八音克谐,无相夺伦,神人以和"的结果,也就是"貌曰恭,言曰从,视曰明,听曰聪,思曰睿"在刚与柔的交错之下,达到性情的中和之美。然而这种中和之美是要超拔的:"恭作肃,从作乂,明作哲,聪作谋,睿作圣",肃,敬也;乂,治也;哲,慧也;谋,敏也;圣,上达六合,无事不通也。不论从表述的形态上来讲,还是从理论的内核来说,都已经吸收了先秦时期阴阳五行综合性思维方式的最高成果。

刘起釪认为,《洪范》最初的原始文本当是商代的东西,但从西周到春秋战国,不断有人给它增加了若干新内容。[1] 郭沫若干脆说:"《洪范》那篇文章其实是子思氏之儒所作的。"[2]现在看来,他们的论述可能是有道理的。因为,《中庸》所反映出来的子思学派的思想核心就是"中和":

> 喜怒哀乐之未发谓之中。发而皆中节谓之和。中也者,天下之大本也。和也者,天下之达道也。致中和,天地位焉,万物育焉。

> 仲尼曰:君子中庸,小人反中庸。君子之中庸也,君子而时中;小人之中庸也,小人而无忌惮也。子曰:中庸其至矣乎,民鲜能久矣。子曰:道之不行也,我知之矣。知者过之,愚者不及也。道之不明也,我知之矣。贤者过之,不肖者不及也。人莫不饮食也,鲜能知味也。子曰:道其不行矣夫。

《孟子》当然也以这种中和的性情为至善之道:

> 孟子曰:"禹恶旨酒而好善言。汤执中,立贤无方。文王视民如伤,望道而未之见。武王不泄迩,不忘远。周公思兼三王,以施四事;其有不合者,仰而思之,夜以继日;幸而得之,坐以待旦。"(《离娄下》)

> 孟子曰:"大匠不为拙工改废绳墨,羿不为拙射变其彀率。君子引而不发,跃如也。中道而立,能者从之。"(《尽心上》)

"中和"、"中道"在思孟哲学中是最高的哲学境界了,但是,我们在《尧典》和《洪范》中看到的中和思想,似乎与思孟没有什么区别。在《尚书》的其他篇章中,"执两用中"的思想也是很突出的:"王懋昭大德,建中于民以义制事,以礼

---

①　刘起釪著:《〈洪范〉成书时代考》,《中国社会科学》1980年第3期。
②　郭沫若著:《青铜时代》,人民出版社1954年版,第8页。

制心,垂裕后昆。"(《仲虺之诰》)"呜呼!今予告汝:不易!永敬大恤,无胥绝远!汝分猷念以相从,各设中于乃心。"(《盘庚中》)"丕惟曰尔克永观省,作稽中德,尔尚克羞馈祀。"(《酒诰》)"兹式有慎,以列用中罚。"(《立政》)"予曰宥,尔惟勿宥,惟厥中。"(《君陈》)"惟周公克慎厥始,惟君陈克和厥中,惟公克成厥终。"(《毕命》)"尔身克正,罔敢弗正,民心罔中,惟尔之中。"(《君牙》)"哲人惟刑,无疆之辞,属于五极,咸中有庆。"(《吕刑》)这里所引用的篇章中,有连疑古派学者顾颉刚都说"在思想上,在文字上,都可信为真"①的篇章《盘庚》、《酒诰》、《吕刑》,也就是说,即便《洪范》一文确为思孟学派的学者所改写,可中庸之德的原始理念,依然出自《尚书》,思孟学派只是在此基础上的提高、发展。

四

儒家哲学中的天命论本来是一个悖论。一方面声称天子履六合之尊位是上天授予的天命、天禄、天祚,另一方面却又极为强调人的后天努力。不论贱为贫民,还是贵为皇亲国戚,人人都要修身,然后齐家、治国、平天下,由内圣才能外王。

翻开《尚书》,我们才知道,这实际上有一个认识上的发展过程。从甲骨文的文献中,我们可以看到,殷代的天命观是无处不在的,历史的局限、现世的权力,给一些昏庸的君主一个错觉,误以为只要有上天保佑,天命就会永远眷顾。殷纣就是这样一个糊涂的人。西伯的军队就要大兵压境了,可他却还昏头昏脑地说:"呜呼!我生不有命在天?"(《西伯戡黎》)我不是从上帝那里承受了永不变更的天命吗?在《盘庚》中,我们看到殷朝的统治者就是凭借天命威力来加强他们的统治:"汝有戕,则在乃心,我先后绥乃祖乃父。乃祖乃父乃断弃汝,不救乃死。"整个天上的神灵都是站在统治者一边的。

这种观念用来短时间地愚民,吓唬老百姓,在当时的历史条件下,也许是可以的,殷统治者自然也尝到了许多的甜头;但是,如果认为这就是立国的根本,那就是一种天真而荒谬的想法了!夏桀就认为自己是一轮永不坠落的太

---

① 顾颉刚编著:《古史辨》第一册,上海古籍出版社 1982 年版,第 201 页。

阳,殷纣整天沉湎于酒色,以为可以永享天命,但是,人民在走投无路、呼天抢地、痛不欲生之后,就会击落你这轮太阳(《汤誓》:"时日曷丧? 予及汝皆亡"),断绝你的天命(《武成》:"一戎衣,天下大定")!

面对着夏殷两朝惨痛的教训,周初的统治者对此有了深刻的认识:"我不可不监于有夏,亦不可不监于有殷。我不敢知曰,有夏服天命,惟有历年;我不敢知曰,不其延。惟不敬厥德,乃早坠厥命。我不敢知曰,有殷受天命,惟有历年;我不敢知曰,不其延。惟不敬厥德,乃早坠厥命。"(《召诰》)于是"敬德"的问题被郑重地提了出来。据笔者统计,在《尚书》中,"德"字凡 211 见,其中,《虞夏书》25 见,《商书》63 见,而《周书》却有 123 见,从使用的频率上就可以看到,夏商周三代的统治者是一代比一代更加重视"德"的修养。

"德"字在殷墟卜辞中就有,从直从心,写作"惪"。《说文》曰:"直,正见也。从乚,从十,从目。"可见"惪"的本义,并非《说文》的"外得于人,内得于己也。"而是心上之见,是一个体认天道的宗教性动词,指人心与天神相沟通的状态。令狐壶有"承受屯惪",屯,纯也。中山王鼎有"敬训天惪",都有宗教超越的含义,惪本来就是从天而降,又植根于人心的一种精神源泉,是为天德。"德"字的本义,据《说文》:"升也,从彳,惪声。"与"陟"音义均通。"德"字被借用为道德之德,其意义有了内外两方面的扩展:从心性方面来说,德的本义为"升",为"登",这是"惪"吸纳的新内容,可见"惪"之"心上之见"、天人、神人的沟通本义,在这里已经将"惪"的主体转向了人本身,是人通过主观努力与天、神的沟通,主动权在人本身,因为人是否回应天命,与天道的大化流行融为一体,完全取决于人的心灵感悟和主观努力;另一方面,从"德"的构造部件来看,"从彳,从惪","彳",《说文》曰:"小步也。象人胫三属相连也。"从"德"的整个内涵来分析,就应该是,将取法于天,与天道相融合的善性、神性、神的启示,实施到人的现实行动之中去。子曰:"君子无终食之间违仁,造次必于是,颠沛必于是。"(《论语·里仁》)就是这个意思。通过上述分析,我们已经明确,道德的德,在汉文化系统中,一开始就是建立在天人沟通的层面上的,它强调的是人心的内在超越,与天道相冥合;后来,又增加了人的主观能动性的内容,强调道德的现实践履,身体力行。

在《尚书》中,天命观是"德"的前提,而"德"则是"祈天永命"的保证。

"呜呼！天难谌,命靡常。常厥德,保厥位。厥德匪常,九有以亡。夏王弗克庸德,慢神虐民。皇天弗保,监于万方,启迪有命,眷求一德,俾作神主。惟尹躬暨汤,咸有一德,克享天心,受天明命,以有九有之师,爰革夏正。非天私我有商,惟天佑于一德;非商求于下民,惟民归于一德。德惟一,动罔不吉;德二三,动罔不凶。惟吉凶不僭在人,惟天降灾祥在德。"(《咸有一德》)德与天命是相辅相成的,没有"常德"、"纯一之德",就不可能"保位"、"受天明命"。"皇天弗保",完全是你自己"厥德非常"导致的结果。《咸有一德》应该是《尚书》中关于道德修养与天命关系的一篇总论。

《西伯戡黎》中有一段从反面来论述的话:"惟王淫戏用自绝。故天弃我,不有康食。不虞天性,不迪率典。今我民罔弗欲丧,曰:'天曷不降威?'"殷纣王不遵守法典,放纵游逸,沉湎于酒色,终于自绝了天命。老百姓没有不希望他灭亡的。《无逸》中还有一段从正面来论述的文字:"呜呼！厥亦惟我周太王、王季,克自抑畏。文王卑服,即康功田功。徽柔懿恭,怀保小民,惠鲜鳏寡。自朝至于日中昃,不遑暇食,用咸和万民。文王不敢盘于游田,以庶邦惟正之供。文王受命惟中身,厥享国五十年。"由于文王敬畏天命,关心农业生产,宵衣旰食,帮助鳏寡孤独、无依无靠的人,从早到晚,忙得连饭都没有时间吃,不敢有丝毫的玩乐游逸之心,于是上帝就给他赐给了大命,享位五十年。

《尚书》最善于从正反两个方面来论证修德的重要性。当然,这里的德,始终都是与天命联系在一起的。对此,思孟学派的文献具有全面的继承。《中庸》的整个篇章都是统领在"天命之谓性,率性之谓道,修道之谓教"这三个命题之下的。这三个命题的背后,实际上隐含着一个从《尚书》传承而来的"德"字。中庸之德的修养,在思孟学派看来,涉及多个层面、多个角度的进取途径,但从现实的依托来讲,仍然可以用《中庸》本身的论述来概括:"故君子不可以不修身;思修身,不可以不事亲;思事亲,不可以不知人;思知人,不可以不知天。"以修身事亲为出发点,老吾老以及人之老,幼吾幼以及人之幼,推己及人,进而知人,进而知天。"尽心"、"知性"、"知天"的修养提升过程,也就是养德以回应天命的过程,更是由一己之私走向天大公的过程。

思孟的这种理路,在《虞夏书》、《商书》和《周书》中都有体现。《康诰》写道:"元恶大憝,矧惟不孝不友。子弗祗服厥父事,大伤厥考心;于父不能字厥子,乃疾厥子。于弟弗念天显,乃弗克恭厥兄;兄亦不念鞠子哀,大不友于弟。惟吊兹,不于我政人得罪,天惟与我民彝大泯乱,曰:乃其速由文王作罚,刑兹无赦。"在全民之中提倡孝悌之道,是保国安民的根本,因此,不父不子之人就是"元恶大憝"。以此为出发点,再向前跨进一步:"有叙时,乃大明服,惟民其敕懋和。若有疾,惟民其毕弃咎。若保赤子,惟民其康乂。"要像保护婴儿一样,关心民生疾苦。之所这样做,是为了"弘于天若,德裕乃身。"裕者,政也。由修德而爱人,亲亲而爱民,最后实现天下的德政(德裕),就是为了弘扬天道的精神(弘于天若)。原来,孟子的仁政,本质上就是脱胎于《尚书》的"德政"。

孟子的仁政,也是有天命依据的。在孟子看来,人人都有一颗上帝赋予的可资开发的善端之心,天生具有恻隐、仁义、是非、辞让的质性。因此,人人都有生存的权利,都有成为尧舜的权利,因而都有享受尊敬的权利。民,这个曾经在甲骨文中最为低贱、带有歧视的字眼儿,在《尚书·周书》中却被称为"受民",在《孟子·万章》、《尽心》中被称为"天民"。"受民"也好,"天民"也罢,都应该享有人间的天伦之乐,人人安居乐业,这才是最现实也是思孟心中最理想的"回应天命"。

五

我们知道,《论语》中有道家的影子,《老子》的字里行间也有儒家的背景。先秦时期的儒家与道家,就像太阳和月亮一样,相互排斥,也相互吸引,却又和平共处,各自担负着各自的职责。儒家没有道家的尖锐批判,就不可能很快地丰富发展起来;道家没有儒家的先导,就不可能有那么精纯的反思能力。但是,太阳与月亮,毕竟不同。太阳当然比月亮大得多,它光芒万丈,君临世界,万物因之而生机勃发,大地因之而草木葱茏;而月亮虽也柔光似水,涵印万川,可如果没有太阳,月亮就将无所依附,一片死寂。

《老子》五千言,博大精深,享誉古今中外,但它的思考对象却是仁义礼智信圣的系统观念,它所追求的、赞赏的,批判的、揶揄的一切价值观,实际上都或近或远或亲或疏与儒家的观念有各种关系。因此,根据《老子》文本的思想,笔者以为,《老子》的成书年代当在早期儒家系统的思想已经完全出现,并在社会上产生了深远的影响之后,这是毋庸置疑的。

正是基于这种推理,笔者以为,《老子》一书在成书的过程中曾经从《尚书》中吸取了很多理论的滋养。笔者在此提出这一观点的用意,在于说明,《尚书》告诉了我们一个事实:世人所声称的所谓"道家思想"原本是孕育在儒家的母体之中的一种思想支流,只不过到后来愈演愈烈,蔚为大观,最后另立门户而已。因此,郭沫若在《十批判书》中说孟子并非纯正的儒家的说法可能值得商榷。① 为了说得更明确一点,笔者还是先把《尚书》中的有关内容分析性地梳理一下:

第一,由于受到夏、商末代统治者骄奢淫逸、花天酒地而丧德失位的惨痛教训,《尚书》的作者们自始至终都持有"寡欲"的观念。《无逸》写道:"生则逸! 生则逸! 不知稼穑之艰难,不闻小人之劳,惟耽乐之从。"认为人天生就有贪图享乐的本性,作为统治者,如果不知道人民的劳作之苦,不知稼穑之艰难,"严恭寅命,天命自度",认真地克制自己,"无淫于观,于逸,于游,于田,以万民惟正之供",流连荒亡,"乃非民攸训,非天攸若,时人丕则有愆。"应该像商王武丁那样,清心寡欲,克己守中,"乃或亮阴,三年不言,其惟不言,言乃雍。不敢荒宁,嘉靖殷邦。至于小大,无时或怨。"何以才能达到武丁那样的人生境界呢?《旅獒》的观点深刻而且系统:"不役耳目,百度惟贞。玩人丧德,玩物丧志。志以道宁,言以道接。不作无益害有益,功乃成;不贵异物贱用物,民乃足。犬马非其土性不畜,珍禽奇兽不育于国,不宝远物,则远人格;所宝惟贤,则迩人安。"这些思想对孟子产生了深远的影响:"养心莫善于寡欲。其为人也寡欲,虽有不存焉者,寡矣;其为人也多欲,虽有存焉者,寡矣。""口之于味也,目之于色也,耳之于声也,鼻之于臭也,四肢之于安佚也,性也,有命焉,君子不谓性也。仁之于父子也,义之于君臣也,礼之于宾主也,智之于贤者也,圣之于天道也,命也,有性焉,君子不谓命也。""人皆有所不忍,达之于其所忍,仁也;人皆有所不为,达之于其所为,义也。人能充无欲害人之心,而仁不可胜用也;人能充无穿踰之心,而义不可胜用也。人能充无受尔汝之实,无

---

① 郭沫若著:《十批判书》,东方出版社 1996 年版,第 164 页。

所往而不为义也。士未可以言而言,是以言餂之也;可以言而不言,是以不言餂之也,是皆穿踰之类也。"(《尽心下》)孟子的目的就是要克制自己的感官之欲,以追求仁义礼智圣的天道善性,不生穿窬之心,不作非分之想,存心养性,以俟天命。

第二,《尚书》的作者们都在倾全力地提倡端正诚悫的性情、民风,追求"纯一之德":"终始惟一,时乃日新。""其惟其慎,惟和惟一。善无常主,协于克一。""德惟一,动罔不吉;德二三,动罔不凶。"(《纯一之德》)《老子》对此有所发挥,但是理论的路向已经变形:"昔之得一者:天得一以清;地得一以宁;神得一以灵;谷得一以盈;万物得一以生,侯王得一以为天下正。其致之也,谓天无以清,将恐裂;地无以宁,将恐废;神无以灵,将恐歇;谷无以盈,将恐竭;万物无以生,将恐灭;侯王无以正,将恐蹶。"(王弼本第三十九章)"昔之得一者"一句,透露了《老子》的此一思想本非它所固有,吸纳了《尚书》的思想是很明显的,而且《老子》的思想仅限于现实事务的行政管理,并没有什么哲学的内涵。但是,思孟学派却把它提升为"至诚之道":"至诚之道,可以前知。国家将兴,必有祯祥;国家将亡,必有妖孽。见乎蓍龟,动乎四体,祸福将至。善必先知之,不善必先知之。故至诚如神。"《孟子》的"知言养气章"说得更直接:"志壹则动气,气壹则动志。"(《公孙丑上》)显然,子思与孟子比《咸有一德》、《老子》的作者们都深刻,因为思孟不仅吸纳了"德一"的相关思想,而且提升为人的心性修养,用以解决志与气、人与天的冥合。在《尚书》中,"纯一之德"的结果,是帝舜"纳于大麓,烈风雷雨弗迷"(《尧典》)的人生境界,因为他不役于耳目感官,不为外物所动,克己守中,全真保性,直与天通。在孟子,则成了"其为气也,至大至刚,以直养而无害,则塞于天地之间。"(《公孙丑上》)二者的表述方式不一样,但思想的实质有相通之处。

第三,《尚书》提倡克己寡欲,全真保性的真正目的,在于上承天命,养性情之正,天人合一,为臣民的表率,达到天下大治。"曰若稽古帝尧,曰放勋,钦、明、文、思、安安,允恭克让,光被四表,格于上下。克明俊德,以亲九族。九族既睦,平章百姓。百姓昭明,协和万邦。黎民于变时雍。""慎徽五典,五典克从;纳于百揆,百揆时叙;宾于四门,四门穆穆;纳于大麓,烈风雷雨弗迷。"(《尧典》)"帝德广运,乃圣乃神,乃武乃文。皇天眷命,奄有四海为天下君。"

(《大禹谟》)"立爱惟亲,立敬惟长,始天家邦,终于四海。""古有夏先后,方懋厥德,罔有天灾。山川鬼神,亦莫不宁,暨鸟兽鱼鳖咸若。"(《伊训》)《老子》的修身起点是与上述内容相同的,但是结果并不一样:"含'德'之厚,比于赤子。毒虫不螫,猛兽不据,攫鸟不搏。骨弱筋柔而握固。未知牝牡之合而朘作,精之至也。终日号而不嗄,和之至也。知和曰'常',知常曰'明'。益生曰祥。心使气曰强。物壮则老,谓之不道,不道早已。"《庄子》也继承了《老子》的传统:"何谓真人?古之真人,不逆寡,不雄成,不谟士。若然者,过而弗悔,当而不自得也。若然者,登高不栗,入水不濡,入火不热,是知之能登假于道者也若此。古之真人,其寝不梦,其觉无忧,其食不甘,其息深深。真人之息以踵,众人之息以喉。屈服者,其嗌言若哇。其耆欲深者,其天机浅。"(《大宗师》)这当然就是《尧典》"纳于大麓,烈风雷雨弗迷"的扩充。但是,二者在理论趋向和理论境界上是不同的。老子、庄子是要斩断一切世俗的情根,融化于天道自然,复归于虚无;而《尚书》则是要修仁义礼智信圣之善性,"可慎明德","招升于上,敷闻于下"(《文侯之命》),感于神明,广施德教,从而达到天下的大同。

思孟学派走的就是《尚书》的理路:"故至诚无息。不息则久,久则征。征则悠远,悠远则博厚,博厚则高明,博厚所以载物也。高明所以覆物也,悠久所以成物也。博厚配地,高明配天,悠久无疆。如此者,不见而章,不动而变,无为而成。天地之道,可壹言而尽也。其为物不贰,则其生物不测。天地之道,博也,厚也,高也,明也,悠也,久也。""大哉圣人之道!洋洋乎,发育万物,峻极于天。优优大哉,礼仪三百,威仪三千,待其人然后行,故曰:苟不至德,至道不凝焉。"(《中庸》)"君子所性,仁义礼智根于心。其生色也睟然,见于面,盎于背,施于四体,四体不言而喻。""夫君子所过者化,所存者神,上下与天地同流,岂曰小补之哉?"(《孟子·尽心上》)有趣的是,后世道家与思孟学派都从《尚书》中吸取了营养,他们的理论导向却并不一样,但是他们的理论结果在哲学(特别是在人学)的终极点上又有合而为一的地方(例如,全真保性),这是我们应该进一步研究的地方。

值得注意的是,思孟学派在以上三个方面吸收了《尚书》的具有道家思想倾向的理论资源,刚好是在心性论方面发展和提升了孔子的理性精神中所缺少的东西。思孟学派的这种发展,一是说明儒家哲学在这个时候更加注重人的内在精神的研究,人的地位进一步以理论的方式在儒家哲学中得到了长足的提高;二是说明先秦儒家已经走入了宗教与哲学融合的阶段,天命赋予了人以初始的善端,善端扩而充之,最终又复返天命的理路,实际上成了此后儒家的理论重心;三是显示了儒家哲学更加哲学化、理论化的成熟倾向,这是儒家哲学发展的一个重要的里程碑。

在本书中,笔者从儒家道统与禅让制、性善论与民本思想的内在机制、儒家心性论与性情论、天命观以及道家的思想倾向五个方面对《尚书》与思孟学派的关系进行了比较性研究。现将本书的观点综述如下:

第一,儒家的道统观念早在《尚书》中就有了,禅让的圣王之链由尧、舜、禹所组成,父传子继的圣王之链由周太王、王季到文王、武王、周公、成王等组成。思孟学派继承并论证了这两个传统的正确性,但他们骨子里是渴望禅让制的。

第二,性善论的思想萌芽于《尚书》,而且基于性善论所构建的善性下降于天,人受命于天,最后又下学上达,天人冥合的理论形态正在逐步形成。但是,孟子发展了《尚书》的性善论思想,并且以之作为仁政的人性根据,将其与民本思想结合起来,形成了一个完备的机制。

第三,儒家心性论产生的社会根源是三代社会变革带来的德性要求导致的结果。《孟子》中的很多心性论概念都受到了《尚书》的启发。《尚书》与思孟学派在心性论上只有水平的高下不同,实无本质性的区别,虽然后者有极大的发展和提高。

第四,“德”这个范畴自古有之,是一个宗教性很强的概念。由《尚书》的“德政”到《孟子》“仁政”的转变有其必然的规律性。《孟子》“尽心、知性、知天”的提升过程也就是“大德”逐步扩展,最终实现“仁政”的过程。不过,这种思路早在《尚书》中就已经具备了。

第五,“道家思想”原本是孕育在儒家的母体之中的一种思想支流。《老子》受到了《尚书》的滋养。思孟学派从“克己寡欲”、“纯一之德(诚)”以及“光被四表,格于上下”三个方面继承和发展了《尚书》的道家思想。

第二节　孔子法律思想的哲学思考

在《论语·颜渊》中,孔子提出了"必也使无讼乎"(《论语·颜渊》)的思想,这是值得我们高度注意的。如果仅仅孤立地看孔子的这段论述,我们也许会得出孔子企图取消社会的法律制度,完全用"德"来统领世界的结论,与法家用"严刑峻法"、"以刑去刑",[①]达到长治久安有殊途同归之妙。这当然是一个误解,是一个没有全面考察孔子的思想及其与他所处时代的关系所产生的误解。但是,这个误解触及到了重大的理论问题,它为我们深入理解孔子的哲学思想和法律思想,提供了契机。

一

钱穆先生说,中国文化是建立在宗法制的基础之上的。所谓宗法制就是以宗族的血缘关系为纽带,重视宗族集团利益,维护家长、族长统治地位和世袭特权的组织制度。它是由氏族社会末期父系家长制演变而来,尤其是在夏、商、周三代加强奴隶主贵族对奴隶的统治,建立在井田制经济基础之上的政治制度。它以血缘亲情为一切思维、行为的出发点,"非我族类,其心必异"为其根本的社会认知原则。阶级斗争与种族歧视相结合,集团利益与个人利益相裹挟,表现在刑法上就显得极为野蛮、残酷。近现代以来,国外有一些书在讲到中国人的特征,并与之同国外的人进行比较的时候,往往都要说,中国人有时候具有非常残忍的一面,他们在排斥异己、打击敌人时所表现出来的行为是

---

① 《韩非子·内储说上》:"公孙鞅之法也,重轻罪。重罪者,人之所难犯也,而小过者,人之所易去也。使人去其所易,无离其所难,此治之道。夫小过不生,大罪不至,是人无罪而乱不生也。一日,公孙鞅曰,行刑重其轻者,轻者不至,重者不来,是谓以刑去刑。"在这里,韩非子企图以国家的绝对权威来威慑民心,否定了社会道德的作用,否定了法律条文的客观实在性,视国家的权力为判断是非、丑恶的唯一标准。在国家权力没有受到任何限制、制约的时代,这种学说只可能导致视民如草芥,置人民于水火的恶果。

令人吃惊的。① 实际上,它直接植根于宗法制深厚的土壤之中,具有十分漫长的历史积淀,倒是以孔子的"仁学"和孟子的"善端"说为基础的人学思想,对这种根深蒂固的东西具有根本性的缓解,在中国历史上起到了极为重要的作用。

中国的夏王朝,已经具有了十分严密的宗法制度。在河南偃师二里头夏代都城遗址中,发现了一处大型宫殿建筑群基址,规模宏大,结构复杂,总面积达一万平方米,四周为廊庑式建筑,中为庭院和殿堂,其平面布局与后世的宗庙十分相似。经专家研究论定,这一宫殿基址是夏代宗庙建筑遗存。② 有宗法制,就必然有相应的种族迫害,这是毋庸置疑的。夏朝最著名的刑罚就是所谓"五刑",③除此之外还有象、流、鞭、扑、赎、④诸如夷族、斩杀、刖膑、黥刺、杖鞭,还有割残身体的酷虐肉刑劓、大辟⑤等,在当时都已经很普遍了。

商朝"邦畿千里","重作汤刑",继承并发扬了夏朝的传统,"战俘奴隶、债务奴隶和因罪为奴者激增,大量奴隶被统治者随意屠杀,或用作祭祀的牺牲,或为主人殉葬,动辄数十,甚或上千。如在安阳小屯侯家庄发掘的殷陵,5个大墓殉葬的奴隶就达 2000 多人,无头俯身及其他惨状的遗骸,都是奴隶制暴虐统治的见证。"⑥商朝在夏朝残酷的刑法基础上,又发明了"族刑"、"炮烙"、"醢"、"脯"、⑦"剖心"等酷刑。甲骨文中还有象征火上烧的被缚者和把人丢在臼中,用杵捣死的样子。其惨烈、残忍,不可以想象。

"殷因于夏礼,周因于殷礼。"(《为政》)礼是宗法制的副产品,继夏、商之

---

① 请参阅梁漱溟先生的《中国文化要义》。中国历代的宗族械斗和当代"文化大革命"中的武斗也是明证。

② 请参见北京大学历史系考古教研室商周组编著:《商周考古》第一章第四节,文物出版社 1979 年版。

③ "五刑"之谓,历来解释不一。《尚书·皋陶谟》释为:"大刑用甲兵,其次用斧钺,中刑用刀锯,其次用钻凿,薄刑用鞭扑。"

④ 《尚书·舜典》:"象以典刑,流宥五刑,鞭作官刑,扑作教刑,金作赎刑。"

⑤ 劓即割鼻子,大辟即死刑。

⑥ 薛梅卿主编《中国法制史教程》,中国政法大学出版社 1988 年版,第 15 页。

⑦ 《尚书》的《汤誓》和《盘庚》中有"乃有不吉不迪,颠越不恭,暂遇奸宄,我乃劓殄灭之,无遗育,无俾易种于兹新邑"的记载,亦即如果一人有罪,就要株连族人,斩草除根之意,即族刑。炮烙,即烧红铜格,下加炭火,使罪人走在铜格上,使他备受虐待,最后掉进火中烧死。醢,就是剁成肉酱;脯就是做成肉干。

后,周朝全面发展了礼,把它推向了极致,使之渗透到社会生活的各个方面。在西周时期,礼就是法,它确定了宗法等级关系的种种内容、典章制度和礼节仪式,集中体现了奴隶主贵族阶级的意志,具有极大的严肃性、强制性。与"礼"互为表里的是,周朝同样具有十分严密的刑罚惩治措施。不仅各种残酷的刑罚较夏、商更为繁杂(如死刑就有磬、斩、弃市、磔、膊、焚、轘、辜、碏、诛、刿、戮等),①而且把礼纳入了刑,"寓刑于礼""律出于礼"。例如,左(邪)道乱政者,杀;奴隶聚众互相往来者,戮;杀其亲者,焚;杀王之亲者,辜;不孝不友者,重刑不赦;改革礼乐者,处流刑;男女私通者,处宫刑;逃亡劫盗者,处膑刑;诬告、不讲道义,处墨刑;等等,直接把"礼"纳入了刑罚的范围,直接为维持统治集团的利益服务。

对夏、商、周的刑罚状况作这么一个简单的回顾,其目的就在于引导我们对孔子法律思想的崛起作一种历史的、发展的思考,开辟一条同情理解的路径。亦即,明确了夏、商、周三代以宗法制为内核,借助刑罚实行野蛮、暴虐的阶级、种族迫害的历史背景,我们就会清楚地看到,孔子的"无讼"思想不论从哪个角度上说,都是对以往法律制度的一个人本主义的矫正。通过这么一个特殊的视点,我们已经强烈地感到(下文将详论),孔子的社会政治学说、仁学、教育学、美学、诗学,特别是法学的理论建构,都是建立在总结过去,开拓未来,以人本主义、人道主义为其基本的背景和指导思想的,体现了他崇高的人民性。

<h2 style="text-align:center">二</h2>

孔子法律思想的本身,也是一种历史的产物,它不可能脱离历史土壤而存有,它只能是历史的继续和发展。在孔子之前,或与孔子同时,中国的人本主义,至少曾经掀起过两次引人注目的高潮:

第一次,是鉴于殷商的严刑酷罚,特别是商纣王滥施非刑,滥杀无辜,致使人民"如沸如羹","前徒反戈"的历史教训,西周统治者明确地认识到,要保证

---

① 磬,就是绞死、缢死;斩就是腰斩;弃市就是杀头于闹市;磔就是肢解尸体;膊就是去衣而磔;焚就是火刑;轘就是五马分尸或者车裂;辜就是磔刑的一种;碏、诛、刿、戮等都是各种各样的死刑。

国祚永久,长治久安,就不得不"以德配天","敬德保民","我不可不监于有夏,亦不可不监于有殷"(《尚书·召诰》)。一方面,从政治制度上、社会生活形态上,生产建设上,全面地实行宽松的政策。另一方面,全面地加强礼治,以礼代刑,先礼后刑,"寓德于礼","明德慎罚","德主刑辅","郁郁乎文哉",对中国社会的文明进程,起到了重要的推动作用。但更为重要的是,它从社会的内在结构深处奠定了一种人文滋养十分浓郁的土壤,掀起了中国人本主义思潮的第一个高峰。对此,我们从《诗经》大量感人至深、极富人民性的诗篇中可以强烈地感受到这种人本主义思潮的波涛声。

第二次,是随着平王东迁,周室渐趋暗弱,中国历史进入了春秋时代。春秋时代最重要的事件,是"井田制"为基础的领主经济走向崩溃,地主经济代之而起。诸侯们为了自我强大而开垦私田,奖励生产,充分地调动了每一个奴隶的主观能动性。因此,历史就在这里出现了"诸侯不朝"、"礼崩乐坏",天下豪杰各显神通、万马奔腾的局面。在人文思想界也由此而引起了前所未有的思考:

民之所欲,天必从之。(《尚书·泰誓》)

夫民,神之主也。是以圣王先成民而后致力于神。(《左传》桓公六年)

虢其亡乎?吾闻之,国将兴,听于民;将亡,听于神。神,聪明正直而壹者也,依人而行。虢多凉德,其何土之能得?(《左传》庄公三十二年)

吉凶由人。(《左传》僖公十六年)

天道远,人道迩。(《左传》昭公十八年)

在有远见的政治家、思想家的论述中,过去被奉为至尊之贵的"天"、"神",已经随着时代的发展而让位于人。形成了西周初年以来第二次人本主义思潮的高峰,成为春秋战国百家争鸣时代滚滚而来的先声。而孔子就正是在这种思潮的波浪中成长起来的,承前启后、继往开来,领导了百万后学的旗手!

人本主义是孔子思想的核心,也是其整个理论构架的基石:

君子务本,本立而道生。孝弟也者,其为人之本与?(《学而》)

道千乘之国,敬事而信,节用而爱人,使民以时。(《学而》)

> 人而不仁,如礼何? 人而不仁,如乐何? (《八佾》)
>
> 君子笃于亲,则民兴于仁;故旧不遗,则民不偷。(《泰伯》)
>
> 三军可夺帅也,匹夫不可夺志也。(《子罕》)
>
> 未能事人,焉能事鬼? (《先进》)
>
> 厩焚。子退朝,曰:"伤人乎?"不问马。(《乡党》)

我们现在可以根据大量史料断言,虽然孔子一直在强调要恢复周礼,但是,他在人本主义的思想上,相对于西周的统治思想来说,是有重大突破和发展的。他重视人生现实,而不语怪、力、乱、神,他始终把人的地位放在首位,以忠、恕的心情关注人民的疾苦,此其一;他身处于天下大乱、你争我夺的时代,而注重德性、仁义的修养,把人的主体修养看得比任何身外的富贵都重要,这在中国文化史上产生了极为重要的、积极的影响,此其二;他注重人性、人格的独立,追求个体精神的自由,而鄙视对官爵的人身依附,此其三。孔子的"无讼"思想正是在这样的语境下突显出来的。

三

像"仁"一样,"无讼"的理念在孔子的法律思想中,也是一个让人们不断奋斗的理想境界,它是一个可望而不可即,但是又无不随时鞭策着、鼓励着人们的辉煌目标。它是在人本主义的驱使下设计出来的一种与"大同"世界成龙配套的社会政治、法理思想,它引导出来的是全社会各个阶级的成员都在自己特殊的角度、立场上,以毕生精力进行道德践履、自我提升、自我完善的过程。

实际上,孔子从来都没有否定现实世界中的法律杀一儆百的社会作用,他担任鲁国司寇才七天,就杀了少正卯(《荀子·宥坐》),并且极力主张在"夹谷"会上"荧惑诸侯"的"优倡侏儒"处以"手足异处"的刑罚(《史记·孔子世家》)。作为一个官员,以果敢的手段维持社会运作的正常秩序,孔子的行动无可厚非。作为思想家的孔子,却从来不主张以"杀"为"政",他力主为政者以德正身,以道德的影响、教化来引导人民大众。这种论述在《论语》中是很多的:

> 子曰:"为政以德,譬如北辰居其所而众星共之。"(《为政》)

或谓孔子曰："子奚不为政?"子曰:"《书》云:孝乎惟孝,友于兄弟,施于有政。是亦为政,奚其为为政?"(《为政》)

林放问礼之本。子曰:"大哉,问! 礼,与其奢也,宁俭;丧,与其易也,宁戚。"(《八佾》)

季康子问政于孔子。孔子对曰:"政者,正也。子帅以正,孰敢不正?"(《颜渊》)

由此看来,孔子的"无讼"思想就是要通过德行教化,上行下效,创造一个民风淳朴、人心向善,不需要打官司的社会。因此,社会混乱,老百姓有人犯法,最终的罪过在统治者身上,上梁不正,所以下梁就歪了。用孔子的话来表达就是:"百姓有过,在予一人。"(《尧曰》)这种思想在后来的孟子、荀子那里都得到了长足的发展。毫无疑问,孔子的思想是深刻的,即便是在当今的中国,也具有明显的现实意义。

那么,如何调节德行教化与刑罚的关系呢? 孔子的论述也是相当精辟的:

子曰:"道之以政,齐之以刑,民免而无耻;道之以德,齐之以礼,有耻且格。"(《为政》)

季康子问政于孔子曰:"如杀无道,以就有道,何如?"孔子对曰:"子为政,焉用杀? 子欲善而民善矣。君子之德风,小人之德草。草上之风,必偃。"(《颜渊》)

孔子的根本目的是要在社会风气上尽力呵护老百姓的廉耻之心、淳朴之心,使他们居仁由义,处德里道,如此,则天下"无讼"矣! 要达到这样一种境界,首先就是要为政者以身作则,"其身正,不令而行。其身不正,虽令不从。"(《子路》)所以,历史地看,孔子的德政、孟子的仁政和荀子的隆礼,都是西周社会"德主刑辅"的升华。

但是,孔子的法律思想有它更为珍贵之处。这种珍贵之处就在于,它涵盖在"仁学"的总体框架之中,空前地给予了"人"以极大的爱心,给这种天地间最有灵性的动物,以发展、提升、完善的无限空间。因此,孔子"无讼"的法学思想,把人的主体性的扩充和弘扬放在了首位,给了人一个重要的、尊贵的地位。人靠自己的德行修养和后天努力,就可以自己操纵、掌握自己的命运。而韩非企图用"严刑峻法"、"以刑去刑"的法理思想去控制社会的安定,则是逆历史潮流而动,走进了视人如草芥的误区,它最终的结果,只能是"一介草民"振臂一呼,而天下影从,把短命的秦王朝埋葬在人民大众的愤怒之中。

第三节 郭店简《语丛·一》思想简论

在先秦的文献中,到目前为止,我们似乎还没有发现与郭店楚简原整理者命名为《语丛》的体例完全相同的文本。这四篇文献在表述方式上是富有特色的,甚至可以说是独一无二的。如果我们以相关典籍为参照,来探讨一下这四篇文献在整体结构和表述方式上的特性,那么,无疑对我们认识这四篇文献的价值,乃至把握整个郭店楚简的思想结构和思维方式,都是富有启示意义的。

一

郭店楚简的整理者说:《语丛·一》"及此后三篇的内容体例与《说苑·谈丛》、《淮南子·说林》类似,故将简文篇题拟为《语丛》。"①在认真考察了《说苑·谈丛》和《淮南子·说林》之后,笔者确信,这种说法是根本错误的。《说苑·谈丛》与《淮南子·说林》虽然也都是由一个一个的句段构成,但是,它们所包含的哲理之深刻、表达之精练,都远非郭店简《语丛》所能比拟。在语句表达的体例上,实际上也根本不同。因为前者的每一个句段中,往往明确地表达了一个思想,虽然哲理并不深刻,但却有简单的推理,务必要把话说透;而后者却仅仅是一个命题,虽然命题本身也往往显示出了命题的内容和思路,但是,基本上没有任何论证,它们都只是提出了一个问题,或者展示了一个还有待讨论的话题。我们现在不妨把《说苑·谈丛》中的句段不加选择地排列一些出来,与郭店简的相关内容进行一番比较:

1. 王者知所以临下而治众,则群臣畏服矣;知所以听言受事,则不蔽欺矣;知所以安利万民,则海内必定矣;知所以忠孝事上,则臣子之行备

---

① 《郭店楚墓竹简》,文物出版社1998年版,第193页。

矣。凡所以劫杀者,不知道术以御其臣下也。(《说苑·谈丛·一》)

2. 凡吏胜其职则事治,事治则利生;不胜其职则事乱,事乱则害成也。(《说苑·谈丛·二》)

3. 百方之事,万变峰出。或欲持虚,或欲持实。或好浮游,或好诚必。或行安舒,或为飘疾。从此观之,天下不可一,圣王临天下而能一之。(《说苑·谈丛·三》)①

《说苑·谈丛》的内容及体例基本上都像上面三条一样,它们是在叙述或告诉读者一件事情或说明推理一个思想观点,非常透彻、明确,用语并不精致,随意性很强,而且一说一大串。但是郭店简《语丛》的内容就不是这么回事了:

1. 凡物由望生。(《语丛·一》第1简)

2. 有天有命,有物有名。(《语丛·一》第2简)

3. 有命有度有名,而后有伦。(《语丛·一》第4、5简)

4. 有地有形有尽,而后有厚。(《语丛·一》第7简)

5. 有生有知,而后好恶生。(《语丛·一》第8、9简)

上述五条命题都像郭店简《语丛》中其他命题一样哲理深蕴。它们只是一些话题,到底是什么意思,作者并没有透彻地展开来论述。两千年后的我们,也就只好仁者见仁,智者见智了。例如"凡物由望生"这个命题是什么意思?笔者以为可以从三个角度来理解:第一,这是中国古人站在主体性的角度给物质的生成和存有下的一个绝妙的定义。第二,这是一个认识论命题,意为只有当人的主观意识投身到认识的对象之上,对象才能在主体面前显示出它存有的意义。这在《语丛》及郭店简的其他篇章中也可以找到佐证:"无物不物,皆至安,而无非己取之者。"(《语丛·一》第72简)第三,这是一个人生论命题,因为按《语丛》作者的诠释,还有"敬生于严,望生于敬,耻生于望"(《语丛·二》第3简)的命题。所以,这里的"望"本来就有"诚心诚意、虔敬专一地希望、追求的意思。"虽然笔者的上述诠释也许并不准确和充分,但是,即便是如此,我们已经感到了这些命题的内容实在是丰厚得很。很明显,这是《说

---

① 刘向撰,赵善诒疏证:《说苑疏证》,华东师范大学出版社1985年版,第425—426页。

苑·谈丛》和《淮南子·说林》无论如何都无法比拟的。

笔者要指出的是,既然整个郭店楚简都只是"东宫之师"教授太子的一套教材,那么,原题为《语丛》的这些文献,实际上就是老师准备给学生讲述(论述)的话题。它们可能有经典的根据,也可能只是"东宫之师"自己的体悟所得。反正,写在竹简上的"话题",都仅仅是没有展开论述的一个命题而已。唯其如此,把这四篇话题专辑题为《语丛》,就是一件值得商榷的事了。

二

既然这四篇文献本来就是话题专辑,那么其中的每一个命题,就都具有了命题的特征:言简意赅、意蕴深刻、富有哲理等,就不在话下了。

我们在这里要着重论述的是,由于这些话题的作者针对性非常强,完全是为了培养太子之用的,因此,四篇话题专辑在相对独立的前提下,又构成了一个整体。亦即,第一篇为总论,提纲挈领;第二篇专论人的性情、情欲,这是整个郭店简突出的地方;第三与第四篇为形而下的生活、道德、礼义之论。但是,每一篇独立的话题集却有突出重点,深得轻重缓急之三昧。拿《语丛·一》来说,整个结构的安排,深得思孟学派的精神,从天道灌注,由上而下,到仁、义、礼、智、圣、善等各种范畴的彼此摩荡,从人生而贵到主体与客体、我与物的关系,以及由此而引发的行为规范,可以说浑然一体,而又次第展开,有源有流,有因有果,有本有末,有始有终,富有内在的逻辑:

第一层,为天道由上而下的灌注:

"有天有命有物有名。"(第2简)

"有命有度有名而后有伦。"(第3简)

"有天有命有地有形有物有容有家有名。"(第12、13简)

"其知博,然后知命。"(第28简)

"知天所为,知人所为,然后知道,知道然后知命。"(第29、30简)

第二层,内外、物我之关系:

"凡物由望生。"(第1简)

"有生有知,而后好恶生。"(第8、9简)

"天生百物人为贵。人之道也,或由中出,或由外入。"(第18、19、20

简）

　　　　"由中出者,仁、忠、信。"(第 21 简)

　　　　"礼因人之情而为之。"(第 31 简)

　　　　"无物不物,皆至安,而无非己取之者。"(第 72 简)

　　第三层,仁与智、义与礼、圣与善、己与人、礼与行等各种范畴的来龙去脉:

　　　　"有物有容,有尽有厚,有美有善。"(第 15 简)

　　　　"有仁有智,有义有礼,有圣有善。"(第 17 简)

　　　　"德生礼,礼生乐,由乐知刑。"(第 24、25 简)

　　　　"知己而后知人,知人而后知礼,知礼而后知行。"(第 26、27 简)

　　　　"爱善之谓仁。"(第 92 简)

　　　　"有生乎名。"(第 96 简)

　　　　"丧,仁之端也。"(第 98 简)

　　第四层,生活、行动的指南:

　　　　"上下皆得其所,之谓信。"(第 66 简)

　　　　"察天道以化民气。"(第 68 简)

　　　　"父子,至上下也,兄弟,至先后也。"(第 69、70 简)

　　　　"不尊厚于义,博于仁,人无能为。"(第 82、83 简)

　　　　"察所知,察所不知。"(第 85 简)

　　　　"多好者,无好也。"(第 89 简)

　　　　"数不尽也。"(第 90 简)

　　　　"备之谓圣。"(第 94 简)

　　　　"食与色与疾。"(第 110 简)①

　　这种错落有致、次第展开的运思结构,实际上就是整个郭店简内容的缩影,抑或甚至就是思孟学派思想体系的缩影。如果果真如此,这种认识对于我们研究郭店楚简的意义就太大了。

三

　　但是,与《说苑·谈丛》、《淮南子·说林》相较,这四篇话题集的最大特点

---

① 《郭店楚墓竹简》,文物出版社 1998 年版,第 193—199 页。

还在于每一个命题本身在其表述方式上都具有独具一格的特色。它们受到过《论语》的影响，但是它们不记事；有似《墨子》的"经上"、"经下"一般深刻，但是其内容却远比"经上"、"经下"广泛。究其实质，笔者以为，这四篇话题集的作者精通《周易》、《易传》，与《中庸》非常接近。因为从总体上看，这些话题的结构从天到人，从里到外，从形而上到形而下，风雨薄施，阴阳大化，很有《中庸》的风范；从每一个命题来看，有因有果，有始有终，意蕴丰富而又连贯流畅，深得《周易》、《中庸》的精神。

下面就四个层次中有代表性的命题，予以粗浅的分析，以便于我们进一步了解这些话题特殊的表述方式。

第一，"有命有度有名而后有伦。"

"有命"，就是"命自天降"，有它的不可改变性，因为它是前定的，因此，我们只能尊崇它，掌握和顺从于它的存有规律，这就是"有度"，就是"中庸"之"至德"。有了"度"，我们才能真正在世界上找到我们每一个人的位置，是以"君子思不出其位。"于是便有了"名"。"名"是我们在世界上各自的定位，没有这种定位，世界就大乱了，它是人类社会赖以秩序、稳定的基本前提。有命有度有名，并且融而通之之后，方可有"伦"，伦理道德的规范是我们时时刻刻、须臾不能离开的东西，它并不是人们的杜撰，它有它深刻的天命支撑和皈依。因此，"父子至上下也，兄弟至先后也。"这是一种雷打不动的纲常结构，是我们每一个人都不得不尊崇的事情。这种一贯而下的结构，是在暗示，在生活中，我们事亲，就是养身，就是崇天，就是"反本修古"，就是仁的"下学而上达"。因果之中有递进，递进之中有包含，包含之中有突破、创新，细细品来，如行山阴道上，清风习习，令人应接不暇，回味无穷。

第二，"有生有知而后好恶生。"

"生"是"知"的条件，"知"是"生"的结果。有了"生"的生命前提，"知"才能成为可能。"生"是物质的实体，而"知"却是精神的超越，是对"生"的提升。只有具备了"知"的基本能力，才有可能唤起人的七情六欲，所好所恶的价值选择就由是而产生。人之好恶，是人的必然属性；没有好恶，人将不成其为人。因此，在郭店楚简中，人的性情一直是作者探讨的重心之一。重视人的好恶之情，就是重视人的性格、品位和精神的修养；而一个人的性格、品位和精神都是由他的"生",所限定了的一种命运折射。所以,这是一个情感、美学生发的命题,也是一个认识论与天命论的命题。"生"与"知"与"好恶"之间的互动,达到了彼此渗透、依持,有彼此推动、牵制的绝佳效果。

第三,"有仁有智有义有礼有圣有善。"

这是一组互为摩荡的范畴命题。"智"不能没有"仁"的支撑,"仁"也不能不通过"智"来显发;没有"仁"的"智"是狡诈,是阴毒、阴险,它们带给人类的是无穷无尽的灾难和无望;没有"智"的"仁"是愚昧,是无能,同样是无望,这种"仁"在君则为昏君,在臣则为盲从,它使人不成其为人。只有具备了以"仁"作为依托和支撑的"智",即"仁智",人们才有可能真正知道什么是"义"。"义"者内也,"礼"者外也;"义"外发而为"礼","礼"内涵而为"义","义"为内在的激励,"礼"为外在的威仪;没有"义",人就将没有内蕴,没有"礼",人们就不会各安其分。"有仁有智有义有礼"才会有"圣","圣"是"仁智义礼"的共同结果。"圣"是一种个人内心的超越功夫,而"善"则是内心的"圣"表现、体现于现实生活之中的行动和效果。没有"圣"的超越能力,就不可能把"仁智义礼"等各种美德化为善行,教化人民,移风易俗。把"圣"转化为社会的物质力量。因此,"仁、智、义、礼、圣、善"各种德行彼此交叉,彼此激励,彼此牵制的形态,导致的内在张力,一贯而出,从理论到实践,是一种看得见的效果。

第四,"食与色与疾。"

正常的食物,可以使人安身、强体,但是,吃得太好就会"思淫欲",使人"好德不如好色",吃得太多,淫欲过剩,则伤人的身体,对自己的道德修养也造成了巨大的损失;身体有疾,则饮食大减,性欲不佳,正常的生命都不能维持,美食如山,却不能进一口;美女如云,却只能望洋兴叹;遑论道德修养哉?故君子,食与色,不可不慎也! 这是一个中庸的、"度"的命题,是一个道德的命题,也是一个养生学的命题。但是,在食、色、疾的交错关系中,我们仿佛可以想见这个命题的背后,在思维方式上来讲,采用的综合性思维模式,从思想的源流上来讲,似乎有道家的影子。孟子并不反对"食与色,性也"的命题,但是,他同样提倡在进行道德修养的时候恰当寡欲,其理论的指向是"性情"的修养与提升,但是,郭店简《语丛·一》讨论的食与色,思想意图的指向却是养生学。可是,从上文我们已经知道,"食与色与疾"也可以是老师在讲授这个问题的时候所采取的一种教学方式,由身体之"疾"的警示来限制道德的放纵。所以,从这个命题本身来看,它似乎与道家思想更为切近;但是从《语丛·一》的整个文本来看,它似乎应该属于儒家的思想。

第四节　论《乐记》的理论紧张

从思想的主体来讲,《乐记》试图系统地表述孔子"志于道,据于德,依于仁,游于艺"(《论语·述而》)和"立于礼,成于乐"(《论语·泰伯》)的思想,是毋庸置疑的。但是,在传统经典口耳相传、不断释读的过程中,《乐记》经过了七十子裔与汉初儒士的改造,从而裹挟、涵化了原始儒家之外的很多思想资源,在发展和丰富孔子乐教思想的同时,也在很大程度上造成了理论上的紧张。刘鉴泉先生在其《道家史观说》一文中写道:"所谓儒者,大都不偏刚即偏柔,非中法家之毒,即受道家之风耳。"①这是一个值得我们认真考量的问题。

一

《乐记》的第一大理论紧张是"礼、乐、刑、政"并提。它明显是春秋时期孔子乐教思想的"正",到战国时期的"反"(指由荀子到韩非),再到汉初的"合",在思想上进行调和的结果。本来,这种"合"的融汇过程和调整功能是儒家意气风发、富有生命力的表现。但是,孔子是不讲"刑"的,他追求的是"无讼"(《论语·颜渊》)的德性境界;他也不在"刑"的基础上讲"政",他追求的是天人冥合基础上的"为政以德"(《论语·为政》)。在经历了战国时期剧烈的社会大动荡后,人们的性情世界发生了巨大的变化,"有悖逆诈伪之心,有淫佚作乱之事。是故强者胁弱,众者暴寡,知者诈愚,勇者苦怯,疾病不养,老幼孤独不得其所"(《乐记·乐本》),刑与政的结合对社会的管理来讲,是历史的必然趋势,在所难免,因此,《乐记》立足于新的理论基点,熔铸相关的内

---

① 刘鉴泉:《推十书》,成都古籍出版社1996年版(影印本),第33页。

容以适应新的时代，就成了很自然的事情。也就是说，《乐记》的真正意图，是要站在孔子"志于道，据于德，依于仁，游于艺"、"立于礼，成于乐"的立场上，对新时代的"乐教"思想进行一次整合，或者说，是要将孔子的这些思想进行一次新时代的诠释和改造。"礼、乐、刑、政，其极一也"之谓，在于通过礼与乐不离不流的修养，一方面帮助"刑"与"政"达到管理社会的目的，另一方面也可以化解"刑"与"政"所造成的社会矛盾，在思想意识上培养"协和于天地"的中和精神。

　　"礼、乐、刑、政，其极一也"的理论基础是《乐记》形上与形下两个层面组成的人性论。可是，在笔者看来，"人生而静，天之性也"与"夫民有血气心知之性，而无哀乐喜怒之常"的划分方法实际上有违原始儒家至奇至常，在寻常之中见超越，在凡庸之中见天道，下学上达、上下一贯的思维路向，有违孔子"性相近"（《论语·阳货》）和孟子"性善论"以天命观为背景的整体理论构想。孔子"性相近"的意思是，人性都有上承天命而先天性存有的善质，是天赋予人的人之所以为人者。孟子的"性善论"发扬了孔子的天命思想，以仁义礼智为四端之性。所以，在孔子、孟子的话语系统中，"血气心知"均属于"情气"的范围，是人的后天教养所形成的差别，这就是孔子的"习相远"，（《论语·阳货》）。知者，心之功能；心者，"形之君"、"道之工宰"（《荀子·正名》），是人认识、分析、把握万事万物及其规律的"知之体"，因此，它是后天之"智"，而不是先"天之性"。孟子以仁义礼智说人的天命之性，意在承孔子之志。它说明"在中国文化史上，由孔子而确实发现了普遍的人间，亦即打破了一切人与人的不合理的封域，而承认只要是人便是同类的、便是平等的理念。"[1]而"血气心知之性"之说，却有将孔子、孟子的人性论经验化的趋向，它的归结点是荀子的"性恶论"，至少是性善、性恶同时并存。这当然违反了孔子、孟子的天命思想，从而破坏了原始儒家天人一贯、物我一体的宇宙观、人生观所显发出来的和谐性。

　　所以，《乐记》把现实生活中显发为喜怒哀乐的人性都描述得十分丑恶，不离则流，不奸则诈，为什么呢？因为"夫物之感人无穷，而人之好恶无节，则

---

[1]　徐复观著：《中国人性论史》，台湾"商务印书馆"1969年版，第64页。

是物至而人化物也。人化物也者,灭天理而穷人欲者也"(《乐本》),如此,则极口腹耳目之欲,最终会导致天下大乱。于是,礼乐就成了维护社会稳定,防止丧德败性的重要手段:"心中斯须不和不乐,而鄙诈之心入之矣;外貌斯须不庄不敬,而易慢之心入之矣。"(《乐化》)礼乐刑政成为一个钳制社会、宰制人心的统治之网:"礼以道其志,乐以和其声,政以一其行,刑以防其奸"(《乐本》)。在很大的程度上来讲,法家的影子已经若隐若现,阳儒阴法的思维定式已经在事实上形成了。子曰:"道之以政,齐之以刑,民免而无耻;道之以德,齐之以礼,有耻且格。"(《论语·为政》)孔子的意思是,"礼、乐"属于"德"的范畴,与《乐记》中的"政"、"刑"实际上是不能并存的两个概念。但是,《乐记》的作者(们)却将它们在新的历史背景与时代环境中硬性地拼凑到了一起。表面上是发展了孔子,实际上也是修改,甚至葬送了孔子。

相对于《周礼·天官冢宰》之《舞师》、《春官宗伯》之《大司乐》、《乐师》、《大胥》、《小胥》等与"乐"有关的篇章始终关注天神、地祇、人鬼的祭祀活动,"乐以致其神"相比较,《乐记》更加关注人的性情,更加关注与人的性情有深刻联系的社会管理。前者充满原始儒家礼乐的宗教、祭祀气息,而后者在很大程度上加强了礼乐刑政的宰制力量。刘师培云:"三代以前之乐舞,无一不原于祀法。"①"祀法"之谓,实际上就是巫术、图腾式的祭祀活动,之所以称为"法",是因为在长期的祭祀活动中形成了一种习惯性的程式和制度。三代以前的乐舞,都是"鸟兽跄跄"、"凤凰来仪"(《尚书·益稷》),"百兽率舞"(《尚书·尧典》),模仿性、再现性很强,宗教的迷狂较为浓烈,而人的主体性又相当渺小、微弱,它是一种祈神、降神的活动。但是,郭沫若先生亦云:"大概礼之源起于祀神,故其字后来从示,其后扩展而为对人,更其后扩展而为吉、凶、军、宾、嘉的各种仪制。这都是时代进展的成果。愈望后走,礼制便愈见浩繁,这是人文进化的必然趋势,不是一个人的力量可以把它呼唤得起来,也不是一个人的力量把它叱咤得回去。"②在孔子那里,关于礼乐的界定是以中和之美为其本质的。但是,在孟子那里,"礼"的各种仪制受到了挑战。此后,荀子矫

---

① 见《刘申叔先生遗书》第五十三册。现收入李妙根编:《刘师培论学论证》,复旦大学出版社 1990 年版。

② 郭沫若著:《十批判书》,东方出版社 1996 年版,第 96 页。

枉过正,把"礼"强调到了至高无上、无以复加的地步:"礼者,人道之极也。"
(《荀子·礼论》)置身于大一统的呼声逐渐高涨的战国晚期,荀子无法脱离他
的时代,因此他的诠释在很大程度上就不得不脱离孔子"和为贵"的古训,使
他的"礼"成为一种强制性的垂直统治手段,也是时势使然。但是,从荀子到
韩非、李斯的理论递延和社会的管理实践,毕竟是一个可怕的路向。所以,虽
然《乐记》始终提倡"清明象天,广大象地,终始象四时,周还象风雨"的中和之
美,天地之德,但是,由于它的理论体系是建立在"夫民有血气心知之性,而无
哀乐喜怒之常"的现实基础之上的,因此,它裹挟了战国时代以来思想潮流的
印迹,法家宰制人心的倾向在《乐记》中得到了基于人性论理论体系的支持,
《周礼》中"乐以致其神"的高远、神秘、虚无和原始的激情实际上已经在现实
的人性层面丧失了。如果说《乐记》果真成书于汉代初年,那么,《乐记》的这
种理论向度正好与汉代初年的政治理论界批判秦始皇而又吸收秦始皇的状态
是一致的。

另外,孔子的哲学是"下学上达","成人成己",因此,"立于礼,成于乐"
就是"成于天"。但是,毕竟什么是"天"? 天从何而来,向何而去? 寻根问底,
在《乐记》的文本中,实际上是问不出个所以然来的。在儒家看来,夺天地之
造化、养万物之灵气、会五行之精神的人只要以天地为大父母,以父母为小天
地,心怀孝道,"仁民而爱物",认真践履,顺其自然,就可以达到天人合一的境
界。但是,子墨子"问于儒者曰:'何故为乐?'曰:'乐以为乐也。'子墨子曰:
'子未我应也。今我问曰:何故为室? 曰:冬避寒焉,夏避暑焉,室以为男女之
别也。则子告我为室之故矣。今我问曰:何故为乐? 曰:乐以为乐也。是犹
曰:何故为室,曰:室以为室也。'"(《墨子·公孟》)原始墨家与儒家是有师承
关系的。《淮南子·要略》云:"墨者学儒者之业,受孔子之术,以为其礼烦扰
而不说,厚葬靡财而贫民,服伤生而害事,故背周道而用夏政。"可见,儒、墨两
家本来有一个由师承到分崩离析的过程。子墨子的问题在于没有认识到人之
所以为人的形而上学的价值层面,因而认为儒家的乐是没有什么社会功用的。
这当然是指的以孔子为核心的原始儒家。但是,我们在《乐记》中看到,"乐"
的社会功用明显加强,它不仅可以"教民平好恶而反人道之正",而且可以官
天地,治人伦,移风易俗,"礼乐刑政,四达而不悖,则王道备矣"(《乐本》)。

因此,《乐记》明显从反面吸纳了墨家"可用"即"善"(《兼爱下》)的思想,乐的社会作用已经明显提高。从《墨子》的文本来看,一开始,墨家与儒家还有一些共同的话语,越到后来分歧越大,对儒家的批评完全没有接受;但是,儒家在猛烈批判墨家思想的同时,却又正在接受、涵化对方的批评。《乐记》就是一个明证。这是不是在中国学术史上,墨家之所以衰竭,儒家之所以兴旺的原因所在呢? 不过,坚持"无讼"、"德政"的孔子果真希望在礼乐刑政交相钳制的社会背景下发挥"乐"的现实功用吗? 老子云:"祸,福之所倚;福,祸之所伏,孰知其极?"(帛书《老子》第五十八章)这实在是一件两难的事情。原始儒家被后代学者所误读,所篡改,并且最终为专制主义所利用,其理论教训无论如何是值得我们高度注意的。

二

《乐记》立论的思想背景显然与《易传》和《中庸》有关,这是众所周知的。萧萐父先生云:"儒家产生以前,中国文化已历史地形成若干文化区,各自创建又互相汇合,已蓬勃发展数千年。儒家产生以后,虽曾列为'显学',实与并世诸家(如阴阳、墨、法、名、道等)并行,且互为采获。"[1]萧先生又云:"《易》、《庸》之学的理论内容多采自《老》、《庄》。"[2]笔者深究《易》、《庸》,认为萧先生的判断是正确的。不过,叙述起来并不是一个轻松的话题。由于孔子是一位"君子不器"式的人物,他并不认为自己已经独立门户,为儒家开山之祖。而且,老子也未必就自诩为"道家"。所以孔子与老子在文化的资源上是共享的,关注的社会问题也是共同的。孔子不言"性与天道",并不等于孔子不研究性与天道。长沙马王堆的帛书《易传》已经证明了孔子曾在晚年长期研究《易经》,并且形成了传世本《易传》的思想主体。

冯友兰先生在其《中国哲学简史》中谓,《易传》的理论体系构成了儒家与道家完全不同的形上学、宇宙论的基础。[3] 但是,笔者深以为,问题似乎并不那么简单。从形上学的角度上来讲,《乐记》的根本精神在于指出了"人生而

---

① 萧萐父著:《吹沙集》,巴蜀书社 1991 年版,第 131—132 页。
② 萧萐父著:《吹沙二集》,巴蜀书社 1999 年版,第 95 页。
③ 冯友兰:《中国哲学简史》,北京大学出版社 1996 年版,第 147 页。

静,天之性也",君臣、父子、夫妇都是"天高地下,万物散殊","流而不息,和同而化",自然而然所形成的结果。如果人们违寒暑之时,风雨之节,"感条畅之气而灭平和之德"(《乐言》),则伤世无功,狱讼益繁而天下大乱。因此,《乐记》始终坚持孔子"礼,与其奢也,宁俭;丧,与其易也,宁戚"(《论语·八佾》)的道路:"乐至则无怨,礼至则无争。"(《乐论》)与《易传》"易简而天下之理得"的思想完全一致,追求的是"道"的整合与圆融。

这个"道"当然是被改造过的儒家的"道",是一种生生不息的"乾元"之"德":"地气上齐,天气下降,阴阳相摩,天地相荡,鼓之以雷霆,奋之以风雨,动之以四时,煖之以日月,而百化兴焉。"(《乐礼》)从《乐记》的整个文本来看,它试图强调人是宇宙的一部分,与宇宙相续相连,不仅礼乐与天地是一个整体,人与天地也是一个整体,因此,人与宇宙合同化一,无阻碍,无怵惕,一切都是自然而然的显发。《乐记·师乙》"上如抗,下如队,曲如折,止如槁木,倨中矩,句中钩,累累乎端如贯珠。故歌之为言也,长言之也。说之,故言之;言之不足,故长言之;长言之不足,故嗟叹之;嗟叹之不足,故不知手之舞之,足之蹈之也"就是"大乐与天地同和"的至高境界,其中充满了生生不息、大化流行的天道之美,终其极,仍然是回归自然而然的"天之性",也就是儒家人道与天道的统一。

但是,不论是孔子的"性相近",还是孟子的"性善论",应该说,都没有先天之"静"的向度。很明显,这个"静"来自《老子》"致虚极、守静笃。万物并作,吾以观复"(第十六章)、"不欲以静,天下将自定"(第三十七章)的"静"。我们似乎也可以把《乐记》中的这个"静"理解为依托于《易传》的"静",也就是"万物资始,乃统天"、"刚健中正,纯粹精也"的"乾元"之"静"。但是,从《乐记》的整个文本来看,它的路径是由礼乐而鬼神,由鬼神而天地,由天地而道,最后不得不归于"无"。因为它在美学上依托于"天之性"的"静"是由"朱弦而疏越"、"尚玄酒而俎腥鱼","大乐必易,大礼必简"的途径达到的,所以这个"静"就依然与《老子》"无名之朴"的"静笃"十分接近。

不过,话要说回来,上引《老子》第十六章中的"静"是以静制动,静为躁君,是为了更大的"动",而且"万物并作,吾以观复"与《易传》的精神是没有两样的。换言之,《乐记》在思想的主体上,始终没有摆脱道家的阴影。它要通过易、简之德的修养，反古复始，"大乐与天地同和，大礼与天地同节"，协和于天地之性。换一个角度，我们也可以说它是《老子》的归真返朴。先秦儒家的初衷可能还是想涵化道家的思想资源，拿来为我所用，但是，从《乐记》的理论实践来看，道家思想以一种文本结构的形式，以一种思维的方式左右了《乐记》解决问题的出路，特别是其中的形上境界和理论归宿，最终只能是道家的虚无之静，而不是儒家的差等之爱。道家的虚无之静是从形而上的层面上说，儒家的差等之爱是从现实的修为上说，它们本来是不存在矛盾的。抑或，中国学术最理想的状态本来就是儒家与道家的整合，而不是各执一端，所以，《老子》中的"静"实际上也有它生机盎然的话语背景，并不是僵死的"静"。《老子》第十六章中的"静"是落脚到"复"字之上的。在这里，"静"虽然是"虚"，是"笃"，但是，它依托于"道"，具有大、逝、远、返的路向，它可以生养万物，因而"万物并作"。它有两个最重要的特点：第一，"复"；第二，"和"。深究《乐记》的文本，我们实在不能说《乐记》之"静"中没有这两种根本性的精神。不过，《乐记》与《老子》有根本的不同。《老子》追求的是"无为"："道常无为，而无不为。侯王若能守之，万物将自化。化而欲作，吾将镇之以无名之朴。无名之朴，夫亦将无欲。不欲以静，天下将自定。"完全否定人后天的现实修为。而《乐记》则强调通过长期的礼乐锤炼，由生疏到熟练，由乖戾到和谐，超越礼与乐之"不离不流"的数度，反复修炼，"如切如磋，如琢如磨"（《礼记·中庸》），最后抵达"累累乎端如贯珠"的自由境界。不过，无论如何，这仍然是一个深究不得的问题。因为，"累累乎端如贯珠"之后怎么样？其必曰"大乐与天地同和，大礼与天地同节"。而天地之性是"静"，礼乐之"情"是"易"与"简"。"易"要易到什么程度？"简"要简到什么地步？它与《老子》的"大音稀声"之"朴"到底有多大的距离？所以，必须要深究到底，答案就只能有一个，那就是先秦原始儒家与原始道家，不仅在资源上共享，而且在理论的归宿上也是一致的。既然如此，儒家哲学在一定程度上就成了道家哲学的一个注脚。

以这样的逻辑推之，道家哲学是"天之物生于有，有生于无"（《老子》第四十一章）的"无"，儒家哲学是"有生于无"的"有"，儒家哲学完全比道家哲学低了一个层面。但是，刘止唐先生在其《子问》一书中引苏东坡云："人皆入世,出世者谁? 人皆出世,世谁为之?"①在人类的哲学世界里,我们不可能没有"有"的、积极入世的哲学。《乐记》讲"事与时并,名与功偕"(《乐论》),就是隐含了《易传》"与时偕行"的深刻道理。如果把老子的哲学推到极致,就是不出户,不窥牖,"损之又损,以至于无"(《老子》第四十八章),进而再发展到《庄子》形如槁木,心如死灰,"堕肢体,黜聪明,离形去知",等是非、齐生死。从形而上的角度上来讲,这未必没有道理,而且有的时候还很深刻;但是,如果我们的现实世界真成了庄子所描述的这个样子,那么,人类的一切物质与精神的文明就没有存在的必要了。因此,儒家吸收、涵化,尤其是改造道家的哲学就是完全有必要的事情了,是对中国文化的一个重大的发展。

丹麦哲学家克尔凯郭尔(Soren Aaby Kierkegaard 1813—1855)在《人生道路的各种阶段》中把人的生命过程划分为三个不断递进的境界,即审美境界、道德境界和宗教境界。审美境界指感性境界,以感性需求为中心;道德境界指理性境界,承担义务与责任;宗教境界是忘我与献身。从《乐记》"乐者,音之所由生也,其本在人心之感于物也"的初级阶段来讲,它是一种感性的情感激发,"感于物而动,故形于声。声相应,故生变;变成方,谓之音。比音而乐之,及干戚、羽旄,谓之乐"(《乐本》),这是审美的阶段。《乐记》之"乐者为同,礼者为异。同则相亲,异则相敬。乐胜则流,礼胜则离。合情饰貌者,礼乐之事也",礼与乐彼此牵制,不离不流,使审美主体相亲相敬的状态,就是道德的阶段。其"清明象天,广大象地,终始象四时,周还象风雨,五色成文而不乱,八风从律而不奸,百度得数而有常,小大相成,终始相生,倡和清浊,迭相为经"(《乐象》)则描述的是富有神秘性的天人合一的境界,它实际上是人的一种特殊感受,带有强烈的宗教性,就是"忘我与献身"。根据上述萧萐父先生的说法,我们可以知道,如果没有吸纳道家的思想方法,儒家不可能达到这三个境界的圆满。

它山之石,可以攻玉,这本来是无可厚非的,问题在于,《乐记》是否真正妥善地处理了"有"与"无"的关系?"有"要"有"到什么程度? 是不是一定要"有"到"礼乐刑政,四达而不悖"? 以至于成为专制主义的帮凶,被人所利用?

---

① 刘止唐:《子问》,成都乐善堂藏版,光绪丙戌重刊,第15页。

"无"要"无"到什么地步？是不是一定要"无"到"朱弦而疏越"，"尚玄酒而俎腥鱼"，并且达到"无怨"、"无争"、"暴民不作，诸侯宾服，兵革不试，五刑不用，百姓无患，天子不怒"的境界，最后干脆就是"大音稀声"之"朴"？这确实是一个值得我们深思的问题。

总之，《乐记》作为一部较为全面地反映了孔子乐教思想的经典著作，具有别的经典无法替代的重要地位。但是，由于它流传于周秦之际，成书于汉代初年，各种复杂的思想掺杂其间，在很大程度上影响了思想的精纯。因此，立足于经典的实际，从学派的源流、文本的学理上探讨其思想上的差异，就是一件必要的事情了。

第五节　上博简第五册学术价值考论

《上博简》第五册总共九篇文章，虽然它们的思想并不精纯，但是基本上可以认定，儒家思想是贯通始终的主流。这为我们站在先秦儒家发展的脉络上来考察这批文献的学术价值，提供了便利。本书试图依据简文所反映出来的实际思想，站在原始儒家精义的角度上，对本册文献的学术价值进行评估，从而纠正当今学术界的一些误解。

一

在《季康子问于孔子》一文的《释文考释说明》中，濮茅左说：

本篇廓清了历史上孟子、董仲舒等的误传。齐宣王曾问孟子："齐桓、晋文之事可得闻乎？"孟子说："仲尼之徒无道桓、文之事者，是以后世无传焉。臣未之闻也。"（《孟子·梁惠王上》）孟子认为"五霸者，三王之罪人也"（《孟子·告子下》），董仲舒对江都易王也说："《春秋》之义，贵信而贱诈。诈人而胜之，虽有功，君子弗为也。是以仲尼之门，五尺童子言羞称五伯，为其诈以成功，苟为而已也，故不足称于大君子之门。五伯者，比于他诸侯为贤者，比于仁贤，何贤之有？"（《春秋繁露·对胶西王越大夫不得为仁》）本篇孔子直接引用齐桓、晋文两霸主谋管仲与孟者吴

（孟子余）之言，赞赏他们的辅霸策略，并以此说服季康子，可见历史事实并不像孟子、董仲舒所说的"无道、桓文之事"、"五尺童子言羞称五伯"。《季康子问于孔子》是一篇难得的儒家佚著，是孔子晚年思想重要的组成部分，是我国儒学史上的重大发现。本篇内容，为我们研究儒学、鲁国史和春秋人物提供了可靠的历史材料，填补了春秋时代哲学、政治、法律、思想史等方面的缺佚，为我们探讨这些文献的本身及其影响开辟了新的课题。[1]

濮氏的表述是令人十分兴奋的。但是，笔者在认真研究文本之后发现，《季康子问于孔子》的实际内容与这些表述是相差很远的。换言之，《季康子问于孔子》一文在先秦儒家思想史上的地位远没有濮氏所说的那么高。

请看其中第十九简与二十简的内容：

> 降端以比，民之劝微，弃恶毋适，慎中以答大，疏言而密守之。[2] 毋钦远，毋诣移，恶人毋戕，好人毋贵；救民以亲，大罪则处之以刑，臧罪则处之以罚，小则詘之。凡欲毋狂，凡失毋危，各……

孔子确乎说过："敏于事而慎于言，就有道而正焉，可谓好学也已。"（《论语·学而》）又说："多闻阙疑，慎言其余，则寡尤；多见阙殆，慎行其余，则寡悔。言寡尤，行寡悔，禄在其中矣。"（《论语·为政》）子贡也说过："君子一言以为知，一言以为不知，言不可不慎也。"（《论语·子张》）曾子亦引《诗》云："战战兢兢，如临深渊，如履薄冰。"（《论语·泰伯》）都包含了"慎言"的思想。但是，《季康子问于孔子》"疏言而密守之"之谓，则完全违反了孔子学派"为政以德"的基本原则。况且孔子还说："唯仁者能好人，能恶人。"（《论语·里仁》）怎么可能说出"恶人毋戕，好人毋贵"的话呢？这与大象无形，深藏不露，玩弄权术的黄老之学倒是很接近。孔子云："道之以政，齐之以刑，民免而无耻；道之以德，齐之以礼，有耻且格。"（《论语·为政》）反对刑、政"齐民"，提倡德礼相依，是孔子的根本思想，也是原始儒家的基本出发点，然而在这里，却变成了"大罪则处之以刑，臧罪则处之以罚，小则詘之"，与孔子"无讼"（《论语·颜

---

[1]　马承源主编：《上海博物馆藏战国楚竹书》，上海古籍出版社 2005 年版，第 199 页。
[2]　陈伟教授读原释文"合"为"答"；陈剑读为"足"为"疏"。

渊》)的社会理想与道德境界产生了深刻的抵牾。而且"凡欲毋狂,凡失毋危"的表述中有《老子》"五色令人目盲,五音令人耳聋,五味令人口爽,驰骋畋猎令人心发狂,难得之货令人行妨"(《第十二章》)的影子。法家的"刑",儒家的"德"与道家的"去欲"在这里有融合的趋势。

早在司马迁的《史记·老子韩非列传》中就有证据显示,黄老道家之术最晚出现在公元前4世纪初期,①文字学家唐兰先生曾指出,《黄帝四经》的成书年代当在战国前期之末到中期之初,即公元前400年前后。历史学家杨宽先生也指出:

> 黄老学派产生于战国中期,流行于齐、韩、赵等国。它假托黄帝的名义,吸取《老子》哲学中"虚静"、物极必反等思想加以改造,形成一个重要的思想流派。战国中期的法家申不害和战国后期的法家韩非,都曾接受黄老学派的思想并加以发挥。②

所以,《季康子问于孔子》的撰写年代与下葬年代,绝不可估计得太早,笔者以为,绝是在黄老之学已经兴起,并且广为流传之后,也就是战国晚期的事情。所以,李学勤先生说:"估计上博简所自出的墓时代为战国中期偏晚到晚期偏早,简的书写时代也不出此限。"③我同意李先生的判断。

至于濮氏所云"本篇孔子直接引用齐桓、晋文两霸主谋管仲与孟者吴(孟子余)之言,赞赏他们的辅霸策略,并以此说服季康子,可见历史事实并不像孟子、董仲舒所说的'无道、桓文之事'、'五尺童子言羞称五伯'"之谓,也是不符合起码常识的。战国之际,合纵连横,各家各派策士(这里面也未必没有"儒分为八",指儒家后学)摇唇鼓舌,拉大旗作虎皮的事情比比皆是,假托孔子,引述管仲、孟子余,"赞赏他们的辅霸策略",以赢得诸侯的赏识,这是一点都不奇怪的。笔者以为,文献的注释与整理,不能脱离时代的背景,更不能脱离历史人物的思想主体。孔子是一位"朝闻道,夕死可矣"(《论语·里仁》)

---

① 《史记·老子韩非列传》:"申不害者,京人也,故郑之贱臣。学术以干韩昭侯,昭侯用为相。内修政教,外应诸侯,十五年。终申子之身,国治兵强,无侵韩者。申子之学本于黄老而主刑名。著书二篇,号曰申子。"申不害为"郑之贱臣",韩国灭郑国在公元前376年,所以,黄老之言最晚不会晚于公元前376年。

② 杨宽著:《战国史》,上海人民出版社1998年版,第498页。

③ 李学勤:《孔孟之间与老庄之间》,孔子2000网站,2005年8月1日。

的圣哲,怎么可能背离自己的"德政"主张,人云亦云,随波逐流提倡"霸道"呢?

二

《三德》与《鬼神之明》①都讲鬼神。在《论语》中,孔子最突出的一个思想就是"敬鬼神而远之"(《论语·雍也》),"不语怪、力、乱、神"(《论语·学而》)"未能事人,焉能事鬼"(《论语·先进》),充满了面向社会现实的理性精神,在先秦儒家的主体中,没有真正鼓吹鬼神的思想。在先秦儒家的主要典籍中,《中庸》提到过"鬼神":

> 鬼神之为德,其盛矣乎! 视之而弗见,听之而弗闻,体物而不可遗。
>
> 使天下之人齐明盛服,以承祭祀,洋洋乎如在其上,如在其左右。

但这里的"鬼神"指的却是阴阳之灵,为心性、灵觉微乎其微、交会于阴阳的状态,是感于天、化于地、施于人的性情功效。真正的先秦儒家典籍,在"鬼神"的问题上都只是点到为止,但是,上博简《三德》一文不仅讲天、地、人三才,讲"鬼神是佑"(第 20 简),而且还穿插其中,讲"明王无思"(第 1 简),天人感应,黄老无为的影子若隐若现。②

至为重要的是,上博简第五册的文章,整个行文的现实功利性超过了它的理论性,直接为统治集团服务,把王权看得至高无上。《三德》云:"仰天事君,严恪必信。"(第 15 简)《鬼神之明》又云:"昔者尧舜禹汤,仁义圣智,天下法之。此以贵天子。"(第 1 简)这些表述与孔子、曾子、孟子、子思子的政治哲学独立、自尊、自由的品格,民贵君轻的思想相去甚远。《三德》第五简的内容尤其引人注目:

> 不敢,毋谓之不然。故常不利,邦失干常,小邦则划,大邦过伤。变常

---

① 《鬼神之明》第 1 简有"昔者尧舜禹汤,仁义圣智,天下法之。此以贵天子"的提法,是值得注意的。第一,它已经有了"尧舜禹汤"的道统观念;第二,"仁义圣智"并提,绝是在思孟之后;第三,"此以贵天子",却又是思孟精神的反动。丁四新博士对《鬼神之明》有专论(待刊),认为它并不是整理者所说的墨家佚文。

② 笔者在本书初稿已经完成之后才读到山东大学文史哲研究院简帛学研究所的曹峰先生在武汉大学的简帛网上发表的《〈三德〉与〈黄帝四经〉对比研究札记(一)》,不过曹先生的观点正好是我的观点的支援。

易礼,土地乃坼,民乃天死。① 善哉善哉参善哉,唯福之基,过而改……
"变常易礼,土地乃坼,民乃嚣(天)死"其思想深处隐藏了一种反知识论的话语背景,它反对一切创新的机制与主观的努力,在思想体系上与《尚书》、《周易》、《大学》以来一以贯之的"苟日新,日日新,又日新"、"作新民",君子以自强不息的精神已经大不相同,违反了先秦原始儒家的"时中"发展观,代表了统治集团的既得利益,散发着腐朽的气息,已经成为社会的阻碍:

> 夺民时以土功,是谓稽,不绝忧恤,必丧其匹。夺民时以水事,是谓顺,丧怠系乐,四方来嚣。夺民时以兵事,是(谓)……(《三德》第16简)

除了日出而作、日落而息的耕种劳作外,整个社会已经停滞,已经没有任何的创造力了,社会不能做任何影响安定团结的事情了。表面上是在强调"民时",但是骨子里却是在维护"福之基"。这是死一样的沈寂与萧条,与原始儒家生气流行、於穆不已的精神已经形同霄壤。(如果我们把上面的这两段文字与奖励耕战的《商君书》、《韩非子》中的相关思想进行比较,我们就可以找到东方六国之所以失败、秦国之所以胜利的原因。这是题外话,笔者将另有文字论述。)

相对而言,上博简第五册中的文章多用韵语,而且在不同的简牍中句式长短不一,这说明这些文献为了传播而采用了朗朗上口、易于记忆的形式,换言之,它们只是流传于民间的通俗读物。这样一来,我们就有了以下三个方面的启示:

第一,虽然上博简第五册在思想上确乎从主体上遵从了原始儒家的思想内核,但是,它们绝不是理论原创时期的著作,充其量,最多只不过是对原创理论的改写或转述,是普及性读物,因此,它们的学术地位并没有简文的注释者所鼓吹的那么重要。对此我们必须保持清醒的认识。

第二,由于它们的时代相对滞后,随着历史的推进,社会的发展,俗世的儒学中已经掺杂了一些本来并非原始儒家的驳杂的思想。道家、墨家、法家、黄老之学等都进来了。导致这样的结果,一是先秦儒学体系内部有其自身的发展规律,有其不断反省、自我否定的逻辑;二是战国时期富国强兵的大势迫使

---

① 李天虹教授读"嚣"为"天"。

先秦儒学不得不实行自我的理论调整；三是战国时期的楚国传抄北方儒家文献时，肯定有地域性的变化与创新，反映了战国时期楚国思想界对各种相关理论的探索与重构。

第三，它们的作者应该都是一些打着儒家的旗号，折中于刑德、道法、黄老之间的俗儒，因而它们的读者也就相应的是以政界人士为中心的非专业人士，其人格的修养、理论的品位以及领悟的能力可能都是有限的。不过换一种思考问题的方式，我们也许会得出相反的结论，亦即，正是为了响应来自各方面的批评，①或者为了适应战国时期攻城略地的社会现实，以便使儒家生存、发展下去。

当然，这丝毫也没有否定这批竹简文献之学术价值的意思。笔者的意思是，这批竹简的学术价值也是比较明显的，至少要在以下三个方面予以重视：一是从中可以窥见战国时期先秦儒家学说的发展状态。二是从中可以发现先秦时期各家各派彼此渗透、互通有无的状态；其中特别是黄老哲学在先秦思想史上的地位，实在要使人刮目相看。三是战国时期楚国思想界有关政治哲学、宗教学、伦理学、人学等各个方面的思考。它反映了北方（齐鲁）以及东方（吴越）文化在古代楚国的这片土地上融汇的状态，为我们研究古代楚国的思想发展提供了富有价值的文献数据。

但是，总的来讲，《上博简·五》不是理论原创时期的著作，最多只是对原创理论的改写或转述，因此，我们不要高兴得太早，保持冷静，客观面对，才是我们目前应该保持的态度。

第六节　从韩非的《难言》、《说难》谈起

韩非的"孤愤"之文《难言》、《说难》所引发的问题是一个言论自由的问题。深究之，几千年来，这个问题实际上并没有得到人们的高度重视和深入研

---

① 太史公云："儒者博而寡要，劳而少功，是以其事难尽从；然其序君臣父子之礼，列夫妇长幼之别，不可易也。"（《史记·太史公自序》）

究,当然也就不可能得到根本性的解决。但是,笔者以为,这又不仅仅是一个言论自由的问题,而且也是一个政治理论所倡导的价值观的问题,是一个在现实之中政治体制怎样打造的理念问题,由于它终究涉及创新性人才是否能够脱颖而出的问题,因此,在我们目前的国际环境下,就更是一个事关中华民族伟大复兴的重大问题。

一

韩非在《难言》一文中列举了大量因为"至言忤于耳而倒于心","小者以为毁訾诽谤,大者患祸灾害死亡及其身"的人物史实:

> 文王说纣而纣囚之,翼侯炙,鬼侯腊,比干剖心,梅伯醢,夷吾束缚,而曹羁奔陈,伯里子道乞,傅说转鬻,孙子膑脚于魏,吴起收泣于岸门,痛西河之为秦,卒枝解于楚,公叔痤言国器,反为悖,公孙鞅奔秦,关龙逢斩,苌弘分胣,尹子穽于棘,司马子期死而浮于江,田明辜射,宓子贱、西门豹不斗而死人手,董安于死而陈于市,宰予不免于田常,范雎折胁于魏。此十数人者,皆世之仁贤忠良有道术之士也,不幸而遇悖乱闇惑之主而死,然则虽贤圣不能逃死亡、避戮辱者,何也? 则愚者难说也,故君子难言也。①

细细品味,可谓不寒而栗,令人发指! 对于这些"仁贤忠良"而言,他们面对社会不平不公的现实,无论如何不能保持沉默,因为他们具有社会的责任感、历史的使命感,但是抗议直言的结果却是万古同悲,几千年来,中国的仁人志士抛头颅洒热血,前仆后继,汇聚而成的是流不尽的"英雄血"。

可惜,韩非的《难言》、《说难》都只是试图提高"说"的水平,一方面希望游说者说的都是"至言",另一方面也希望当权者都是"圣贤"。韩非是一位智者,直面现实,他本身对所谓"至言"表示怀疑,因为世界上本来就没有十全十美的事物;对所谓"圣贤"也表示怀疑,对二者交接之后所产生的后果更不抱什么幻想,他说得很清楚:"度量虽正,未必听也;义理虽全,未必用也。大王若以此不信,则小者以为毁訾诽谤,大者患祸灾害死亡及其身。"(《难言》)

但是,韩非的理论体系中存在深刻的矛盾,度量正,"大王"为什么不听?

---

① 陈奇猷校注:《韩非子新校注》,上海古籍出版社 2000 年版,第52—53 页。

义理全，"大王"为什么不用？韩非在这个时候丧失了自己的主体人格，他不是像孔子孟子那样："君之视臣如手足，则臣视君如腹心；君之视臣如犬马，则臣视君如国人；君之视臣如土芥，则臣视君如寇雠。"（《孟子·离娄下》）而是把成功的希望完全寄托在"大王"的"圣贤"之上。问题在于，如果孔子孟子抱有这种幻想倒是情有可原的，因为，孔子孟子都在"大王"的来历上进行了十分深入的讨论，所谓的"大王"必须是社会道德的"圣王"，是人民的表率，否则，他就无权占据君主的要位。而韩非从来没有讨论过君主的权力是从哪里来的，从来没有怀疑过君主的权力的合法性，他的理论完全匍匐在君主的脚下。在《主道》一文中，韩非子将《老子》虚静无为的思想运用到他的政治哲学之中，给君主出谋划策：

> 寂乎其无位而处，漻乎莫得其所。明君无为于上，群臣竦惧乎下。明君之道，使智者尽其虑，而君因以断事，故君不穷于智；贤者敕其材，君因而任之，故君不穷于能；有功则君有其贤，有过则臣任其罪，故君不穷于名。是故不贤而为贤者师，不智而为智者正。臣有其劳，君有其成功，此之谓贤主之经也。

君主高高在上，而群臣却不知道他要干些什么，国家没有统一的明确目标，上上下下笼罩在恐惧之中，有功则是君王之功，有罪则是臣子之罪。在《说难》中韩非还讲了几个发人深省的故事，来描绘"大王"深不可测的心思：

> 昔者，郑武公欲伐胡，故先以其女妻胡君以娱其意。因问于群臣："吾欲用兵，谁可伐者？"大夫关其思对曰："胡可伐。"武公怒而戮之，曰："胡，兄弟之国也，子言伐之何也！"胡君闻之，以郑为亲己，遂不备郑，郑人袭胡取之。宋有富人，天雨墙坏，其子曰："不筑，必将有盗。"其邻人之父亦云。暮而果大亡其财，其家甚智其子，而疑邻人之父。此二人，说者皆当矣，厚者为戮，薄者见疑，则非知之难也，处知则难也。故绕朝之言当矣，其为圣人于晋，而为戮于秦也。此不可不察。

> 昔者，弥子瑕有宠于卫君。卫国之法，窃驾君车者罪刖。弥子瑕母病，人闲往夜告弥子，弥子矫驾君车以出。君闻而贤之，曰："孝哉，为母之故，忘其刖罪！"异日，与君游于果园，食桃而甘，不尽，以其半啖君，君曰："爱我哉，忘其口味，以啖寡人！"及弥子色衰爱弛，得罪于君，君曰：

> "是固尝矫驾吾车,又尝啖我以余桃。"故弥子之行,未变于初也,而以前
> 之所以见贤,而后获罪者,爱憎之变也。故有爱于主,则智当而加亲;有憎
> 于主,则智不当,见罪而加疏。

关其思忠心耿耿,却惨遭屠戮,卫君出尔反尔,更是让人莫衷一是,在此,韩非
没有进一步地深究游说者与君主之间之所以如此的原因,没有从政治体制上
来纠正这种畸形的关系,而是从游说者的角度提出了相应的要求:"故谏说谈
论之士,不可不察爱憎之主而后说焉。夫龙之为虫也,可柔狎而骑也;然其喉
下有逆鳞径尺,若人有婴之者,则必杀人。人主亦有逆鳞,说者能无婴人主之
逆鳞,则几矣。"(《说难》)从文章的结构来看,韩非说得似乎有一些道理,但是
到头来呢? 韩非最终还是没逃脱自己的一手好文章给自己招来的杀身之祸。
司马迁在给韩非写传记时,走笔至此,产生了强烈的共鸣,谓"余独悲韩子为
《说难》而不能自脱耳。"(《史记·老子韩非列传》)这是说,虽然韩非研究了
"说之难",总结了很多经验,但是终究没有摆脱悲剧的命运。韩非的死,正是
从一个特殊的角度证明,韩非的政治理论是一种不彻底的理论,其"循名实、
因参验"(《奸劫》)的认识论也是一种片面的方法论。

本来,韩非"以法治国"(《有度》)的理论是对儒家"父子相隐"、亲亲之爱
有可能产生的负面效应的尖锐批判,[①]对调动全国人民的积极性,富国强兵,
抵御强敌具有深远的意义。但是,他的理论是建立在君主与臣下对立、政府与
人民对立的基础之上的。韩非的"法"与我们现在所谓的"法"具有根本的不
同,它是绝对体现君主个人的"私法",是高悬在全国人民头上的一把利剑,是
对全国人民的天赋权利(自然权利)的践踏,是典型的只许州官放火、不许百
姓点灯的"法",这实际上是最大的"私",最大的"奸",最大的"邪",因为它最
终是对整个社会道德体系的毁灭。"威不贷错,制不共门"(《有度》),极大地
限制了广大官员的积极性,限制了人民群众的创造力,所以,国家在韩非的理
论指导下可以在短期内有较大的发展,但是绝不可能长治久安,因为君主"若

---

① 《韩非子·五蠹》云:"楚之有直躬,其父窃羊而谒之吏,令尹曰:'杀之。'以为直于君而
曲于父,报而罪之。以是观之,夫君之直臣;父之暴子也。鲁人从君战,三战三北,仲尼问其故,对
曰:'吾有老父,身死莫之养也。'仲尼以为孝,举而上之。以是观之,夫父之孝子,君之背臣也。
故令尹诛而楚奸不上闻,仲尼赏而鲁民易降北、上下之利若是其异也。"

电若雷"(《扬权》)的所作所为是纸包不住火的,因为它的根本问题是不知道什么是"人",人之所以为人的本质到底是什么。

二

任何一种政治理论,首先必须建立在人之所以为人的基础之上。这是任何国家、政府赖以成立的第一要务。法国哲学家笛卡尔说:"我思故我在。"可思想是要表达之后才有可能转化成为现实的力量,所以笛卡尔的话的实际意思就是"我说故我在"。换言之,如果没有独立思想的自由,没有表达思想的自由,出版的自由,批判社会现实的自由,人就不是人,那个相应的社会也就不是真正健康的、人的社会。

从事物的起源来讲,国家本来是人们自发地组织起来的一个社会形式,它的目的就是要充分地满足人们的生存需要,要最大限度地体现广大人民的根本意志,极大地维护和激发他们的创造性,从而实现他们的价值,以便推动社会前进。如果国家由于各种反人民的原因走向了这一目的的反面,它就必须"变置"(《孟子·尽心下》)。因为在孟子看来,这就是作茧自缚。从另外的一个角度上来讲,历史是在不断前进的,任何先进的思想都有衰落、变质的一天,因此就像一个正常的机体一样,任何国家都必须在思想上吐故纳新,为了保证整个社会的积极向上,始终保持先进的价值观和思想水平,它必须为所有的人提供一个可以自由表达言论、展示思想、批判现实的舞台和空间,否则这个社会就一定是笼罩在阴霾之中,充满了病态的萎靡。在这样的社会里,谈什么人才创新、管理创新、科技创新,都是不可能的。

在这样的社会里,首先是正义得不到伸张,一切都是当权者说了算,谁有权,谁有钱,谁就拥有真理。它的结果只能是社会的良心不断丧失,社会的道德意识逐步淡漠以至于毁灭,正所谓"强者胁弱,众者暴寡,知者诈愚,勇者苦怯,疾病不养,老幼孤独不得其所,此大乱之道也"(《礼记·乐记》)。其次,社会毫无创造力,一切庸才都如鱼得水,一切有贡献的人才都必然的不得好死。龚自珍所谓"牢盆狎客操全算,团扇才人踞上游"(《咏史》)正是描述的这样一种邪恶、昏暗、令人愤慨的状况。用者非所养,养者非所用,所以清代末年甚至出现了将军不像将军,教师不像教师,官僚不像官僚,连小偷都不像小偷的严重状态。第三,整个社会民心散乱,有似一盘散沙。国家没有国际的竞争力,社会更没有上进的心态,大家心灰意冷,什么未来,什么理想,什么希望,都成了掩耳盗铃的皇帝新装。

在人类社会的早期,特别是韩非所处的战国时代,诸侯各国以攻伐为尚,全国统一的趋势已经昭然若揭,作为对东方六国成败得失的总结,韩非顺应历史潮流,大力提倡将国家的权力集中在君主手中,对儒家所提倡的、往往无法"参验"的"为政以德"的理念进行了有效的补充与批判,本来是应该提倡的,但是,他的政治理论没有直面两个关键的问题:第一,君权是从哪里来的? 第二,国家的政权到底是建立在君主的"权术"之上,还是建立在人之所以为人的天赋权利之上?

在认真研读韩非的文本之后,笔者领会到,韩非认为君权的唯一来源是君主的"术"。也就是君主深不可测,"若电若雷"的"权术"。① 本来韩非的政治理论是法、术、势三者的组合,但是,君主的"法"是其"术"借助"势"而制造出来的御人工具,所以是君主为自己的一己之私制造了"法",而不是"法"产生了君权。在韩非的笔下,"势"也不能产生君权,但是"势"对一位善于因势利导的君主来讲,对一个因"术"而造"势"的"大王"来讲,它是君主一手制造出来,并且直接为它自己服务的社会保障。因此,在韩非的理论体系中,"术"是根本性的因素,在还没有获得权力的时候,君主要靠它来获得(准确地讲,应该叫"窃取")权力,在已经获得权力之后,君主又必须用它来保持、捍卫以及扩大自己手中的权力,因此,君权的唯一来源只能是"术"。本来,任何国家,任何时代,任何一个水平高超的政治家都不可能没有"术",都不可能不适当

---

① 《管子·法法》有云:"君之所以为君者,势也。"慎子也曾说:"势位足以诎贤者。"(转引自《韩非子·难势》)韩非却提出了不同的见解:"飞龙乘云,腾蛇游雾,吾不以龙蛇为不托于云雾之势也。虽然,夫释贤而专任势,足以为治乎? 则吾未尝见也。夫有云雾之势,而能乘游之者,龙蛇之材美也。今云盛而螾弗能乘也,雾醲而蚁不能游也。夫有盛云醲雾之势,而不能乘游者,螾、蚁之材薄也。今桀、纣南面而王天下,以天子之威为之云雾,而天下不免乎大乱者,桀、纣之材薄也。且其人以尧之势,以治天下也,其势何以异桀之势也,以乱天下者也。夫势者,非能必使贤者用已,而不肖者不用已也,贤者用之,则天下治;不肖者用之,则天下乱。人之情性,贤者寡,而不肖者众,而以威势之利,济乱世之不肖人,则是以势乱天下者多矣,以势治天下者寡矣。"(《韩非子·难势》)在《主道》、《有度》、《奸劫》等诸篇中,韩非始终是在阐述君主驾驭群臣的"术",是尊君强国的法宝。

地运用一些必不可少的政治手段，即便是在公开、公正、公平的民主政府里也概莫能外。但是关键是要摆正法、术、势的关系。

如果韩非在理论上真正地吸收先秦儒家的人学理论，在人格平等的思想基础上，以"君臣、朋友，其择者也"（《郭店楚墓竹简·语丛·一》第 87 简）的政治理念，一切依托于"法"，把"法"视为"法、术、势"的根本，把君主的权力获得、运作、扩大的过程，也彻底地纳入"法"的范围之中，那么，举国上下就真正建立了一以贯之的"以法治国"的正义原则。但是，恰好相反，韩非把"法"与"术"本末倒置了，以"术"作为国家的根本，"术"就成了国家最大的奸，最大的恶，因为君主一人"在深宫之中，而明照四海之内，而天下弗能蔽、弗能欺"（《奸劫》）的"大王"之"术"是怎么也玩不过所有的臣子的，其结果只能是"身死人手，为天下笑"（《过秦论》上），贾谊的这句话既可以说秦始皇，也可以说韩非。

韩非的第二个不应该回避的问题，就是人之所以为人的本质到底是什么的问题。他始终没有摆正君主与人民、政府与人民之间的关系。富国强兵对于人民来讲，对于任何一个国家来说，在任何时代，当然都是必需的，而且富国强兵的同时也一定能够相应地提高广大人民的物质生活水平，但是，问题在于，人不是牲畜，他们不可能在满足他们的衣食住行的生理需要的同时，丢掉他们人之所以为人的人格尊严。儒家所讲的博厚高明，悠久无疆，慎终追远的性命观照对他们来说同样是不能有丝毫忽视的。任何时代的任何统治者，都无权取缔、限制甚至践踏人民在精神上的自由选择。韩非理论的最大问题在于，把人民视为君主的奴才，国家掠夺的工具。萧公权先生云："韩非尊君抑民，可谓至极。"[1]正是就此而言的。任何一种不把人当人的政治理论，肯定是一种不能成立的理论；任何一个不把人当人对待的政府，也肯定是一个不得善终的政府。孟子云："桀纣之失天下也，失其民也；失其民者，失其心也。得天下有道：得其民，斯得天下矣；得其民有道：得其心，斯得民矣；得其心有道：所欲与之聚之，所恶勿施，尔也。民之归仁也，犹水之就下、兽之走圹也。故为渊驱鱼者，獭也；为丛驱爵者，鹯也；为汤、武驱民者，桀与纣也。"（《离娄上》）秦

---

① 萧公权著：《中国政治思想史》（一），辽宁教育出版社 1998 年版，第 218 页。

始皇采用了韩非的政治主张,并且实施到了具体的国家管理之中去,最后导致了"天下云集响应,赢粮而景从"(《过秦论》上)的陈涉、吴广起义,正说明了孟子论断的英明。从加强中央集权,建立统一国家政权来说,秦始皇毫无疑问是顺应了历史的潮流,但是,从人学的角度来讲,他却是实实在在地倒行逆施,铸成了人类历史上的重大错误。

先秦儒家云:"夫天生百物,人为贵。"(《郭店楚墓竹简·语丛·一》第18简)又云:"故人者,其天地之德,阴阳之交,鬼神之会,五行之秀气也。"(《礼记·礼运》)可见,人是一种充满创造力的神灵之物,他的言论是他的思想的显发。没有畅所欲言的自由环境,任何政府都不可能代表人民群众的根本利益。因此,从根本上保证人民有充分的言论自由,是政府的天职。否则,这个政府就肯定是一个霸道的、不合法的政府。而且,言论自由的问题,说到底也是充分调动人的潜力,激发人的创新能力的一个最为重要的途径。没有言论的自由,人民的创新能力肯定要大打折扣。

第七节　从"焚书坑儒"看当代儒家哲学研究的教训

秦始皇"焚书坑儒"为历代文人所诟病,各种史书均视秦始皇为中国文化的罪人。然笔者在细读先秦典籍,梳理当时各种思潮的来龙去脉之后,深以为,作为政治斗争的极端形式,"焚书坑儒"只是冰山的一角,在它的下面还有源远流长的波涛汹涌。它的发生是当时思想较量、政治斗争的必然结果,是历史发展的必然选择。因此,深入研究"焚书坑儒"的思想渊源及其影响,不仅对我们正确认识"焚书坑儒"的本质、正确总结先秦儒家哲学的得失具有重要意义,而且对我们当代新儒家思想的建设也具有不容忽视的启示作用。

一

翦伯赞云:"法家学说,始于申不害,而韩非发展之。其最早的渊源,则本于杨朱的学说,司马迁谓其归本于黄老,实为大谬。盖法家者言与杨朱的个人主义同为商人地主的意识。"①法家推崇君主集权而视人民为"刍狗",与杨朱之"拔一毛以利天下不为也"的思想是一致的,但是,说申、韩之学不是归本于黄老,实在有违文本事实。翦公没有把《老子》与《韩非子》进行系统的比较研究,是肯定的。萧公权似乎进了一步,云:"吾人若舍历史渊源而仅据思想之内容论,道法二家思想之相近者皮毛,而其根本则迥不相同。"②但是,笔者在深究《老子》与《商君书》、《韩非子》的文本之后,深以为:第一,萧公所谓"道"家是指的老子还是庄子,不太明确。这一判断如果是说庄子与法家的关系,倒似乎近切,因为老子与庄子在对待政治的态度上相去甚远;如果是说的老子与法家的关系,则十分不妥。故萧公的表述比较笼统。第二,《商君书》与《韩非子》骨子里都信奉老子的反知识论,商鞅的"不法古,不修今,法古则后于今,修今者塞于势"(《商君书·开塞》),韩非在其《主道》、《有度》、《扬权》、《孤愤》、《难势》、《五蠹》、《解老》、《喻老》等诸多篇章中,都无不表明了法家与老子哲学在思想渊源上的紧密关系。第三,在理论的结果上,老子与商、韩之间确实是有区别的,但是,他们都尊崇并且强化君权,都在为君主的专制集权出谋划策,却是确凿的事实。尤其是在指导君主玩弄"阴毒"的"御臣之术"方面,完全一致。所以,司马迁将老子与韩非在《史记》中合传,且谓韩非"喜刑名法术之学,而其归本于黄老",③实在是抓住了韩非思想的要害。

鉴于翦、萧二公的论断及其影响之巨,笔者以为有必要对儒、道、法的文本关系作一个系统的表述,并且从儒家与法家思想深处的矛盾以及秦国与东方六国的殊死较量之中来探究"焚书坑儒"的必然。儒家哲学脱胎于殷商时代的母体之中,由于它的历史文化土壤是中国先民由来已久的家族本位与亲亲之爱,因此,坚持刚健不息的入世精神就成了它的必然选择,当然,这也是中华民族赖以生存、赖以发展的必然选择。它在自本自根、自给自足的自然经济条件下,天然地形成了一整套人生哲学的道德信条和政治哲学理念。但是,由于儒家来自古老的文化母体,它所追求的是忠与恕,一以贯之,人之所以为人的道德圆满,始终坚持在天人合一的理论预设之中提升人的精神境,因此,在

---

① 翦伯赞著:《秦汉史》,北京大学出版社 1983 年版,第 88 页。

② 萧公权著:《中国政治思想史》(一),辽宁教育出版社 1998 年版,第 236 页。

③ 司马迁著:《史记·老子韩非列传》,中华书局 1959 年版,第 2146 页。

以攻伐为尚的春秋战国时代，它已经像一个古老的传说，被浮躁、功利的群体视为"博而寡要，劳而少功"①了。

先秦儒家自信自己已经找到了人学的真理，因此在以攻伐为尚的春秋战国时代并没有改弦更张的意思，独立寒秋，于是遭到了来自各个方面的猛烈批评。《老子》就首先发难。在先秦儒家的思想体系中，孝悌、孝慈为仁学的根本（见《论语·学而》），老子则针锋相对：

> 大道废，安有仁义。慧智出，安有大伪。六亲不和，安有孝慈。国家昏乱，安有忠臣。绝圣弃智，而民利百倍。绝仁弃义，而民复孝慈。绝巧弃利，盗贼无有。此三言也，以为文未足，故令之有所属。见素抱朴，少私而寡欲。绝学无忧。（《帛书老子乙本·道经》）②

老子不仅否定了孝悌、孝慈，进而否定了儒家的政治理想，而且还否定了儒家的知识论。原始儒家以"克己复礼"为"仁"，谓"一日克己复礼，天下归仁焉"。（《论语·颜渊》）但是，老子的批判不仅尖锐而且深刻："失道而后德，失德而后仁，失仁而后义，失义而后礼。夫礼者，忠信之薄也，而乱之首也。前识者，道之华也，而愚之首也。是以大丈夫居其厚而不居其薄；居其实而不居其华。故去彼而取此。"（《帛书老子乙本·德经》）把儒家的伦理视为社会道德衰败之后，社会思潮愚昧浅薄，华而不实的表现。

孔子一生对中国文化有极为重大的贡献，其中最突出的就是整理殷周以来的各种历史文献，《诗》、《书》、《礼》、《乐》、《易》、《春秋》，作为中国最具代表性的传世经典得以流传至今，孔子及其学派功不可没。之所以重视传统，重视历史的文化传承，是因为先秦儒家认为，人之所以为人，必须"慎终追远"（《论语·学而》），由父母而祖先，由祖先而神灵，由神灵而天人合一，"与天地合其德，与日月合其明，与四时合其序，与鬼神合其吉凶"（《周易·乾·文言》）必须从文化的传承开始。原始儒家的哲学思想和政治思想包裹在其宗教思想之中，但是，儒家的宗教不能完全称之为宗教，而是具有宗教性，具有宗教的特征和功能。原始儒家的宗教性主要体现了突出的理性和知识性。他们

---

① 司马迁著：《史记·太史公自序》，中华书局1959年版，第3289页。

② 本节所引用的《老子》文本均采用《帛书老子乙本》。请参见高明撰：《帛书老子校注·帛书老子乙本勘校复原》，中华书局1996年版，第466—478页。

认为,没有知识和理性作为基础,没有历史文化的传承,一切哲学与政治的思想都是脱离历史发展的轨迹和社会风俗的,因而不具有民众基础和现实价值。以孔子为首的原始儒家对传统古籍的整理和研究,正是原始儒家在文化观点上重视知识的集中表现,与此同时,孔子又"不语怪、力、乱、神"(《论语·述而》),排除"孝道"、"祖宗崇拜"、"人道天道"相续相连,天人冥合思想以外的一切"不纯洁"、"不圣洁"、脱离中华民族行为方式和思维方式的宗教崇拜。孔子的所谓知识,实际上就是以"孝道"为中心的"礼仪"制度和历史文化典章制度,其中当然也包括了其他的知识。应该说,孔子的态度是理性的。但是,老子的批判针锋相对:

> 不出于户,以知天下。不窥于牖,以知天道。其出弥远者,其知弥少。是以圣人不行而知,不见而明,弗为而成。为学者日益,为道者日损。损之又损,以至于无为。无为而无不为。取天下,恒无事,及其有事也,不足以取天下。(《帛书老子乙本·德经》)

老子对儒家的批判条条道路通罗马,最终都是归结到反知识论和统治之"术"上面来,既昭示了他自己"无为而无不为"的政治哲学思想,又迎合了各路诸侯的贪欲、专权之心,因此具有很大的诱惑性。至为重要的是,老子将先秦儒家的知识论与人的自然性情对立起来,从"五色令人目盲,五音令人耳聋,五味令人口爽,驰骋畋猎令人心发狂,难得之货令人行妨"抵达"民多利器而国家滋昏。人多智巧,而奇物滋起,法物滋彰,而盗贼多有。是以圣人之言曰:我无为而民自化,我好静而民自正,我无事而民自富,我欲不欲而民自朴"(《帛书老子乙本·德经》)。在老子看来,知识是丧德败性的罪魁祸首,是扰民的"异物",它一旦被人民所掌握,就成了人民对抗国家、挑战君权的"利器",因此,只有取消知识的传授,才可以轻松地达到国家"大治"的目标:

> 不上贤,使民不争。不贵难得之货,使民不为盗。不见可欲,使民不乱。是以圣人之治也,虚其心,实其腹,弱其志,强其骨。恒使民无知无欲也,使夫智不敢,弗为而已,则无不治矣。(《帛书老子乙本·道经》)

《老子》云:"天地不仁,以万物为刍狗。圣人不仁,以百姓为刍狗"(《帛书老子乙本·道经》)实在是老子自己的写照,《老子》的着眼点始终是统治者:"昔之得一者,天得一以清,地得一以宁,神得一以灵,谷得一以盈,侯王得一以为

天下正。"(《帛书老子乙本·德经》)这种极富煽动性的表述方式在奖励耕战、提倡君主专制的商鞅身上激发了无穷的灵感:

> 刑生力,力生强,强生威,威生德,德生于刑。故刑多则赏重,赏少则刑重。民之有欲有恶也,欲有六淫,恶有四难。从六淫,国弱;行四难,兵强。故王者刑于九而赏出一。刑于九则六淫止,赏出一则四难行。六淫止则国无奸,四难行则兵无敌。民之所欲万,而利之所出一;民非一则无以致欲,故作一。作一则力抟,力抟则强。……塞私道以穷其志,启一门以致其欲。(《商君书·去强》)①

"刑生力"是指统治者通过专制的手段强迫百姓专心于"耕战",归心于农,则"力生强"。威,畏也。畏生德,就是通过对刑法的恐惧而产生"德",以至于"无讼",这就是"德生于刑",也就是商鞅常说的"以刑去刑"。这种推理的方法与理路对孝公时代内忧外患的秦国来说确乎有明显的治国效果,但是,从普适性的法理来讲,确实是不可理喻。"六淫"指的是儒家的"六虱"(《商君书·靳令》云:"六虱:曰礼乐,曰诗书,曰修善,曰孝弟,曰诚信,曰贞廉,曰仁义,曰非兵,曰羞战。");"四难"指的是法家的严刑、峻法、力农、务战。把儒家的道德信条视为国家之"奸"、之"私",故止"六淫"而兴"四难",则国富兵强。这种旨在"作一则力专"的"穷其志"、"致其欲"思想明显是来自于老子"侯王得一以为天下正"的政治哲学理念。其践踏人权,陷人于"愚"的权术,有违人类的普遍常理,是反人类的。这种极端的"尊君抑民"②思想导致了商鞅非常极端的治国方针:

> 圣人不法古,不修今。法古则后于时,修今者塞于势。周不法商,夏不法虞。三代异势而皆可以王。故兴王有道,而持之异理。武王逆取而贵顺,争天下而上让。其取之以力,持之以义。今世强国事兼并,弱国务力守。上不及虞、夏之时,而下不修汤、武。汤、武之道塞,故万乘莫不战,千乘莫不守。(《开塞》)

老子的"知识论"在商鞅这里就发展成了一种反对继承一切古代文化的国家

---

① 本书所引用的《商君书》文本,均出自蒋礼鸿撰,由中华书局 1986 年出版的《商君书锥指》。

② 萧公权著:《中国政治思想史》(一),辽宁教育出版社 1998 年版,第 218 页。

行政管理方略。这种理念在一个没有任何制衡观念的专制极权主义的国度里,终究会导致类似"焚书坑儒"这样的暴行。事实上,据《韩非子·和氏》载,早在秦孝公、商鞅执政的时候,秦国就发生过"焚书"的事件,只是影响没有秦始皇闹得那么大而已:

> 商君教秦孝公以连什伍,设告坐之过,燔《诗》、《书》而明法令,塞私门之请而遂公家之劳,禁游宦之民而显耕战之士。

这是一条十分珍贵的史料。它说明,秦始皇的"焚书坑儒",在当时激烈的思想斗争中由来已久,是秦始皇"奋六世之余烈"的一个重要的部分,不是一起偶然的事件,是历史发展、思想斗争、政治军事较量的必然。因此,如果说秦始皇的"焚书坑儒"是中国文化史上的一次浩劫,那么,罪就不在秦始皇一人,至少道家的老子、法家的李悝、申不害、商鞅、韩非、李斯等很多人都难辞其咎,是思想史不断向前推进的时候,与秦国历代国君的整体国策密切相连,在特殊的时势下不可避免的结果。

二

但是,当我们努力克制"焚书坑儒"的暴行给我们的情感刺激而引起的反弹,平心静气,客观地分析、研究当时的史料,我们会惊奇地发现,"焚书坑儒"在富国强兵、抵御外侮(指东西南北各少数民族的侵扰)的政治形势下,实在是不得已的事情。

任何一种政治的理论,都一定有其相应的历史文化的传承,有它赖以生存、传播的现实土壤。原始儒家以孝悌、孝慈为"仁"之"本",并不是说,孝悌、孝慈就是"仁"。关于"仁",孔子在《论语》中从多个层面、多个角度进行了即时性的多种解释,就是重要的证据。所以,这个仁之本的"本"字,只是根源的意思,出发点的意思。先秦儒家的理路是,如果一个人对父母兄弟姐妹都不能献出一颗爱心,就更谈不上去爱世界上的其他人了,因此,"亲亲"是每一个人做人的第一步。但是,这只是一个起点,《郭店楚墓竹简·六德》云:"门内之治恩掩义,门外之治义斩恩。"(第30—31简,同样的表述还见于《礼记·丧服四制》)就是要人们彻底划清"亲亲之爱"与"天下为公"的界限。早在商周之际的青铜铭文中,祭祀"祖先"的内容远比祭祀"天"的内容多;而到了孔子,则一方面号称"吾从周",另一方面却从理论的实质上加大了"天"的分量,声称"大哉,尧之为君也!巍巍乎!唯天为大,唯尧则之。荡荡乎!民无能名焉。巍巍乎!其有成功也;焕乎,其有文章!"(《论语·泰伯》)把"天"推向了极端,推向了高于一切神灵之上的地位,只有"天"是无私的,只有"天"是普照人间万象的。因此,子思子说:"诚者,天之道也;思诚者,人之道也。"(《礼记·中庸》)把"天"看成了人提升精神境界的唯一标准。孔子在《论语》中甚至还说:"获罪于天,无所祷也。"(《八佾》)一切祭祀活动,都必须以尊崇"天"为前提。所以,相对于先秦诸子百家而言,"天下为公"实际上是先秦儒家最大的特点。

先秦儒家哲学最重要的内容是修身。《礼记·大学》云:"自天子以至于庶人,壹是皆以修身为本。"儒家的道德主体是通过"五达道"通向"三达德",三达德,《礼记·中庸》界定为仁、智、勇,也就是后来被子思子、孟子完善为仁、义、礼、智、圣的"五行"(见《郭店楚墓竹简·五行》与长沙马王堆的帛书《五行》)。它是在"亲亲之爱"的基础上扩而充之"老吾老以及人之老,幼吾幼以及人之幼",在孟子看来,只有这样,人才能成长为圣贤,才能够去管理国家:"天下可运于掌。"(《孟子·梁惠王上》)孟子又说:"尽其心者,知其性也。知其性,则知天矣。存其心,养其性,所以事天也。殀寿不贰,修身以俟之,所以立命也。"(《孟子·尽心上》)尽心、知性,参赞天地,进而知天;存心、养性,至诚动天,进而事天,由浅显而博厚,由凡俗而高明,由近切而悠久,逐步提升,层层递进,抵达"善、信、美、大、圣、神"。这是一种典型的境界哲学,把人之所以为人者视为一种逐步完善的过程。

先秦儒家的政治哲学也是由这一基本的人学理论自然延伸而成的。换言之,先秦儒家认为,只有在自身修养的过程中,通过尽心、知性达到了知天,通过存心、养性达到了事天的人,才能够"上下与天地同流",完全超越自己的一己之私,己立立人,己达达人。只有这种人才能够担任国家的君主,因为只有他们才能够"匍匐救民"(《上海博物馆藏战国楚竹书·二·民之父母》第9简,同样的表述还见于《礼记·孔子闲居》、《孔子家语·论礼》),成为民之父母。孔子曰:"政者,正也。"(《论语·颜渊》)这个命题有三层含义:第一,君主作为国家的首领,必须是道德的表率,甚至是哲学的圣王,否则不足以化民。

孔子曰："子帅以正,孰敢不正?"(《论语·颜渊》)又曰："无为而治者,其舜也与! 夫何为哉? 恭己正南面而已矣。"(《论语·卫灵公》)此之谓也。第二,整个国家的行政体系应当是一个以仁、义、礼、智、圣为追求目标的道德教化体系,因此"君主"是第一教主。他是历史文化传承的结晶,是各种美德的渊薮,所以在这样的语境下,整个社会就是一个不断提升道德境界的奋进过程。第三,全国上下,人学、政治学一以贯之,上行下效,无刑、无狱、无讼。"正",是儒家理想王国中最高的理想。

孟子引用《尚书·泰誓》曰："天视自我民视,天听自我民听。"(《孟子·万章上》)把人民群众的意志视为"天",并且直谓"民为贵,社稷次之,君为轻"(《孟子·尽心下》)。所以,先秦儒家的政治哲学极端重视君权与人民的关系,极端重视君权的合法性,先秦儒家的经典作家在各种经典中花费了大量的篇幅来论证君权是从哪里来的。尤其是,他们并不仅仅只是注重君权的来历,而且更为注重君主在执政期间的表现,明确提出"四境之内不治",使人民饱受"倒悬"之苦的君主就是"残"、"贼",就应该"变置",因此,武王伐纣就是替天行道,"贼仁者,谓之'贼';贼义者,谓之'残',残贼之人,谓之'一夫'。闻诛一夫纣矣,未闻弑君也。"(《孟子·梁惠王下》)

而依托于商人地主集团的商鞅却认为,国家是不需要依托于人民的,只需要依靠自上而下的严刑峻法。他也强调"德",但是,这个"德"并不是人之所以为人的主体自觉,而是"德生于刑",是严刑峻法使人生畏,去掉一切主体性、独立性的自我意识(这被法家称之为"私学"),归心于农,专力于战,"弱其志,强其骨",一心为了专制君主的"公",就是最大的"德"。很明显,这种所谓的"德"是恐怖主义的结果,而且是抽掉了人的主体精神之后,把国民改造成为国家的工具,以牺牲全国人民的意志来烘托、强化、突出专制君主一个人的意志。这当然是一种反人类的哲学。

现代法学中的"法"是保护无辜、约束犯罪,以维护人之所以为人的自由、平等、生命、健康、财产等自然的权利不受侵犯,而法家的"法"却完全是维护君主专制的利益,它只对专制君主一人负责。因此,从现代法学的角度来讲,秦国在法家的理论指导下对人民执行严刑峻法的同时,其本身就是在犯罪。至为重要的是,法家的政治哲学中始终没有讨论过"君权"是从哪里来的,既不说它来自于"天",也不说它来自于民。在《韩非子》的原始文本中,君权来自两个方面,在没有取得之前,讲的是"霸术";在已经取得之后,讲的是"权术"。在这样的国度不可能有真正的公正,不可能有代表公正的"法",更不可能建设一以贯之的道德体系。

这么说来,是不是先秦儒家的政治哲学就是十全十美了呢? 不是的。实际上,笔者以为,先秦儒家存在着根本性的缺陷,而且这也正是"焚书坑儒"的大灾难之所以发生的原因。第一,儒家的修身之学是非常重要的,任何社会,任何时代,不论对天子还是庶人,都是有必要的,但是到底何以判断一个人有德还是无德? 在实际的操作中很难规定每一位社会成员都能接受并且执行的客观标准。在纷繁复杂的社会里,人性的表现千奇百怪,人们众口一词共同称道的人,未必就有一颗端正、诚悫的心,许多仁人志士也未必就能够得到人民大众的理解。颠倒错乱的现实,给有德无德的判断造成了很大的颠倒错乱。孔子"乡原,德之贼也"(《论语·阳货》)的感慨正是就此而言的。可惜这个问题几千年来一直是个重大的问题,无法解决。第二,孝悌,仁之本。通览《论语》、《孟子》,都是一致的。本,是根源,是出发点。但是,在这个世界上,绝大多数人都是凡夫俗子,在一个以"亲亲之爱"为出发点的国度里,人们怎么才能超越自己,在大是大非问题上真正做到"天下为公"。战国时期东方六国之所以不是秦国的对手,关键问题就在于,以贵族领主集团为基础的国家体制,任人唯亲,结党营私,钩心斗角,内耗太重,毫无战斗力,完全违背了孔子、孟子的政治理想。笔者的意思是,先秦儒家哲学的理念是很好的,但是在现实的实行过程中,缺乏制度的制约,很难量化(如"门内之治恩掩义,门外之治义斩恩"的判断就难以深究)。因此,改革成功的国度就战无不胜,如秦国的商鞅变法;改革失败的国度就君臣离散,国破家亡,如楚国"肢解吴起"。第三,以民为天,修德而成圣王,这是先秦儒家政治哲学的精华。但是,在现实的社会之中怎么诞生这个"圣王",实在是一个很大的问题。《郭店楚墓竹简·唐虞之道》明确指出"禅也者,上德授贤之谓也。上德则天下有君而世明,授贤则民兴效而化乎道。不禅而能化民者,自生民未之有也。"(第20—21简)这是非常古老而又先进的思想,可惜先秦儒家并没有也不可能在经验的层面、制度的层面进行进一步的阐述。

一方面是政治理念的极端先进，另一方面是在经验的、制度的层面无法落实，于是，贯通天人的政治哲学就成了一场具有良好愿望的梦想，博厚、高明、悠久，"唯天为大，唯尧则之"（《论语·泰伯》），可望而不可即，成了中国的知识分子"永恒的乡愁"。[1] 正是拥有这种让东方六国的知识精英视为精神归宿的政治哲学理论，导致了他们把来自游牧民族（原住鄂尔多斯原野的羌族苗裔），实行军事化的管理，"以刑去刑"，富国强兵的秦国视为"虎狼之国"。

秦国的政权"不法古，不修今"，建立在摧毁历史文化传承的基础之上，所以，它的命运只能犹如纸炮一声，轰然而灭。但是，秦国在夺取天下的过程中所表现出来的雷厉风行、战无不胜的业绩，[2]正好让我们对当时的那段历史进行反思。也许在孔子、孟子等正统的先秦儒家看来，六国政府之所以被秦国消灭，完全是因为没有按照孔子、孟子的思想来建立国家才导致的结果。但是，六国的残余，终究又投靠了秦国的知识分子们在批判秦国的政治时，却又无不是以《尚书》、《诗经》、《春秋》等儒家的经典作为思想上的武器。所以，六国集团与秦国的政治矛盾，最终演变成了秦国的政治意识形态与原始儒家死而不僵的政治幽灵的矛盾。于是，龙颜大怒的秦始皇就不仅要在物质形式上让六国集团从地球上消失，而且也要让它们依托的精神化为乌有。这就是"焚书坑儒"的本质。

结　语

在血与火的灾难之后，儒家又以新的面貌在汉代站立了起来，并且在汉代以后一直被人篡改、修正，变来变去，为中国历代的专制主义者所利用，失去了先秦孔子、孟子所倡导的原始儒家的战斗精神和人民性，并且，上述孔子、孟子原始儒家的政治哲学体系中原本存在的致命问题也没有得到根本性的解决，于是雪上加霜，导致了五四运动时期更为猛烈的清算与批判，布衣孔子、孟子再次成为历史的替罪羊。中国伟大的哲学家、伦理学家、文献整理家、政治思想家和教育学家，数千年来号称"万世师表"的孔子，被人贱称为"孔老二"，打

---

[1]　黄俊杰著：《儒学与现代台湾》，中国社会科学出版社 2001 年版，第 271 页。

[2]　贾谊《过秦论》云："秦人开关延敌，九国之师逡巡逃遁而不敢进，秦无亡矢遗镞之费，而天下诸侯已困矣。于是从散约解，争割地以奉秦……。"

翻在地,口诛笔伐。追求极端君权专制的秦国与追求极端民主自由的五四运动都要彻底地消灭儒家学说。这是中国人在人类文明史上创造的奇迹。

但是,没有想到,在改革开放的今天,儒家哲学又火热了起来。是福还是祸,学术界拭目以待。笔者以为,世界上任何事物的发生,都有它的前因后果,肯定有它内在的理据。这正是儒家哲学再次抬头的真正原因。当代儒学在当代中国的命运,关键取决于从事儒家哲学研究的学者是否能够直面儒家的缺点,是否能够直面世界的文化价值主流,要敢于从历史的不幸遭遇中总结经验,既不可以妄自尊大,也不可以讳疾忌医。只有面对现实,脚踏实地,在否定中前进,才有发展的可能;只有在批判中建设,在反思中创新,才有可能重振雄风。

余　论　试论新出简帛文献的研究方法

　　郭店简与上博简的问世,引起了学术界的广泛关注,各种研究成果已经层出不穷了。但是,我们是否在研究之前就想过,我们为什么要研究这些竹简文献? 我们怎样研究才能算是正确的方法? 认字、编简当然是十分重要的,它们是一切简牍研究的前提和基础,但是,认字、编简是竹简文献研究的唯一途径和目的吗? 王国维提出的"二重证据法"固然是不错的①,但是陈寅恪在王国维的基础上提出的"三重证据法"②,是不是也应该贯穿到简帛文献的研究之中去? 简帛文献研究到底应该遵循哪些方法性的原则? 它与传世文献是什么关系? 等等,毫无疑问,这些问题看起来似乎是幼稚的,但是在笔者看来,如果真的是要探讨起这些问题来,却又是说来话长,并不是很容易说得清楚的。所以,笔者试图将思考的结果系统地表述出来,以就教于学界方家。

一

　　在明末清初的中国学术界,人们之所以要从陆王心学余绪的空疏之中走出来,投入到文字考据、史籍校勘、文献整理的阵营,关键的原因在于要通过对

---

① 王国维指出:"吾辈生于今日,幸于纸上之材料外,更得地下之新材料。由此种材料,我辈固得据以补正纸上之材料,亦得证明古书之某部分全为实录,即百家不雅训之言亦不无表示一面之事实。此二重证据法惟在今日始得为之。虽古书之未得证明者,不能加以否定,而其已得证明者,不能不加以肯定,可断言也。"(见王国维著:《古史新证》,清华大学出版社 1994 年版,第 2—3 页)
② 1934 年,陈寅恪提出了新的研究方法:"一曰取地下之实物与纸上之遗文互相释证";"二曰取异族之故书与吾国之旧籍互相补正";"三曰取外来之观念,以固有之材料互相参证"。他认为,这样就"足以转移一时之风气"(陈寅恪:《王静安先生遗书序》,见《金明馆丛稿二编》,上海古籍出版社 1980 年版,第 219 页)

先秦原典的校勘、对比,来弄清中国典籍的真相,一方面要以此实证的方法来批判陆王心学末流的浮泛,另一方面也是想通过复古的路径,来寻求反清复明的思想武器。从顾炎武、黄宗羲等学者的初衷来讲,这是有积极意义的。但是,清代乾嘉学派之所以最后成为一种强劲的学术潮流,关键并不在于中国学者反清复明的理想鼓动,而是清代统治者恢复科举考试之后的功名诱惑和无所不在的文字狱。恩威并施的结果,只能是皓首穷经地钻故纸堆。中国当今的简帛研究界是充分肯定乾嘉学派的。对此大家似乎毫无疑义。实际上在一定程度上,笔者也赞同这种观点。但是,我们现在在充分肯定乾嘉学派成就的同时,似乎还应该看到,在乾嘉学派所取得的成果的后面还有无数"死读书、读死书、读书死"的悲剧。它毁掉的并不仅仅是数以百万计学子的青春,更重要的是它毁掉了整个中华民族的创造精神。

　　这样来评价乾嘉学派的负面影响,并不意味着笔者是反对对出土简帛进行认真考证的,也不意味着笔者反对对中国古籍的校勘和考证。而且恰恰相反,笔者是一位真心实意希望学术界把中国先秦时期的学术发展脉络彻底弄清楚的人。由于口耳相传的师徒授受方式,①还由于特殊的书写工具所记载的文献资料的不易保存和残酷的毁灭性兼并战争,中国先秦时期的文献大多没有保存下来,孔子还在世的时候就浩叹历史的资料已经不足征,到了司马迁的时候,整整六百多年的殷商历史在《史记》中只写了不到三千字,资料匮乏的程度到了什么地步就可以想见。过去,有的人过分看重甲骨文,对甲骨文寄予了太大的希望,但实际上,甲骨文并不能够代表殷商正统的文化;而且,作为有关殷商时期主流、整体文化的第一手文献记载,我们事实上知道得很少。但是,甲骨文是一种已经形成了体系的文字,它说明殷商时期并不是汉字的创造时期,从人之所以为人的形成过程来讲,从人的生活方式与思维方式来看,汉字的产生与形成过程,极端漫长,完全超乎我们目前的想象。最近出版的上博简中有《容成氏》一文,一开头就列出了 21 代帝王的名字。"仓颉氏"赫然在列。司马迁、班固、韦诞、宋忠、傅玄都说"仓颉"是黄帝的史官。现在看来,他们都错了。倒是崔瑗、曹植、蔡邕、索靖、张揖等说"仓颉"是古代的"王"或一

---

① 　余嘉锡著:《目录学发微》(含《古书通例》),中国人民大学出版社 2004 年版,第 269 页。

代帝王,现在看来才是比较接近事实的。如果许慎《说文解字·叙》所说的仓颉造字("仓颉之初作书,盖依类象形,故谓之文;其形声相益,即谓之字")属实,那么,我们现在基本可以断言,汉字是在仓颉的时代就被有意识地形成了系统化的符号,而汉字的系统化过程,正是中华民族从封闭走向开化、从蒙昧走向文明,价值观、审美观逐步定型的过程。

种种迹象显示,中华民族在秦代以前的历史相当漫长。文字学家唐兰先生说,汉字至少有了一万年的历史。因此,长期以来流行的"中华民族具有五千年文明史"的说法,现在看来,实际上是一个错误的判断。所以,出土简帛研究的首要任务就是要将先秦时期的历史文化在最大程度上弄清楚。挖出事实的真相,从中国历史文化的研究与重建来讲,再也没有比这更为艰巨而光荣的任务了。我们要尽一切可能彻底弄清先秦时期学术源流脉络发展状况的另一个重要原因,在于秦汉以后的中国学者生活于大一统的专制集权社会之中,源远流长的宗法礼制笼罩下的生活方式和思维方式,逐步消磨了他们作为人之所以为人的创造精神。生活节奏的变快、生活方式的复杂,让中国的文章形制和学术的表现途径跌宕起伏、日趋繁复,思想研究的方式也多有更替,游历其间犹如走在山阴道上,令人应接不暇,但就其思想实质来讲,秦汉以后的学者都不能在天地人我等一系列大根大本的原创性问题上做出比秦汉以前的学者更加深刻、厚实、高远的成就。诚如刘鉴泉先生所言:"后世诸子之书,理不能过乎周、秦,徒能引申比类,衍而长之耳。"[1]这实在是在深刻洞察中国历代学术发展状态之后所得到的真知灼见。我们要重铸中国文化,发展中国文化的基础绝不是专制主义的文化,我们必须把研究、开发的触角直接延伸到大一统之前、列国争雄的先秦时期。这是我们立足于中国文化内在的原创机体,返本开新的一条颠扑不破的根本原则,否则,我们的一切努力都将是竹篮打水一场空。

至为重要的是,当今的国际形势,在很大的程度上与先秦时期春秋、战国争城掠地、各自为政、翻手为云、覆手为雨的格局甚为相似。目前世界各国的

---

[1] 刘鉴泉著:《旧书别录·刘子新论》,《推十书》,成都古籍书店1996年版,第959页。萧公权先生也有同样的论述,请参见下文。

国家主义,导致的以邻国为沟壑的思想方法,以各种文化传统之间冲突为根源而导致的一系列政治、经济的利益斗争以及众多学者坚持己见、朝秦暮楚、激扬文字的现状,都与春秋战国的形势有某种本质上的相通之处。正因为如此,历史就给我们中国的当代学者提供了一个生活在秦汉以后的历代学者完全无法想象的自由空间和诠释维度,它让有志于重铸、发扬中国文化的学者借助当今世界格局下的各种思想资源,对中国先秦时期的历史文化展开前所未有的深度挖掘。从这个角度上来讲,新近出土的简帛文献确实给我们提供了一个在新的角度和认识层面上重新审视、研究中国原典文化的绝佳机会。

那么我们怎样才能弄清中国先秦时期思想史发展的真实状态呢? 笔者认为,我们首先应该密切关注当今考古学的成果,对各种考古发现,不能掉以轻心,尤其是要对考古学中发现的文献材料不能有丝毫的忽视,要努力用考古的发现填补先秦历史文化的缺失。① 国家要充分认识到整理出土文献的重要性,对珍贵的出土文物要集中优势兵力,打歼灭战,千万不能各自为政,地方保护主义、学术的小圈子尤其不利于先秦文献的出土与整理。千万不要把出土文物视为某些人的一亩三分地,神乎其神,装神弄鬼,拥出土文献以自重。对严重妨碍出土文献及时整理出版的各种行为,国家甚至可以出台相关的法律予以保护。学术乃天下公器,为个人之私利而阻挠他人研究的任何想法和行为都是严重违反学术道德、阻碍学术发展的恶劣行径。

其次,是要尽一切可能认识考古文献中发现的上古汉字。整理出土文献的第一步,说到底就是认识文字。章太炎说:"若夫理财正辞,百官以治,万民以察,莫大乎文字"(《小学略说》),把文字的认读简直抬高到政治学的地步,实在是我们当代的中国人应该深思的一个重要问题。怎么才能真正识别、厘定出土简帛文献中的文字,也是一件一言难尽的事情。据笔者的经验,识别上古文字的专业训练当然是必不可少的,但是真正到了高深境界的时候,厘定上古文字的功夫,往往都在文字功夫之外。比方,甲骨文中有多处"牧"字,但是,这个左右结构的文字,时而把"牛"旁写在左边,时而把"牛"旁写在右边。

---

① 张政烺说:"辨析字形,理解文义,玑珠重联,审系篇题,终成图籍,补史之逸。"(见中国社会科学院简帛研究中心主编:《简帛研究》2004 年卷,广西师范大学出版社 2004 年版,封底)就是这个意思。

有的人就据此断定说这是甲骨文的字形还没有定型的铁证。但是,董作宾先生指出:

> 过去大家认为甲骨卜辞行文款式可左可右(即左行右行),字也可正可反,这都是文字幼稚的证据。现在才知道,卜辞是一种特殊的文字,所以有左行右行,为的配合卜兆的对称,反写也一样为了对称,对称又为了美观。卜辞以外的殷代铭刻,我曾找到了牛头、鹿头刻辞三件,牛距骨刻辞一件,骨柶铭刻三件,石簋一件,玉器一件,骨简一件,这十件有两行以上文字的铭刻,全是"下行而左"的文例,和后世文例全同,单字也没有一个是反写的;所有殷代金文还未曾算入。这证明了只有卜辞为的"对称"才有"右行",才有"反写",在殷代应用文字中,是一个特殊的例子。殷代的艺术,除了文字的书法之外,要数雕刻和造型。雕刻以铜器上花纹为最繁多、最精美……①

由于对甲骨文的书写体例不清楚,就妄自下了文字幼稚、不成熟的判断,表面上看,所造成的影响只是对甲骨文的性质、地位、价值的误判,但其实更是中国文化及其思想研究方面的重大失误。我们知道,出现于 800 万年以前的腊玛古猿就已经有了语言机能,地中海小岛克里特文明大约在公元前 3000 年就有了完整的戏剧表演,中国的文字怎么可能只是在殷商时期才被创造出来,而且还没有定型呢?

第三,做文字考古工作的学者一定要做到对古代的各个层面的历史文化习俗了如指掌的地步,知识的积淀一定要深厚,学术的视野一定要宽广。既有严密的考证功夫,又有合理想象的能力。否则,作为以象形文字为基础、以表意体系为主体的古代汉字就不可能被置放到当时的历史文化环境中再次被呈现出来。皮锡瑞说:经学的研究"唐不及汉,宋又不及唐","经学至明为极衰时代"。(《经学历史·经学极衰时代》)章太炎也讲,古书的训诂文义,"从中唐到明代,一代模糊一代",②在笔者看来,这固然有政治经济等各方面的诸多

---

① 董作宾:《中国古代文化的认识》,见刘梦溪主编:《中国现代学术经典·董作宾卷》,河北教育出版社 1996 年版,第 631—632 页。
② 章太炎:《论教育的根本要从自国自心发出来》,见傅杰编校:《章太炎学术史论集》,中国社会科学出版社 1997 年版,第 11 页。

原因，但其中一个重要的原因还在于我们离古代的历史越来越远，古史难征。到了我们现代，文字的考古就更加艰难了，实在是要下很大的工夫，凭借多种科技手段，才有可能取得超乎古人的成绩。例如，据董作宾先生的考证，殷商时期已经有了毛笔，根据上文的引述，甲骨文的书法艺术已经相当精湛，殷商人的书法、雕刻、造型等各方面的艺术审美能力已经十分高超。所以，我们在释读简牍的时候，就不可能不把古人的书体特征、书简形制以及书法审美等各个方面置放在重要的地位。在这方面，对于从事文字考古的学者是非常重要的，对从事思想研究的学者也是非常重要的。在简帛研究中，任何工作都不能离开原始的简牍版图。离开了原始的版图来研究简帛，就像三国时期马谡的纸上谈兵一样，漂浮无根。

第四，认识古代文字的第三个秘诀，就是要精通上古音韵学。中国文字自古籀以下，以音通借，相沿成习。研究形体与训诂，始于《说文解字》、《尔雅》，研究音韵始于《声类》。其后《广韵》、《唐韵正》、《古韵标准》、《六书音均表》、《诗声类》等著作各有开拓。章太炎云："凡治小学，非专辨章形体，要于推寻故言，得其经脉，不明音韵，不知一字数义所由生。"（《小学略说》）可谓一针见血。在大量的古代文献中，通假字是随处可见的。通假字产生的客观原因是它与本字的读音相同或相近，所以在写本字时才容易写成通假字。训诂学的重要任务之一就是要找出通假字的本字。由于语音在发展变化，有些通假字与本字的读音今天不相同了，如果不懂得古音，就很难将它们联系起来。例如，《荀子·非十二子》中有一句"敛然圣王之文章具焉，佛然平世之俗起焉"，其中的"佛"字用"仿佛"或"佛教的创始人"去解释都不通，显然是个通假字，其本字应为"勃"。唐人杨倞的解释是："佛，读为勃。勃然，兴起貌。""佛"与"勃"的今音差异很大，一个声母是 f，一个声母是 b，一般人是很难将它们联系起来的；但是，如果我们站在古音的角度看，二者不但韵部相同，而且声母也是相同的。怎么会知道"佛"与"勃"的声母是相同的呢？因为从音韵学上来看，"古无轻唇音"。根据这一结论，上古没有 f 这类轻唇音，凡后代读作 f 的轻唇音上古均读作 b、p 一类的双唇音。由于佛、勃在上古的读音完全相同，所以古人将"勃"写作"佛"。这样一来，一个很麻烦的问题，就轻轻松松解决了。我们现在释读郭店简与上博简中的文献，就有大量的通假字。如果我们不懂音韵学,有的时候简直是寸步难行。这是目前大家有目共睹的事实,在这里笔者就不赘述了。

第五,在中国古代文化的系统中,人们追求道统、学统、家学与师传,所以,中国的学术研究一定要考镜源流,明统知类。不考镜源流就不能明了文本发展的脉络;不明统知类,就不能深入地探究文本思想的渊源,因而也就不能有效地与传世文献进行一以贯之的整合研究。孟子讲"知人论世",落实到简帛研究之中,就是要挖掘文本的发展脉络,尽一切可能弄清文本的思想背景。而对于思想史研究来说,弄清出土文献思想背景的直接、简便的手段就是要充分尊重考古学的发现与成就。与此相应,从事文字考释、文本校勘和文献整理的学者亦当借助一切历史文化,尤其是哲学思想的研究成果。说到底,在出土文献的研究过程中,就是要尽可能在文字的释读上掌握更多可靠的信息和最新的发现。不做到这一点,简帛文献的考释、校勘、整理就可能隔靴搔痒,不得要领。

但是,我们始终应该记得一个基本的学术导向。现代的文字训诂,完全是纯正的科学研究,而不是乾嘉时期躲进故纸堆中对现实的逃避。我们现在的时代已经不是清朝乾隆、嘉庆的时代,所以,"避席畏闻文字狱,著书皆为稻粱谋"的状态已经有了极大的改善,如果我们现在的学术研究没有与世界学术接轨的胸怀,没有面对现实、自我否定的理论创新勇气,依然还只是(甚或仅仅只是)停留在认字、编简的层面上,尤其是大家的"共识"都只是以为认字、编简是简帛研究的唯一正宗,而歧视、排挤思想研究的成果,那就是大错而特错的见识了。有了这样的学术思想的意识之后,就不要说研究什么思想史了,即便是文字本身的训诂也是不可能有什么突出的成就了。任何时候,认字、编简都只是一种手段,思想研究才是真正的目的。这是我们每一个人必须牢记的一条基本原则。

在中国千百年来的学术领域,一直存在着文人相轻的陋习。彼此相轻的原因一是隔行如隔山,对别人所研究的领域不了解,也不屑于了解别人的研究领域和成就;二是没有换位思考的胸怀,更不想对自己研究方向之外的辽阔世界有理性的理解;三是学术视野狭窄,一叶障目而自以为是。在我们简帛文献的研究领域,文字的考释离不开思想文化的研究,正如思想文化的研究也离不开文字的考释一样。彼此相重则两全,彼此相轻则两伤。在简帛文献的研究领域,再也没有比这两个方面互通有无,彼此学习,整合资源更为重要的事情了。

二

中华民族的各种思想,在先秦时期的积淀是最悠久、最深厚的,相对于其后几千年的历史来说,其哲理最深刻,思想最自由,学派也最为繁多。萧公权先生说:"先秦百家竞起,各创新学之盛况",使汉代以后各代"难于继续维持"①,所以,先秦时期的思想之博大精深是我们无法想象的。尤其十分特殊的是,自 1840 年以来,中国文化一直是在血与火的屈辱之中苟延残喘,各种明火执仗的摧残,史无前例的践踏都降落到了中国文化的头上。这种特殊的历史环境造成了我们当代学人对于先秦文化非常狭窄、肤浅的学术视野。所以,当面对许许多多也许连汉代的学者都没有看到过的先秦简帛文献的时候,我们凭什么说我们就一定抓住了作者的原意? 我们凭什么可以贸然断定文献的学派归属和作者? 史影迷忙,恐怕大多都是瞎子摸象,实证的少,猜测的多。

近现代以来,达尔文的进化论在中国甚嚣尘上,深刻地影响了中国学者的历史观与价值观。在湖北省博物馆中,陈列着很多春秋战国之交的曾侯乙编钟和大量青铜器。其中的一些大型青铜礼器、酒器由于异常的精美绝伦、细密精工而无法模仿、复制,就像古代的优秀士跑马射箭,百步穿杨一样,我们只能望洋兴叹。中国远古的历史是相当漫长的。章学诚就说过:"六经皆先王之政典也。"又说:"周公集群圣之大成,孔子学而尽周公之道。"②萧公权据此说:"以此类推,则先秦政治思想已具体于春秋战国之前,儒墨道法之学乃因袭而非创造。"③所以,中国上古时期的思想之深远、博厚,实在远非我们当今的学者能够想象。伽达默尔说:"我们时代的哲学思考并不表现为古典哲学传统的直接而不中断的继续,因而与古典哲学传统相区别。当代哲学尽管与它的历史源流有着千丝万缕的联系,但它已清楚地意识到它与它的古典范例

---

① 萧公权著:《中国政治思想史》,辽宁教育出版社 1998 年版,第 6 页。
② 章学诚著:《文史通义校注》,中华书局 1994 年版,第 1、122 页。
③ 萧公权著:《中国政治思想史》,辽宁教育出版社 1998 年版,第 5 页。

之间有着历史的距离。"①笔者在此须要进一步指出的是,伽达默尔的"历史的距离"相对于中国经历了风起云涌的一系列"文化大革命"洗涤的当代学人来讲,并不是一般的遥远,在很多情况下简直是遥不可及。比方,近日笔者在研读《上海博物馆藏战国楚竹书·三德》一文时就深有感触。它的第一简写道:

　　天共时,地共材,民共力,明王无思,是谓参德。卉木须时而后奋,天恶如忻。平旦毋哭,晦毋歌,弦、望斋宿,是谓顺天之常。

从天人合一的角度来理解"天共时,地共材,民共力",我们似乎还有点明白,但是,简文将"明王无思"的"明"字写成从明从示的"𥊒"字,就让我们费解了,因为"明"字下面的"示"表示宗教和祭祀,这个概念的内涵与外延明显与我们现代的文化脱节,仅仅用异体字、古今字等概念来说明它们之间的不同,实在是很勉强的;而且为什么会"无思"呢? 即便有一些道家哲学的底蕴,但终究有些茫然。接下来,"天恶如忻",完全不知所云;紧接着是"平旦毋哭,晦毋歌,弦、望斋宿"好像是在具体描述某一种宗教仪式的具体规则、规定。仔细想来,这既不是儒家,也不是道家,或者是属于我们目前所能知道的任何一家诸子学说。它把"天共时,地共材,民共力"的现实问题完全宗教化、神秘化了。也许我们有的人会依言附会,望文生义,说出一大套理由来,把它归属于什么派什么家,但是最终大约连他自己都不太相信。史学家童书业先生曾经指出:

　　凡是研究古史的人当然都希望求得究竟,不过古史的究竟,确是不易探求,尤其是传说时代的古史,我们常能寻出古史传说出自神话的痕迹,而神话的根源——人事,却常一时不能探求,这是限于材料的缘故,等到文献学和考古学上的材料发现多了,自会有人去推求神话的根源——人事的。现在我们不能太急躁,因为急躁的结果,会造出许多空中楼阁来,这种空中楼阁的构造,对于真古史的建设是无益而有害的。②

也就是说,在出土简帛文献还十分贫乏的前提下,我们花费大量时间口诛笔

---

①　(德)汉斯-格奥尔格·伽达默尔著,洪汉鼎译:《真理与方法》,上海译文出版社 1999 年版,第 21 页。
②　童书业著,童教英整理:《童书业史籍考证论集》(下),中华书局 2005 年版,第 771—772 页。

伐,纠缠于藏头露尾的出土文献的学派归属和作者,实在是操之过急,欲速则不达。元代的郑玉在其《春秋经传阙疑·自序》中说,古史的研究"与其通所不可通,孰若阙其所当阙"? 也是同样的意思。

据史载,周代初年,在中国的版图上有 800 多个国家,历年的兼并战争,才使国家的数目锐减。但是直到春秋中叶,全国也还有几十个国家。由于残酷的兼并战争,使我们目前暂时还无法了解当时各个国家形成、发展以及兼并的准确状况,进而由此导致我们对先秦时期的各种思想流派的生发过程与形成脉络缺乏基本的认识。近现代以来,中国人的学术研究大致是走两条极端的道路。五四运动以后,疑古思潮在乾嘉学派之校勘、考证基础之上畸形发展,老子被推后了,《易经》被推后了,中国自古以来寄托在纸上的文字记载的历史几乎完全被推翻。[①] 随着近几年来有限的考古发现,信古思潮又卷土重来,仿佛一切传世古籍都是真的。在先秦儒家的研究领域,有的人走的是要打倒孔家店的路,完全鞭笞、排挤孔子的思想,有的人则彻底崇拜孔子。排挤孔子的人听不得任何有关孔子的正面评价,极力毁损孔子;崇拜孔子的人又听不得任何有关孔子的批评,百般地袒护。这实际上都不是客观研究学术的心态。以感情为基础,而不是以事实为依据;以感觉为先入为主的论证诱导,而不是建立在实证基础之上的逻辑推理,其结果只能导致当今中国的人文学术研究界分不出青红皂白,辨不出是非曲直。大家有意无意地充当了瞎摸大象的腿、耳、肚子、尾巴的盲人,避实就虚,煞有介事,掩耳盗铃,洋洋洒洒,下笔千言,就是不面对现实的社会民生,就是不面对现实中的具体问题,长此以往,最后只能是皇帝的新装那一场路人皆知的闹剧。认真思想一番,笔者诚以为,这实际上是一场正在发生的灾难,人们意气用事,颠来倒去,讨论问题是假,追名逐利是真;弘扬文化是假,内耗自残是真。

笔者的意思是,中国当今的人文学科研究,一定要立足于中国的社会现实,要解决广大人民群众真正面临的问题,要敢于将中国古老的传统思想与世界上最时髦的思想进行直接的比较研究,并且在实证与逻辑的引导下,走向真

---

① 董作宾著:《中国古代文化的认识》,《中国现代学术经典·董作宾卷》,河北教育出版社1996 年版,第 613 页。

理。否则，一切奋笔疾书而不知老之将至的努力，都是在自欺欺人。所以，我们一定要把当今的简帛发掘与研究，直接置放到当今世界争论最激烈的思想浪尖上去，让它们经受最严峻的思想锤炼，使之凤凰涅槃，在新的时代和各种文化的碰撞之中获得新生。实际上，这正是原始的先秦儒家先哲之所以取得巨大成功的真正原因。因此，把简帛的思想研究视为当今人文学科研究的一个重要的组成部分，是当今学术界一件十分紧迫的事情。认识到了这种研究路向的重要性，我们才有可能摆正下面各个学术领域的关系：

第一，简帛的文字考释、竹木简的编排与思想研究的关系。毫无疑问，简帛的文字考释、竹木简的编排和相关形制的考证是十分重要的，但是，它只是简帛研究的一部分，它绝对不能代表或取代所有的简帛研究。而且从根本上来讲，简帛的文字考释、竹木简的编排和相关形制的考证只能是一个学术的基础性工作，属于考古学的范畴。简帛研究的真正主体应该是简帛思想的研究。从事思想史研究的学者理所当然地应该尊重文字考释、竹木简的编排和相关形制的研究成果，没有这些成果，任何进一步的简帛研究工作都无法展开。但是，即便如此，我们绝对不能由此而忽视从事简帛思想研究的学者及其相关成果。因为，考古工作者（或文字考释者）是不能不懂思想史的，不论是考古工作还是文字的考释工作，真正的工夫往往都是在考古工作与文字考释工作之外。拿文字的考释工作来讲，先秦时期的汉字不仅有不同的体系，而且与当时的社会生活和历史文化具有极端紧密的联系。汉字抽精摄髓地把中国先人的思维方式、价值观念和审美情趣都高度地浓缩在汉字之中了。不懂得中国先秦时期各种思想形成和发展的由来以及相关的民风民俗，上古文字的识别怎么可能有长足的突破呢？从另一个角度上来讲，新出简帛文献研究的真正出路实际上并不是文字的考释，而是简帛文献的思想研究。文字考释是飞机场，而思想研究则是从飞机场上腾空而起的飞机。遨游太空的理想，跨越时空的阻隔，扶摇直上，去实现我们民族千百年来的沉重希望，只能是立足于简帛文献以及我们民族精神的基础之上的思想超越和理论创新。置身于当今纷繁复杂的国际形势，我们如果不把简帛文献中的思想融汇到国际思想潮流之中去，大胆地进行陶冶、锤炼，我们的简帛研究实际上只能是海市蜃楼，最终是一片虚幻。

第二,简帛研究与传世文献研究的关系。简帛文献的研究当然是非常重要的,但是,如果我们真的以为,近年来出土的、非常有限的简帛文献能够改写中国的思想史,那就十分不恰当了。实际上,作为思想史研究的重点,我们还是应该把主要的学术精力专注于传世文献上。我们一定要加大传统文献中有关先秦时期各种史料的耙梳与清理,一定要充分利用新近出土简帛文献的参验作用,在王国维"二重证据法"的引导下正确处理简帛研究与传世文献研究的关系。尤其是,新近出土的简帛资料,对于我们这样一个历史悠久的伟大民族来讲,不是太多,而是太少太少。没有这种认识,就可能会犯重大的错误。影响深远的例子是,以前的甲骨文研究,在某种程度上,就在中国思想文化的研究史上产生过误导作用。长期以来,人们把甲骨文的价值看得太高,误以为甲骨文所反映的内容可以代表殷商时代的文化正宗。面对关于甲骨文的种种过度诠释,甲骨文研究大家董作宾先生多次正告我们:"就甲骨文字来说,以前连我也在内,大家认为这是了不起的商代直接史料,奢望着从甲骨堆中钻研出来一部殷代文化的信史。实在说,大家对于这一堆材料都是漆黑一团,囫囵吞枣,盲目地在崇拜着,尤其是我们那些疑古派的朋友。西周文化史之期待于金文,也是同样的。经过十年的研究,至少我们明白了这一点,就是这些新史料不能估计过高,因为它们并不能代表当时的整个文化。"①过分看重或倚重目前的简帛研究,这是我们应该小心陷入的一个误区。

第三,正因为是漆黑一团,囫囵吞枣,因此就十分危险。不论是简帛的研究还是传世文献的研究,我们一定要尽一切可能做到知人论世、明统知类。只有正本清源,才有可能探幽表微。章学诚说:"校雠之义,盖自刘向父子部次条别,将以辨章学术,考镜源流,非深明于道术精微、群言得失之故者,不足与此。后世部次甲乙,纪录经史者,代有其人;而能推阐大义,调别学术异同,使人由委溯源,以想见于坟籍之初者,千百之中,不十一焉。"②这虽然是章学诚针对明代心学末流的空疏与乾嘉儒生抱残守缺、支离圣道的尖锐批评,但是,对我们从事先秦简帛文献研究的当代学者来讲,同样具有十分重要的意义。

① 董作宾著:《中国古代文化的认识》,见《中国现代学术经典·董作宾卷》,河北教育出版社1996年版,第615页。
② 章学诚著:《文史通义校注》,中华书局1994年版,第945页。

校雠之学与文字考释、训诂和古代文献整理比较接近,也是中国思想史研究的前提与基础之一,只有坚定不移地尊重相关的研究成果,我们的一切思想研究才有可能进入准确、科学的领域。不"深明于道术精微、群言得失之故",就不能辨章学术、考镜源流。而辨章学术、考镜源流的目的更在于"推阐大义,调别学术异同,使人由委溯源,以想见于坟籍之初"。我们现在的出土文献从思想的整体上来讲,数量是十分有限的。在遥远的楚国出土的儒家文献到底与先秦邹鲁间原始儒家有多大程度上的关系,是我们需要十分小心的事情。所谓学术,就是要充分地依据事实,在事实的基础之上,探究研究对象的各种关系。因此,只有充分掌握文献整理的证据之后才有可能洞若观火,恰当地鉴别异中之同、同中之异。换言之,如果相关的出土简帛材料还相当有限,如果某一文献的文字训释和相关的文献整理还没有一个头绪,我们就一定只能存疑付阙,不能仅凭自己的想象枉自断言文本的学派归属和作者。

第四,中国思想史研究与国外思想史研究的关系。当今学术发展的事实反复证明,中国思想史(尤其是先秦思想史)的研究在很大程度上已经不能脱离简帛研究的成果了,这一方面是因为数千年的专制主义让中国先秦时期的真实思想状态遭到了扭曲甚至篡改,另一方面是因为现代高科技的手段,加大了我们考古发现的力度,让我们看到了很多连西汉人都没有看到过的先秦典籍。但是,如果我们仅仅满足于这样的研究视野,仍然是不够的。因为中华民族的历史,始终是在各种民族文化大迁徙、大融合的影响下,逐步更新、充实而发展壮大起来的。中国文化之所以伟大,关键问题在于它自强不息的涵摄精神。而且也正是由于这种涵摄精神,导致了现在中国文化的博大精深。因此,中国思想史的研究,不能不在世界文化的范围内进行广泛的比较。中国文化必须走向世界,才有可能真正最终达到世界性的发展水平。当今之世,任何没有广泛比较的研究,都是没有价值的研究。这是当代学术的一条铁的原则。历史学家汤因比在其《历史研究》的绪论中花费了大量篇幅论证了比较研究的重要性,因为唯其如此,研究的对象才能真正定位,才能真正确切地抓住研究对象的实质。具体到新近出土的先秦简帛来讲,没有广泛的比较作为背景,我们就会坐井观天,夜郎自大。只有在充分比较的基础之上,我们才有可能把中国文化的精华与当今世界通行的自由、民主、科学、博爱、平等、人权、正义等重要通行理念进行广泛的比较,把先秦文化原生状态下的精神资源与西方文化直截对话、磨合,才有可能使中国文化在比较之中发展壮大,在碰撞之中锤炼升华,在涵化的过程中自我更新,并由此而熔铸成一种立足于中华民族自本自根原创文明之上的全新的世界性文化。

换言之,中国当今的简帛思想研究,必须在弄清事实的前提之下,面对世界各种思想的挑战与锤炼。我们必须追随着王国维先生与陈寅恪先生的足迹,不仅要"取地下之实物与纸上之遗文互相释证",而且要"取异族之故书与吾国之旧籍互相补正",更要"取外来之观念,以固有之材料互相参证",只有这样,我们才"足以转移一时之风气",返本开新,凤凰涅槃,使简帛文献的研究直接为中国当代的文化建设事业服务。

主要参考文献

一、简帛文献及研究著作

张霞泽撰:《孙膑兵法校理》,北京:中华书局1984年版。

朱谦之撰:《老子校释》,北京:中华书局1984年版。

高明撰:《帛书老子校注》,北京:中华书局1996年版。

荆门市博物馆:《郭店楚墓竹简》,北京:文物出版社1998年版。

李零著:《郭店楚简校读记》(增订本),北京:北京大学出版社2002年版。

刘钊著:《郭店楚简校释》,福州:福建人民出版社2005年版。

马承源主编:《上海博物馆藏战国竹书》(一),上海:上海古籍出版社2001年版。

马承源主编:《上海博物馆藏战国竹书》(二),上海:上海古籍出版社2002年版。

马承源主编:《上海博物馆藏战国竹书》(三),上海:上海古籍出版社2003年版。

马承源主编:《上海博物馆藏战国竹书》(四),上海:上海古籍出版社2005年版。

马承源主编:《上海博物馆藏战国竹书》(五),上海:上海古籍出版社2005年版。

马承源主编:《上海博物馆藏战国竹书》(六),上海:上海古籍出版社2006年版。

马承源主编:《上海博物馆藏战国竹书》(七),上海:上海古籍出版社2008年版。

庞朴著:《竹帛〈五行〉篇校注及研究》,台北:万卷楼图书有限公司 2000年版。

廖名春编:《清华简帛研究》,北京:清华大学思想文化研究所,2000 年。

廖名春著:《〈周易〉经传与易学史新论》,济南:齐鲁书社 2001 年版。

廖名春著:《郭店楚简老子校释》,北京:清华大学出版社 2003 年版。

朱渊清、廖名春主编:《上博馆藏战国楚竹书研究》,上海:上海书店出版社 2002 年版。

朱渊清、廖名春主编:《上博馆藏战国楚竹书研究续编》,上海:上海书店出版社 2004 年版。

荆门郭店楚简研究(国际)中心编:《古墓新知》,香港:国际炎黄文化出版社 2003 年版。

姜广辉主编:《郭店楚简研究》(《中国哲学》第 20 集),沈阳:辽宁教育出版社 1999 年版。

姜广辉主编:《郭店简与儒学研究》(《中国哲学》第 21 集),沈阳:辽宁教育出版社 2000 年版。

陈鼓应主编:《道家文化研究》第 3 辑,上海:上海古籍出版社 1993 年版。

陈鼓应主编:《道家文化研究》第 17 辑"郭店楚简专号",北京:三联书店 1999 年版。

陈鼓应主编:《道家文化研究》第 18 辑,北京:三联书店 2000 年版。

武汉大学中国文化研究院编:《郭店楚简国际学术研讨会论文集》,武汉:湖北人民出版社 2000 年版。

丁四新著:《郭店楚墓竹简思想研究》,北京:东方出版社 2000 年版。

丁四新主编:《楚地出土简帛文献思想研究》第 1 辑,武汉:湖北教育出版社 2002 年版。

丁四新主编:《楚地出土简帛文献思想研究》第 2 辑,武汉:湖北教育出版社 2005 年版。

丁四新主编:《楚地出土简帛文献思想研究》第 3 辑,武汉:湖北教育出版社 2007 年版。

浅野浴一、佐藤将之著:《上博楚简与先秦思想》,台北:万卷楼图书股份有限公司 2008 年版。

郭齐勇主编:《儒家文化研究》(新出楚简研究专号,第一辑),北京:三联书店 2007 年版。

武汉大学简帛研究中心主办:《简帛》第一辑,上海:上海古籍出版社 2006 年版。

武汉大学简帛研究中心主办:《简帛》第二辑,上海:上海古籍出版社 2007 年版。

武汉大学简帛研究中心主办:《简帛》第三辑,上海:上海古籍出版社 2008 年版。

武汉大学简帛研究中心主办:《简帛》第四辑,上海:上海古籍出版社 2009 年版。

陈伟等著:《楚地出土战国简策十四种》,北京:经济科学出版社 2009 年版。

李天虹著:《郭店竹简〈性自命出〉研究》,武汉:湖北教育出版社 2002 年版。

丁原植著:《楚简儒家性情说研究》,台北:万卷楼图书有限公司 2002 年版。

池田知久著,曹峰译:《池田知久简帛研究论文集》,北京:中华书局 2006 年版。

于豪亮著:《于豪亮学术文存》,北京:中国书局 1985 年版。

湖南省博物馆编:《湖南省博物馆馆刊》(第一期),长沙:船山学刊杂志社 2004 年版。

湖南省博物馆编:《湖南省博物馆馆刊》(第二期),长沙:岳麓书社出版社 2005 年版。

湖南省博物馆编:《湖南省博物馆馆刊》(第三辑),长沙:岳麓书社出版社 2006 年版。

湖南省博物馆编:《湖南省博物馆馆刊》(第四辑),长沙:岳麓书社出版社 2007 年版。

湖南省博物馆编:《湖南省博物馆馆刊》(第五辑),长沙:岳麓书社出版社

2008 年版。

湖南省博物馆编:《湖南省博物馆馆刊》(第六辑),长沙:岳麓书社出版社 2009 年版。

艾兰、邢文编:《新出简帛研究》(新出简帛国际学术研讨会文集),北京:文物出版社 2004 年版。

魏启鹏著:《马王堆汉墓帛书〈黄帝书〉笺证》,北京:中华书局 2004 年版。

张之恒主编:《中国考古学通论》,南京:南京大学出版社 1991 年版。

卜宪群、杨振江主编:《简帛研究》,桂林:广西师范大学出版社 2006 年版。

谢维扬、朱渊清主编:《新出土文献与古代文明研究》,上海:上海大学出版社 2004 年版。

张光裕等编:《第三届国际中国古文字研讨会论文集》,香港:香港中文大学中国文化研究所、中国语言及文学系 1997 年发行。

刘梦溪主编:《中国现代学术经典·董作宾卷》,石家庄:河北教育出版社 1996 年版。

中国古文字研究会、华南师范大学文学院编:《古文字研究》(第二十六辑),北京:中华书局 2006 年版。

张守中、张小沧、郝建文撰集:《郭店楚简文字编》,文物出版社 2000 年版。

中华书局编辑部编:《小学名著六种》(《玉篇》、《广韵》、《集韵》、《小尔雅义证》、《方言疏证》、《广雅疏证》),北京:中华书局 1998 年影印本。

朱骏声撰:《说文通训定声》,北京:中华书局 1984 年版。

桂馥撰:《说文解字义证》,北京:中华书局 1987 年版。

王筠撰:《说文解字句读》,北京:中华书局 1988 年版。

张亚初编著:《殷周金文集成》,北京:中华书局 2001 年版。

许慎撰,段玉裁注:《说文解字注》,杭州:浙江古籍出版社 1998 年版。

何琳仪著:《战国古文字典》,北京:中华书局 1998 年版。

欧阳祯人著:《郭店儒简论略》,台北:台湾古籍出版有限公司 2003 年版。

欧阳祯人著:《先秦儒家性情思想研究》,武汉:武汉大学出版社 2005 年版。

二、传世经典

阮元刻本:《十三经注疏》(上、下),北京:中华书局 1980 年版。

国学整理社(世界书局版):《诸子集成》(8 卷本),北京:中华书局 1954 年版。

严可均校辑:《全上古三代秦汉三国六朝文》,北京:中华书局 1958 年版。

朱右曾著:《逸周书集训校释》,上海:商务印书馆 1937 年版。

孔晁注:《逸周书》,北京:中华书局 1985 年版。

阮元主编:《经籍纂诂》(上、下),北京:中华书局 1982 年版。

阮元撰:《性命古训》(《揅经室一集·卷十》),北京:商务印书馆发行,四部丛刊本。

司马迁撰,裴骃集解,司马贞索隐,张守节正义:《史记》(十卷本),北京:中华书局 1959 年版。

刘宝楠撰:《论语正义》(上、下),北京:中华书局 1990 年版。

程树德撰:《论语集释》(1、2、3、4),北京:中华书局 1990 年版。

杨伯峻译注:《论语译注》,北京:中华书局 1980 年版。

程俊英、蒋见元著:《诗经注析》,北京:中华书局 1991 年版。

王利器撰:《文子疏证》,北京:中华书局 2000 年版。

焦循撰:《孟子正义》(上、下),北京:中华书局 1987 年版。

杨伯峻译注:《孟子译注》(上、下),北京:中华书局 1960 年版。

王先慎撰:《韩非子集释》,北京:中华书局 1998 年版。

孙希旦集解:《礼记集解》(上、中、下),北京:中华书局 1982 年版。

王聘珍撰:《大戴礼记解诂》,北京:中华书局 1983 年版。

孙星衍撰:《尚书今古文注疏》(上、下),北京:中华书局 1986 年版。

郭庆藩辑:《庄子集释》,北京:中华书局 1961 年版。

王先谦撰:《荀子集解》,北京:中华书局 1988 年版。

梁启雄著:《荀子简释》,北京:中华书局 1983 年版。

王利器著:《吕氏春秋注疏》,成都:巴蜀书社 2002 年版。

杨伯峻编著:《春秋左传注》,北京:中华书局 1987 年版。

上海师范大学古籍整理研究所校点:《国语》,上海:上海古籍出版社 1998

年版。

苏舆撰:《春秋繁露义证》,北京:中华书局 1992 年版。

刘文典撰:《淮南鸿烈集释》,北京:中华书局 1989 年版。

何宁撰:《淮南子集释》,北京:中华书局 1998 年版。

王弼著,楼宇烈校释:《王弼集校释》,北京:中华书局 1980 年版。

柳宗元著:《柳宗元全集》,上海:上海古籍出版社 1997 年版。

张载著:《横渠易说》,北京:中华书局 1978 年版。

程颐、程颢著:《二程集》,北京:中华书局 1981 年版。

程颐、程颢著,潘富恩导读:《二程遗书》,上海:上海古籍出版社 2000 年版。

黎靖德编:《朱子语类》,北京:中华书局 1994 年版。

朱熹撰:《周易本义》,武汉:武汉古籍书店 1988 年影印本。

陈淳著:《北溪字义》,北京:中华书局 1983 年版。

李光地纂,刘大钧整理:《周易折中》,成都:巴蜀书社 1998 年版。

李鼎祚撰:《周易集解》,北京:中国书店 1984 年影印本。

傅亚庶撰:《刘子校释》,北京:中华书局 1998 年版。

李翱著:《李文公集·复性论》(四部丛刊)。

韩愈著:《韩昌黎集·原性》(四部丛刊)。

戴震著:《孟子字义疏证》,北京:中华书局 1991 年版。

皮锡瑞著:《经学通论》,北京:中华书局 1954 年版。

皮锡瑞著:《今文尚书考证》,北京:中华书局 1989 年版。

陈澧著:《东塾读书记》,北京:三联书店 1998 年版。

刘沅著:《槐轩全书》,成都:巴蜀书社 2006 年版。

三、现、当代研究著作

王国维著:《观堂集林》(附别集),北京:中华书局 1959 年版。

梁启超著,朱维铮校注:《梁启超论清学史二种》(《清代学术概论》、《中国近三百年学术史》),上海:复旦大学出版社 1985 年版。

梁启超著:《古书真伪及其年代》,见《梁启超国学讲录二种》,北京:中国社会科学出版社 1997 年版。

　　胡适著:《中国哲学史大纲》,北京:东方出版社 1996 年版。

　　王国维著:《王国维学术论著》,杭州:浙江人民出版社 1998 年版。

　　刘师培著:《刘师培学术论著》,杭州:浙江人民出版社 1998 年版。

　　陶鸿庆著:《陶鸿庆学术论著》(《读诸子札记》),杭州:浙江人民出版社 1998 年版。

　　马宗霍著:《中国经学史》,北京:商务印书馆 1936 年版。

　　朱自清撰:《经典常谈》,上海:上海古籍出版社 1999 年版。

　　余嘉锡著:《目录学发微》(含《古书通例》),北京:中国人民大学出版社 2004 年版。

　　周予同著:《中国经学史讲义》,上海:上海文艺出版社 1999 年版。

　　马一浮注:《老子注》,见王元化主编:《学术集林》卷五,上海远东出版社 1995 年版。

　　廖平著:《今古文考》,见刘梦溪主编:《中国现代学术经典·廖平　蒙文通卷》,石家庄:河北教育出版社 1996 年版。

　　蒙文通著:《古学甄微》(《蒙文通文集》第一卷),成都:巴蜀书社 1987 年版。

　　蒙文通著:《古史甄微》(《蒙文通文集》第五卷),成都:巴蜀书社 1999 年版。

　　蒙文通著:《经学抉原》,见刘梦溪主编《中国现代学术经典·廖平　蒙文通卷》,石家庄:河北教育出版社 1996 年版。

　　蒙文通著:《儒学五论》,见刘梦溪主编《中国现代学术经典·廖平　蒙文通卷》,石家庄:河北教育出版社 1996 年版。

　　蒋伯潜著:《十三经概论》,上海:上海古籍出版社 1983 年版。

　　钱穆著:《先秦诸子系年》,北京:商务印书馆 2001 年版。

　　钱穆著:《国学概论》,北京:商务印书馆 1997 年版。

　　钱穆著:《国史新论》,北京:三联书店 2001 年版。

　　钱穆著:《孔子传》,北京:三联书店 2002 年版。

　　钱穆著:《论语新解》,北京:三联书店 2002 年版。

萧公权著:《中国政治思想史》,沈阳:辽宁教育出版社1998年版。

吕思勉著:《先秦学术概论》,上海:中国大百科全书出版社1985年版。

吕思勉著:《经子解题》,上海:华东师范大学出版社1995年版。

侯外庐著:《中国古代思想史》(一),北京:人民出版社1980年版。

张光直著:《中国青铜时代》,北京:三联书店1999年版。

张光直著,毛小雨译:《商代文明》,北京:北京工艺美术出版社1999年版。

郭沫若著:《青铜时代》,北京:人民出版社1954年版。

郭沫若著:《十批判书》,北京:东方出版社1996年版。

张舜徽著:《周秦道论发微》,北京:中华书局1982年版。

陈梦家著:《尚书通论》,石家庄:河北教育出版社2000年版。

刘起釪著:《古史续辨》,北京:中国社会科学出版社1991年版。

杨宽著:《西周史》,上海:上海人民出版社1999年版。

杨宽著:《战国史》,上海:上海人民出版社1998年版。

洪湛侯著:《诗经学史》,北京:中华书局2002年版。

刘长林著:《中国系统思维》,北京:中国社会科学出版社1990年版。

金春峰著:《汉代思想史》,北京:中国社会科学出版社1997年版。

傅斯年著:《性命古训辨证》,见刘梦溪主编:《中国现代学术经典·傅斯年卷》,石家庄:河北教育出版社1996年版。

李学勤著:《古文献丛论》,上海:上海远东出版社1996年版。

李学勤主编:《商史与商代文明》,上海:上海科学技术文献出版社2007年版。

李学勤主编:《西周史与西周文明》,上海:上海科学技术文献出版社2007年版。

李学勤主编:《春秋史与春秋文明》,上海:上海科学技术文献出版社2007年版。

李学勤著:《李学勤早期文集》,石家庄:河北教育出版社2008年版。

李学勤主编:《中国古代文明与国家形成研究》,昆明:云南人民出版社1997年版。

凌襄(李学勤):《试论马王堆汉墓帛书〈伊尹·九主〉》,《文物》1974年第11期。

任继愈主编:《中国哲学发展史》(先秦),北京:人民出版社1983年版。

冯友兰著:《中国哲学史》(上、下),上海:华东师范大学出版社2000年版。

唐君毅著:《中国哲学原论·原性篇》,台北:新亚书院研究所1974年版。

牟宗三著:《心体与性体》,上海:上海古籍出版社1999年版。

牟宗三著:《四因说》,上海:上海古籍出版社1998年版。

牟宗三著:《中国哲学的特质》,上海:上海古籍出版社1997年版。

牟宗三著:《中西哲学之会通十四讲》,上海:上海古籍出版社1997年版。

牟宗三著:《中国哲学十九讲》,上海:上海古籍出版社1997年版。

张岱年著:《中国哲学大纲》,北京:中国社会科学出版社1982年版。

张岱年著:《中国古典哲学概念范畴要论》,北京:中国社会科学出版社1989年版。

萧萐父、李锦全主编:《中国哲学史》(上),北京:人民出版社1982年版。

萧萐父、李锦全主编:《中国哲学史》(下),北京:人民出版社1983年版。

萧萐父:《船山哲学引论》,南昌:江西人民出版社1993年版。

萧萐父著:《吹沙集》,成都:巴蜀书社1991年版。

萧萐父著:《吹沙二集》,成都:巴蜀书社1999年版。

李泽厚、刘纲纪主编:《中国美学史》(先秦两汉),北京:中国社会科学出版社1984年版。

李泽厚著:《中国古代思想史论》,北京:人民出版社1985年版。

李泽厚著:《论语今读》,北京:中国社会科学出版社1998年版。

李泽厚著:《美的历程》,北京:文物出版社1981年版。

宗白华著:《美学散步》,上海:上海人民出版社1981年版。

杨向奎著:《宗周社会与礼乐文明》,北京:人民出版社1997年版。

庞朴著:《儒家辩证法研究》,北京:中华书局1984年版。

庞朴著:《一分为三》,深圳:海天出版社1995年版。

庞朴著:《一分为三论》,上海:上海古籍出版社2003年版。

杜维明著,段德智译:《论儒学的宗教性》,武汉:武汉大学出版社 1999年版。

杜维明著,郭齐勇、郑文龙编:《杜维明文集》(肆),武汉:武汉出版社 2001 年版。

杜维明著:《一阳来复》,上海:上海人民出版社 1997 年版。

陈其泰、郭伟川等编:《二十世纪中国礼学研究论集》,北京:学苑出版社 1998 年版。

牟钟鉴、张践著:《中国宗教通史》(上、下),北京:社会科学文献出版社 2000 年版。

郭齐勇、吴根友著:《诸子学志》,上海:上海人民出版社 1998 年版。

郭齐勇著:《郭齐勇自选集》,桂林:广西师范大学出版社 1999 年版。

郭齐勇著:《儒学与儒学史新论》,台北:学生书局 2002 年版。

朱狄著:《原始文化研究》,北京:生活·读书·新知三联书店 1988 年版。

徐复观著:《中国人性论史》(先秦篇),台北:台湾商务印书馆 1969 年版。

徐复观著:《徐复观论经学史二种》,上海:上海书店出版社 2002 年版。

徐复观著,李维武编:《徐复观文集》,武汉:湖北人民出版社 2002 年版。

徐复观著:《两汉思想史》,上海:华东师范大学出版社 2001 年版。

廖名春著:《孟子的智慧》,延吉:延边大学出版社 1993 年版。

廖名春著:《荀子的智慧》,台北:汉艺色研文化出版事业有限公司 1997年版。

李景林著:《教养的本原:哲学突破期的儒家心性论》,沈阳:辽宁人民出版社 1998 年版。

姜广辉主编:《经学今诠初编》(《中国哲学》第 22 集),沈阳:辽宁教育出版社 2000 年版。

姜广辉主编:《经学今诠三编》(《中国哲学》第 24 集),沈阳:辽宁教育出版社 2002 年版。

姜广辉主编:《中国经学思想史》第一卷,北京:中国社会科学出版 2003年版。

国际儒学联合会编:《国际儒学研究》第 1 辑,北京:人民出版社 1995

年版。

　　刘笑敢著:《庄子哲学及其演变》,北京:中国社会科学出版社 1988 年版。

　　刘笑敢著:《老子古今》,北京:中国社会科学出版社 2007 年版。

　　朱伯崑主编:《国际易学研究》第 1 辑,北京:华夏出版社 1995 年版。

　　朱伯崑著:《易学哲学史》,北京:北京大学出版社 1986 年版。

　　饶宗颐著:《固庵文录》,沈阳:辽宁教育出版社 2000 年版。

　　饶宗颐著:《中国史学上之正统论》,上海:上海远东出版社 1986 年版。

　　印顺著:《中国禅宗史》,南昌:江西人民出版社 1999 年版。

　　印顺著:《佛法概论》,上海:上海古籍出版社 1998 年版。

　　方立天著:《佛教哲学》(增订本),北京:中国人民大学出版社 1991 年版。

　　吕大吉著:《宗教学通论新编》(上),北京:中国社会科学出版社 1998 年版。

　　单纯著:《宗教哲学》,北京:中国社会科学出版社 2003 年版。

　　杨国荣著:《善的历程》,上海:上海人民出版社 1994 年版。

　　代钦著:《儒家思想与中国传统数学》,北京:商务印书馆 2003 年版。

　　程水金著:《中国早期文化意识的嬗变》,武汉:武汉大学出版社 2003 年版。

　　田昌五、臧知非著:《周秦社会结构研究》,西安:西北大学出版社 1996 年版。

　　杨儒宾著:《儒家身体观》,台北:"中研院"中国文哲研究所筹备处 1996 年版。

　　李零著:《〈孙子〉十三篇综合研究》,北京:中华书局 2006 年版。

　　解文超著:《先秦兵书研究》,上海:上海古籍出版社 2007 年版。

　　黄俊杰著:《孟学思想史论》(卷一),台北:东大图书公司 1991 年版。

　　黄俊杰著:《孟学思想史论》(卷二),台北:"中研院"中国文哲研究所筹备处 1997 年版。

　　黄俊杰著:《儒学与现代台湾》,北京:中国社会科学出版社 2001 年版。

　　蒙培元著:《中国心性论》,台北:台湾学生书局 1990 年版。

　　蒙培元著:《理学范畴系统》,北京:人民出版社 1989 年版。

蒙培元著：《心灵超越与境界》，北京：人民出版社 1998 年版。

蒙培元著：《中国哲学主体思维》，北京：人民出版社 1993 年版。

蒙培元著：《情感与理性》，北京：中国社会科学出版社 2002 年版。

陈来著：《古代宗教与伦理》，北京：生活·读书·新知三联书店 1996 年版。

陈来著：《有无之境》，北京：人民出版社 1991 年版。

陈来著：《朱子哲学研究》，上海：华东师范大学出版社 2000 年版。

陈来著：《古代思想文化的世界》，北京：生活·读书·新知三联书店 2002 年版。

黄寿祺著，张善文点校：《易学群书平议》，北京：北京师范大学出版社 1988 年版。

李镜池著：《周易探源》，北京：中华书局 1978 年版。

高亨著：《周易杂论》，济南：齐鲁书社 1979 年版。

高亨著：《周易古经今注》，北京：中华书局 1984 年版。

高亨著：《周易大传今注》，济南：齐鲁书社 1998 年版。

萧汉明著：《阴阳——大化与人生》，广州：广东人民出版社 1998 年版。

萧汉明主编：《大易性情》，武汉：湖北教育出版社 2002 年版。

段德智著：《宗教概论》，北京：人民出版社 2005 年版。

董光璧著：《易图的数学结构》，上海：上海人民出版社 1987 年版。

童书业著，童教英整理：《童书业史籍考证论集》，北京：中华书局 2005 年版。

董光璧著：《易学科学史纲》，武汉：武汉出版社 1993 年版。

金景芳讲述，吕绍纲整理：《周易讲座》，长春：吉林大学出版社 1987 年版。

金景芳著：《〈周易·系辞传〉新编详解》，沈阳：辽海出版社 1998 年版。

杨泽波著：《孟子性善论研究》，北京：中国社会科学出版社 1995 年版。

王博著：《易传通论》，北京：中国书店 2003 年版。

齐佩瑢著：《训诂学概论》，北京：中华书局 1984 年版。

人民音乐出版社编辑部编：《〈乐记〉论辩》，北京：人民音乐出版社 1983

年版。

蒋孔阳著：《先秦音乐美学思想论稿》，北京：人民文学出版社1986年版。

毛礼锐、沈灌群主编：《中国教育通史》（第一卷），济南：山东教育出版社1989年版。

玉菡著：《〈礼记·乐记〉道德形上学》，台北：文史哲出版社2002年版。

金观涛、刘青峰著：《观念史研究：中国现代重要政治术语的形成》，香港：香港中文大学中国文化研究所2008年版。

刘墨著：《乾嘉学术十论》，北京：三联书店2006年版。

匡亚明著：《孔子评传》，南京：南京大学出版社1990年版。

刘泽华、葛荃主编：《中国古代政治思想史》（修订本），天津：南开大学出版社2001年版。

韦政通著：《中国思想传统的创造性转化》，昆明：云南人民出版社2002年版。

冯尔康著：《18世纪以来中国家族的现代转向》，上海：上海人民出版社2005年版。

干春松著：《制度儒学》，上海：上海人民出版社2006年版。

崔根德著：《韩国儒学思想研究》，北京：学苑出版社1998年版。

刘泽华主编：《中国传统政治哲学与社会整合》，北京：中国社会科学出版社2000年版。

徐大同总主编：《西方政治思想史》，天津：天津人民出版社2005年版。

徐大同主编：《西方政治思想史》，天津：天津教育出版社2002年版。

浦兴祖、洪涛主编：《西方政治学说史》，上海：复旦大学出版社1999年版。

唐士其著：《西方政治思想史》，北京：北京大学出版社2002年版。

吕思勉、童书业编：《古史辨》第七册下，上海：上海古籍出版社1982年版。

孟德斯鸠著：《论法的精神》，北京：商务印书馆1997年版。

康德著：《历史理性批判文集》，北京：商务印书馆1990年版。

康德著：《判断力批判》，北京：人民出版社2002年版。

麦克斯·缪勒著:《宗教的起源与发展》,北京:上海人民出版社 1989年版。

培根著:《培根论说文集》,北京:商务印书馆 1968 年版。

休谟著:《人性论》,北京:商务印书馆 1980 年版。

休谟著:《道德原则研究》,北京:商务印书馆 2002 年版。